西北民族文献与文化研究丛书

才让 主编

回鹘文佛教文献研究

杨富学 著

上海古籍出版社

西北民族大学中央高校基本科研业务专项资金资助项目

教育部人文社会科学重点研究基地重大项目"敦煌民族史研究"
（编号：14JJD770006）

国家社科基金重点项目"唐宋回鹘史研究"
（批准号：14AZD064）

目　　录

上编　回鹘文佛教文本研究

第 一 章	兰山范氏藏敦煌本回鹘文《华严经》写本残卷研究	3
第 二 章	敦煌本回鹘文《阿毗达磨俱舍论实义疏》研究	32
第 三 章	回鹘文《陶师本生》及其特点	47
第 四 章	敦煌回鹘文佛教文献及其价值	62
第 五 章	回鹘文《玄奘传》及其相关问题	76
第 六 章	居庸关回鹘文功德记所见 uday 考	83
第 七 章	回鹘文《五台山赞》及相关问题	91
第 八 章	回鹘文《法华经》写卷及其粟特因素	106
第 九 章	榆林窟回鹘文威武西宁王题记研究	115
第 十 章	敦煌莫高窟464窟回鹘文榜题研究	122
第十一章	回鹘文藏密经典所见"七宝"考	132
第十二章	回鹘文《金光明经》及其忏悔思想	140
第十三章	从《弥勒会见记》到贯云石——古代回鹘戏剧史上的一个侧面	152
第十四章	回鹘文文献所见藏密十六佛母考	162
第十五章	敦煌本回鹘文《说心性经》为禅学原著说	175
第十六章	Three Uighur Inscriptions Quoted from *Altun Yaruq* in Dunhuang Mogao Grottoes 464	195

下编　佛教与回鹘历史文化

第十七章	回鹘弥勒信仰考	205

i

第十八章　回鹘观音信仰考 215
第十九章　佛教与回鹘印刷术 231
第二十章　佛教与甘州回鹘之外交 251
第二十一章　藏传佛教对回鹘的影响 262
第二十二章　论裕固族藏传佛教信仰的形成 271
第二十三章　综论汉传佛教对回鹘的影响 291
第二十四章　回鹘僧与《西夏文大藏经》的翻译 314
第二十五章　佛教"四大"说对回鹘宇宙观及医学的影响 322
第二十六章　回鹘佛教对印度英雄史诗《罗摩衍那》的借用 333
第二十七章　论回鹘佛教与摩尼教的激荡 344
第二十八章　突厥佛教杂考 352
第二十九章　茨默著《佛教与回鹘社会》述评 365

参考文献 372
索引 413
后记 425

插图目录

图1　兰山范氏藏敦煌本回鹘文《八十华严·十无尽藏品》IA　　9
图2　兰山范氏藏敦煌本回鹘文《八十华严·十无尽藏品》IB　　11
图3　兰山范氏藏敦煌本回鹘文《八十华严·十无尽藏品》IIA　　13
图4　兰山范氏藏敦煌本回鹘文《八十华严·十无尽藏品》IIB　　15
图5　兰山范氏藏敦煌本回鹘文《八十华严·毗卢遮那品》IIIA　　20
图6　兰山范氏藏敦煌本回鹘文《八十华严·毗卢遮那品》IIIB　　22
图7　兰山范氏藏敦煌本回鹘文《八十华严·毗卢遮那品》IVA　　24
图8　兰山范氏藏敦煌本回鹘文《八十华严·毗卢遮那品》IVB　　26
图9　英藏敦煌本回鹘文《实义疏》卷一（Ch. xix.001）　　33
图10　英藏敦煌本回鹘文《实义疏》卷二（Ch. xix.001）　　36
图11　英藏敦煌本回鹘文《实义疏》卷二（Ch. xix.002）　　36
图12　回鹘文《实义疏》卷首题记　　39
图13　回鹘文《譬喻谭》第11叶背面羊年题记　　40
图14　回鹘文《譬喻谭》猴年题记　　41
图15　回鹘文《譬喻谭》后附蒙古文光绪三十年题记　　43
图16　文殊沟本回鹘文《金光明最胜王经》写卷　　44
图17　吐鲁番出土回鹘文《陶师本生》　　47
图18　回鹘文《佛说天地八阳神咒经》印本　　63
图19　吐鲁番出土回鹘文《慈悲道场忏法》写本残叶　　64
图20　敦煌本吐蕃文回鹘语《佛教教理问答》写卷　　66
图21　吐鲁番出土回鹘文《玄奘传》卷十（X14a）　　79
图22　居庸关云台　　83
图23　居庸关券门南壁　　83
图24　居庸关券门五种文字《建塔功德记》　　84
图25　吐鲁番出土回鹘文《五台山赞》（Ch/U 6956）　　91

i

图 26	吐鲁番出土回鹘文《五台山赞》(Ch/U 5684a-c 正面)	92
图 27	文殊山万佛洞康熙五十二年回鹘文题记	103
图 28	莫高窟 464 窟前室五十三参壁画及回鹘文榜题	123
图 29	莫高窟 464 窟甬道南壁右侧回鹘文榜题	123
图 30	莫高窟 464 窟甬道南壁左侧回鹘文榜题	124
图 31	莫高窟 464 窟甬道北壁左侧回鹘文榜题	125
图 32	哈密本回鹘文《弥勒会见记》残页	153
图 33	吐鲁番本回鹘文《吉祥胜乐轮曼陀罗》	164
Fig.34	Interior of cave 464	195
Fig.35	Bodhisattvas on the south (a) and north (b) wall of corridor	196
Fig.36	Inscription on the right of south wall	197
Fig.37	Inscription on the left of south wall	198
Fig.38	Inscription on the left of north wall	199
Fig.39	Present Situation of the north wall of corridor	200
图 40	榆林窟第 21 窟回鹘水月观音	227
图 41	榆林窟第 39 窟回鹘千手眼观音	228
图 42	敦煌研究院收藏的回鹘文木活字	247
图 43	瓜州榆林窟第 2 窟八思巴文—回鹘文合璧题记	265
图 44	回鹘文《荀居士抄〈金刚经〉灵验记》残片	296
图 45	柏孜克里克石窟摩尼教三杆树	345
图 46	高昌故城 K 遗址出土摩尼教女神像	346
图 47	吐鲁番高昌故城 α 遗址出土四梵天王像	347
图 48	焉耆出土吐火罗文《弥勒会见记》剧本	370

上 编

回鹘文佛教文本研究

第一章　兰山范氏藏敦煌本回鹘文《华严经》写本残卷研究

壹、前　言

《华严经》，具名《大方广佛华严经》，梵文作 Buddhāvatamsakamahā-vaipulyasūtra，是佛成道后在菩提场等处，藉由普贤、文殊诸大菩萨以显示佛陀的因行果德如杂华庄严，广大圆满、无尽无碍妙旨的要典，是华严宗据以立宗的重要经典。该文献梵文原典已残缺不全，仅有汉文和藏文完本留存于世。

《华严经》有三种汉文译本：其一为东晋佛驮跋陀罗（Buddhabhadra）的译本，题名《大方广佛华严经》，六十卷，为区别后来的唐译本，又称为"旧译华严"，或称为《六十华严》；其二为唐武周时于阗人实叉难陀（Śikṣānanda）的译本，题名《大方广佛华严经》，八十卷，被称为"新译华严"或《八十华严》；其三为唐贞元中般若（Prajñā）的译本，题曰《大方广佛华严入不思议解脱境界普贤行愿品》，四十卷，简称为《普贤行愿品》或《四十华严》。此经的藏文译本，系由印度胜友、天王菩提和西藏智军合力从梵文译出，并由遍照加以复校，成一百十五卷。

《华严经》主要讲述世界万物之因果关系的绝对相对性，宣说一即一切，一切即一，一微尘映世界，一瞬间含永远的思想。自东晋至唐代一直盛传不衰。受其影响，古代回鹘人亦将之译为回鹘文字流行。

在回鹘文本中，《华严经》写作 uluγ bulung yïngaq sayuχï ärtingü king alqïγ ·· burχan-lar-nïng linχua cäcäk üzäki itigi yaratïγ-ï。译本今知者有两种：一为《四十华严》，一为《八十华严》。其中属前者的回鹘文木刻本残卷早已为国际学界所熟知。1911 年俄国拉德洛夫发表了沙俄乌鲁木齐领事迪雅科夫（A. A. Dyakov）于吐鲁番发现的"不知名"回鹘文佛经 2 叶 84 行，[1] 后

---

〔1〕　W. Radloff, *Kuan-ši-im Pusar. Eine türkische Übersetzung des XXV. Kapitels der chinesischen Ausgabe des Saddharmapundarīka*, St. Petersburg, 1911, S.103 - 109.

经研究、辨识,知为《四十华严》的回鹘文译本残叶。[1] 1953年,日本学者羽田亨又研究刊布了1911~1914年日本第三次大谷探险队成员吉川小一郎于吐鲁番所获的内容属《四十华严》卷三十三的5叶半回鹘文残卷。[2] 1965年,土耳其突厥学家阿拉特发表《古代突厥诗歌》一书,其中第9、13、16等篇为押头韵的佛教诗歌,分别出自《四十华严》之三十九、四十诸卷。[3] 接着,德国学者茨默又发表了柏林藏木刻本《四十华严》尾部普贤行愿赞的12行跋文,知其刻印于1248年,他还发现柏林所藏吐鲁番写本中尚存有其他四十华严残卷。[4]

在吉川小一郎于吐鲁番所获《四十华严》印本残卷中,最后一叶自第4行以后为一回鹘文译跋。文曰:

arïγ bögä tigin y(a)rlïγ-ïnga ... k(ä)ntü(?) dïntar-ï kinki bošγutluγ biš balïq arasang (atsang?) [ba]qšï tutung t(a)vγač tilintin türk tilinčä ikiläyü ävirmiš

根据 Arïγ Bögä 亲王之令,Arasang(Atsang?)博士都统,别失八里的一位和尚与学者,将它从汉文译成突厥文。[5]

这里的 Arïγ Bögä 亲王即1260~1264年间与忽必烈争夺蒙古国可汗位之阿里不哥,Arasang(Atsang?)实应作 Antsang,即元代畏兀儿大翻译家安藏。[6] 说明《四十华严》回鹘文译本出自安藏之手。

安藏,元代著名畏兀儿翻译家、诗人,字国宝,世居别失八里(今新疆吉

---

[1] 石濱純太郎:《回鶻文普賢行願品殘卷》,《羽田博士頌壽紀念 東洋史論叢》,東京:東洋史研究会,1950年,第63~73頁。
[2] 羽田亨:《トルコ文華嚴經斷簡》,《關西大学東洋学術研究所論叢》6《石濱先生還暦紀念論文集》I,大阪:關西大学東西学術研究所,1953年,第1~29頁,附图1(收入《羽田博士史学論文集》下卷,京都:同朋舎,1975年,第183~205頁,图版四)。
[3] R. R. Arat, *Eski Türk Şiiri*, Ankara, 1965, S.68 - 79, 126 - 130, 162 - 171.
[4] Peter Zieme, Zum uigurischen Samantabhadra-caryāpranidhāna, *Studia Turcologica Memoriae Alexii Bombaci Dicta*, Naples, 1982, S.601 - 604.
[5] 羽田亨:《トルコ文華嚴經斷簡》,《羽田博士史学論文集》下卷,第200頁。
[6] Moriyasu Takao, An Uigur Buddhist's Letter of the Yüan Dynasty from Tun-huang (Supplemetn to "Uigurica from Tun-huang"), *Memoirs of the Research Department of the Toyo Bunko* No.40, 1982, p.10.

木萨尔县北），自号龙宫老人，祖讳小乘都，父讳腆藏贴材护迪。安藏五岁时即从父兄学习经书。"九岁始从师力学，一目十行俱下，日记万言。十三，能默诵《俱舍论》三十卷。十五，孔释之书，皆贯穿矣。十九被征，召对称旨，为特赐坐。世祖即位，进《宝藏论玄演集》一十卷，嘉叹不已。"[1]他的佛学成就很大，除受阿里不哥亲王之命译《华严经》为回鹘文外，主要体现在以下几个方面：1. 至元年间曾以翻译检查官的身份参与了《至元法宝勘同总录》的编纂；2. 根据藏文汉译《圣救度佛母二十一种礼赞经》一卷，又据藏文译之为回鹘文；3. 译《文殊所说最胜名义经》为回鹘文；4. 创作佛教长诗《十种善行赞》和《普贤行愿赞》，均为押头韵的四行诗或八行诗形式。[2] 最近公开刊布的文献表明，安藏和另外一位僧侣将《栴檀瑞像传入中国记》译成回鹘文。

现知属于《八十华严》的回鹘文文献写、刻本不多。日本羽田明处藏有9叶贝叶式写本残卷照片，但原件不知去向，内容相当于汉文本之卷三十六、三十八、四十等。[3]

属于《八十华严》回鹘文译本的残卷在国内也于近期屡有发现。在甘肃省博物馆藏有木刻本（？）残卷两张，编号为10562，据称出自莫高窟。原件为两大张（8面），长45厘米，残高34.7厘米，每面书13行文字。第一张属《八十华严》卷十四，第二张属该经卷二十二。[4] 在敦煌研究院文物陈列中心亦收藏有该文献的回鹘文印本（？）残片一大张（4面），属《八十华严》卷十四，残片长42厘米，高35厘米，折叠式，每面书13行文字。这一文献，同甘肃省博物馆所藏一样，纸质厚硬，呈黄褐色，四边框有红线，似为元代刻本。[5] 依各

---

[1]（元）程钜夫：《程雪楼文集》卷九《秦国文靖公神道碑》，湖北先正遗书本。本传载《新元史》卷一九二，上海：开明书店，1935年，第392～393页。

[2] 杨富学：《回鹘之佛教》，乌鲁木齐：新疆人民出版社，1998年，第35～36页。

[3] 百济康义、小田寿典：《ウイグル譯八十華嚴殘簡》，《佛教文化研究所紀要》第22号，1983年，第176～205页。

[4] 耿世民：《甘肃省博物馆藏回鹘文〈八十华严〉残经研究》（一、二），分别刊于《世界宗教研究》1986年第3期，第68～77页；《中央民族学院学报》1986年第2期，第84～89页。后经重新整理，以《回鹘文〈八十华严〉残经研究（续）》为题，再刊于氏著：《维吾尔古代文献研究》，北京：中央民族大学出版社，2003年，第363～382页。

[5] 耿世民：《回鹘文〈八十华严〉残经研究》，《民族语文》1986年第3期，第59～65页（收入氏著：《新疆文史论集》，北京：中央民族大学出版社，2001年，第448～462页）。

种特征看,这三张刻本残卷实属同一刊本。但译者不详,有人根据回鹘文《四十华严》译者为安藏的事实,推断回鹘文《八十华严》的译者也可能是安藏。从文献中体现的翻译风格、佛教术语运用、书写特点等来看,这种可能性应是很大的。

近年,敦煌研究院考古人员在对敦煌莫高窟北区进行发掘时,在B128窟又发现回鹘文《八十华严》册子式写本残片一件,编号为B128:2,正面为汉文,其中有2页背面书草体回鹘文,用软笔书写,其一存回鹘文18行,另一页存回鹘文19行。经研究,其内容属于《八十华严》第四十五卷中的一段。[1] 有幸的是,近期笔者在兰州的私人收藏品中又觅得属于该文献的回鹘文写本两大张:其一属于《八十华严》第二十一卷《十无尽藏品》中的开首部分;其二属于《八十华严》第十一卷《毗卢遮那品》中间的一段。写本为折子式,纸质厚硬,呈黄褐色,长46.5厘米,高35.5厘米,地脚4.5厘米,天头4.2厘米,朱丝栏,栏宽1.5~1.9厘米,栏心4厘米,卷心25.5厘米,每面书写文字12行。字形上,以在文字上方加两点的方式区分q与γ、s与š。看来该文献属于后期,即元代回鹘文文献。写本字体非常优美、工整,极似印本,但《毗卢遮那品》中所出现的各种特征都表明,该文献不是印本,因为在4面之中,仅1面在行间划有边线,而且线条不直,甚至有不少文字压线书写,非印本之特征是非常明显的。

通过上文的叙述可以看出,《八十华严》之回鹘文译本曾以多种形式流传过。既有贝叶式写本(如日本羽田明处所藏9叶照片),也有册子式写本(如敦煌莫高窟北区新出土的B128:2号文献)和折子式木刻本(如甘肃省博物馆和敦煌研究院的相关藏品)。这里所刊布的文献,则属于第四种形式,即折子式写本。

据写本收藏者范军澍先生介绍,该残卷系其父范耕球先生于1947年在兰州市城隍庙从一汪姓人士手中购得。

范耕球(1922~2005),山东临沂市人。一生喜爱碑帖文物,家中收藏有数百幅历代碑帖字画,该文献即由先生传至其子范军澍。[2]

---

[1] 张铁山:《莫高窟北区B128窟出土回鹘文〈八十华严〉残页研究》,《中央民族大学学报》2003年第4期,第112~115页。
[2] 关于范氏收藏敦煌文物的具体情况,可参见邰惠莉、范军澍:《兰山范氏藏敦煌写经目录》,《敦煌研究》2006年第3期,第79~85页。但文中未提及本文所述的这两叶回鹘文写本。

第一章　兰山范氏藏敦煌本回鹘文《华严经》写本残卷研究

据回忆,该文献的原收藏人汪氏自称湖北人,家住兰州黄河以北,即今大沙坪一带。湖北汪氏这一因素,使我很自然地联想到敦煌文献流散过程中的一个关键人物——汪宗翰。

汪宗翰,湖北省通城县人,于光绪二十八年(1902)至光绪三十三年(1907)任敦煌县令。汪宗翰进士出身,对金石学有一定研究,深受甘肃学政叶昌炽的赏识。光绪二十八年叶昌炽奉命领甘肃学政,西行访碑,以补正其所著《语石》一书。次年十一月,得敦煌县令汪宗翰寄赠《索公(勋)纪德碑》《杨公碑》《李太宾造像碑》《李氏再修功德记碑》《大中五年洪辩碑》拓本及藏经洞出土《水陆道场图》绢画与唐人写《大般涅槃经》四卷。光绪三十年(1904)初,叶昌炽至酒泉,又从汪宗翰处得乾德六年(968)水月观音像和"写经卷子本、梵叶本各二"。[1] 叶昌炽建议将藏经洞出土的全部敦煌遗书运至甘肃省城兰州保管,引起当时甘肃省当局的注意,于光绪三十年三月令敦煌县衙门清点遗书,责成王道士就地封存,暂为保管。事后汪宗翰在一幅藏经洞出土的绢画上题字,说"光绪三十年四月朔(1904年5月15日)奉檄检点经卷画像",说明作为敦煌县令的汪宗翰亲自参与了清点经卷画像之事。1907年3月12日,斯坦因初到敦煌,他当时对敦煌文献的了解,主要就是通过汪宗翰。汪宗翰的县令身份及其与敦煌文献的接触,使我们有理由相信,我们手头的回鹘文《八十华严》写本应出自汪宗翰之私藏。

如同耿世民先生刊布的三件回鹘文《八十华严》印本(?)残卷在天头用回鹘文小字标明文献的名称与卷帙一样,[2]我们这次发现的《八十华严》残叶同样也在天头以小字标明文献的名称与卷帙,如《十无尽藏品》背面分别有小字 avatansaka üčünč čir bastïnqï ülüs bir(华严三帙一册一)和 avatansaka üčünč čir bastïnqï ülüs eki(华严三帙一册二)。而《毗卢遮那品》背面则分别有小字 avatansaka ekinti čir bastïnqï ülüš bes yigirmi(华严二帙一册十五)和 avatansaka ekinti čir bastïnqï ülüs altï yigirmi(华严二帙一册十

---

[1] 叶昌炽:《语石》卷一,台北:商务印书馆,1968年,第28页。
[2] Johan Elverskog 在其著作《回鹘佛教文献》(*Uygur Buddhist Literature*, Silk Road Studies I, Brepols, Turnhout, 1997, p.53)中对耿先生研究的《八十华严》残经的叙述有两处欠妥:一是这些文献并非藏在北京国家图书馆,而是分藏于甘肃省博物馆和甘肃省敦煌研究院;二是文献的每面行数是13行(每页26行),而并非15行。特此注明。

六)。这些标识为我们确定文献的内容提供了方便。

贰、回鹘文《华严经·十无尽藏品》写本残卷

兰山范氏收藏的两张回鹘文《八十华严》文献保存基本完好,唯边缘稍有残破,但很少损及文字部分。

《十无尽藏品》讲述的是佛成道后借功德林之口,对诸菩萨说菩萨十无尽藏的一一行相,由此能令一切行者成就无尽大藏。这里所刊残卷涉及的就是《十无尽藏品》的首部内容。写本现存一大张纸,分4面书写,其中第一页前5行为经名与卷次、品次,用朱砂书写,其余部分均用墨笔书写。为便于叙述,这里分别以 IA、IB、IIA、IIB 标示,其中 I、II 表示页面前后顺序,A、B 表示文献的正面和背面。下面是对该文献的拉丁文转写、翻译和简单注释。其中,[　]内的部分表示原文有缺,根据上下文拟补的内容,///表示回鹘文原件残缺的字数。d 下面加一点等于 t,t 下面加一点等于 d。

一、拉丁字母转写及汉译

IA(图1)

1(1). namo bud：namo dram：namo saŋ：::
南无佛,南无法,南无僧

2(2). mχa vaipuli-a buda avatansaka tegmä uluɣ buluŋ yaŋaq sayu-
名作 maχāvaipulya Buddhāvatamsaka 的大方悉

3(3). qï ärtingü kiŋ alqïɣ burχan-lar-nïŋ linχu-a čeček öz-eki id igi
甚广远诸佛莲华(花)庄严之

4(4). yaratïɣï atlïɣ sudur nom bitig-te on türlüg alqïnčsïz aɣïlïq-larïɣ
佛典中的十无尽藏之

5(5). uqitmaq atlïɣ eki otuz-unč bölük bir otuz-unč tägz-inč：
二十二品,二十一卷。

6(6). ol ödün ädgülüg ädräm-lig arïɣ sämäk atlïɣ bodisatv yänä alqu
那时,功德林菩萨再一次

7(7). bodisatv-lar-qa ïnča tep yarlïqadï：burχan oɣlan-larï-y-a
对诸菩萨说:诸佛子!

8

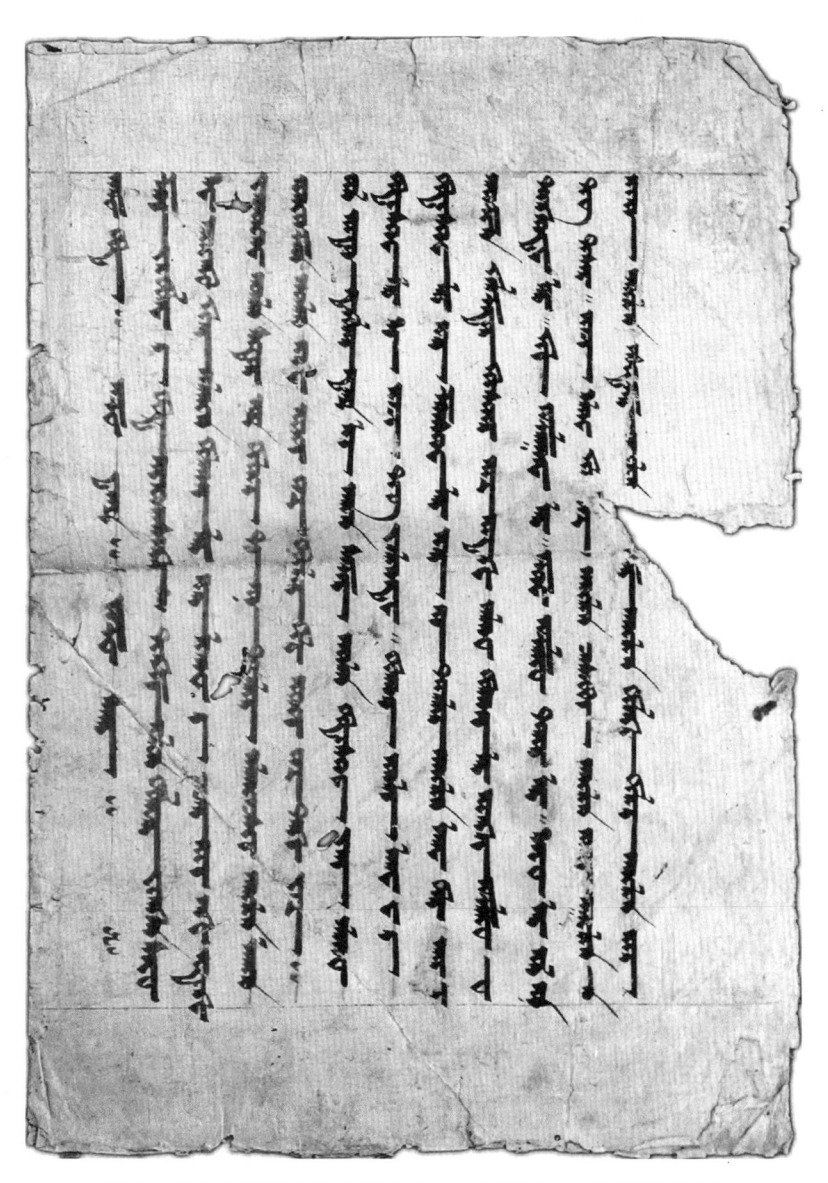

第一章 兰山范氏藏敦煌本回鹘文《华严经》写本残卷研究

图1 兰山范氏藏敦煌本回鹘文《八十华严·十无尽藏品》IA

8（8）. bodïsatv-lar-nïŋ mχasatv-lar-nïŋ on türlüg aɣïlïq-larï bar arür-r
菩萨摩诃萨有十种藏，

9（9）. artmïš kelmädük kös ünür üč ödki alqu burχan-lar öŋri nomlayu-u
过去、未来、现在这三时之诸佛，已经说法完结、

10（10）. tügätdi-lär：kin nomlaɣay-lar：amtï nomlayu turur-lar：qayu-lar ol on
往后说法、现在正在说法。如果问，何谓十〔藏〕，

11（11）. tep tisär：ïnča qaltï ke〔rtgünč〕aɣïlïq čaχšaput aɣïlïq uvut aɣïlïq-q
即为信藏、戒藏、惭藏、

12（12）. ayat aɣïlïq esidmek aɣïlïq〔buši ber〕mek aɣïlïq bilge bilik aɣïlïq ög
〔mek〕
愧藏、闻藏、施藏、慧藏、念藏、

IB（图2）
avatansaka üčünč čir bastïnqï ülüs bir
华严三帙一册一

13（1）. aɣïlïq tutmaq aɣïlïq tïlaŋurmaq aɣïlïq erür. bu titir on：burχan oɣlan-larï-
持藏、辩藏。此为十藏。诸佛子！

14（2）. y-a qayu ol bodïsatv-lar-nïŋ mχasatv-lar-nïŋ kertgünč aɣïlïq-ï tep
若问，何为菩萨摩诃萨之信藏，

15（3）. tisär：bu bodïsatv-lar alqu nom-lar-nïŋ quruɣ-ïŋa kertgünti-lär. alqu nom-
这个菩萨信一切法空。

16（4）. lar-nïŋ belgü-siz-iŋä kertgünti-lär. alqu nom-lar-nïŋ küsüš-süz-iŋä-ä
信一切法无相。信一切法无愿。

17（5）. kertgünti-lär：alqu nomlar-nïŋ simäksiz-iŋä kertgünti-lär：alqu nom-lar-
信一切法无作。

18（6）. nïŋ bölmäk-siz-iŋä adïrulmaq-sïz-ïŋa kertgünti-lär：alqu nom-lar-
信一切法无分别。

19（7）. nïŋ tayaq-sïz-ïŋa kertgünti-lär：alqu nom-lar-nïŋ ülgülükläri bolmaɣuluq-ïŋa
信一切法无所依。

10

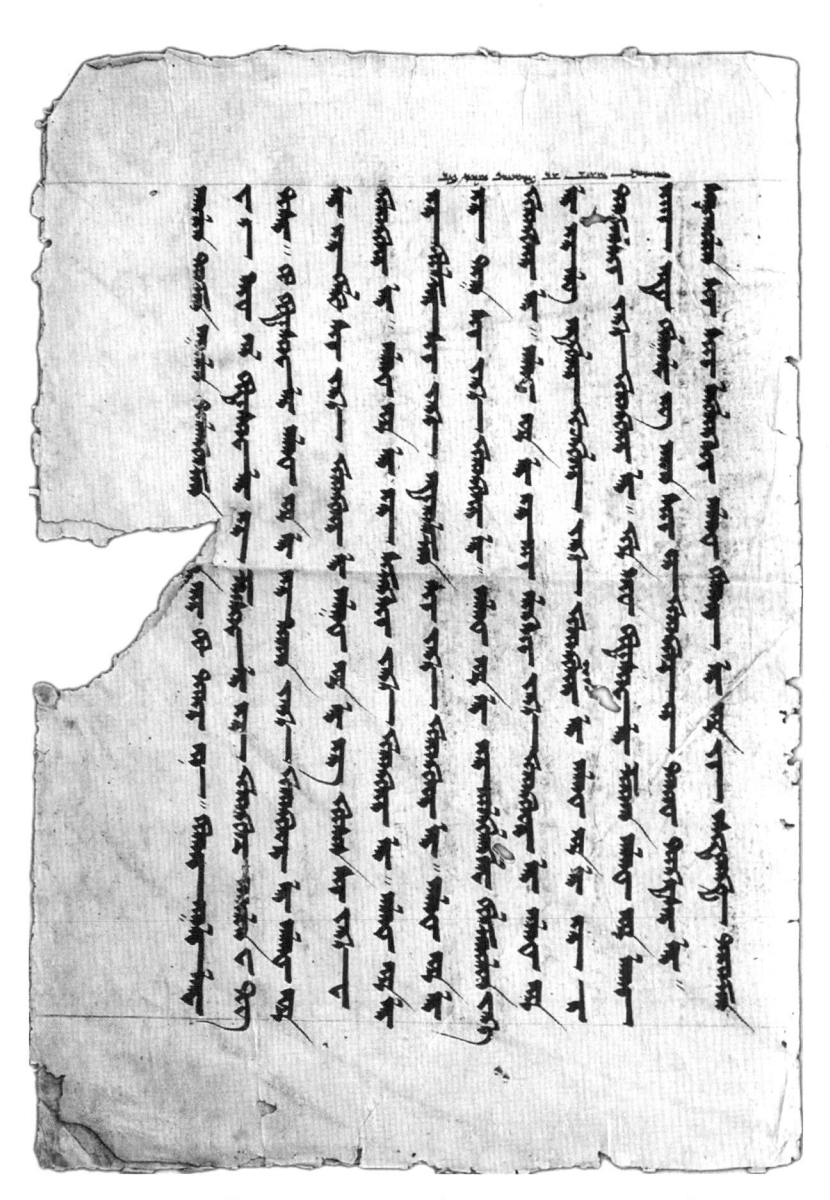

图2 兰山范氏藏敦煌本回鹘文《八十华严·十无尽藏品》IB

20(8). kertgünti-lär: alqu nom-lar-nïŋ üz-älüksiz-iŋä kertgünti-lär. alqu nom-
信一切法不可量。信一切法无有上。

21(9). lar-nïŋ alp ärtgülük kečgülük-iŋä kertgünti-lär. alqu nom-lar-nïŋ-k
信一切法难超越。

22(10). tuɣmaqsïz-ïŋa kertgünti-lär: kim qayu boďisatv-lar muntaɣ alqu
nom-larqa
信一切法无生。

23(11). iyin udun bolɣalï up arïɣ süz-ük kertgünč-üg tuɣuru tügädsär-lär:
若诸佛顺意这样的一切法,生清净之信,并使之完结,

24(12). saqïnɣuluq-sïz söz-lägülüksüz alqu burχan-lar nom-ïn esidtüg-d
ä turïtmaq-
当倾听诸佛之不可思议法,

IIA(图3)

25(1). sïz turqïɣlanmaq-sïz köŋül-lüg bolur-lar. saqïnɣuluq-sïz söz-lägülüksüz
alqu
其心将不会感到怯弱。当倾听不可思议之诸佛,

26(2). burχan-larïɣ esidtüg-tä turïtmaq-sïz turqïɣlanmaq-sïz köŋül-lüg bolur-lar:
其心将不会感到怯弱。

27(3). saqïnɣuluq-sïz söz-lägülüksüz tïnlïɣ-lar oɣuš-ïn esidtük-tä turïtmaq-sïz
当倾听不可思议之众生世界,

28(4). turqïɣlanmaq-sïz köŋül-lüg bolur-lar. saqïnɣuluq-sïz söz-lägülüksüz
nom oɣuš-
其心将不会感到怯弱。当倾听不可思议之法界,

29(5). ïn esidtüg-tä turïtmaq-sïz turqïɣlanmaq-sïz köŋül-lüg bolur-lar:
其心将不会感到怯弱。

30(6). saqïnɣuluq-sïz söz-lägülüksüz kök qalïq oɣuš-ïn esidtük-[tä]
turïtmaq-sïz
当倾听不可思议之虚空界,

31(7). turqïɣlanmaq-sïz köŋül-lüg bolur-lar: saqïnɣuluq-sïz söz-lägülüksüz
nirvana
其心将不会感到怯弱。

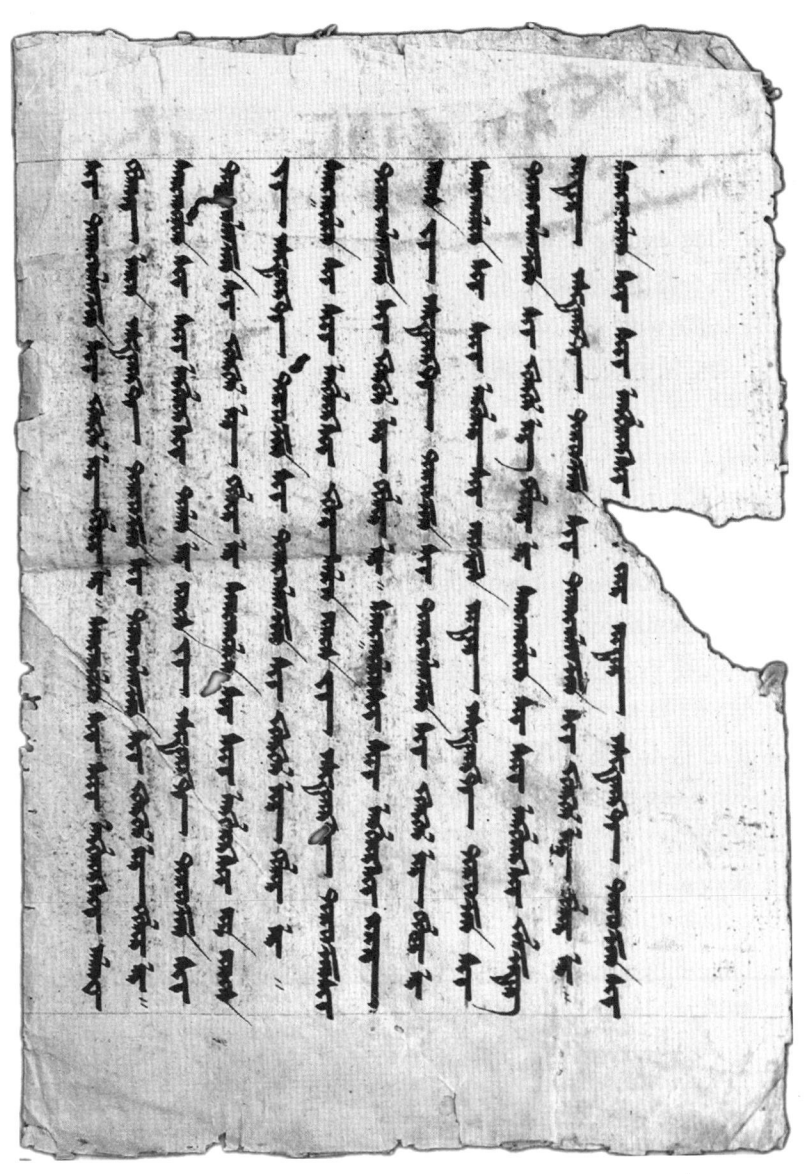

第一章　兰山范氏藏敦煌本回鹘文《华严经》写本残卷研究

图 3　兰山范氏藏敦煌本回鹘文《八十华严·十无尽藏品》ⅡA

32(8). oγuš-ïn esidtüg-tä turïtmaq-sïz turqïγlanmaq-sïz köŋül-lüg bolur-lar.
当倾听不可思议之涅槃界,其心将不会感到怯弱。

33(9). saqïnγuluq-sïz söz-lägülüksüz arïtmïš odüg esidtük-tä turïtmaq-sïz
当倾听不可思议之过去世,

34(10). turqïγlanmaq-sïz köŋül-lüg bolur-lar. saqïnγuluq-sïz söz-lägülüksüz kelmädük
其心将不会感到怯弱。当倾听不可思议之未来世,

35(11). ödüg esidtüg-tä turïtmaq-sïz turqïγlanmaq-sïz köŋül-lüg bolur-lar：
其心将不会感到怯弱。

36(12). saqïnγuluq-sïz söz-lägülüksüz [köz-]ünür ödüg esidtük-tä turïtmaq-sïz
当倾听不可思议之现在世,

IIB(图4)

avatansaka üčünč čir bastïnqï ülüs eki
华严三帙一册二

37(1). turqïγlanmaq-sïz köŋül-lüg bo[lur]-lar： saqïnγuluq-sïz söz-lägülüksüz alqu
其心将不会感到怯弱。当倾听不可思议之入一切劫,

38(2). klp-lar-ta kirmäkig esidtüg-tä turïtmaq-sïz turqïγlanmaq-sïz
其心将不会感到怯弱。

39(3). köŋül-lüg bolur-lar：ne üčün tep tisär bu bodïsatv-lar alqu-u
若问为什么这样,这些菩萨在诸佛之中,

40(4). burχan-lar-ta bir yintäm bk yarp kertgünüp burχan-lar-nïŋ
一向坚信,并知道

41(5). bilge biligin učsuz qïtïγ-sïz alqïnčsïz tükädinčsiz erür-in bilir-
佛魄之智慧是无边无尽的。

42(6). lär：ontïn sïŋar-qï ülgülänčsiz alqu yertünčü-lär-tä bir-intä
十方无量诸世界中,

43(7). bir-intä öŋin öŋin ülgülänčsiz alqu burχan-lar bar erti：
各个都有无量诸佛。

44(8). üz-äliksiz köni töz tuymaq-ïγ öŋri bulu tügädmis-lär：amtï bulu
已经得到阿耨多罗三藐三菩提,正在争得[于阿耨多罗三藐三菩提],

14

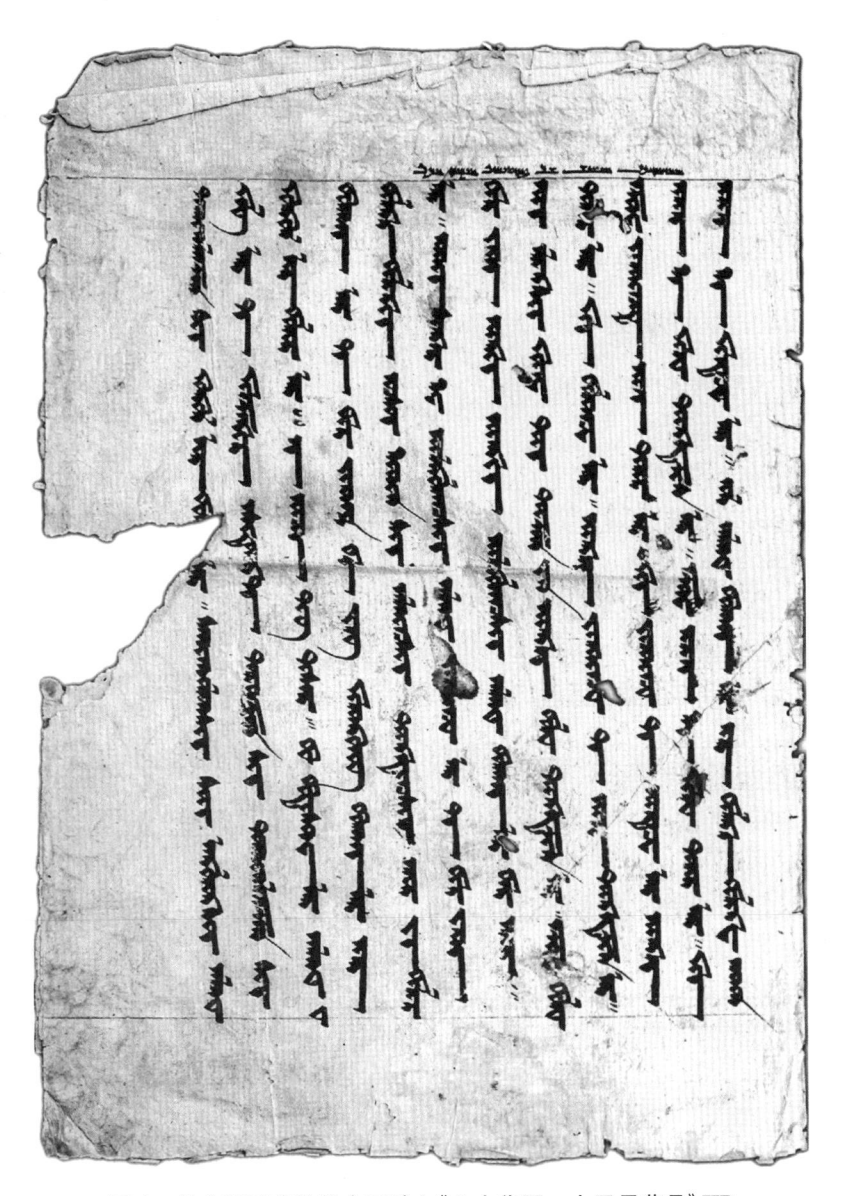

第一章 兰山范氏藏敦煌本回鹘文《华严经》写本残卷研究

图 4 兰山范氏藏敦煌本回鹘文《八十华严·十无尽藏品》IIB

45(9). turur-lar：kin bultačï-lar：öŋri yertüncü-tä öni tügädmis-lär：
将来寻得[于阿耨多罗三藐三菩提]。已经出世，

46(10). amtï yirtüncüd ä öni turur-lar：kin yertüncü-tä öndäči-lär. öŋri
正在出世，将要出世。

47(11). nirvan-qa kirü tügädmis-lär：amtï nirvana-qa kirü turur-lar：kin
已经入涅槃，正在入涅槃，

48(12). nirvan-qa kirdäči-lär：ol alqu burχan-lar-nïŋ bilge biligi artuq-
将要入涅槃。那些诸佛之智慧[不]增加[不减少]。"

二、汉文原文

大方广佛华严经卷第二十一
十无尽藏品第二十二
尔时，功德林菩萨复告诸菩萨言："佛子！菩萨摩诃萨有十种藏，过去、未来、现在诸佛，已说、当说、今说。何等为十？所谓信藏、戒藏、惭藏、愧藏、闻藏、施藏、慧藏、念藏、持藏、辩藏，是为十。佛子！何等为菩萨摩诃萨信藏？此菩萨信一切法空，信一切法无相，信一切法无愿，信一切法无作，信一切法无分别，信一切法无所依，信一切法不可量，信一切法无有上，信一切法难超越，信一切法无生。若菩萨能如是，随顺一切法，生净信已，闻诸佛法，不可思议，心不怯弱；闻一切佛，不可思议，心不怯弱；闻众生界，不可思议，心不怯弱；闻法界，不可思议，心不怯弱；闻虚空界，不可思议，心不怯弱；闻涅槃界，不可思议，心不怯弱；闻过去世，不可思议，心不怯弱；闻未来世，不可思议，心不怯弱；闻现在世，不可思议，心不怯弱；闻入一切劫，不可思议，心不怯弱。何以故？此菩萨于诸佛所一向坚信，知佛智慧无边无尽。十方无量诸世界中，一一各有无量诸佛，于阿耨多罗三藐三菩提，已得，今得，当得，已出世，今出世，当出世，已入涅槃，今入涅槃，当入涅槃，彼诸佛智慧不增不减、不生不灭、不进不退、不近不远、无知无舍。"[1]

三、简单注释

2—4. mχa vaipuli-a buda avatansaka 为《华严经》梵文名称的音写。《华严经》，梵文原名作 Buddhāvatamsaka-nāma-mahāvāipulya-sūtram。《华

---
[1]《大正藏》第10册，No.279，页111a～b。

16

严经》的梵文名在羽田氏刊布的《四十华严》中以 mχa vaipuli-a buda ptmalangkr 形式出现[1]。tegmä 后面的 uluγ buluŋ yaŋaq sayu-qï ärtingü kiŋ alqïγ burχan-lar-nïŋ linχu-a čeček öz-eki id igi yaratïyï atlïγ sudur nom bitig 为《华严经》的突厥语名称。

4. on türlüg alqïnčsïz aγïlïq 对应于汉语的"十无尽藏",也叫做"十藏"、"十宗"。十回向之菩萨所知十种法藏。[2]

5. bir otuz-unč tägz-inč 表示"第二十一卷"。残卷上部的回鹘文小字中则用 üčünč čir bastïnqï ülüs"三帙一册",表示"第二十一卷"。

6. ädgülüg ädräm-lig arïγ sämäk atlïγ bodïsatv 对应于"功德林菩萨"。

8. mχasatv<梵文 mahā-sattva"摩诃萨",是菩萨的尊称。[3]

11—12. ke[rtgünč] aγïlïq 对应于"信藏",čaχšaput aγïlïq 对应于"戒藏",uvut aγïlïq 对应于"惭藏",ayat aγïlïq 对应于"愧藏",esidmek aγïlïq 对应于"闻藏",buši bermek aγïlïq 对应于"施藏",bilge bilik aγïlïq 对应于"慧藏",ögmek aγïlïq 对应于"念藏"。

13. tutmaq aγïlïq 对应于"持藏",tïlaŋurmaq aγïlïq 对应于"辩藏"。

15. nom-lar-nïŋ quruγ-ï 对应于汉文的"法空",也叫作"法无我",否定个人的存在包含各种实体性要素,认为一切由缘起产生,而没有实体的真理观。[4]

15—16. alqu nom-lar-nïŋ belgü-siz-i 对应于汉文的"一切法无相"。alqu nom-lar-nïŋ küsüš-süz-i 对应于汉文的"一切法无愿"。

17. alqu nomlar-nïŋ simäksiz-i 对应于汉文的"一切法无作"。在甘肃省博物馆收藏的回鹘文《八十华严》残经中,simäksiz 一词与 iššsiz 连用,共出现两次,一处对应于"无功用",一处对应于"无作"。[5] 该残片中 simäksiz 单独使用,对应于"无作"。

17—18. alqu nom-lar-nïŋ bölmäk-siz-iŋä adïrulmaq-sïz-ï 对应于汉文的"一切法无分别"。

19. alqu nom-lar-nïŋ tayaq-sïz-ï 对应于汉文的"一切法无所依",tayaq-

---

[1] 羽田亨:《トルコ文華嚴經斷簡》,《羽田博士史学論文集》下卷,第185页。
[2] 中村元:《佛教語大辭典》,東京:東京書籍,1981年,第656页。
[3] 中村元:《佛教語大辭典》,第1277页。
[4] 中村元:《佛教語大辭典》,第1231页。
[5] 耿世民:《回鹘文〈八十华严〉残经研究(续)》,氏著:《维吾尔古代文献研究》,第365、373页。

在回鹘文献中常对应于汉语的"依、所依"。[1] alqu nom-lar-nïŋ ülgülükläri bolmaɣuluq-ï 对应于汉文的"一切法不可量"。

20. alqu nom-lar-nïŋ üz-älüksiz-i 对应于汉文的"一切法无有上"。

20—21. alqu nom-lar-nïŋ alp ärtgülük kečgülük-i 对应于汉文的"一切法难超越"。alqu nom-lar-nïŋ-k tuɣmaqsïz-ï 对应于汉文的"一切法无生"。为了使页面好看整齐,该文献常出现行面没有写满时,却重复书写最后一个文字的情况。因为回鹘文字 ŋ 是由 n 和 k/g 组合的,所以最后一个文字写成了 k 或 g。

24. turïtmaq-sïz turqïɣlanmaq-sïz 对应于汉文的"不怯弱"。[2]

28. nom oɣuš-ï 对应于汉文的"法界"。法的世界,即表示世界、宇宙,也表示真如、法性。[3]

30. kök qalïq oɣuš-ï 对应于汉文的"虚空界"。

32—33. nirvan oɣuš-ï 对应于汉文的"涅槃界",表示完全解脱的境界。[4]

33—36. arïtmïš od 对应于汉文的"过去世"。kelmädük öd 对应于汉文的"未来世"。[köz-]ünür öd 对应于汉文的"现在世"。佛教中的时间区分,表示过去、现在、未来三个时间段。

37. alqu klp-lar-ta kirmäk 对应于汉文的"入一切劫"。

44. üz-äliksiz köni töz tuymaq 对应于汉文的"阿耨多罗三藐三菩提"。在吐鲁番出土的回鹘文《维摩诘所说经》中,该词都以 tözgärinčsiz [yeg üs] tünki tüzü köni [tuymaq] burχan qutï 的形式出现,有关例证可见于编号为 U1809a、U770+U 771+U 1746+U1760B、U 1549、U 1732 的文献中。[5] 汉文则翻译成"无上正等觉、无上正真道、无上正遍智"等,是佛的最上绝对完全的智慧。[6]

---

[1] 庄垣内正弘:《古代ウイグル文阿毗達磨俱舍論實義疏の研究》II,京都:松香堂,1993年,第347页。

[2] Древнетюркский Словарь. Ленинград, 1969, стр. 587.

[3] 中村元:《佛教語大辭典》,第1249页。

[4] 中村元:《佛教語大辭典》,第1076页。

[5] Peter Zieme, *Vimalakīrtinirdeśasūtra* (=Berliner Turfantexte XX), Brepols, 2000, S.78, 134, 136, 140.

[6] 庄垣内正弘:《古代ウイグル文阿毗達磨俱舍論實義疏の研究》II,第7页。

45. öni tügädmis-lär 对应于汉文的"已出",可翻译成"已经出世"。ön- 为动词,表示"长出"之意。

48. artuq-后面的字不全,应写在了另一张纸的开头部分,对应于汉文部分的"不增不减"。

叁、回鹘文《华严经·毗卢遮那品》残叶研究

《毗卢遮那品》讲佛在菩提场初成正觉,道场无量庄严,金刚座上的遮那佛身万德圆满。普贤称说这是由于毗卢遮那过去世为大威光太子时供养诸佛广修无量妙行的广大功德庄严成就。这里所刊残卷涉及的就是《毗卢遮那品》中部内容的一段。写本残片为一大张纸,分4面书写,为便于叙述,这里分别以 IIIA、IIIB、IVA、IVB 标示,其中 III、IV 表示页面前后顺序,A、B 表示文献的正面和背面。下面是对该文献的拉丁文转写、翻译和简单注释。

一、拉丁字母转写及汉译

IIIA(图5)
[一切功德山须弥胜云佛,为大威光菩萨而说颂言:]

01(1). ol kiši-lär temin alqu burxan-lar uluš-ïn etgäli yaratɣalï uyur-lar .
彼人乃能够装饰诸佛刹。

02(2). birär birär tïnl(ï)ɣ-lar üčün k(a)lp-lïɣ taluy-lar ärtginčä tägz-inip
为一一众生,轮回劫海,

03(3). tolïnïp öz köngül-läri ärinmäksiz ärmägürmäksiz bolmaq-ïn-tïn ken-intä
其心成为不怠惰之后,

04(4). yertinčü-täki-lär-ning yolčï yerči baxšï-sï bolur-lar : birär birär burxan
才能成为世间之导师。供养一一佛,

05(5). -lar-qa tapïnïp udunup kälmädük öd-nüng uči qïdïɣ-ï alqïnɣïnčaqatägi
在未来际之边缘,

06(6). köngül-lär-intä anča-q(ï)y-a ärinmäksiz ärmägürmäksiz bolmaq-ïntïn ken
其心成为不怠惰之后,

07(7). -intä üz-äliksiz yol-ïɣ bulur-lar : üč ödki alqu burxan-lar birgärü
才能获得无上道。愿三世之所有佛在一起,

19

图5 兰山范氏藏敦煌本回鹘文《八十华严·毗卢遮那品》ⅢA

08(8). säning küsüš-üng-in qanturɣay-lar . alqu burχan-lar-nïng qovraɣ-ïnta säning

圆满你的愿望。愿在一切佛之集会中，

09(9). ät'öz-üng anta ornanïp turɣay . alqu qamaɣ ančulayu kälmiš-lär uč-suz qïdïɣ

你的身躯安住在那里。一切如来在无有边

10(10). -sïz tanɣarïɣ qut küsüš öritmiš-lär . uluɣ bilgä biligig ötgürmiš-lär topul

誓愿，通达大智者，

11(11). -miš-lar bu al-ïɣ altaɣ-ïɣ bilgäli uyur-lar . uluɣ y(a)ruq yltrïq manga tapïn

能知此方便。大光供养于我，

12(12). -maq udunmaq-ïng üz-ä bulɣay-s(ä)n uluɣ čoɣ-luɣ yalïn-lïɣ küčüg . parmanu-lar

会得到大威力。

IIIB(图6)
avatansaka ekinti čir baštïnqï ülüš beš y(i)girmi

华严二帙一册十五

13(1). san-ïnča tïnl(ï)ɣ oɣlan-lar-ï-nïng kušalamul-lar-ïn bïšurup tayanmaq-qa üläšürgäy

愿微尘数的众生，修善根，向修行。

14(2). -s(ä)n . alqu samantabadri bodis(a)tv-nïng yoruq-ïnga bïšrundačï uluɣ at-lïɣ kü

一切修习普贤菩萨之行的大名称菩萨，成为你的眷属，

15(3). -lüg bodis(a)tv-lar tirin-ing qovraɣ-ïng bolup burχan-lar uluš-ï-lïɣ taluy

装饰佛刹海，

16(4). -uɣ etip yaratïp nom oɣuš-ïnta tüz-ü yapa bolɣay-s(ä)n tep

祝能遍及佛界，[一切功德山，须弥胜云。佛这样]说道。

17(5). y(a)rlïqadï : alqu burχan oɣlan-lar-ï-y-a siz-lär inčä bilinglär uluɣ

诸佛子，你们应该知道，

21

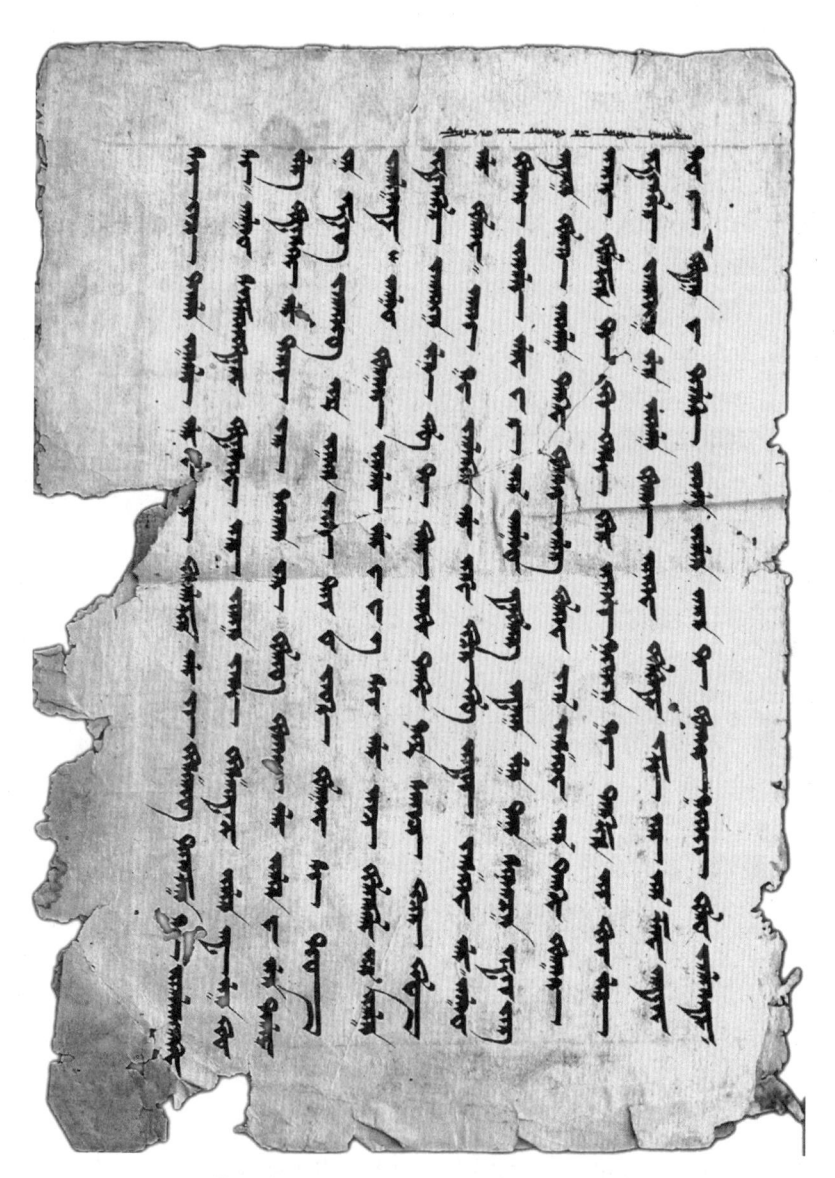

图6 兰山范氏藏敦煌本回鹘文《八十华严·毗卢遮那品》IIIB

18(6). etiglig yaratïγ-lïγ k(a)lp-ta gang öküz-täki qum sanïnča kičig k(a)lp
在大庄严劫中，有恒河之沙数的小劫，

19(7). -lar boltï ：anta-qï yal(ï)nguq-lar eki kičig k(a)lp ödün yašatï-lar：alqu
那里的人寿命二小劫。

20(8). burχan oγlan-larï-y-a ol alqu ädgülüg adruq-luγ taγ suqančïγ ediz yeg
诸佛子！那个一切功德须弥胜云佛，

21(9). adruq bulut atl(ï)γ t(ä)ngri burχan elig koltï yïl yašatï . ol t(ä)ngri burχan
寿命五十亿岁。

22(10). nirvan bolmïš-ta ken basa bir ïntïn qïdïγ-qa tägmiš uz köz-lüg
彼佛灭度后，名叫波罗蜜善眼庄严佛，

23(11). etiglik yaratïγ-lïγ atl(ï)γ burχan ünti b(ä)lgürdi . y(ä)mä ök ol mani ärdini
在那里出世。亦在那个摩尼

24(12). χu-a budïq-ï tilgän atl(ï)γ uluγ arïγ-ta burχan qutïn bulu y(a)rlïqadï .
华枝轮大林中成正觉。

IVA（图7）

25(1). ol ödün uluγ čoγ-luγ yalïn-lïγ y(a)ruq-luγ urï ol ančulayu kälmiš-ning burχan
那时，大威光童子，得到彼如来之佛果，

26(2). qutïn bulup riti bögülänmäk-lig küčün körgitmiš-ig körüp ol oq
见到其显现的神通力，

27(3). ödün učsuz qïdïγ-sïz taluy aγïlïq-ï qapïγ tegli burχan-ïγ ömäk-lig
即得到名叫无边海藏门的念佛三昧。

28(4). samadi dyan-ïγ bultï ：uluγ bilgä bilig küčlüg nomluγ kölmän atl(ï)γ
得到名叫大智力法渊之禅定。

29(5). dyan-ïγ bultï ：tüz-ü tïnl(ï)γ-lar-qa iyin bolup turuldurup yavaldurup
得到名叫普随众生调伏度脱的

23

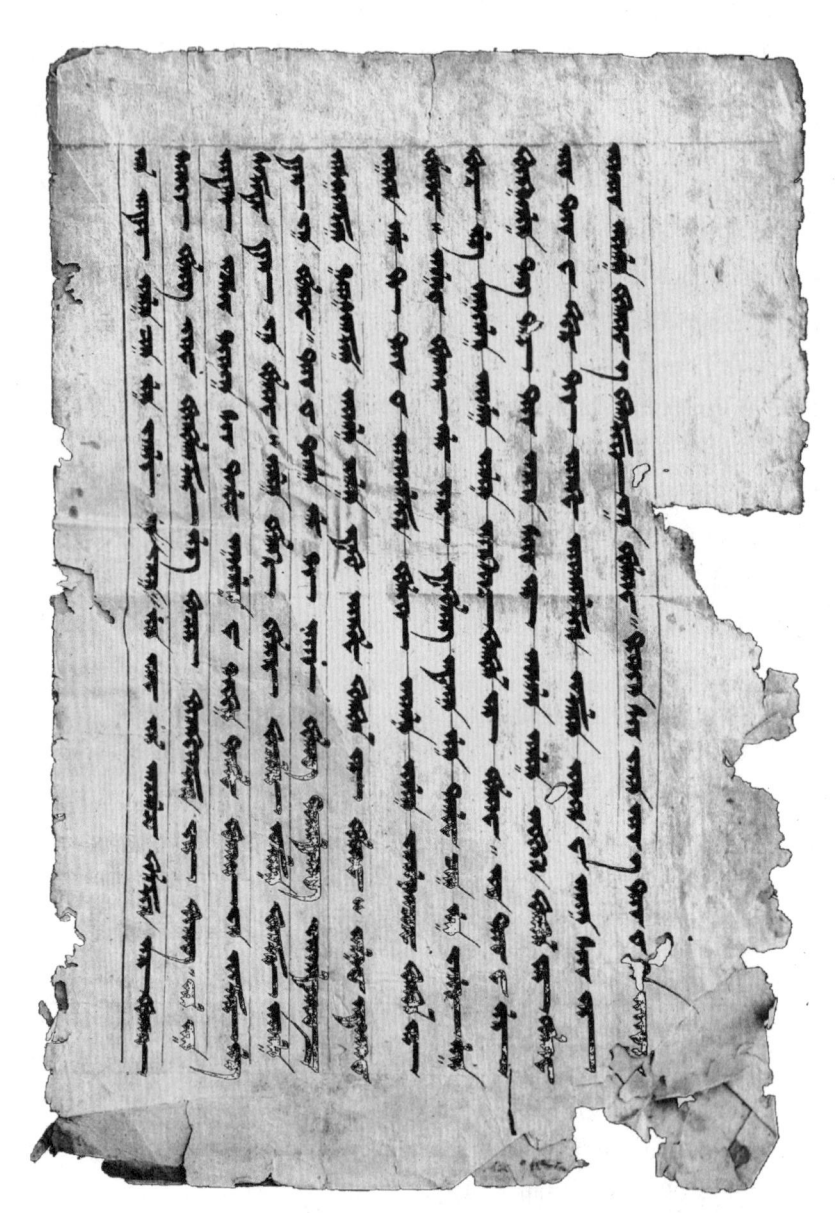

图7 兰山范氏藏敦煌本回鹘文《八十华严·毗卢遮那品》ⅣA

30(6). ozɣurmaq qutɣarmaq atl(ï)ɣ uluɣ ädgü ögli köngül-üg bultï： alqu adɣanɣu
大慈恩之心。

31(7). oɣuš-lar-ta tüz-ü örtülmiš bulït atl(ï)ɣ uluɣ y(a)rlïqančuči köngül-üg
得到名叫遍覆一切境界云的大慈悲之心。

32(8). bultï： alqu burχan-lar-nïng ädgülüg adruq-luɣ taluy čoɣ-luɣ yalïn-lïɣ
得到名叫一切佛功德海威力藏

33(9). küč-lüg aɣïlïq atl(ï)ɣ uluɣ ögrünč köngül-üg bultï：nom töz-i-lig
的大喜之心。得到名叫

34(10). kökqalïq-täg täng tüz arïɣ süz-ük atl(ï)ɣ uluɣ apekš köngül-üg bultï：
法性虚空平等清净的大舍之心。

35(11). öz tözi kkir-tin öngi üdrülmiš nomluɣ oɣuš-ï arïɣ süz-ük
得到名叫自性离垢法界清净身的般若波罗蜜。

36(12). ät'öz atl(ï)ɣ praty-a-paramit-ïɣ bultï：tïdïɣ-sïz y(a)ruq üz-ä tüz-ü-tä iyin
得到名叫无碍光普随现的

IVB（图8）
avatansaka ekinti čir baštïnqï ülüš altï y(i)girmi
华严二帙一册十六

37(1). körkitgülük atl(ï)ɣ riti bögülänmäk-ig bultï：kkir-tin öngi üdrülmäk
神通。得到

38(2). -lig kölmän-kä uz kögürdäči atl(ï)ɣ tïlangurmaq ädräm-ig bultï：alqu
名叫善入离垢渊的辩才。

39(3). burχan-lar-nïng nomluɣ arïɣ süz-ük aɣïlïq-ï atl(ï)ɣ bilgä biliglig y(a)ruq
得到名叫一切佛法清净藏的智光。

40(4). -uɣ bultï. muntaɣ osuɣluɣ-ta ulatï on mïng nom qapïɣ-lar-ïn barča
通过这些十千法门皆得通达。

41(5). -nï ötgürgäli topulɣalï boltï. ol ödün uluɣ čoɣ-luɣ yalïn-lïɣ y(a)ruq-luɣ

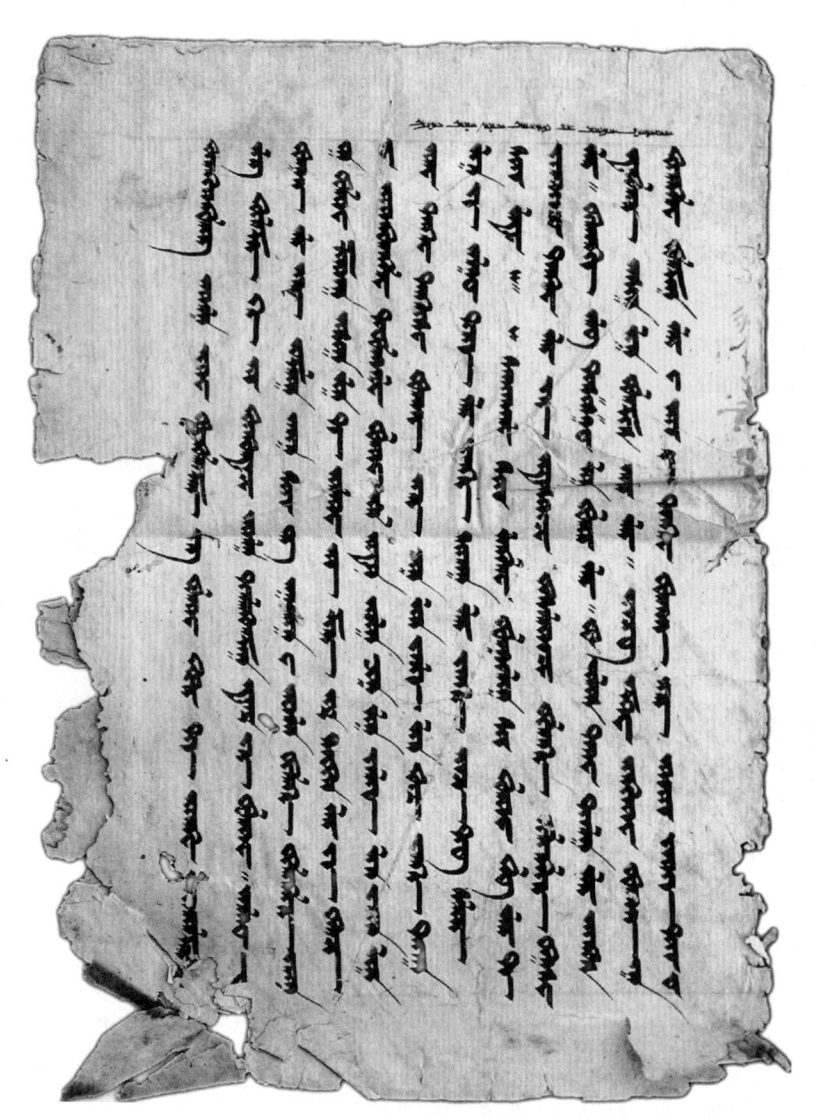

图8　兰山范氏藏敦煌本回鹘文《八十华严·毗卢遮那品》ⅣB

那时，大威光童子，

42(6). urï t(ä)ngri t(ä)ngrisi burxan-nïŋ čoγ-luγ yalïn-lïγ küč-ingä tayaq
通过佛之威力，

43(7). -lïγ-ïn alqu tirin-läringä qovraγ-lar-ïnga inčä tep šlok
对所有眷属这样说颂言。

44(8). söz- lädi ∷ saqïnγalï söz-lägäli bolγuluq-suz kolti k(a)lp-lar-ta
在不可思议的亿劫中，

45(9). yertinčü-täki-lär-ig uduztačï bašlatačï bilgä biliglig baxšï
指导世间众生的导师

46(10). -lar ：birärkin alp tušušγu-luq bolurlar . bu uluš-taqï tïnlïγ-lar öküš
将难遇。此世间众生

47(11). ädgülüg asïγ-lïγ bolmïš ärür-lär ：inčip amtï ekinti burxan-ïγ
有很多善利，故得见第二佛，

48(12). körgäli bolmaq-lar-ï üz-ä t(ä)ngri burxan-nïŋ ät'öz-intin tüz-ü
见到佛身普[放大光明]……

二、汉文原文

[大方广佛华严经卷第十一，毗卢遮那品第六]

一一微尘中，无量劫修行，彼人乃能得，庄严诸佛刹。
为一一众生，轮回经劫海，其心不疲懈，当成世导师。
供养一一佛，悉尽未来际，心无暂疲厌，当成无上道。
三世一切佛，当共满汝愿，一切佛会中，汝身安住彼。
一切诸如来，誓愿无有边，大智通达者，能知此方便。
大光供养我，故获大威力，令尘数众生，成熟向菩提。
诸修普贤行，大名称菩萨，庄严佛刹海，法界普周遍。
　　诸佛子！汝等应知，彼大庄严劫中，有恒河沙数小劫，人寿命二小劫。
　　诸佛子！彼一切功德须弥胜云佛，寿命五十亿岁。彼佛灭度后，有佛出世，名波罗蜜善眼庄严王，亦于彼摩尼华枝轮大林中而成正觉。尔时，大威光童子，见彼如来，成等正觉、现神通力，即得念佛三昧，名无边海藏门；即得陀罗尼，名大智力法渊；即得大慈，名普随众生调伏度脱；即得大悲，名遍覆一切境界云；即得大喜，名一切佛功德海威力藏；即得大舍，名法性虚空平等清净；即得般若波罗蜜，名自性离垢法界清净身；即得神通，名无碍光普随现；即得辩才，名善入离垢渊；即得智光，名一切佛法清净藏。如是等十千法门，皆得通达。尔时，大威光童子，承佛威力，为诸眷属，而说颂言：

不可思议亿劫中，导世明师难一遇，
此土众生多善利，而今得见第二佛。
佛身普放大光明，色相无边极清净，
如云充满一切土，处处称扬佛功德。[1]

三、简单注释

小字 avatansaka ekinti čir baštïnqï ülüš beš y(i)girmi：čir 应为"帙"的回鹘汉字音形式。该词也出现在羽田氏研究的回鹘文《四十华严》片段中。羽田氏读作 čar(čär)，但未能解说其语义。[2] 瓦林科(Ingrid Warnke)研究的回鹘文《慈悲道场忏法》中见 on küin bir čir qïlturup bütürtdi"十卷编为一帙"，证明十卷当为一帙。[3] 在这里的 küin 为汉字"卷"的对音形式。在我们研究的这个文献里，汉语借词 küin 被突厥语词 ülüš"分、部分"所代替。汉文本《八十华严》开头为"大方广佛华严经卷第十一"，其下一行是"毗卢遮那品第六"。回鹘文本中前一句翻译为 avatansaka ekinti čir baštïnqï ülüš，而下一句"毗卢遮那品第六"在回鹘文中未见翻译。此外，回鹘文中出现的 beš y(i)girmi 也未见于汉文本中。在耿世民刊布的回鹘文《八十华严》中同样出现这种形式，但后面带有 käp 一字。耿世民根据《突厥语大辞典》中的解释(做砖、坯的模子)，将该词翻译为"版"：awatansaka ikinti čir türtünč ülüs toquz käp"华严二帙四册九版"。[4] 笔者认为 käp 似为汉语借词"叶"一词的音译形式，是抄经者根据叶数补加上的。在回鹘文 Insadi-sūtra 经中，回鹘文经文的左旁中央写有汉字"…叶"，似乎可以说明这一点。不过值得注意的是"叶"字属于喻四，《广韵》与涉切，声母应

---

[1]《大正藏》第 10 册，No.279，页 56b~c。
[2]《羽田博士史学論文集》下卷，第 203 页。
[3] I. Warnke, *Eine buddhistische Lehrschrift über das Bekennen der Sünden-Fragmente der uigurischen Version des Cibei-daochang-chanfa*, Berlin, 1978, S.52.
[4] 耿世民：《回鹘文〈八十华严〉残经研究》，《民族语文》1986 年第 3 期，第 59~65 页。

读作[j]。那么,喻四有没有读作k的可能性呢?根据《中原音韵》,在元代喻四与疑母已经出现合流,已经分不清区别。伊斯坦布尔藏汉文《法华经》(吐鲁番文书No.22)难字音注中也有疑母注以母的例子(盬音严)。[1] 而疑母在回鹘汉字音中多读作g/k。[2] 这证明喻四读作k/g的可能性是存在的。该字韵母部分的反切字为"涉",属咸摄叶韵,可构拟为ïεp,在回鹘文文献里应读作ep。[3]

01. temin:本文献中对应于汉语的"乃"。《突厥语大辞典》中马合木提·喀什赫尔将该词解释为"刚才":temin keldim"我刚到"。[4] temin一词常与ök连用,对应于汉语的"方"。anï adqandačï nizvanïlar(ïγ) birdämläti taryarmïš ödtä timin ök adï bolur üčün tarïqmaq tip"缘彼烦恼究竟断时方名断故"。[5] etgäli yaratγalï 对应于汉语的"庄严"。其词根为et-"作"和yarat-"创造"。由这些词根组成的固定搭配形式itiglik yaratïγlïq出现在吐鲁番出土的回鹘文《维摩诘所说经》,有关例证可见于编号为U 1790、U 1596、Mz 851a等文献中,对应于汉语的"有为"。[6] itiglik也在该文献单独使用,对应于汉语的"严饰"(U 1596)、"庄严"(U 1596)、"有为"(U 1766+U 768+U767)。[7]

07. üz-äliksiz yol对应于汉语的"无上道",表示"最高的教义、最高的觉悟"。[8] üč öd对应于汉语的"三世",表示佛教中时间的三个阶段,即"过去、现在、未来"。[9]

09. ančulayu kälmiš表示"如来",在该文献中,"如来"还以"kirtüdin

---

[1] 高田时雄:《敦煌·民族·语言》(世界汉学论丛),北京:中华书局,2005年,第166页。
[2] 庄垣内正弘:《ロシア所藏ウイグル語文献の研究——ウイグル文字表記漢文とウイグル語仏典テキスト—》(ユーラシア古語文獻研究叢書1),京都:京都大学大学院研究科,2003年,第83页。
[3] 庄垣内正弘:《ロシア所藏ウイグル語文献の研究——ウイグル文字表記漢文とウイグル語仏典テキスト—》(ユーラシア古語文獻研究叢書1),第83页。
[4] Mahmud Kashghari, *Divanü lugat-it-türk Tercümesi*, T. I, Ankara, 1939, S.409.
[5] 庄垣内正弘:《古代ウイグル文阿毗達磨俱舍論實義疏の研究》II,第359页。
[6] Peter Zieme, *Vimalakīrtinirdeśasūtra* (=Berliner Turfantexte XX), Brepols, 2000, S.70, 78, 100.
[7] Peter Zieme, *Vimalakīrtinirdeśasūtra* (=Berliner Turfantexte XX), S.76, 77, 128.
[8] 中村元:《佛教語大辭典》,第1333页。
[9] 中村元:《佛教語大辭典》,第478页。

kälmiš"形式出现。

10. tanɣarïɣ 对应于汉语的"誓愿"。有与 küsüš 连用的例子：anča anča üklisär ašïlsar ymä bodïsatv-lar-nïng tanɣarïɣ-ï küsüš-i ymä ök yalnguz-ïn yivinmäz。[1]

11. uluɣ y(a)ruq yltrïq 后面有一个单独夹写的 q 字。

12. uluɣ čoɣ-luɣ yalïn-lïɣ küč 对应于汉语的"大威力"。parmanu<梵文 paramān u"微尘"。

13. kušalamul-lar-ïn bišurup tayanmaq-qa üläšürgäy-s(ä)n 为汉文"成熟向菩提"的突厥语译文。kušalamul<skt. kuśala-mūla"善根"，善德的根本，正确的行为。[2] tayanmaq 常对应于汉语的"行"：alqu tayanmaq ülügsüz"一切行无常",[3]"行"在佛教用语中表示为成佛而进行的修行。在这里应对应于汉文的"菩提"。

20. ol alqu ädgülüg adruq-luɣ taɣ suqančïɣ ediz yeg adruq bulut 为"彼一切功德须弥胜云佛"的回鹘文译文。ädgü adruq 对应于汉文的"功德"。"胜"一词用 suqančïɣ ediz yeg adruq 四个突厥语词来表示。这与"须弥"只用 taɣ 来表示形成了鲜明的对比。"须弥"也译作"妙高山"，回鹘文佛教文献多译作 sumir taɣ。sumir<toch.A Sumer<skt. Sumeru。

22—23."波罗蜜"翻译为 ïntïn qïdïɣ-qa tägmiš"到达彼岸"。"波罗蜜"表示"绝对、完全"等意,汉文早期译作"度"，唐代译作"到彼岸"。在回鹘文佛教文献里多译作 paramit<skt. pāramitā。

28. kölmän 表示"深",[4] 在这里对应于汉语的"渊"。该文献中 kölmän 的回鹘文字 l 被漏写。

29. dyan"禅定"可能是误写,因为在汉文中与之对应的汉字是"陀罗尼",而"陀罗尼"在回鹘文献中用 tarni ~ darni"咒"<skt. dhāran ī 来表示。[5]

34. uluɣ apekš 对应于汉文的"大舍"。apekš 是 upekš<skt.upeks ā 的误

---

[1] 庄垣内正弘:《古代ウイグル文阿毗達磨俱舍論實義疏の研究》II,第 88 页。
[2] 中村元:《佛教語大辭典》,第 849 页。
[3] 庄垣内正弘:《ロシア所蔵ウイグル語文獻の研究——ウイグル文字表記漢文とウイグル語仏典テキスト—》(ユーラシア古語文献研究叢書1),第 282 页。
[4] Древнетюркский Словарь, Ленинград, 1969, стр. 314.
[5] Peter Zieme, *Vimalakīrtinirdeśasūtra* (=Berliner Turfantexte XX), S.193.

写。唯识说十一善心所中的一个,是指能使人远离惛沈、远离掉举,处于平等、平安状态的作用。[1]

36. praty-a-paramit 对应于汉文的"般若波罗蜜"(praty-a<skt. prajñā"般若、智慧",paramit<skt. pāramitā"波罗蜜"),表示"智慧的完成、完全的智慧"。[2]

37. kögürdäči 可能是 kigürdäči"入"的误写。对应的例子见于回鹘文《维摩诘所说经》中:alqu nom y(a)rl(ï)ɣ[-lartïn utm]ïš yegädmiš tetir: uluɣ ädgü ö[gli] uluɣ y(a)rl(ï)qanču[čï köngül-kä kig]ürdäči tetir:"众经之上,入大慈悲"。

39. aɣïlïq 对应于汉文的"藏",表示"库、集结、教导",即安慧所说的一切杂染法的种子的住处。[3] 此处,回鹘文字 l 被漏写。

44. saqïnɣalï söz-lägäli bolɣuluq-suz 对应于汉文的"不可思议",在兰州本回鹘文《八十华严·十无尽藏品》中则以 saqïnɣuluqsïz söz-lägülüksiz 形式出现。

原文本分为两部分,分别刊于《敦煌研究》2007 年第 2 期,第 74~81 页和《内陸アジア言語の研究》第 22 号,2007 年,第 39~52 页,与阿依达尔·米尔卡马力合撰。在统合过程中,对题目、行文等略有相应变通。

---

[1] 中村元:《佛教語大辭典》,第 605 页。
[2] 中村元:《佛教語大辭典》,第 1116 页。
[3] 中村元:《佛教語大辭典》,第 883 页。

第二章　敦煌本回鹘文《阿毗达磨俱舍论实义疏》研究

一、概说

回鹘文《阿毗达磨俱舍论实义疏(Abhidharma-kośa-bhāṣya-ṭikā Tattvārtha-nāma)》(以下简称《实义疏》)现存写本一卷,藏伦敦大英图书馆,编号为 Or. 8212/75A－B(旧编号为 Ch. xix.001－002),1907 年斯坦因发现于敦煌。为薄纸册子本,共两册。第一册 149 叶(298 面),原写本上用汉字标叶码 1~149;第二册首端残缺,81 叶(162 页),原写本上用汉字标叶码 25~105。共计 230 叶(460 面),7 015 行,是现存回鹘文献中篇幅最大、保存最完好的写本之一。

纸质薄韧,纸幅大小约为 17×13.2 厘米,每面书 15 行,文中常夹写汉字,边上有用汉字写的叶码,字体为晚期草体回鹘文。据字体,写本属元代,但拼写法基本为古典式的,即一般不见 s 和 š、t 和 d 交替使用的情况。20 世纪 30 年代,王重民先生曾到英、法等国家拍摄敦煌文献,中有英藏 Or. 8212/75A－B 回鹘文文献(图 9)。照片清晰显示,Or. 8212/75A－B 两册均有上、下栏,天头标有汉文页码,第一册(75A)除 149 叶外,含另一编页码至"十五"的回鹘文《观音经相应譬喻谭》(《譬喻谭》),中缺"二"、"三"叶,故计 13 叶。与前种文献同,亦一叶双面,除个别纸张外,大多一面 15 行。第二册(75B)首尾残,81 叶(162 面),原写本天头所标汉文页码从"二十五"起,迄"一百五",中缺第 86 叶。王重民先生拍摄时从结尾开始拍照,将"一百五"当作第一叶来拍的同时,他所编页码中有两个"1",故到最后时共"80"叶。

该书的原文作者为 5~6 世纪印度著名注释家安惠(Sthiramati)。据《成唯识论述记》卷一记载,安惠曾"即糅杂集,救俱舍论,破正理师"。[1] 所谓正理师是指众贤一派的有部学者。安惠的《实义疏》就是来驳斥正理

---

[1]　《大正藏》第 43 册,No.1830,页 231b。

第二章 敦煌本回鹘文《阿毗达磨俱舍论实义疏》研究

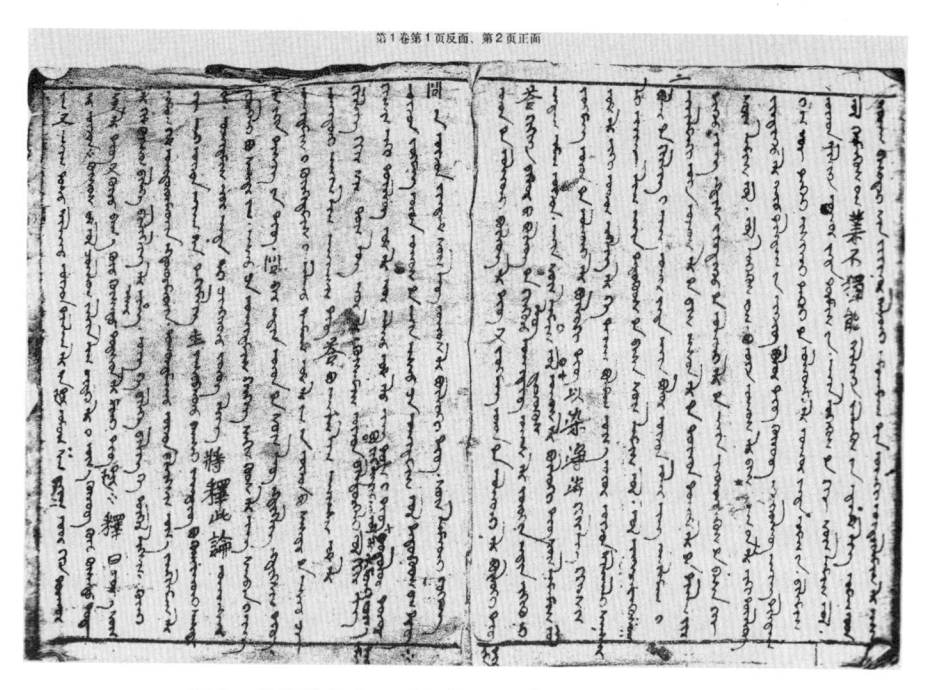

图9 英藏敦煌本回鹘文《实义疏》卷一（Ch. xix.001）

师以挽救世亲之《俱舍论》的。此书的汉文本早已失传，仅在敦煌石窟中发现有五卷残本，现已收入《大正藏》第29册，从其内容看，当为节译本。最近发现的北图女40号等为第三卷完本。[1] 据说有蒙古语译本传世，但未知详情。现知者仅有藏文本比较完整，但也已不全。回鹘文本译者或编者为名叫无念（Asmrta）的法师。所依原文当为汉本，因为抄本中杂有不少汉字，卷首以汉字标明题目"阿毗达磨俱舍论实义疏卷第一"。其回鹘译文中也明显带有汉文文体特征，书手为生于沙州、名唤吐坎·铁木耳（Tükäl Tämür）的人。第一个对此写本作初步研究的是日本学者羽田亨。他在《回鹘文本安慧の俱舍论实义疏》中，对Or. 8212/75A－B文献结构进行分析，误认为Or. 8212/75A的第二种文献《观音经》为《实义疏》的一部分。文中注意到Or. 8212/75A中出现的所有纪年题识，包括蒙文"光绪三十年"题记。然而，羽田亨先生对所有题记无详细的分析，只做出了猜测，认为"光

---

[1] 苏军：《敦煌本安慧〈阿毗达磨俱舍论实义疏〉发现汉译新本》，《佛学研究》第2期，1992年，第270~286页；又见方广锠主编：《藏外佛教文献》第1辑，北京：宗教文化出版社，1995年，第169~250页。

33

绪三十年"的题写是后人所为。[1] 由于该写本字迹潦草,加上文义相当深奥,故研究者不多,直到1970年,才由土耳其学者特肯影印刊布了全部写本。[2] 深入全面的研究也是到近年才得以完成的。[3]

二、关于回鹘文写本《阿毗达磨俱舍论实义疏》的发现

关于回鹘文写本《实义疏》发现的时间,学界都认定为1907年,由斯坦因于敦煌所获,殆无异议。牛汝极先生更明确地指出,该文献系"1907年斯坦因发现于敦煌元代洞窟181窟"。[4] 而在另一场合,他又说:"Or. 8212共一千九百四十六个分号,主要是斯坦因第三次中亚探险所获文书,其中Or. 8212/1－195专收各种文字写在一起的双语文书,出土点不一,包括部分重要的敦煌汉、藏、回鹘、于阗、粟特文文书。"[5]

众所周知,斯坦因第三次中亚探险于1913～1916年间进行,到达敦煌的时间应该是1914年。翻阅斯坦因第三次中亚探险后所整理出的《亚洲腹地考古图记》,可以看到斯坦因在千佛洞的如下活动:

[王道士]现在的储藏室是一个凿在岩石中的佛龛。在那里他取出了两个大箱子,箱子里塞满了保存得很好的手稿卷子。我迅速翻阅了几份卷子。它们字体看起来都比较工整,纸张也很好看,看起来属于那些浩如烟海的宗教典籍,大多是唐朝以来的佛教典籍。[6]

王道士想出手的这些卷子几乎都很大,而且保存得都特别好。经过几

---

[1] 羽田亨:《回鶻譯本安慧の俱舍論實義疏》,氏著:《羽田博士史学論文集》下卷《言語・宗教篇》,京都:同朋舍,1975年,第148～182页。
[2] S. Tekin, *Abhidharma-kośa-bhāṣya-ṭikā Tattvārtha-nāma. The Uigur translation of Sthirmati's Commentary on the Vasubandhu's Abhidharmakośāśastra: Abidarim koṣavardi ṣastr I*, New York, 1970.
[3] 庄垣内正弘:《古代ウイグル文阿毗達磨俱舍論實義疏の研究》第Ⅰ～Ⅲ卷,京都:松香堂,1991～1993年。
[4] 牛汝极:《维吾尔古文字与古文献导论》,乌鲁木齐:新疆人民出版社,1997年,第179页。
[5] 季羡林主编:《敦煌学大辞典》,上海:上海辞书出版社,1998年,第796页。
[6] [英]斯坦因著,巫新华等译:《亚洲腹地考古图记》第1卷,桂林:广西师范大学出版社,2004年,第512页。

天的谈判,斯坦因花 500 两银子买到了这两箱经卷。但是,斯坦因所描述的经卷中无我们所谈的回鹘文文献,而且,图记所附也未见该文献图片。此次探险,斯坦因似乎也没有去元代 181 窟(即敦煌研究院编 464 窟),他对当时的活动是这样叙述的:

> 做过这些交易后,在我回到长城线之前,还有一点时间,我就重新拜访了千佛洞数以百计的石窟中最著名的那几个。[1]

所以,如果仅根据 Or. 编号即认定该回鹘文文献系由斯坦因在第三次中亚探险中所获得是不够准确的。

斯坦因第二次中亚探险的报告书为《西域考古图记》。在第二十四章的"千佛洞的织物和写卷"中专记回鹘文文献:

> 装订成书的写卷保存得都很好。罗斯博士辨认出,第一本 Ch. xix.001 是对安慧的评论,整本书显然都是从汉文版翻译过来的。这一著作的另一部分见于小书 Ch. xix.002 中,两本书加起来 520 页……这些书的字体很像蒙古文,加上书的纸张很薄,与千佛洞其他写卷都不相同,于是我们一开始就觉得,它们可能年代较晚。是罗斯博士 1912 年研究一本书 Ch. xix.003 题识中的日期相当于公元 1350 年。如此看来,回鹘文写卷可能年代较晚,但这与大量考古学证据证明的石室的封闭时间显然不符,上文我曾提到过该如何解释这一矛盾。我的观点于伯希和先生完全吻合。我认为,这些结构和字体都与藏品中其他回鹘文写卷大不相同的书,本来不是放在石室之中的,而是王道士在清理足有半英里远以北的小石窟时得到的。那些小石窟无疑是元朝时代开凿的。在其中两个尚无动过的小石窟中,伯希和先生本人就发现了 13~14 世纪的写卷和印刷品残件。在结尾,我还要添上一句:我在藏经洞中发现,卷轴一般都深埋在普通包裹里,而这些回鹘文书籍则是推开放在内容驳杂、堆放松散的包裹顶上。[2]

---

[1] [英]斯坦因著,巫新华等译:《亚洲腹地考古图记》第 1 卷,第 514 页。
[2] [英]斯坦因著,中国社会科学院考古研究所译:《西域考古图记》第 2 卷,桂林:广西师范大学出版社,1998 年,第 512 页。

在《西域考古图记》中,还分别对 Ch. xix.001 和 Ch. xix.002 进行描述,并附有 2 幅插图(见图 10、11):

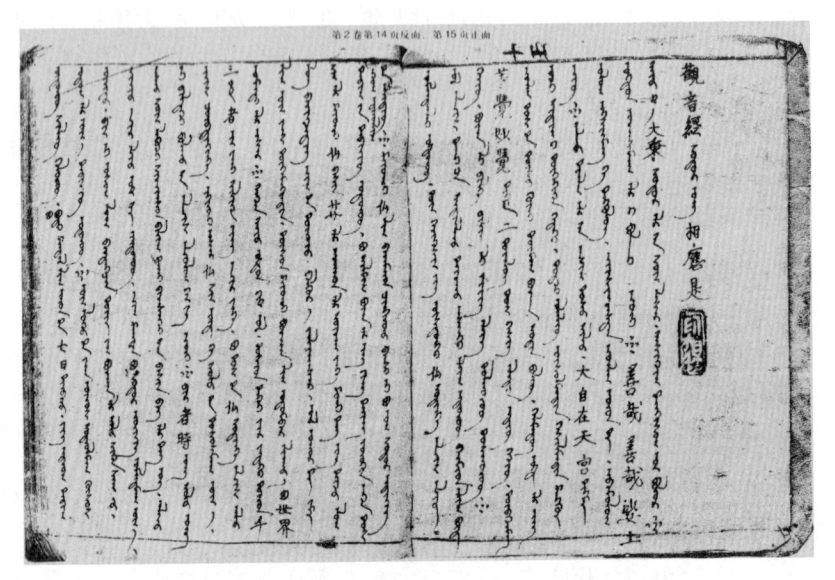

图 10　英藏敦煌本回鹘文《实义疏》卷二(Ch. xix.001)

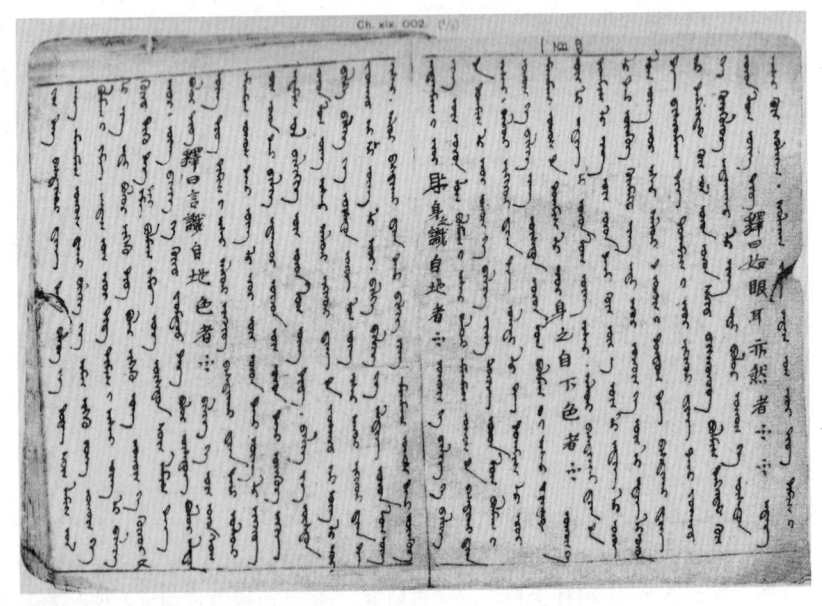

图 11　英藏敦煌本回鹘文《实义疏》卷二(Ch. xix.002)

第二章 敦煌本回鹘文《阿毗达磨俱舍论实义疏》研究

　　Ch. xix.001,回鹘文写本,用的是浅黄色薄纸(每页为双面),用线装订在一起,并粘贴着纸做的封面,封面上有一行汉字和几个分散的汉字。书中内容有二:其一为对安慧《俱舍论》的评论,有149页;其二是各种评论,其中有摘自《法华经》的段落,还有用汉字写的都文末题识和印章,共有15页,其中最后两页为空白。封面的内侧、开头、结尾有回鹘文题识。每页顶上有汉字和印章。

　　Ch. xix.002,回鹘文写本,纸较薄,页为双面,装订在一起。不完整,没有封面。内容为Ch. xix.001第一部分内容的继续,页码为25~105页(用汉字标的页码),保存较好。

　　显然,Ch. xix.001-002是王道士从其他处拿来放到藏经洞(敦煌研究院编号第17窟)中的,后来当斯坦因进行第二次中亚探险时,从莫高窟藏经洞获得,携归英国。所以,该文献系由斯坦因发现于敦煌元代洞窟181窟一说不够准确。

　　斯坦因所谓"半英里远以北的小石窟"应该指敦煌莫高窟北区石窟。[1] 伯希和探访莫高窟时,曾对北区石窟进行编号并挖掘遗物。其中,伯希和编181窟应值得我们注意。该窟即敦煌研究院编第464窟,为北区崖面有壁画的礼佛窟之一,系元代回鹘人改造北京窟而成。所以,笔者认为应把伯181窟(今464窟)断代为蒙元时期的回鹘窟,窟中所出文献也主要为有元一代的遗物。

　　1908年,伯希和曾对此窟进行挖掘,掘获的遗物有回鹘文木活字968枚、回鹘文文献363件、西夏文献200余件,此外还有汉文、藏文、回鹘式蒙古文、八思巴文、婆罗谜文文献等。当时,伯希和曾这样描述道:

　　1本几乎是完整的蒙文小册子,写有从中加入的汉文词组短语,从而使人联想到了我在第163号洞中于经捆之外而发现的那个本子,我曾怀疑它是蒙古文而不是回鹘文的。如果它是回鹘文的,那末它就应该是自1900年以来才后放入第163号洞中的。这些书籍都已遭虫蛀和被撕毁了。[2]

　　文中所提163号窟,即后来所谓的藏经洞。可见,伯希和曾从他所编北

---

[1] 彭金章、王建军:《敦煌莫高窟北区石窟》第1卷,北京:文物出版社,2000年,前言。
[2] [法]伯希和著,耿昇、唐健宾译:《伯希和敦煌石窟笔记》,兰州:甘肃人民出版社,1993年,第393页。

37

区181窟(今464窟)中获得"蒙文"小册子,其特点是其中夹杂有汉文词组短语。如P.4521,系册子装,背面有回鹘文书信,第一叶13行回鹘文后有一佛像,余有913行。每叶上标有汉字"一、二、三"等页码,显然没有把有佛像的13行回鹘文当作第一叶。第二十叶上有一佛像,第三十叶上有曼陀罗,最后一叶的前一栏用围纸边书写,后一栏的下方有曼陀罗图。经文中有汉字"菩萨、修行"等译文,由文末的汉字"大般若经"和"六"、"终"等文字判断,此经为《大般若经》卷六,以草体书写。日本学者森安孝夫先生曾对敦煌出土回鹘文文献,尤其对伯希和所获回鹘文文献做过详细介绍。[1] 文中提到,P.4521封面上有回鹘文"luu yïl aram ay(龙年正月)"题识,封底有另笔书写的12行回鹘文题记。[2] 可见,伯希和所谓出自181窟(今464窟)的蒙古文册子应该是回鹘文文献P.4521,属龙年本子。

根据纸质及书写风格,以及外形特征,森安孝夫判断P.4521回鹘文书信与Ch. xix.001-002回鹘文《实义疏》一样,同出自伯181窟(今464窟)。[3] 由此,我们可以断定上文所述回鹘文《实义疏》原出自伯181窟,而后又被王道士带到了藏经洞中,最后入于斯坦因之手。

三、《阿毗达磨俱舍论实义疏》中的回鹘文题记

羽田亨先生曾一一列出该文献上出现的所有题记,并有简单分析。[4] 此后,土耳其学者特肯[5]、日本学者庄垣内正弘[6]又对这些题记进一步

---

[1] 森安孝夫:《ウイグル語文献》,山口瑞鳳編:《講座敦煌6 敦煌胡語文献》,東京:大東出版社,1985年,第1~98页。

[2] 森安孝夫:《ウイグル語文献》,山口瑞鳳編:《講座敦煌6 敦煌胡語文献》,第6页。

[3] Takao Moriyasu, An Uigur Buddhist's Letter of the Yüan Dynasty from Tunhuang (Supplement to "Uigurica from Tun-huang"), *Memoirs of the Research Department of the Toyo Bunko* 40, 1982, pp.1–18. 汉译文载杨富学、牛汝极:《沙州回鹘及其文献》,兰州:甘肃文化出版社,1995年,第267~288页。

[4] 羽田亨:《回鶻譯本安慧の俱舍論實義疏》,氏著:《羽田博士史学論文集》下卷《言語·宗教篇》,京都:同朋舍,1975年,第167~169页。

[5] S. Tekin, *Abhidharma-kośa-bhāṣya-ṭīkā Tattvārtha-nāma. The Uigur translation of Sthirmati's Commentary on the Vasubhandu's Abhidharmakośāśastra: Abidarim koṣavardi ṣastr I*, New York, 1970, pp.x-xii.

[6] 庄垣内正弘:《ウイグル語·ウイグル語文献研究I—"觀音經に相應しい三篇のAvadāna"及び"阿含經"について—》,神戸,1982年,第9~10页;庄垣内正弘:《古代ウイグル文阿毗達磨俱舍論實義疏の研究》第Ⅲ卷,《序論》,第2~4页。

第二章 敦煌本回鹘文《阿毗达磨俱舍论实义疏》研究

做了研究。可以参考。

在《实义疏》(Or. 8212－75A)第一叶前(卷首),另有无标码的两叶。其中,在首叶背面有回鹘文题记(图12左)称:

namo bud namo dram namo sang yükünürmän tonga buqa alqu burxanlar bodïstvlar qudïng(a)

南无佛、南无法、南无僧,余通迦不花(Tonga Buqa)膜拜诸佛菩萨尊位。

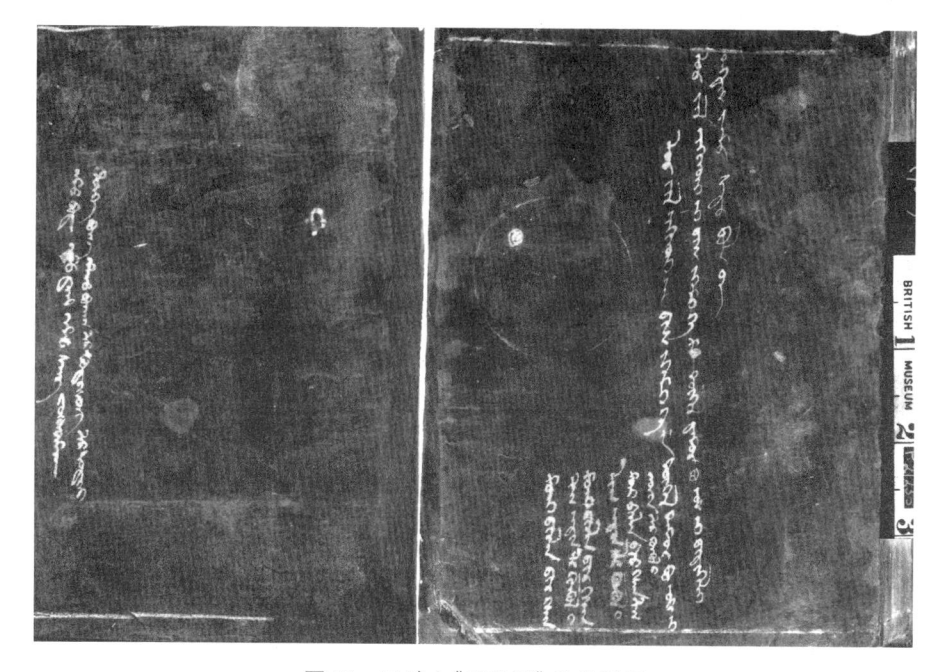

图 12　回鹘文《实义疏》卷首题记

第二叶正面又有回鹘文题记曰(图12右):

luu yïl ikinti ay bïš ygirmikä män tükäl tämür bu nomnï bidigäli tägdim yamu sadu bolzun

龙年二月十五日,余吐坎·铁木耳(Tükäl Tämür)写毕此经。善哉。

值得注意的是,这里的书手名字又出现于《实义疏》写本第一册后面所附的《譬喻谭》中。该卷连同《实义疏》一起庋藏于伦敦大英图书馆,编号同为 Or. 8212－75A(旧编号为 Ch. xix 001)。写本共 15 叶(用汉字注明叶码 1~16,其中缺 4、5 二叶,外加叶数不明的一叶),346 行,多处夹写汉字。另有两叶散藏于北京大学图书馆,编号分别为 T2、T3,存 50 余行,均属同一写卷。[1] 该文献页码用汉字表示,在第十一叶背面第 5 行,有回鹘文题记称(图 13):

tükäl tämür tu-qya čïzïnđïm qoyn yïl onunč ay biš otuzqa sačuu balïqta 善哉

余吐坎·铁木耳·吐喀雅(Tükäl Tämür Tu-qya)书写。羊年十月二十五日于沙州城。善哉。

图 13 回鹘文《譬喻谭》第 11 叶背面羊年题记

从字体判断,写本应属元代。从该文献写本的大小、纸质及文字的字体看,都与《实义疏》相同,故可推定《譬喻谭》与《实义疏》的缮写者当为同一人。第一册《实义疏》首行下和《譬喻谭》末行下均有同一印章,说明此两种文献是同一人同一时期抄写的。依题记,抄写者为吐坎·铁木耳·吐喀雅。由于

---

[1] 照片刊于《北京大学图书馆藏敦煌文献》第 2 卷,上海:上海古籍出版社,1995 年,第 300~301 页及彩版 17。

第二章 敦煌本回鹘文《阿毗达磨俱舍论实义疏》研究

上述诸因素的存在,招致羽田亨早年曾把《譬喻谭》错判为《实义疏》的一部分。[1] 1970年特肯发现羽田氏之误,指其为另一用押头韵的四行诗形式写成的作品,但又误将其列入"本生故事"。[2] 这一错误后来由庄垣内正弘作了纠正,才使写本的真相得以表露。[3]

在《譬喻谭》16叶之后,另有无标码的一叶,正面有回鹘文题记5行(图14):

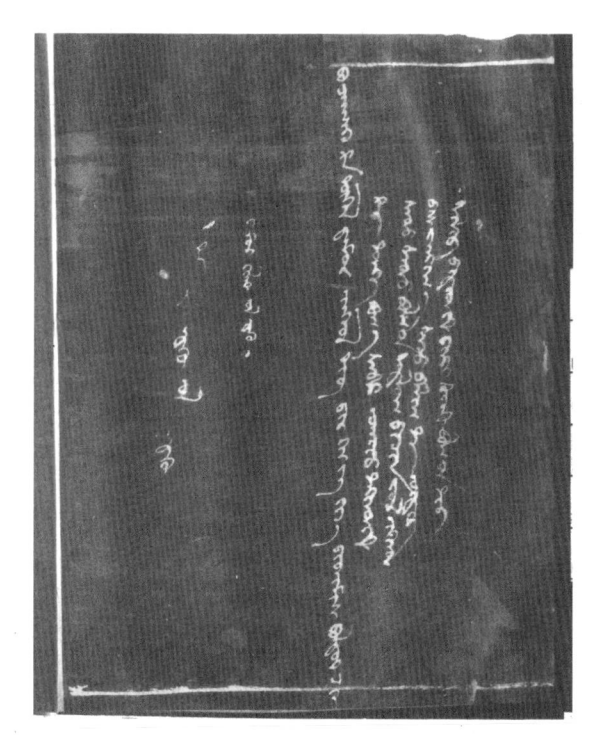

图14 回鹘文《譬喻谭》猴年题记

---

[1] 羽田亨:《回鹘譯本安慧の俱舍論實義疏》,氏著:《羽田博士史学論文集》下卷《言語·宗教篇》,第148~182页。

[2] S. Tekin, *Abhidharma-kośa-bhāṣya-ṭikā Tattvārtha-nāma. The Uigur translation of Sthirmati's Commentary on the Vasubhandu's Abhidharmakośāśastra: Abidarim koṣavardi ṣastr I*, New York, 1970, p.ix-x.

[3] 庄垣内正弘:《ウイグル語寫本·'觀音經相應'——觀音經に關する'avadāna'》,《東洋学報》第58卷第1~2号,1976年,第01~037(258~222)页;庄垣内正弘:《ウイグル語·ウイグル語文獻研究I—"觀音經に相應しい三篇のAvadāna"及び"阿含經"について—》第1~2卷,神户,1982~1985年。

1）bu čaɣsï män tükäl dämür-ningol tip bir käzig-kyä bitimiš boldum čin
2）män tonga buqa šabï oqïyu tägindim
3）satu satu bolzun qudluɣ bičin yïl ikint(i ay)
4）biš yangïqa sačuu balïq ödig
5）qïlïp biditim kinki körgü bolzun tip

这个册子是余吐坎·铁木耳的,只写了一行,正确。我通迦不花沙弥读了。善哉！善哉！幸福的猴年二月五日于沙州城发愿书写。以后应该见到。

按题记的顺序来看,龙年二月十五日题记为最早。写本出土地为蒙元时期的伯希和181窟(今464窟),因此龙年应该是元至正十二年(1352)。我们可以认为吐坎·铁木耳是此时开始抄写《实义疏》。这样,此书与 P.4521 以及森安孝夫先生所介绍的伯希和另一文书[1]一样皆为龙年(1352)写本。对第一册的全部《实义疏》和部分《譬喻谭》的抄写工作可能持续了三年,故在《譬喻谭》第"十一"叶背第五行出现了羊年(1355)十月二十五日的题记。至此,吐坎·铁木耳的抄写工作告一段落。余下,且不看蒙文题记,看看最后的猴年(1356)二月五日题记。其中的"čaɣsï"应该是汉文册子的音译,正是当时回鹘人在抄写佛经时常借用汉文现象的具体反映。[2]对于《譬喻谭》来说,虽说吐坎·铁木耳只写了"一行",因考虑到羊年题记前的多行《譬喻谭》内容,所以羽田亨先生所译的"一部分"[3]是比较恰当的。《譬喻谭》剩下部分,则由通迦不花来抄写,至"猴年(1356)二月五日",不到四个月时间,抄毕《譬喻谭》。

四、《阿毗达磨俱舍论实义疏》中的蒙古文题记

在《譬喻谭》结束后,第"十五"叶背面前端又出现了回鹘式蒙古文题记(图15)：

---

[1] 森安孝夫,"ウイグル語文獻",《講座敦煌6敦煌胡語文獻》,東京：大東出版社,1985年,第67~69页。
[2] 参见杨富学：《回鹘文献与回鹘文化》,北京：民族出版社,2003年,第402~411页。
[3] 羽田亨：《回鹘譯本安慧の俱舍論實義疏》,氏著：《羽田博士史學論文集》下卷《言語·宗教篇》,第169页。

第二章 敦煌本回鹘文《阿毗达磨俱舍论实义疏》研究

bad(a)raguldu taičing ulus-un bad(a)raguldu tǔrǔ-iyn gučidugar un-a arban sarain sine-iyn nigen-ǔ edǔr degedǔ bogda lama-iyn ulimar(?) bad(a)tdatgu(?)-iyn

辉煌的大清朝光绪三十年十月初一,为上圣喇嘛题写。[1]

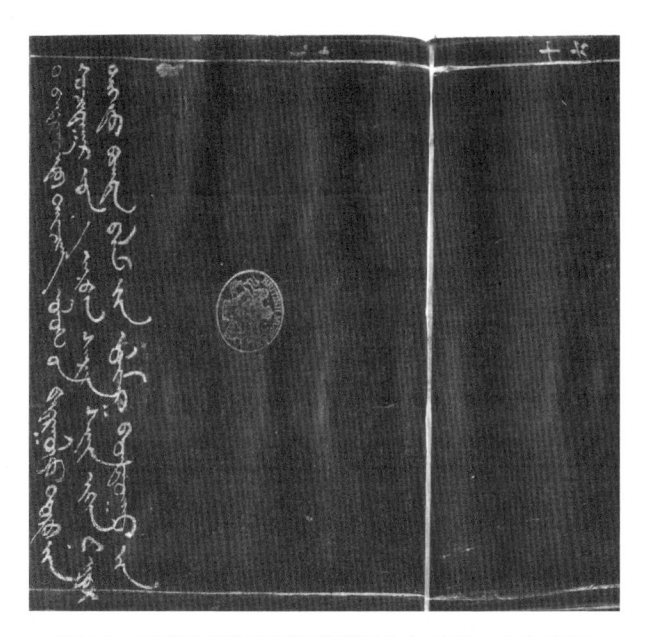

图15 回鹘文《譬喻谭》后附蒙古文光绪三十年题记

光绪三十年系1904年,值龙年。紧接着下一叶标页码"十六",可认为与《譬喻谭》为一体。"光绪三十年"为藏经洞发现后的第四年。羽田亨先生认为,光绪三十年时"蒙古文或者操蒙语的人见到《实义疏》,留下了此题记"。[2] 在无法看到原件的情况下,我们很难判断蒙文题记是与原件一同书写的或者后人写的。

在数以万计的回鹘文文献中,时代最晚的回鹘文佛教写本一般被认定为酒泉文殊沟发现的《金光明最胜王经》(图16)。有题记称:

---

[1] 羽田亨:《回鹘譯本安慧の俱舍論實義疏》,氏著:《羽田博士史学论文集》下卷《言語·宗教篇》,第165页。
[2] 同上。

43

kang-si yigirmi altinč yïl altinč aynïng säkiz yungïsï, či tigma tutmaq kün sim sičqan kün üzä bašlayu bitip, säkizinč aynïng ay tolunï biš yigirmis- intä bitiyü tolu qïldïm kinki-lär-kä ulalmaq bolz-un! sadu ädgü!

我从康熙二十六年六月初八辛鼠日开始写,至八月十五日满月时写竟。让其流布后世吧！善哉！善哉！[1]

康熙二十六年即 1687 年。题记表明,该写本的缮写者为 Bilgä Talui Šabï、Ratna Vijra Šabï、Čaxsapat Manggal Toyin 等人,抄经地点在敦煌。

图16　文殊沟本回鹘文《金光明最胜王经》写卷

在三位书手中,两位姓名中都出现有 Šabï 一词。在为数众多的回鹘文佛教题跋中,该词很少见,在上引《譬喻谭》第 16 叶之后的回鹘文题记中出现有 tonga buqa šabï(通迦不花沙弥)。那么,Šabï 究竟为何意呢? 从回鹘语文中得不到正解。然蒙古语中有该词,其意有二：一指僧侣的徒弟；二是指隶属于寺庙或大喇嘛的属下人,即僧官管辖下的属民。无疑,该词应为汉语"沙弥"的假借(源自梵语 Šrāmaṇera)。故笔者考虑,抄写回鹘文《金光明最胜王经》的这些书手很可能是蒙古人,抄写《譬喻谭》的通迦不花沙弥也可能是蒙古人。况且,康熙二十六年(1687)时,回鹘文早已在回鹘人中不再行用了,而蒙古人却仍在继续使用这种文字,加上当时敦煌是否还有

---

[1] В. В. Радлов-С. Е. Малов, *Suvarnaprabhāsa.* сут ра золот ого Блеска (=*Bibliotheca Buddhica* XVII), Delhi, 1992, S.343; Ceval Kaya, *Uygurca Altun Yaruk Giriş, Metin ve Dizin*, Ankara, 1994, S.207; A. von Gabain, *Alttürkische Grammatik*, Leipzig, 1950, S.258.

回鹘佛教集团存在,本身就是一个值得怀疑的问题,故由蒙古佛教徒来抄写这种文字应是不无可能的。

  蒙古人对沙州地区的统治始于1227年,1286年"甘肃行省"成立,治甘州(今甘肃张掖市),沙州归属之。1368年元朝灭亡,明朝开始经略河西,但敦煌仍为元朝残部所守。1404年,明朝设沙州卫,仍以蒙古后裔统辖。1446年,沙州内乱,明将率军入沙州,把沙州卫下二百余户,一千二百三十余人迁入关内,沙州仍由蒙古后裔占据。清时,"官师之更置,纪著沿革者详矣。敦煌由卫改知县,由协改参将,民之有贤令,兵之有主将,犹婴儿之依父母"。[1] 所设沙州营参将中也见有普德(镶蓝旗人,嘉庆七年任)、祥顺(镶白旗人,嘉庆二十四年任)等蒙古人。可见,敦煌地区,自元代以后,蒙古人的活动从未中断,他们从敦煌获取经卷也是可以理解的。

  这里还存在一个疑问,即除 Ch. xix.001-002 回鹘文《实义疏》写本外,上述 P.4521 等众多元代回鹘文写本都出自伯181窟中。那么,如果王道士清理该窟时,何以只把 Ch. xix.001-002 等文献携出,而把 P.4521 等文献仍留在原处,成为1908年伯希和的收获物。况且 P.4521 号文献保存得非常完整,并有佛画,至少从外观及内容的丰富性看,比 Ch. xix.001-002 要好很多。按照王道士的审美标准,宁可选 P.4521 也不会拿 Ch. xix.001-002。更不用说在伯181窟中还出土有回鹘文、西夏文、汉文、藏文、蒙文、婆罗谜文等多种文字的文献甚多,另有极其珍贵的回鹘文木活字968枚。[2] 这种现象的出现很难解释。故而笔者推测,Ch. xix.001-002《实义疏》有可能并非直接被王道士在窟中发现而直接携带至藏经洞,而是先从伯181窟中流散出去,在民间被蒙古人获得,留下了"光绪三十年"的题记,其后才被王道士获得,带至藏经洞,终被斯坦因劫获,存于大英图书馆。

  无论如何,Ch. xix.001-002号文献并非斯坦因从181窟(今464窟)

---

[1] 《[道光]敦煌县志》卷四,《官师志》(中国方志丛书),台北:成文出版社,1970年,第147页。
[2] 百濟康義:《天理圖書館藏ウイグル語文獻》,《ビブリア》第86号,1986年,第127~180页;Yang Fuxue, Uighur Wooden Movable-Types from Dunhuang and Related Problems,段文杰、茂木雅博主编:《敦煌学与中国史研究论集——纪念孙修身先生逝世一周年》,兰州:甘肃人民出版社,2001年,第346~350页。

直接获得,而是从藏经洞获得的,是由王道士将其放入藏经洞中的。该文献进藏经洞之前,经过蒙古人之手,从而留下了"光绪三十年"的蒙古文题记。这一史实为我们研究敦煌莫高窟藏经洞所见晚期文献的来源问题提供了重要的实物例证。

原刊《敦煌研究》2010 年第 1 期,第 117~124 页,与萨仁高娃合撰。

第三章 回鹘文《陶师本生》及其特点

在德国收藏的回鹘文写本中,有《陶师本生》残片一件,编号为 Mainz 700(原编号为 T III M 194),系德国第三次吐鲁番探险队于 1906~1907 年间在吐鲁番木头沟遗址发现的。该文献先藏于柏林民俗博物馆,1947 年转移到美因茨(Mainz)科学院收藏,编为 Mainz 号。再转入德国国家图书馆东方部,但编号未变。写本为菩提叶式长卷,1 叶,双面书写。其中,正面有文字 36 行;背面正文文字 34 行,另在书眉处有回鹘文小字一行,内容为 tört otuz[u]nč iki [ot]uz(第二十四[品],第二十二[页]),表明该页出自某一大型佛经。写本左侧 6~9 行(正面)处有绳孔,残卷上端边缘有机械性的损伤以及虫咬的损毁痕迹和水渍。保存基本完好,除少数几处文字残损而无法辨认外,整体内容基本上还是可以复原的(图 17)。这是目前所知回

图 17 吐鲁番出土回鹘文《陶师本生》

鹘文文献中惟一的《陶师本生》写本残片，对于认识印度佛教神话在回鹘中的传播与影响具有积极意义，1982年由德国学者艾勒斯（G. Ehlers）研究刊布。[1] 但由于作者不谙汉语，未能结合汉文文献就写本的基本内容进行深入探讨。本文拟以该刊本为依据，结合汉文佛教典籍的有关记载，对回鹘文《陶师本生》写本内容及相关问题作一较为全面的研究。

一、原文转写

正面

1. kïlïnč ärti kim t[ä]ŋrim altï yïl ayïɣ
2. yol-ta ämgäntiŋiz anuk burxan kutïn
3. tïḍḍï ○○ ätiŋiz soyultï kanïŋïz kuruḍï
4. körgäli kanïnčsiz ät'özüŋüz kuruḍï
5. anï y[a]rlïɣaŋ bodun äšidzün yavlak
6. kïlïnč-ka korkzun-lar ○○
7. tükäl bilgä t[ä]ŋri t[ä]ŋrisi
8. [burx]an inčä tep y[a]rlïɣaḍï ○○
9. [bir] üdün iki tümän
10. [　]-ta baḍrak[a]lp-ta baranas känt-
11. dä iki braman urï-lari bar ärti ○○
12. [art]ok tetik alp ○○ kašip burxan
13. [bra]man urï-sï ärdi braman biligin
14. sävmäz ärdi ○○ karga üni sürčük
15. täg sakïn[u]r ärdi ○○ pakšï-ta bošgunmïš
16. biligin artok [　]rmaz kodur ärdi ○○
17. sözlämäz ärdi ○○ č[ïn]garmaz ärdi sävmäz
18. üčün utari urï pahšï-sïnta
19. bošgunmïš bilig ädgüti bišurur
20. ärdi sözläyür ärdi ○○ ol kurvag-dakï

---

[1] G. Ehlers, Ein alttürkisches Fragment zur Erzählung vom Töpfer, *Ural-Altaische Jahrbücher* N. F. 2, 1982, S.175–185.

21. braman urï-larï utarig agïrlayur
22. ärdi ○○ kašip-niŋ ädgü yï[lt]ïzïn
23. bilmäz [är]di-[lär ○○] u[tar]i köŋüli uluɣ
24. [　]l[　]ärdi ○○ inčä sakïnur ärdi ○○
25. m[ä]n kašip-ta yeg m[ä]n ○○ pahši-
26. da bošgunmïš bilig ädgüti bišurup
27. [adïnag]u-ka bošgurur m[ä]n tep sakïnur
28. ärdi ○○ kač yïl ärti ○○kašip urï
29. särmädi ○○ ä[vin]tin ünti kečmädi ○○
30. tüzgärinčsiz yeg burxan kutïn
31. [bu]l[ti ○○] ol [ü]dün baybatavan känt-
32. tä [nan]ḍipala atl[ï]ɣ sasïčï urï bar
33. [är]d[i] ○○ o[l] kašip [bu]rxan-ka yüküngäli
34. b[ard]ï nom t[ɣal]ï ä[rdä]m kut bultï ○○
35. anasï [a]tasï k[öz]läri [kö]rmäz ärdi-lär ○○
36. [olar]-ka tapïnur ärdi ○○ anï üčün
　　背面
　　书眉: tört otuz[u]nč iki [ot]uz
37. ävdin ünmädi dintar bolmadï bir üdün
38. utari urï kaŋli-ta olurup beš yüz
39. braman urï-lar birlä kapïɣ-dïn ünär
40. ärdi ○○ altun tayak altun olurčuk
41. ašnu yorïtur ärdi-lär ○○ nanḍipala sasïčï
42. utru sokuštï ○○ utari urï-ka
43. inčä tep ayïtdï ○○
44. öŋrä-ki böšüküm k[anï]
45. barmïš ärdïŋ [nanḍi]pala i[nčä]
46. tep tedi ○○ rišiv[a]rtan arïɣ-ta [　]
47. ärdim ○○ kašip urï säniŋ böšüküŋ
48. burxan kutïn bultï noš tag nom
49. yagïtur aŋar yüküngäli bardï[m ○○]
50. utari urï kertgünmädi inčä sakïnt[ï ○○]

49

51. ol mentä tetik ärmäz ärdi ○○ näčük

52. burxan kutïn bulgay tep sakïntï

53. ötrü inčä tep tedi ○○ atiduškara

54. kašipa ○○ nanḍi-pala agïzïn toḍï ○○

55. sözlämä burxan kutïn bultï ○○

56. tep teḍï ○○ otrü birlä kašip burxan-

57. ka bardï-lar ○○ utari urï burxan-

58. ïg kördi ○○ ötrü k[ä]ntü tetikin

59. bildi ○○ čin kertü burxan kutïn

60. bulmïš tep ○○ sözlämiš savïn ökünti

61. nomka kirdï ○○ burxan kutïŋa alkïš

62. bultï ○○ kim utari urï ärdi ○○ ol m[ä]n

63. ärdim ○○ altï aγïz sözlämiš üčün

64. altï yïl azag nomda ämgändim ○○

65. ayïγ kïlïnč köŋülümin azgurḍï ○○

66. tirti-lar törösiŋä kügürdi ya

67. ät'özüm ämgänti birök m[ä]n bodis[a]t[v]-

68. ïg sögdüm ärsär yana üč

69. asanki ämgänmišim k[ä]rgäk ärdi ○○ anï

70. üčün saklanmïš k[ä]rgäk ○○ til-lig

二、汉译

1. [多么]深重的罪孽！尔时世尊为大众离苦得乐,进行了长达六年之久的
2. 苦修,然后才成无上正觉。
3. 苦修使身心受到煎熬,血液变枯干涸,
4. 使丰满的躯体变得干枯而缺乏生机。
5. 对此,世尊仁慈地进行解释,众信徒亦愿闻其道,
6. 从而对恶的因果报应感到恐惧!
7. [紧接着],天中天世尊
8. 慈悲地说了下面的话:
9. 我于往昔人寿二万岁
10. 贤劫时,婆罗疟斯城

11. 有二梵志。
12. [两者(?)]聪慧过人,且骁勇无比。迦叶佛
13. 本为梵志之子,但他却对婆罗门学说
14. 不屑一顾,认为[它]是乌鸦的舌噪。
15. 他对从师傅那儿学来的
16. 知识嗤之以鼻……并弃之不用。
17. 他从不背诵[它们],也从不仔细钻研[它们],
18. 因为他不喜欢[它们],[但]信徒优多罗童子
19. 却继承并完善所学知识
20. 并日夜吟诵。信徒中
21. 人们却很尊重梵志优多罗,
22. 迦叶[佛]的道德[品行]根源
23. 他们并不了解。优多罗的心
24. 是高傲的(?),因此他考虑:
25. "我比迦叶[佛]更为优秀,因为我把从老师
26. 那里学来的知识理解得最好,
27. 并将它传授给别人。"他思忖道。
28. 光阴荏苒,迦叶童子
29. 已不能忍受其苦。于是他便离家出走。
30. 时光流逝,他终于成就了无上菩提。
31. 那时在鞞婆陵耆村中
32. 有一陶师,名难提波罗,
33. 礼敬迦叶佛。
34. 道行达到了至高境地,将其学说……
35. 他的父母为盲人,
36. 为养育他们,

　　书眉:第二十四[品],第二十二[页]

37. 他从不出门,而且不愿出家为僧。当时,
38. 优多罗童子乘白马车,与五百
39. 童子共出城门。

40. 他们手持金色手杖,
41. 坐于金銮座上,遥见陶师
42. 难提波罗。
43. 优多罗童子问道:
44. "你从何处来?"
45. 难提波罗答道:
46. "我刚从仙人堕处来。
47. 迦叶童子,一位信徒,你的朋友,
48. 他已成等正觉,并使他的教诲如甘露般
49. 降临[人间]。我去向他表示礼敬。"
50. 优多罗童子对此有疑,自忖道:
51. "那个迦叶佛并不比我聪明多少,他怎样
52. 能够得道成佛呢?"他这样想着,
53. 遂语曰:"得道非为易事。善哉!迦叶[佛]!"
54. 难提波罗陶师堵住了优多罗童子的嘴:
55. "不要如是说,他确已成就无上菩提!"
56. 难提婆罗这样说着,随后二人一起至迦叶佛所,即佛的身边。
57. 优多罗童子看到佛祖,
58. 这时他才从内心承认
59. 迦叶佛确已得道成佛。
60. 并为自己的诽谤之语感到后悔,
61. 而且进入了佛之境界,最终悟道。
62. 这个优多罗童子正是前世的我。
63. 因为我对[迦叶佛]说了六句恶毒的话,
64. 故而受了六年之苦。
65. 这种灵验的因果报应使我身心备受痛苦,
66. 并将我带向了外道的错误说教。苦耶!
67. 我的躯体受尽煎熬。设若我对菩萨再说恶语,
68. 那么我将重受三
69. 阿僧祇劫之苦。因此,
70. 应引以为戒,对所说言语要负责任……

三、疏证[1]

7.3-4/8.1 täŋri täŋrisi burxan 天中天世尊。täŋri täŋrisi 意为"天中天",指宇宙间至高无上者。多用于佛教文献,如哈密本回鹘文《弥勒会见记》第16品《转法轮》有"täŋri täŋrisi maitri burxan inčä tip"之语,意为"天中天弥勒佛如是说"。在同一文献中,该短语还用于指代宝光佛、毗婆佛等。[2] 其中的 burxan 意为佛,bur-应为佛<吐火罗文 pät（pūd、pud）<梵文 Buddha 之借词,[3] xan 为"汗"、"可汗"之音译。

10.2 baḍrakalp 借自梵语 bhadrakalpa,意为"贤劫",为佛教宏观的时间观念之一,指有释迦佛等千佛出世的现在劫。与过去庄严劫、未来星宿劫并称为三大劫。过去七佛中,前三佛相当于庄严劫千佛之最后三佛,分别为毗婆尸佛、尸弃佛、毗舍婆佛。拘楼孙佛、拘那含佛、迦叶佛、释迦牟尼佛出现于贤劫之世,而弥勒佛以下至楼至佛（即韦陀菩萨）之九九六佛,则在未来世将会出现。

10.3 baranas 婆罗疤斯,梵语作 Bārāṇasī 或 Vārāṇasī,又译波罗那斯、波罗捺,曾名贝拿勒斯（Benares）,今译瓦腊纳西。婆罗疤斯国即古代迦尸国（Kāśī）。[4] 婆罗疤斯和迦尸本来可以交替使用或联合使用,但后来一般用迦尸作国名,以婆罗疤斯作首都名。释迦牟尼初转法轮的鹿野苑即在婆罗疤斯东北约七公里处。

11.3 braman 借自梵语 brāhmaṇa,音译"婆罗门",意译"净裔""净行",又称"净行者""净行梵志"。[5] 婆罗门志求住无垢清净得生梵天,故有此称。

12.4-5 kašip burxan 迦叶佛（梵文作 Kāśyapa）,为过去七佛之第六位,系释迦牟尼前世之师。曾举行过一次说法集会,参加弟子众达二万。

---

[1] 疏证内容主要限于专门术语及借词等。前面的阿拉伯数字表示行数,后面的数字表示字次。

[2] Geng Shimin - H. J. Klimkeit, Das 16. Kapitel der Hami-Version der Maitrisimit, *Turkluk Bilgisi Arastirmalari* (*Journal of Turkish Studies*) 9, 1985, S.71-132.

[3] 季羡林:《浮屠与佛》,氏著:《季羡林学术论著自选集》,北京:北京师范学院出版社,1991年,第9页。

[4] （唐）玄奘、辩机著,季羡林等校注:《大唐西域记校注》卷七,北京:中华书局,1985年,第559~560页。

[5] 荻原雲來:《漢譯對照梵和大辭典》,台北:新文丰出版公司,1988年,第939页。

迦叶佛，意译"饮光"，又称迦叶如来。在本文献中，有时写作 kašip burxan 或 kašip，有时又作 kašip urï，其中 urï 为童子、少年及儿子之意，这里依原文暂译作迦叶童子。

18.2-3 utari urï　优多罗童子。Utari，借自梵语 Uttara，意为"上"、"胜"、"胜上"。《根本说一切有部毗奈耶破僧事》卷十一译作"最胜"。《佛说兴起行经》卷下则作"火鬘"。《中阿含经》卷十二《鞞婆陵耆经》又作"优多罗童子"。据《撰集百缘经》卷五记载，佛在王舍城迦兰陀竹林时，有一长者，财宝无量。其妻生一男儿，端正殊妙，世所希见，遂取名优多罗，后出家为比丘。其母因生前吝于布施，死后堕入饿鬼道；优多罗遂尽心供养佛陀及四方僧众，令母得生于忉利天。

31.4　baybatavan　借自梵文 Vaibhiḍingī，《中阿含经》卷十二《鞞婆陵耆经》译作"鞞婆陵耆村"，为陶师难提婆罗的居住地。《根本说一切有部毗奈耶破僧事》卷十一载："佛告诸苾刍：我于往昔人寿二万岁时，有一聚落名为分析……其聚落中复有陶师，名曰喜护。"喜护即难提婆罗之意译，详后。可见，这里的"分析"指的即为鞞婆陵耆村。然而在梵语中，"分析"写作 vibhāga，与 Vaibhiḍingī 虽相近但有别。抑或译文有误？未可知也。《兴起行经》卷下又载："是时佛告舍利弗：往昔波罗捺城边，去城不远有多兽邑，中有婆罗门，为王太史，国中第一。有一子，头上有自然火鬘，因以为名。婆首端正，有三十相，梵志典籍，图书谶记，无事不博，外道禁戒及诸算术，皆悉明练。时有一瓦师子，名难提婆罗，与火鬘少小亲友。"从这一记载看，难提婆罗的居住地当在波罗捺城边的"多兽邑"。此多兽邑当即释迦牟尼初转法轮的鹿野苑。

32.2　nandipala　借自梵语 Nandipāla，陶师的名字。《兴起行经》卷下译作"难提婆罗"与"护喜"，《根本说一切有部毗奈耶破僧事》卷十一则译作"喜护"。"喜护"为"难提婆罗"之意译。《翻梵语》卷六："难提婆罗，译曰喜护。"

46.3　rišivartan 借自梵语 ṛśi-vattana，仙人堕处。Ṛśi 意为"仙"、"仙人"、"圣"，vaṭṭana 为 Paṭṭana 之异写，意为"城镇、集市"。仙人堕处即鹿野苑。龙树菩萨造《大智度论》卷十七有一传说，云：有五百仙人在山中修行，成就了神通，能于空中驰骋。一天，他们于空中飞行时，闻紧陀罗女歌声，内心陶醉，淫欲心生，致使道果散尽，失去神通，纷纷由天坠地。仙人堕处由此而得名。

第三章 回鹘文《陶师本生》及其特点

68.5/69.1 üč asanki 三阿僧祇劫。Asanki,一般认为借自梵语之 Asaṃkhyeya。[1] 揆诸发音,似乎更接近于汉语"阿僧祇"。阿僧祇,亦译阿僧企耶,意译无数、无央数,佛教中用来表示异常久远的时间单位。《大智度论》卷四云:"问曰:'几时名阿僧祇?'答曰:'天人中能知算数法,极数不复能知。'"回鹘文写本中的 üč(三),这里表示"多"意。

四、回鹘文《陶师本生》的特点

佛本生故事,梵文、巴利文均作 Jātaka,记述的是释迦牟尼累世修行的行业。古代印度相信生死轮回,不论人或动物,只要降生,就必有所为,或善或恶,不出二途。有因即有果,这就决定了它们转生的优劣。如此轮回,永不止息。释迦牟尼在成佛之前,只是一个菩萨,未跳出轮回的圈子,故必须经过无数次的转生,才能成佛。[2]

今天所知的回鹘文佛本生文献不少,《陶师本生》为其一。但由于这些文献多为残片,缺少可比对的资料,故译释相当困难,刊布者甚稀。直到1964年,美国著名阿尔泰语学者波普还曾写道:"从未发现有本生故事的回鹘文译本存在。"[3] 这种状况在我国学术界也同样存在,不管是语言学研究、文学研究还是宗教学研究,都很少有人提及这些回鹘文本生故事。笔者曾将吐鲁番、敦煌等地出土的回鹘文佛本生故事写卷及少量印本进行哀集,得十余种,除《陶师本生》外,尚有《善恶两王子的故事》《须达拏太子本生》《大觉本生》《狮子本生》《羚羊本生》《阿烂弥王本生》《兔王本生》《象护本生》《猴王本生》《哑跛本生》《金羚羊本生》,另有内容尚待进一步甄别的回鹘文佛本生故事残卷数十种。[4]

关于这些写本、印本的具体时代,由于文献本身缺乏记载,故不得而知。但法藏回鹘文《善恶两王子的故事》(P.3509)及《阿烂弥王本生》(P. Ouïgour 1)均出自敦煌莫高窟藏经洞,因该洞封闭的时间不迟于11世纪

---

[1] Klaus Röhrborn, *Uigurisches Wörterbuch. Sprachmaterial der Vorislamischen Türkischen Texte aus Zentralasien*, Lieferung 3, Wiesbaden, 1981, S.224.
[2] 季羡林:《关于巴利文〈佛本生故事〉》,郭良鋆、黄宝生译:《佛本生故事选》,北京:人民文学出版社,2001年,第1页。
[3] N. Poppe, The Mongolian Versions of Vessantarajātaka, *Studia Orientalia* 30-2, Helsinki, 1964, p.10.
[4] 杨富学:《印度宗教文化与回鹘民间文学》,北京:民族出版社,2007年,第119~122页。

中叶，故而可知其写成时代亦不应晚于是时。而吐鲁番出土的版刻佛本生故事，画面人物多为蒙古装束，而且有一幅画像呈契丹髡发之状，体现出西辽及蒙古因素对西域回鹘佛教艺术的影响，故可定其时代在12至14世纪之间。综合各种因素，可以看出，印度的佛本生故事早在10～14世纪间即已在维吾尔族的祖先回鹘中得到非常广泛的传播，流行范围遍及河西走廊和西域地区。

有关陶师本生的记载，在汉文佛典中是很多见的，不管是来自印度的经、律、论文献，还是中土僧人的撰述，都有不少曾提到或引用这一故事，其中比较集中者可见于如下几件文献：

1. 东汉康孟详译《佛说兴起行经》卷下。
2. 东晋僧伽提婆译《中阿含经》卷十二。
3. 唐义净译《根本说一切有部毗奈耶药事》卷十八。
4. 唐义净译《根本说一切有部毗奈耶破僧事》卷十一。

在《佛说兴起行经》卷下，陶师名字先译"难提波罗"，又译作"护喜"。此人为瓦师，"精进勇猛，慈仁孝顺……手不掘地，亦不使人掘，唯取破墙崩岸及鼠坏，和以为器，成好无比"。劝火鬘（即优多罗童子）拜谒迦叶如来，使其皈依佛教。以之与回鹘文写本对照，二者相去甚远。

在《根本说一切有部毗奈耶药事》卷十八中，陶师名译作"喜护"，内容简略，仅有如下数语："乃往古昔，于无比聚落，名曰喜护。广如中阿笈摩王法相应品中说：汝等苾刍，于意云何？往昔之时无上摩纳婆者，岂异人乎？我身是也。由我昔于迦摄波佛处说云苦行未证具智，由斯业力，六年苦行不能证成无上等觉。我若当时于彼佛所，而不追悔愿求当来等正觉者，纵更经三无数大劫，修诸善品，犹未成佛。"与回鹘文写本关系不大。

在《根本说一切有部毗奈耶破僧事》卷十一中，陶师名作"喜护"，对其记载较详。但通过比对，亦与回鹘文写本相去较远，唯东晋僧伽提婆译《中阿含经》卷十二《王相应品·鞞婆陵耆经第六》中故事与回鹘文最接近。

回鹘文《陶师本生》，就其内容言，大致可分为三个部分：第一部分，第1至6行，引子；第二部分，第7至62行，正文；第三部分，第63至70行，结尾。其中引子部分着重叙述释迦佛讲述陶师本生故事之缘由。内容可见于《根本说一切有部毗奈耶破僧事》卷十一：

尔时世尊，先六年苦行，然后成无上觉。往诣波罗疕斯城，度憍陈如五苾刍众，次度耶舍五人，次度贤众六十人民。是故苾刍，其众渐多。时诸苾芯刍心生疑念,复白佛言:"大德,世尊往作何业,今受六年苦行异熟。"佛告苾刍:"我自作业还自受报。"

此外,《佛说兴起行经·佛说苦行宿缘经》也说到世尊过去世轻慢迦叶佛,"作恶语道。迦叶佛髡头沙门。何有佛道。佛道难得。以是恶言故临成阿惟三佛时。六年受苦行"。世尊过去世种下了恶因,作孽深重,故释迦牟尼经过六年苦修,克服无数的苦难,才终于修成正果。广大信徒愿闻其详,世尊遂应邀讲述陶师的故事。第三部分的内容正好与引子相呼应。

正文部分,回鹘文文本与《中阿含经·鞞婆陵耆经》最为接近,为明了起见,现将二者内容列一简表,以窥其究竟。

行次	回 鹘 文 本	汉文底本(《中阿含经·鞞婆陵耆经》)
7~8	紧接着,天中天世尊慈悲地说了下面的话:	彼时,世尊告曰:"阿难,此处所中,迦叶如来无所著等正觉在此处坐,为弟子说法。"于是,尊者阿难即在彼处速疾敷座,叉手向佛,白曰:"世尊!唯愿世尊亦坐此处,为弟子说法。如是此处为二如来无所著等正觉所行。"尔时,世尊便于彼处坐尊者阿难所敷之座。坐已,告曰:
9~12	我于往昔人寿二万岁贤劫时,婆罗疤斯城有二梵志。两者聪慧过人,且骁勇无比。	
12~21	迦叶佛本为梵志之子。但他却对婆罗门学说不屑一顾,认为它是乌鸦的舌噪。他对从师傅那儿学来的知识嗤之以鼻……并弃之不用。他从不背诵它们,也从不仔细钻研它们,因为他不喜欢它们。但信徒优多罗童子却继承并完善所学知识并日夜吟诵。信徒中人们却很尊重梵志优多罗。	
22~27	迦叶佛的道德品行根源他们并不了解。优多罗的心是高傲的,因此他考虑:"我比迦叶佛更为优秀,因为我把从老师那里学来的知识理解得最好,并将它传授给别人。"他思忖道。	

57

续 表

行次	回 鹘 文 本	汉文底本(《中阿含经·鞞婆陵耆经》)
28～30	光阴荏苒,迦叶童子已不能忍受其苦。于是他便离家出走。时光流逝,他终于成就了无上菩提。	
31～34	那时在鞞婆陵耆村中有一陶师,名难提波罗,礼敬迦叶佛。道行达到了至高境地,将其学说……	"阿难,此处所中昔有村邑,名鞞婆陵耆……梵志大长者无恚有子,名优多罗摩纳,为父母所举,受生清净,乃至七世父母不绝种族……优多罗童子有善朋友,名难提波罗陶师,常为优多罗童子之所爱念,喜见无厌。
35～37	他的父母为盲人,为养育他们,他从不出门,而且不愿出家为僧。	难提波罗陶师尽形寿供侍父母。父母无目,唯仰于人,是故供侍。
		难提波罗陶师归佛,归法,归比丘众……
		难提波罗陶师离妄言,断妄言……
		难提波罗陶师离治生,断治生……
		难提波罗陶师离酒,断酒……
		难提波罗陶师尽形寿手离铧锹,不自掘地……
37～42	当时,优多罗童子乘白马车,与五百童子共出城门。他们手持金色手杖,坐于金銮座上,遥见陶师难提波罗。	尔时,优多罗童子乘白马车,与五百童子俱。过夜平旦,从鞞婆陵耆村邑出,往至一无事处,欲教若干国来诸弟子等,令读梵志书。于是,优多罗童子遥见难提波罗陶师来。
43～49	优多罗童子问道:"你从何处来?"难提波罗答道:"我刚从仙人堕处来。迦叶童子,一位信徒,你的朋友,他已成等正觉,并使他的教诲如甘露般降临人间。我去向他表示礼敬。"	见已便问:"难提波罗,汝从何来?"难提波罗答曰:"我今从迦叶如来无所著等正觉所供养礼事来。优多罗,汝可共我往诣迦叶如来无所著等正觉所供养礼事。"
50～53	优多罗童子对此有疑,自忖道:"那个迦叶佛并不比我聪明多少,他怎样能够得道成佛呢?"他这样想着,遂语曰:"得道非为易事。善哉!迦叶[佛]!"	于是,优多罗童子答曰:"难提波罗,我不欲见秃头沙门。秃沙门不应得道,道难得故。"

第三章 回鹘文《陶师本生》及其特点

续 表

行次	回鹘文本	汉文底本(《中阿含经·鞞婆陵耆经》)
54~55	难提波罗陶师堵住了优多罗童子的嘴:"不要如是说,他确已成就无上菩提!"	于是。难提波罗陶师捉优多罗童子头髻,牵令下车。
		于是,优多罗童子便作是念:此难提波罗陶师常不调戏,不狂不痴,今捉我头髻,必当有以。念已,语曰:"难提波罗,我随汝去,我随汝去。"难提波罗喜,复语曰:"去者甚善。"
56~59	难提婆罗这样说着,随后二人一起至迦叶佛所,即佛的身边。优多罗童子看到佛祖,这时他才从内心承认,迦叶佛确已得道成佛。	于是,难提波罗陶师与优多罗童子共往诣迦叶如来无所著等正觉所。到已作礼,却坐一面。难提波罗陶师白迦叶如来无所著等正觉曰:"世尊,此优多罗童子是我朋友,彼常见爱,常喜见我,无有厌足。彼于世尊无信敬心,唯愿世尊善为说法,令彼欢喜得信敬心。"于是,迦叶如来无所著等正觉为难提波罗陶师及优多罗童子说法,劝发渴仰,成就欢喜,无量方便为彼说法;劝发渴仰,成就欢喜已,默然而住。于是,难提波罗陶师及优多罗童子,迦叶如来无所著等正觉为其说法,劝发渴仰,成就欢喜已。即从坐起,礼迦叶如来无所著等正觉足,绕三匝而去。
60	并为自己的诽谤之语感到后悔,	于是,优多罗童子还去不远,问曰:"难提波罗,汝从迦叶如来无所著等正觉得闻如是微妙之法,何意住家,不能舍离学圣道耶?"于是,难提波罗陶师答曰:"优多罗,汝自知我尽形寿供养父母。父母无目,唯仰于人,我以供养侍父母故。"于是,优多罗童子问难提波罗:"我可得从迦叶如来无所著等正觉出家学道,受于具足,得作比丘,行梵行耶?"于是,难提波罗陶师及优多罗童子即从彼处复往诣迦叶如来无所著等正觉所。到已作礼,却坐一面。

59

续　表

行次	回　鹘　文　本	汉文底本(《中阿含经·鞞婆陵耆经》)
61	而且进入了佛之境界,最终悟道。	难提波罗陶师白迦叶如来无所著等正觉曰:"世尊,此优多罗童子还去不远,而问我言:'难提波罗!汝从迦叶如来无所著等正觉得闻如是微妙之法,何意住家,不能舍离学圣道耶?'世尊,我答彼曰:'优多罗,汝自知我尽形寿供养父母,父母无目,唯仰于人,我以供养侍父母故。'优多罗复问我曰:'难提波罗,我可得从迦叶如来无所著等正觉出家学道,受于具足,得作比丘,行梵行耶?'愿世尊度彼出家学道,授与具足,得作比丘。"迦叶如来无所著等正觉为难提波罗默然而受。于是,难提波罗陶师知迦叶如来无所著等正觉默然受已,即从坐起,稽首作礼,绕三匝而去。于是,迦叶如来无所著等正觉,难提波罗去后不久,度优多罗童子出家学道,授与具足。出家学道,授与具足已,于鞞婆陵耆村邑随住数日,摄持衣钵,与大比丘众俱,共游行,欲至波罗奈迦私国邑。展转游行,便到波罗奈迦私国邑,游波奈住仙人处鹿野苑中。
62~70	这个优多罗童子正是前世的我。因为我对迦叶佛说了六句恶毒的话,故而受了六年之苦。这种灵验的因果报应使我身心备受痛苦,并将我带向了外道的错误说教。苦哉。我的躯体受尽煎熬。设若我对菩萨再说恶语,那么我将重受三阿僧祇劫之苦。因此,应引以为戒,对所说言语要负责任……	

汉译本接下来又有颊鞞王至鹿野苑礼敬迦叶如来之事,以及难提波罗陶师修建陶屋诸事。通过上述内容的标举与比较,可以看出,二者间存在着较大的差异,其中特别明显的一点是回鹘文文本故事情节要比汉文本紧凑得多,内容非常简练。如回鹘文本第 7~8 行之文字:"紧接着,天中天世尊慈悲地说了下面的话……"在汉文本中,内容要复杂得多。

彼时,世尊告曰:"阿难,此处所中,迦叶如来无所著等正觉在此处坐,为弟子说法。"于是,尊者阿难即在彼处速疾敷座,叉手向佛,白曰:"世尊!唯愿世尊亦坐此处,为弟子说法。如是此处为二如来无所著等正觉所行。"尔时,世尊便于彼处坐尊者阿难所敷之座。坐已,告曰。

再如汉文本中有如下一段文字:

于是,优多罗童子还去不远,问曰:"难提波罗,汝从迦叶如来无所著等正觉得闻如是微妙之法,何意住家,不能舍离学圣道耶?"于是,难提波罗陶师答曰:"优多罗,汝自知我尽形寿供养父母。父母无目,唯仰于人,我以供养侍父母故。"于是,优多罗童子问难提波罗:"我可得从迦叶如来无所著等正觉出家学道,受于具足,得作比丘,行梵行耶?"于是,难提波罗陶师及优多罗童子即从彼处复往诣迦叶如来无所著等正觉所。到已作礼,却坐一面。

在回鹘文中被简化为寥寥的十余字:

并为自己的诽谤之语感到后悔。(第60行)

回鹘文文本删除了汉文本中大量的讲说难提波罗"归佛、归法、归比丘众""离妄言、断妄言""离治生、断治生""离酒、断酒"之类的内容,剔除了汉译佛教经典中的繁文缛节,而集中于故事情节的描述。回鹘文本的《陶师本生》内容短小精悍,结构紧凑,语言优美。但是,由于内容压缩过多,与汉文本比起来,显得有些古板,不如汉文本生动活泼,形象感人。

由上可以得出结论,回鹘文《陶师本生》很可能是根据多种汉文本改编而成的。情节简洁是其突出特点,但由于过于注重故事情节,基本失去了佛教本生故事原本应具备的说教性质,成了十足的文学作品。若非第62行提到"这个优多罗童子正是前世的我",真使人难以将这一故事与佛本生内容联系在一起。

原刊《中南民族大学学报》2009年第5期,第66~70页。

第四章 敦煌回鹘文佛教文献及其价值

回鹘是敦煌历史上具有重要地位和广泛影响的民族之一，自9世纪中叶至17世纪晚期800年间，他们长期繁衍生息于此，除了朝拜、供养佛窟之外，还在敦煌莫高窟、西千佛洞和瓜州榆林窟等石窟中开窟造像，抄写佛经，从而在敦煌一带留下了数量不少的回鹘文佛教文献，极大地丰富了敦煌佛教文化的内涵。

回鹘文是8世纪左右漠北回鹘根据中亚粟特文字母创制的一种文字，用以书写回鹘语言。其创制虽早，但用这种文字写成的属于那个时代的文献却几无留存。我们今天所能见到的文献大多出自吐鲁番和敦煌地区，前者所出大多为13~14世纪之物，而时代较早的文献，大多都出自敦煌莫高窟藏经洞中。

敦煌发现的回鹘文文献大致可分为两部分：其一为藏经洞（敦煌莫高窟第17窟）所出，另一部分则出自莫高窟第464、465等元代洞窟中。这些文献被发现后，经西方列强巧取豪夺，今已大多流落海外，主要庋藏于伦敦大英图书馆、巴黎国立图书馆、斯德哥尔摩民族学博物馆、日本京都有邻馆和圣彼得堡俄罗斯科学院东方写本研究所等处，只有很少一部分现藏于我国的敦煌研究院、甘肃省博物馆和中国国家图书馆等处。

前一部分有50余件，时代较早，属9~11世纪的遗物。其中，有19件为世俗文书，主要是往来书信与商品账目之类。另有一定数量的摩尼教文献和少量未能确定性质的宗教典籍。其余为佛教文献，比较重要的有《善恶两王子的故事》《佛说天地八阳神咒经》《阿烂弥王本生故事》等。尽管文献数量不多，但是因其时代早且保存比较完好而深受学术界重视。

《善恶两王子的故事》现藏巴黎法国国立图书馆，编号为P.3509，为一由20张纸组成的册子式回鹘文佛经，[1]用一根皮条装订，共40页（80

---

[1] J. Hamilton, *Manuscrits ouïgour de Touen-houang. Le conte bouddhique du bon et du mauvais prince en version ouïgoure*. Paris, 1971；杨富学、牛汝极：《沙州回鹘及其文献》，第133~183页。

面)。每面有回鹘文 7~8 行。文献纸呈褐色,厚且粗糙,字体为行书。从内容看,与汉文《大方便佛报恩经》中的《恶友品》[1]最为接近。应该特别提点的是,虽然回鹘文本沿用的为汉文本《大方便佛报恩经》的基本内容与结构,但并非简单的直译,许多细节不尽相同,如汉文本中有善友太子为救穷苦百姓,求国王开国库,"以五百大象负载珍宝",回鹘文本中却未提及大象;汉文本称当恶友刺瞎善友双目夺宝而去时,树神将真相告诉了善友,但回鹘文本却将树神换成了一位仙人;汉文本讲果园主曾告诉善友如何看守果园,但回鹘文本却称是善友太子告诉果园主如何看守果园等。这种更动说明回鹘文本的译者对各种说法当有了解,因为在汉文佛经中,有许多故事都属于上述类型,如《贤愚经》所收的《善事太子入海》[2]和《大施抒海》[3]之内容就有许多与《大方便佛报恩经·恶友品》基本一样,但在细节上存在着一定的差异。

中土高僧伪撰的佛经《佛说天地八阳神咒经》(图 18),在回鹘人中有着相当大的影响,其回鹘文本在敦煌及吐鲁番等地都有发现,是迄今所知回鹘文佛经残卷中所占比例最大的一种经典,其中保存最完好的就是英人斯坦因于敦煌发现的编号为 Or. 8212－104(旧编号为 Ch. 0013)的写卷。文献长约 24.9 英尺,卷子式,首部残缺,存 466 行,似属 10~11 世纪之遗物,是古代敦煌佛教历史上比较有代表性的

图 18　回鹘文《佛说天地八阳神咒经》印本

---

[1]　失译:《大方便佛报恩经》,《大正藏》第 3 册,No.156,页 142b~148b。
[2]　(北魏)慧觉等译:《贤愚经》卷九,《大正藏》第 4 册,No.202,页 410a~415b。
[3]　(北魏)慧觉等译:《贤愚经》卷八,《大正藏》第 4 册,No.202,页 404b~409a。

一部经典。[1]

在敦煌出土的回鹘文写本中,《慈悲道场忏法》(俗称《梁皇忏》或《梁皇宝忏》,《大正藏》第 1909 号)也是一件值得注意的文献。该文献是在葬礼上为死去的亲属而使用的,系由别失八里人昆村萨里都统(Küntsün Säli Tutung)依据汉文本转译成回鹘文。在吐鲁番多有发现,计达上百件,均藏柏林,内容属 25~37 品。[2] 敦煌本系新近出土物,现藏敦煌研究院,存写本残片 1 页,编号为 B128:12,正、背面各存文字 30 行,内容属《梁皇忏》卷六之一段(图 19)。[3]

图 19 吐鲁番出土回鹘文《慈悲道场忏法》写本残叶

[1] W. Bang – A. von Gabain – G. R. Rachmati, Türkische Turfan-texte, VI: Das buddhistische Sūtra Säkiz yükmäk, Sitzungsberichte der Preussischen Akademie der Wissenschaften, Berlin, 1934, S.1-102;小田壽典:《トルコ語本八陽經寫本の系譜と宗教思想の問題》,《東方学》第 55 辑,1978 年,第 118~104 页。

[2] K. Röhrborn, Eine uigurische Totenmesse (= Berliner Turfantexte II), Berlin, 1971; I. Warnke, Eine buddhistische Lehrschrift über das Bekennen der Sundan. Fragmente der uigurischen Version des Cibei-daochang-chanfa, Berlin, 1978 (unpublished theisis); I. Warnke, Fragmente des 25. und 26. Kapitels des Kšanti qïlγuluq nom bitig, Altorientalische Forschungen 10, 1983, S.243-268.

[3] 张铁山:《莫高窟北区 B128 窟出土回鹘文〈慈悲道场忏法〉残页研究》,郑炳林、樊锦诗、杨富学主编:《丝绸之路民族古文字与文化学术讨论会文集》,西安:三秦出版社,2007 年,第 37~48 页。

第四章　敦煌回鹘文佛教文献及其价值

《阿烂弥王本生故事》回鹘文写作 Āranemi-Jātaka，唯一的一件写本是伯希和于敦煌发现的，现藏法国国立图书馆，编号为 P. ouïgour 1。此经在现存的汉、梵文本中找不到原本，从译文中用词多采用龟兹语词汇来看，该经当译自龟兹文。此经的发现，可补汉文大藏经之阙。此外，文书中长达52行的回鹘文题记也很重要。根据题记，不仅可以知道施主是僧慈·阿阇梨（Singsi Āčari），抄写者是阿尔甫·通迦（Alp Tonga），而且还可以看到施主与抄经者度己度人的大乘佛教思想，尽管经典本身应归入小乘佛教系统。在古代维吾尔族佛教史研究中，该写本具有十分重要的资料价值。[1]

这里应特别提及敦煌发现的用吐蕃文字母书写的古代回鹘语佛教文献《佛教教理问答》（图20）。该文献现藏巴黎法国国立图书馆，编号为 P. chinois 5542/P. tibetain 1292，系用藏文行书无头字体（但带有吐蕃王朝时期的特点，如反写元音 i 等）拼写古代回鹘语佛典，共44行。残卷长42～43厘米，宽29.5～30厘米，纸呈灰褐色。首尾为"三归依"文句，中间用问答形式阐述"四生"、"五道"、"三毒"、"十戒"、"六波罗蜜"等佛教基本教义。本残卷为现存同类文献残卷中较为完整的一件，对研究吐蕃与回鹘的宗教与文化联系具有重要参考价值。[2]

敦煌发现的后期回鹘文佛教文献数量较多，且篇幅较长，保存比较完整，成为研究蒙元时代回鹘语文、佛教状况、哲学思想和文学成就的至宝。文献内容丰富，种类多样，经藏有《金光明最胜王经》《长阿含经》《中阿含经》《杂阿含经》《增一阿含经》《八十华严》《佛说十王经》及《净土三经》等，论藏方面有《阿毗达磨俱舍论》《妙法莲花经玄赞》《俱舍论颂注》《阿毗达磨顺正理论》《阿毗达磨俱舍论安慧实义疏》等，佛教文学作品有《佛教诗歌集》、叙事诗《常啼与法上的故事》及韵文体的《观音经相应譬喻谭》等，

---

[1] J. Hamilton, *Manuscrits ouïgours du IXe-Xe siècle de Touen-houang*, Tome I, Paris, 1986, no.1, pp.1-26; Tome II, pls. 268-270; 杨富学：《敦煌本回鹘文〈阿烂弥王本生故事〉写卷译释》，《西北民族研究》1994年第2期，第89～101页。

[2] P. Pelliot, Un catechisme bouddhique ouïgour en ēcriture tibétaine, *Journal Asiatique*, juil.-sept., 1921, pp.135-136; 森安孝夫：《チベット文字ご書かおたウイグル文佛教教理問答（P. t. 1292）の研究》，《大阪大学文学部紀要》第 XXV 卷, 1985 年, 第 1～85 页; D. Maue und K. Röhrborn, Ein Buddhistischer Katachismus'in alttürkischer sprache und tibetischar Schrift（1-2）, *Zeitschrift der Deutschen Morgenländischen Gesellschaft*, 134-2, 1984, S.286-313, 135-1; 1985, S.69-91.

图20 敦煌本吐蕃文回鹘语《佛教教理问答》写卷

另有密宗文献《吉祥胜乐轮曼陀罗》和回鹘佛教禅学著作《说心性经》以及回鹘文书信等。

在上述文献中,元代回鹘文写本《阿毗达磨俱舍论安慧实义疏》以其部头巨大而闻名。该文献现存230页(460面),计7015行,是现存回鹘文献中篇幅最大且保存最完好的,皮藏于伦敦大英图书馆,编号为Or. 8212-75A/75B(旧编号为Ch. xix.001-002)。为薄纸册子本,共2册。纸质薄韧,纸幅大小约为17×13.2厘米,每面书15行,文中常夹写汉字,边上有用汉字标署的页码。字体为晚期草体,似属元代之物,但拼写法却为古典式的,即一般不见s和z、t和d交替使用的情况。原文作者为5~6世纪印度著名注释家安慧(Sthiramati)。据《唯识述记》记载,安慧曾"即糅杂集,救俱舍论,破正理师"。所谓正理师是指众贤一派的有部学者。安慧的《实义疏》就是用来驳斥正理师以挽救世亲之《俱舍论》而作的。其汉文本早已失

第四章　敦煌回鹘文佛教文献及其价值

传,仅在敦煌发现有3件残本。其中,P.3196被收入《大正藏》第29册中,内容当为前五卷的节抄。最近整理、刊布的北新1440+L3736号写卷当为该文献卷三之完本。[1] 据说有蒙古语译本传世,但未知详情。现知者仅有藏文本比较完整,但也已不全。回鹘文本译者或编者为名叫无念(Asmrta)的法师。所依原文当为汉本,因为抄本中杂有不少汉字,卷首以汉字标明题目为"阿毗达磨俱舍论实义疏卷第一"。回鹘文译文明显带有汉文文体特征。书手为生于沙州的吐坎儿·铁木耳(Tükäl Tämür)。由于该写本字迹潦草,加上文义深奥,故研究者不多,深入全面的研究直到近年才得以完成。[2] 此外,在20世纪90年代,敦煌莫高窟又出土有该文献的新写本残片多件。[3] 这些写本残片的发现、研究与刊布,为复原安惠之《实义疏》,以弥补汉文、藏文大藏经的不足提供了基本依据。

在敦煌发现的晚期回鹘文佛教典籍中,有一个比较特殊的现象,那就是论藏著作数量较多。除上述《安慧实义疏》外,比较重要的尚有《阿毗达磨俱舍论》(存一件,散藏于瑞典、日本和国内各收藏单位)[4]、《阿毗达磨

---

[1] 苏军整理:《阿毗达磨俱舍论实义疏》,方广锠主编:《藏外佛教文献》第1辑,北京:宗教文化出版社,1995年,第169~250页。

[2] 羽田亨:《回鹘譯本安慧の俱舍論實義疏》,《白鳥博士還曆紀念東洋史論叢》,東京:岩波書店,1925年,第245~292页; S. Tekin, *Abhidharma-kośa-bhāṣya-ṭīkā Tattvārthanāma. The Uigur Translation of Sthiramati's Commentary on the Vasubandhu's Abhidharmakośāstra*, New York, 1970, xxviii+231p.;庄垣内正弘:《ウイグル語譯・安慧造〈阿毗達磨俱舍論實義疏〉》(ウイグル語・ウイグル語文獻の研究,Ⅲ),神户,1988年,p.177;庄垣内正弘:《古代ウイグル文阿毗達磨俱舍論實義疏の研究》Ⅰ~Ⅲ,京都:松香堂,1991~1993年。

[3] 张铁山:《敦煌莫高窟北区B52窟出土回鹘文——〈阿毗达磨俱舍论实义疏〉残叶研究》,《敦煌学辑刊》2002年第1期,第13~11页;庄垣内正弘:《ウイグル語譯〈阿毗達磨俱舍論實義疏〉斷片1葉》, *Contribution to the Studies of Eurasian Languages*, Vol.17, Kobe, 2004, pp.261-270;阿依达尔·米尔卡马力:《敦煌莫高窟北区B157窟出土〈阿毗达磨俱舍论实义疏〉残叶研究》,《京都大学言语学研究》第24期,2005年,第1~13页。

[4] 百濟康義:《ウイグル譯〈阿毗達磨俱舍論〉初探——藤井有鄰館所藏斷片》,《龍谷大學論集》第425期,1984年,第65~90页;耿世民:《回鹘文〈阿毗达磨俱舍论〉残卷研究》(1~2),《民族语文》1987年第1期,第56~61、50页;《中央民族学院学报》1987年第4期,第86~90页;杨富学、牛汝极:《敦煌研究院藏的一页回鹘文残卷》,《敦煌研究》1991年第2期,第33~36页;张铁山、王梅堂:《北京图书馆藏回鹘文〈阿毗达磨俱舍论〉残卷》,《民族语文》1994年第2期,第63~70、7页。

顺正理论》(现存日本京都有邻馆等处)[1]、《入阿毗达磨论注释》、《俱舍论颂》(大英图书馆藏,编号 Or. 8212-108)[2]等。

敦煌发现的回鹘文《说心性经》是迄今所知唯一的一部回鹘文佛教哲学原著。回鹘文原作 xin (köngül) tözin uqïttačï nom bitig,现存伦敦大英图书馆,编号为 Or. 8212-108。该写本为册子本,存 405 行。纸质细薄,字体较草,但清晰可读。每面写 13~15 行,拼写法比较规则,只是有时存在 t 和 d、s 和 z 字母交替使用的情况。文中夹写汉字。作者为智泉(Čisön)。这一《说心性经》本身没有署明年份,但本书作者智泉同时又是同一写本(Or. 8212-108)中一首哲理诗的作者,写作 Čisön Tutung。该哲理诗后有一题记曰:

鼠年九月十日,我于美妙的 T'ydw 之西之 k'w lynqw 来此写。

这里的 T'ydw 即指"大都",此名在文献中出现即意味着这一文献为元代遗物,文献的书写风格与词法特征也正与此合。书中多处引用出自《首楞严经》和《华严经》的文字。内容可分为四部分:第一部分总论以及心性,第二部分解说关于心性的"三种门",第三部分论说如何正确理解"三部法"的问题,第四部分为结语。[3]

译自藏文的回鹘文密宗文献《吉祥胜乐轮曼陀罗》也相当重要,该文献为密教经典,梵文作 Śrīcakrasaṃvara Maṇḍala-Abhisamaya,藏文译本称之为 Cakrasamvara-mandala。其回鹘文译本是由元朝帝师、萨迦五祖八思巴(1235~1280)的弟子本雅失里(Puṇyaśri)依据藏文本翻译的。[4] 原卷现

---

[1] 百濟康義:《ウイグル〈阿毗達磨順正理論〉抄本》,《佛教学研究》第 38 期,1982 年,第 1~27 页;庄垣内正弘:《ウイグル文〈阿毗達磨順正理論〉——大英圖書館所藏 Or.8212—75Bかろ》,《内陸アジア言語の研究》III,神户,1987 年,第 159~207 页。

[2] 百濟康義:《ウイグル譯〈俱舍論頌注〉一頁》,《印度学佛教学研究》第 28 卷第 2 期,1980 年,第 44~48(940~944)页;K. Kudara, A fragment of an Uighur version of the Abhidharma-kośa-karika, *Journal Asiatique*, 269-1/2, 1981, pp.325-346.

[3] R. R. Arat, *Eski Türk Şiiri*, Ankara, 1965, S.63-161; Ş. Tekin, *Buddhistische Uigurica aus der Yüan-Zeit, Teil I: HSIN Tözin oqïdtačï Nom*, Budapest, 1980, S.17-142;张铁山:《回鹘文佛教文献〈说心性经〉译释》,《中国少数民族文学与文献论集》,沈阳:辽宁民族出版社,1997 年,第 341~371 页。

[4] 杨富学:《回鹘之佛教》,第 138 页。

第四章 敦煌回鹘文佛教文献及其价值

存伦敦大英图书馆,编号 Or. 8212 - 109,册子形式,共 63 页(126 面),1 430 行,纸质粗厚,呈黄褐色,保存良好,字体为行书,清晰可读。内有用汉字书写的"善哉善哉"(16b)、"了也"(55b)、"善哉,了也,婆土,了也"(58b)等语。此外,在页 5b 写有汉字"七",页 16a 写有种子词之类的不明符号。页 46b 左上角尚有一处用婆罗谜文书写的梵语 sādhu(善哉)。蒙古王子阿速歹(Asuday)之名按元代回鹘文行文习惯抬头一格书写。至于其内容、作者、译者和写本年代,文中有如下记载:

tört türlüg kezikläriɣ yolča uduzmaqlïɣ taniŋ nomluɣ tamɣaq-ïɣ čoɣluɣ ɣalïnlïɣ uluɣ baɣši naropaniŋ kirčtü aɣïzïntïn nomlayu yarlïqamïš… sakïkïɣ toyïn uluɣ baɣšï CUG GU baɣ-lïɣ dharma torči čoski irgämesän nomluɣ tüɣ atlïɣ baɣšï üzä yaratmïš ärür aɣïz tïn aɣïzqa ulaɣ…qamïllïɣārya ačarï tükällig bilgä istonpa baɣšïnïŋ bošuɣ yarlïɣ üzä ävirü aɣtaru tägintim…či čing onunči bars yïl altïnč ay tört yangiɣa üč lükčuk balïɣ lïɣ xulut män yangi bošɣutčï sarïɣ tutung asudai oɣul ning lingči si üzä bitidim sadu ädgü

四种次第成就法,此为纳若巴(Naropa)大师讲说之真义(kirčtü)……由萨迦僧人大法师法幢(Dharma Torči)大师制成……哈密尊者阿阇黎(Ārya Āčarï)遵佟巴(Istonpa)大师之令翻译……至正十年(1350)虎年六月初四日,我三鲁克沁(Üč Lükčük)城之后学萨里都统(Sarïɣ Tutung)奉阿速歹(Asuday)王子之令写。善哉!

这里的蒙古王子阿速歹必非与之同名的蒙哥汗之子阿速歹,而当为至顺元年(1330)三月所封西宁王速来蛮(Sulaiman)之子。其名不见于《元史》,但见于《莫高窟六字真言碣》(1348 年立,碣石今存敦煌研究院)和《重修皇庆寺记》(1351 年立,碑石今存敦煌研究院)。看来此经当缮写于敦煌,写成时代在至正十年(1350)。

从写本多见的藏文术语看,应译自藏文。内容属于印度著名密教大师纳若巴(1016~1100)所撰《吉祥胜乐轮曼陀罗(Śrīcakrasaṃvara Maṇḍala-Abhisamaya)》,内容可分为四部分,分别讨论了"处于生死中间状态及由此得到再生之方法","四种次序成就法",纳罗巴的"六法"学说和"吉祥胜乐

69

轮"的六种礼拜。[1]

　　这里还应注意到敦煌发现的回鹘文佛教诗歌集。该文献现藏伦敦大英图书馆,编号为 Or. 8212-108,与前述回鹘文《说心性经》及《俱舍论颂》和回鹘文部派残卷等多种文献合订为一册,共 38 页,其中,第 1 页的正面与 17~33 页为诗集。纸质细薄,保存良好,字体较草,但很清晰。每面写 15~17 行,夹写汉字。全为押头韵的四行诗或八行诗,共 948 行,是迄今为止所知最为重要的回鹘佛教诗歌集,其中有著名回鹘学者安藏的《十种善行赞》和安藏与另一名著名回鹘学者必兰纳识里根据汉文而合力撰写的《普贤行愿赞》等,这些诗作早已失传。它们在敦煌的再度现世为回鹘佛教思想与佛教文学的研究提供了弥足珍贵的资料。[2]

　　在数以万计的回鹘文文献中,时代最晚的回鹘文写本是著名的《金光明最胜王经》。回鹘文原题作 altun önglüg yaruq yaltrïqlï qopta kötrül-miš nom iligi atlïγ nom bitig,共 398 页,现存圣彼得堡俄罗斯科学院东方写本研究所。该本纸质粗厚,呈黄褐色,保存良好,宽 60.5 厘米,高 23 厘米,每面以写经体书写文字 22~25 行。清晰易读。关于该经的翻译,跋尾有明确记载:

y(ä)mä qutluγ öngdün uluγ tabγač ilinčä tayšing siwšing alγu šasatarlarïγ nomlarïγ qalïsïz ötkürmiš bodisataw gitso samtso atlïγ ačarï änätkät tilintin tawγaš tilinčä äwirmištä yana bu biš čöbik käbik kälyük bulγanyuq yawaz ötdä qoluta kinki boš-γutluγ biš-balïqlïγ sïngqu säli tutung tawγač tilintin türk uyγur tilinčä ikiläwirmiš altun önglüg yaruq yaltrïq-lïγ qopta kötrulmiš nom iligi atlïγ nom bitig bitiyü oquyu yätildi sadu ädgü ymä qutluγ bolz-un!

　　时幸福的东方之伟大的桃花石国(即中国——引者)中洞彻大乘[与]小乘一切经的菩萨义净三藏从印度语译为汉语。时此五浊恶世之中别失八里后学胜光法师都统(Sïngqu Säli Tutung)又从汉语译为突厥—回鹘语,

---

[1]　庄垣内正弘:《ウイグル語寫本·大英博物館藏 Or. 8212-109 について》,《東洋学報》第 56 卷第 1 号,1974 年,第 44~57 页; P. Zieme und G. Kara, *Ein uigurisches Totenbuch. Nāropas lehre in uigurischer Übersetzung von vier tibetischen Traktaten nach der Samelhandschrift aus Dunhuang British Museum Or. 8212-109*, Budapest, 1970.

[2]　R. R. Arat, *Eski Türk Şiiri*, Ankara, 1965, S.63-161.

第四章 敦煌回鹘文佛教文献及其价值

定名为《金光明最胜王经》,写讫。善哉!善哉!祝福![1]

此跋告诉我们,回鹘文《金光明最胜王经》是别失八里著名回鹘翻译家胜光法师依义净汉译本转译的。值得注意的是,与义净本相较,回鹘文本卷一多出了两个故事:沧州人张居道在温州做官时因屈杀牲畜而被阎王追索,后发愿抄写《金光明经》而被放还;又有温州安固县某县丞妻,久病不愈,张居道闻之,劝其发愿抄写《金光明经》,此县丞遵其言,雇人抄写,果然妇人疾病得除。[2] 这两个故事,虽不见于义净译本,但可见于北凉昙无谶翻译的四卷本《金光明经》卷首所录《忏悔灭罪金光明经冥报传》,又名《金光明经传》。回鹘文本之内容当系胜光法师据昙无谶补译。[3] 此外,回鹘文本还多出了《四天王赞》和《八大圣地制多赞》。前者系 Tanwasïn Āčari 法师据藏文译补,后者由 Amoga Širi Āčari 法师据梵文译补。另外书尾还多了抄经者所撰回向文。[4] 其出土地虽不在敦煌(1910 年由俄国学者马洛夫发现于甘肃酒泉文殊沟),但题记表明,该文献的抄写地点却在敦煌。这则题记相当重要,兹移录如下:

kang-si yigirmi altinč yïl altïnč aynïng säkiz yungïsï, či tigma tutmaq kün sim sičqan kün üzä bašlayu bitip, säkizinč aynïng ay tolunï biš yigirmisintä bitiyü tolu qïldïm kinki-lär-kä ulalmaq bolz-un! sadu ädgü!

我从康熙二十六年六月初八辛鼠日开始写,至八月十五日满月时写竟。让其流布后世吧!善哉!善哉![5]

---

[1] F. W. K. Müller, *Uigurica*, Abhandlungen der Preussischen Akademie der Wissenschaften, Nr.2, Berlin, 1908, S.13 - 14;耿世民:《回鹘文〈玄奘传〉第七卷研究》,《民族语文》1979 年第 4 期,第 250 页。

[2] S. Çagatay, *Altun Yaruk'tan iki parča*, Ankara, 1945; P. Zimie, Zu den Legenden im uigurischen Goldglanzsūtra, *Turkluk Bilgisi Araştimalari1*, 1977, S.149 - 156.

[3] 杨富学:《回鹘文〈忏悔灭罪金光明经冥报传〉研究》,《敦煌学》第 26 辑,2005 年,第 29~44 页。

[4] D. Maue und K. Röhrborn, Ein Caityastotra aus dem alttürkischen Goldglanz-Sūtra, *Zeitschrift der Deutschen Morgenländischen Gesellschaft*, 129, 1979, S.282 - 320.

[5] В. В. Радлов-С. Е. Малов, *Suvarnaprabhāsa*. сутра золотого Блеска (= *Bibliotheca Buddhica* XVII), Delhi, 1992, S.343; Ceval Kaya, *Uygurca Altun Yaruk Giriş, Metin ve Dizin*, Ankara, 1994, S.207; A. von Gabain, *Alttürkische Grammatik*, Leipzig, 1950, S.258.

题记表明,该写本的缮写者为 Bilgä Talui Šabi、Ratna Vijra Šabi、Čaxsapat Manggal Toyin 等人,抄经地点在敦煌。其抄写者若为回鹘人,这一事实则说明,至迟到康熙二十六年(1687),河西地区的回鹘佛教残余势力仍然存在着,回鹘文还在继续使用,而当时,回鹘文在新疆维吾尔族中早已被弃用,成为不为人知的"死文字",于是,由 Bilgä Talui Šabi 等人于康熙二十六年(1687)在敦煌抄写的大部头回鹘文献《金光明最胜王经》便成了回鹘语文的最后绝唱。但也有可能,该写本是由同样使用回鹘文的蒙古人抄写的。[1] 该文献语言优美,字迹清晰,篇幅大,而且保存完好,成为国际学界研究回鹘历史文化与宗教的最为重要的资料之一。

敦煌发现的回鹘文佛教文献数量到底有多少,目前还是个说不清的问题。一方面,国外收藏的文献虽经近百年的研究刊布,成就显著,但发表出来的只是那些已经识别出来的部分,仍有大量的残篇断简和尚待识别的文献至今仍沉睡箧中。尤其是在国内,如敦煌研究院、甘肃省博物馆等单位都有相当数量的回鹘文佛教文献收藏,但由于各种原因,研究人员很难亲睹实物,也无法见到照片。资料的封锁严重地妨碍了我国回鹘文研究刊布的进程。

另外一个方面,回鹘文文献续有新发现,如近年通过对莫高窟北区石窟的发掘,在编号为 B31(1件)、B45(3件)、B47(1件)、B49(大量碎片)、B52(2件)、B53(4件)、B54(若干碎片)、B59(8件)、B77(4件)、B97(1件)、B119(1件)、B121(2件)、B123(1件)、B124(1件)、B125(1件)、B127(1件)、B128(4件)、B131(1件)、B137(1件)、B138(2件)、B139(1件)、B140(3件)、B142(4件)、B154(1件)、B156(1件)、B157(16件)、B160(3件)、B161(2件)、B162(1件)、B163(2件)、B165(20件)、B166(1件)、B168(2件)、B172(1件)和 464(23件)等石窟中都有新文献出土。这些文献数量众多,据有关考古人员介绍,新发现的碎片总数达两千件左右。其形式各异,内容不同,既有写本,也有刻本,大部分为佛教典籍。其中,比较集中的为《阿含经》文献。[2] 其余见刊的除前述《安慧实

---

[1] 杨富学:《回鹘文献与回鹘文化》,第 210 页。
[2] 彭金章、王建军:《敦煌莫高窟北区石窟》第 1~3 卷,北京:文物出版社,2000~2004 年;张铁山:《莫高窟北区 B53 窟出土回鹘文〈杂阿含经〉残叶研究》,《敦煌研究》2001 年第 2 期,第 101~106 页;张铁山:《敦煌莫高窟北区出土回鹘文〈中阿含经〉残叶研究》,《中央民族大学学报》2001 年第 4 期,第 128~131 页;张铁山:《莫高窟北区 B159 窟出土回鹘文〈别译杂阿含经〉残卷研究》,《民(转下页)

义疏》外,尚有《梁朝傅大士颂金刚经》《大乘无量寿经》《历代佛祖通载》等。[1]

将敦煌莫高窟藏经洞出土文献与莫高窟北区及其他地方出土的文献进行比较,可以看出这样一种现象,即藏经洞出土的回鹘文佛经没有一篇可以称得上是严格的翻译作品。有的是对佛经原典的编译,有的明显可以看出是回鹘人在翻译时加入了自己的思想。前一种现象以 Or. 8212 - 121 较为典型。依其内容,当为汉文净土三大部之一的《佛说无量寿经》的回鹘文译本,但以之与汉文本相较,却不难看到二者之间的差异。前文提到的 P.3509《善恶两王子的故事》与汉文本之间的差异,其实也属于这种情况。后一种现象以 Or. 8212 - 104《佛说天地八阳神咒经》较为典型。该经在中国内地佛教界并不流行,甚至被斥为"伪经",正规的《大藏经》多未收录,有趣的是,它却是迄今所知回鹘文佛经残卷中所占比例最大的一种经典,其抄(刻)本残卷在西域、敦煌诸地都时有发现。在考察这些残片的时候,人们总会发现有许多不一致的地方。

当年,邦格、葛玛丽等在研究柏林收藏的写本时,就将其划分为 72 种

(接上页)族语文》2001 年第 6 期,第 36~46 页;张铁山:《敦煌莫高窟北区 B159 窟出土回鹘文〈别译杂阿含经〉残卷研究》(二),《民族语文》2003 年第 1 期,第 59~67 页。

[1] 雅森·吾守尔:《敦煌莫高窟北区石窟出土部分回鹘文文献概述》,《敦煌莫高窟北区石窟》第 1 卷,北京:文物出版社,2000 年,第 352~357 页;张铁山:《叙利亚文文书中回鹘文部分的转写和翻译》,《敦煌莫高窟北区石窟》第 1 卷,第 391~392 页;牛汝极:《莫高窟北区发现的叙利亚文景教——回鹘文佛教双语写本再研究》,《敦煌研究》2002 年第 2 期,第 56~63 页;张铁山:《敦煌莫高窟北区出土三件回鹘文佛经残片研究》,《民族语文》2003 年第 6 期,第 44~52 页;张铁山:《敦煌莫高窟北区出土回鹘文文献过眼记》,《敦煌研究》2003 年第 1 期,第 94~99 页;张铁山:《莫高窟北区出土两件回鹘文佛经残片研究》,《敦煌学辑刊》2003 年第 2 期,第 79~86 页;张铁山:《莫高窟北区 B128 出土回鹘文〈八十华严〉残页研究》,《中央民族大学学报》2003 年第 4 期,第 112~115 页;张铁山:《莫高窟北区出土三件珍贵的回鹘文佛经残片研究》,《敦煌研究》2004 年第 1 期,第 78~82 页;张铁山:《敦煌莫高窟北区出土回鹘文文献译释研究》(一),《敦煌莫高窟北区石窟》第 2 卷,北京:文物出版社,2004 年,第 360~368 页;张铁山:《敦煌莫高窟北区出土回鹘文文献译释研究》(二),《敦煌莫高窟北区石窟》第 3 卷,北京:文物出版社,2004 年,第 383~396 页;张铁山:《敦煌出土回鹘文〈大乘无量寿经〉残页研究》,《民族语文》2005 年第 5 期,第 64~68 页;阿依达尔·米尔卡马力:《敦煌莫高窟北区出土〈梁朝傅大士颂金刚经〉残叶研究》,《新疆大学学报》2006 年第 3 期,第 55~58 页。

不同的本子。[1] 以后又发现此经写本89种,如加上北京、伦敦、圣彼得堡及日本各地所收藏的写本、刻本,其种类就已达186种之多。[2] 其中以敦煌本保存最为完好,且时代也最早。日本学者小田寿典经过细致的研究后认为,敦煌本中融摄了波斯的信仰成分,拜火教思想非常浓厚。后来的本子与之不同,时间越靠后,修改的地方就越多,而波斯的信仰也就逐渐被排除。[3] 这一现象说明回鹘佛教在初传时,较多地受到了传统信仰,即摩尼教和拜火教的影响,为了争取信徒,不得不依托或吸收摩尼教、拜火教的一些术语与基本思想。

后来,回鹘佛教日渐流行,大致从10世纪开始,其势力即已远超摩尼教之上,更不用说流传范围本身就有限的拜火教了。在此情势下,回鹘佛教已完全毋需再借助于摩尼教与拜火教的外衣了。二者宗教思想在佛教文献中被逐步排除也就成了势之必然。

除了上述纸本回鹘文佛教典籍外,我们还应注意古代回鹘人在敦煌莫高窟、西千佛洞和瓜州榆林窟等石窟壁面上题写的内容不同、长短不一的回鹘文题记。笔者通过初步普查,已发现各种题记300余条,其中以瓜州榆林窟为最多,内容也最丰富。在现存的41个洞窟中,可见到回鹘文题记的就有20多个,计有190条,590余行。莫高窟次之,现已发现的也有100余条。这些题记大多书写于石窟的甬道壁上,有的为朱书,也有的用硬物刻划,大多则用墨笔书写。除少数因字迹漫漶、损坏严重或刻划不清等原因无法识读外,大多都可或多或少地辨识其部分内容,其中为数最多的是游人、香客朝山拜佛的题记,但也有一定数量的壁画榜题和回鹘供养人题记,有些内容特别值得注意,如榆林窟第12窟前室东壁有一则回鹘文题记称马年七月十一日,沙州路将军Xošang和Buyan Tämür等人一同前往榆林窟朝拜。这里的Xošang,有可能就是元明之交的高昌回鹘末主和尚(赏)。据《元史·巴而术阿而忒的斤传》记载,和尚和王室成员在国都高昌于1283

---

[1] W. Bang – A. von Gabain – G. R. Rachmati, Türkische Turfan-texte, Ⅵ: Das buddhistische Sūtra Säkiz yükmäk, *Sitzungsberichte der Preussischen Akademie der Wissenschaften*, *Phil.-hist. Klasse*, Nr.10, Berlin, 1934, S.9; 山田信夫:《ウイジル王國の佛教文化》,《東洋学術研究》第18卷第1期,1979年,第80~82頁。

[2] 杨富学:《回鹘之佛教》,第79页。

[3] 小田壽典:《トルコ語本八陽經寫本の系譜と宗教思想の問題》,《東方学》第55輯,1978年,第118~104頁。

年陷入蒙古叛军笃哇、察八之手后,被元政府迁至今甘肃永昌一带居住。而 Buyan Tamür 呢？有可能就是豳王出伯之曾孙不颜帖木儿。此人于1375年归顺明太祖朱元璋,被改封为安定王。如果以上推测成立,势必可为回鹘王室及今日河西裕固族之佛教与历史文化的研究提供新内容。[1]在莫高窟中,保存回鹘文题记最多的洞窟是464窟,其前后室四壁上都写有回鹘文文字,内容均与佛教有关,有待进一步全面研究。

在通常情况下,题记书写者一般都要署明自己的名字与官衔,何时、何因从何地来此,做了何种功德善事,大都是当事人第一手的记载。唯其如此,它才更加可信与宝贵。这些记录,一般不见于史书的记载,为我们研究宋元时代敦煌、河西乃至丝路地区的回鹘之佛教及其盛衰颇具价值。

敦煌发现的回鹘文佛教典籍,据笔者粗略统计,大致应占所有存世回鹘文佛教文献的四分之一到三分之一左右。这些文献中既有许多保存完好的早期回鹘文文献(凡莫高窟藏经洞出土的文献都属此类),也有像《金光明最胜王经》那样时代甚晚的回鹘文文献,他们都是在其他地方(包括新疆诸地、中亚及北京居庸关等地)难以见到的。总之,敦煌发现的回鹘文佛教作品,对研究回鹘佛教之兴衰、特点及其与周边民族(如汉、藏、龟兹、印度)之佛教联系都极具研究参考价值。

本文曾提交"中日敦煌佛教学术会议"(北京,2002年3月13至15日),原刊《戒幢佛学》第2卷,长沙:岳麓书社,2002年,第111~119页。

---

[1] 哈密顿、杨富学、牛汝极:《榆林窟回鹘文题记译释》,《敦煌研究》1998年第2期,第42~43页。

第五章 回鹘文《玄奘传》及其相关问题

一、关于回鹘文《玄奘传》

唐太宗贞观元年(627),玄奘法师以为法亡躯之精神,首途长安赴印度求法。他顶风雪,冒寒暑,穿戈壁,越沙漠,翻山越岭,终于抵达印度。先受学那烂陀寺,继历游五天竺,后弘法曲女城,于贞观十七年(643)归国,前后历时17年。玄奘返回时,从印度携归佛典650余部,并以20年的心血,先后于弘福寺、慈恩寺等寺院译出经论75部1 335卷,计1 300余万言。他的西天壮行回忆录也由其弟子辩机整理成《大唐西域记》12卷,历述他所经138国之见闻,是一部研究中亚、印度及丝绸之路各国历史、地理、宗教、文化和社会风情的珍贵资料。在他逝世后,他的弟子慧立于665年根据其西行印度的传奇经历,著成传记5卷。3年后,玄奘大师的另一位弟子彦悰又补缀5卷,增述大师归国后的生活,合为10卷,这就是我们今天所说的《大慈恩寺三藏法师传》(简称《玄奘传》)。由于该书中有很多内容不见于《大唐西域记》的记载,故十分重要,成为与之不可分离的姊妹书。时过3个世纪,这部颇为引人入胜的传记又被译成了回鹘语文流行于世。

回鹘文是古代维吾尔族的祖先回鹘人(又译袁纥、回纥、畏兀儿等)使用时间最长,影响也最大的一种文字。这是一种以粟特(Sogdian)文字母为基础而创制的音素型文字。8世纪时,始为中亚七河流域(Semirechyè)的突骑施部(Turgiš)使用,后来为回鹘人广泛使用,直至15世纪。当时主要流通于西域及河西走廊诸地。15世纪以后,随着伊斯兰教在回鹘中的迅速传播和佛教势力的衰微,阿拉伯文逐步取代了回鹘文,久而久之,回鹘文遂成了无人问津的"死文字"。直到19世纪末20世纪初,随着吐鲁番、敦煌等地考古工作的展开和回鹘文文献的大量出土,回鹘文才逐步引起国际学术界的重视。经过一个多世纪的研究,比较重要的文献都相继得到刊布,其中大部分文献都与佛教有关,极大地弥补了史书对回鹘佛教记载之不足。可以说,世界上没有任何一种文能像回鹘佛教这样多地受惠于地下发

第五章　回鹘文《玄奘传》及其相关问题

掘材料。这里所述回鹘文《玄奘传》就是其中部头较大,且较受学术界重视的文献之一。

《大慈恩寺三藏法师传》在回鹘文写本中被题作 bodïstw taïto samtso ačarï-nïng yorïɣ-ïn uqïtmaq atlïɣ tsïïn čuïn tigma kawi nom bitig。其写本大致于1930年或稍前发现于新疆某地,很可能是吐鲁番盆地。现存残卷共计394叶,788面。其中248叶现存北京中国国家图书馆,123叶存法国吉美博物馆(Musée Guimet),有23叶存俄罗斯科学院东方学研究所圣彼得堡分所(St. Petersburg Branch of the Institute of Oriental Studies, Russian Academy of Science)。此外,柏林也藏有《玄奘传》写本残片,已知的有2件,但属于别本。[1] 汉语与回鹘语对照的《玄奘传》写卷近年也有发现。

回鹘文《玄奘传》写本为梵夹式,长43厘米,宽18厘米,四边刻画有红框线。纸呈黄褐色,麻质,双面书写,每面27行。在每叶的第5至9行之间有圆圈,直径约4.9厘米。圆圈中间有绳孔,每叶左边用小字回鹘文注明叶码,现多残损。

回鹘文《玄奘传》的译者为胜光法师(Sïngqu Säli),这在北京藏本23叶背面16~26行(卷七末)的题跋中有所记载：

ymä qutluɣ öngtün uluɣ tvɣač ilinča taising siosing alqu šastr larïɣ qamaɣ nomlarïɣ qalïsïz ötgürü topolu bilmiš bošɣunmïš bodïstv kitsi samtso atlɣ ačarï o o änätkäk tïlïntïn tvɣač avïrmïš yana bu kälyük bulɣanyuq biš čöbik y(a)vlaq ödtäki kinki bošɣutluɣ bïš balïq-ïɣ sïngqu säli tutung tvɣač tïïntïn ikiläyü türk tïlïnča aqtarmïš

时幸福的、伟大的中国国内有慧立大师者,洞彻三藏,受教著为汉文,名叫彦悰法师者扩展之,又别失八里人胜光法师再由汉文译为突厥文。[2]

---

[1] Kogi Kudara-Peter Zieme, Fragmente zweier unbekannter Handschriften der uigurische Xuanzang-Biographie, *Altorientalishe Forshungen* Bd.11, 1984, S.136–148.

[2] Kogi Kudara-Peter Zieme, Fragmente zweier unbekannter Handschriften der uigurische Xuanzang-Biographie, *Altorientalishe Forshungen* Bd.11, 1984, S.378–379;耿世民：《回鹘文玄奘传第七卷研究》,《民族语文》1979年第4期,第250页。

这里的胜光法师,在古代维吾尔族翻译史上拥有相当高的地位。除了《玄奘传》之外,他还根据汉文翻译过《金光明最胜王经》《千手千眼观世音菩萨广大圆满无碍大悲心陀罗尼经》《佛说天地八阳神咒经》和《观身心经》等。其生活的时代难以确知,一种意见认为应在9~12世纪之间,[1]目前得到比较广泛接受的结论是11世纪。[2]

二、《玄奘传》所见弥勒崇拜内容

4至8世纪,弥勒信仰在中原地区十分盛行,与弥勒相会、往生兜率天宫的思想在玄奘弥留之际的言行中就不无反映。

值得注意的是,回鹘文《玄奘传》译者胜光法师似乎对这一内容特别感兴趣,在翻译时常常根据自己的见解来诠释、扩充与弥勒菩萨有关的内容。如卷10载玄奘曾口诵偈语:"南无弥勒、如来应正等觉,愿与含识速奉慈颜,南谟弥勒、如来所居内众,愿舍命已,必生其中。"胜光法师经过改编,译之如下(图21):

yükünür män maitri arïɣïn kälmiš ayaɣ-qa tägimlig köni tüz tuyuɣlï-qa qut qolu täginür män. qamaɣ tïnlïɣ oɣlanï birlä [bir] ki-ä ödün tapïnu täginäyin tängrim sizing ödüngüztä. [yü]künür män maitri arïɣïn kälmiš-[kä, olar ara]-sïnta ärdäči ič [quvra]ɣ-ïnga. küsäyü tiläyü [tä]ginür män bu ät'özümin tidtükdä olar-nïng arasïnta tuɣayïn sezigsiz.(X14a)[3]

南无弥勒!这位来自净土世界的人,这位备受尊敬的人,这位真诚、高贵的智者,我虔诚地乞求自己和所有的人能一道尽快地来到您的面前。善哉!佛祖!南无弥勒!崇拜进入净土世界的人,以及进入精神圣殿的人。我真诚地希望能够毁灭此身,以使将来一定能在你们之间往生。

---

[1] 耿世民:《回鹘文〈玄奘传〉及其译者胜光法师》,《中央民族学院学报》1990年第6期,第67页(收入氏著:《新疆文史论集》,北京:中央民族大学出版社,2001年,第320页)。

[2] 冯家昇:《回鹘文写本"菩萨大唐三藏法师传"研究报告》,北京:中国科学院考古研究所,1953年,第12页(收入氏著:《冯家昇论著辑粹》,北京:中华书局,1987年,第385页);J. Hamilton, Les titres šäli et tutung en ouïgour, *Journal Asiatique* 272, 1984, pp.425-437.

[3] Kahar Barat, *The Uygur Biography of Xuanzang. Ninth and Tenth Chapters*, Bloomington: Indiana University, 2000, p.214.

第五章　回鹘文《玄奘传》及其相关问题

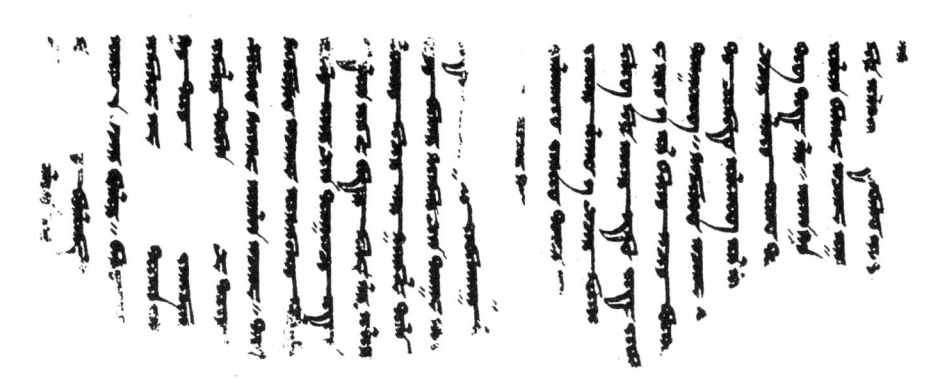

图 21　吐鲁番出土回鹘文《玄奘传》卷十（X14a）

汉文原本与回鹘文译本对照,不难看出,后者内容有所扩充。如果说这一扩充尚不太明显的话,那就再看另外一段内容。当玄奘弥留之际,有弟子问:"和尚决定得生弥勒内众不?"玄奘只是极为简单地答道:"得生。"这是他的最后一句遗言,表露出对弥勒净土的向往。但在回鹘文写本中,情况就大不一样了,多出了玄奘详尽描述弥勒所居兜率天宫的内容。兹引录如下:

[ter]in [qu]vraɣqa tuzït [ordu] etigin, tüzün [maitri] bodistv körkin, [yämä] ič quvraɣning ad[ruq]-ïn, toquz bölük tuɣum adïrtï nomlayu yarlïqdačï yarlïqar ärdi. yana anta tuɣɣu buyan ädgü qïlïnčlarïɣ yämä ägsüksüz tükäl tolu yarlïqayuq ol. amtï nätäg täginür ärki? ol ïduq tuzït ordu … etiginčä közünü t[ur]-ur mu ärki? ayaɣqa [tägim]-lig uluɣ baxšï ačarï yämä tuɣa yarlïqayu täg mu ol? tep munčulayu ötünti. bu ötügüg äšidip ötrü sam tso ačarï külčirä ïnča tep yarlïqadï:"ay ɣoo fapšï qayu ol [bir] sudurta aymïš, tuzït [ordu] ïduq ordu ärsär qa[maɣ etigi] yaratïɣï birlä bir(以下残缺)"[1]

他来到众人聚集处,开示睹史多天宫(tužït)之妙胜,弥勒菩萨(maitri bodistv)像之庄严,内众(ič quvraɣ)之独特,以及九品往生的详情。他做完了往生那里的一切善举。那么,什么将发生呢?[弟子光]问道:"尊师！您愿往生您所描绘的庄严的睹史多天宫吗?"三藏法师闻言,微笑

---

[1] Kahar Barat, *The Uygur Biography of Xuanzang. Ninth and Tenth Chapters*, Bloomington: Indiana University, 2000, p.218.

道:"善哉!光法师!有经云:如果睹史多天是一个庄严的宫殿,将充盈华饰……"

这些内容说明胜光法师是在有意地强调并扩充玄奘法师对弥勒崇拜的内容,想借玄奘这位颇受回鹘人崇拜的佛教大师之口以宣扬弥勒净土。

三、回鹘人何以翻译《玄奘传》?

古代回鹘人之佛典翻译,一般选择经藏,其次是论,很少见到律藏译本。至于僧人传记,那就更为罕见了。那么,胜光法师何以要选择《玄奘传》这部卷帙不菲,且翻译难度相当大的僧人传记呢?胜光法师未作说明,其他各种典籍也未见记载,学界也无人论及。探讨个中原因,我们自然会联想到回鹘佛教徒对高僧玄奘的崇拜以及玄奘对印度、西域的记载很有参考价值之类的因素,但这肯定不能算作令人满意的解释。遍阅敦煌、吐鲁番等地出土的回鹘文文献,我们仅发现有一件文献似可为解开这一谜团提供间接的证据,那就是新疆维吾尔自治区鄯善县七克台(Čiqtim)出土的回鹘文《惠远传》残卷。

回鹘文《惠远传》是我们现知的除《玄奘传》之外仅有的回鹘文僧人传记。该文献现仅存写本一叶,梵夹式,高21厘米,长53厘米,有文字52行,似属10世纪左右之遗物,内容述及惠远及其弟子的活动。但在汉文中又找不到对应的典籍,推而论之,当应为梁僧慧皎撰《高僧传》卷6《惠远传》之改编。[1]

众所周知,惠远(334~416)为东晋著名高僧,东晋元兴二年(402),惠远与彭城刘遗民等123人,在庐山般若台精舍阿弥陀佛像前,建斋立誓,结社念佛,共期往生西方。[2] 并与十八高贤结白莲社,同修净业。他还编有《念佛三昧诗集》,认为:"又诸三昧,其名甚众,功高易进,念佛为先。"故而被后世尊为净土宗的始祖。

惠远圆寂后,其弟子中继其遗业专修往生净土法门的代不乏人,至东魏昙鸾时有了长足的发展,为净土宗在唐代的正式形成奠定了基础。

---

[1] 卡哈尔·巴拉提:《回鹘文写本〈惠远传〉残页》,《文物》1987年第5期,第92~94页。

[2] (梁)慧皎撰,汤用彤校注:《高僧传》卷六《惠远传》,北京:中华书局,1992年,第214页。

一般来说,净土法门包括弥勒净土和阿弥陀净土,二者都深受回鹘人的崇奉。[1] 我们今天所能见到的这两种僧人传记又都与净土崇拜有关。窃以为,正是由于回鹘对弥勒净土的崇拜,《玄奘传》才被全文译为回鹘语,并比原文大有扩充。《惠远传》的翻译,自然也应与阿弥陀净土崇拜息息相关。

四、回鹘文《玄奘传》之价值

在今天存世的回鹘文佛教典籍中,绝大多数都可从印度佛教中找到渊源,像《玄奘传》这样的大部头僧人传记被全文译入回鹘文当属特例。《玄奘传》中涉及的中亚、印度地名、民族名称很多,此外还有相当多的人名和佛教术语。这些名称和术语,如果仅仅依靠汉文底本,是难以复原其旧有读音的。而这些难题在回鹘文《玄奘传》中似乎都不是问题。如汉文原文中的佛教术语尼乾子(指印度耆那教徒)、鸠摩罗(又译拘摩罗、矩摩罗,意为"童子"),梵文分别为 nigrantha 和 kumara,胜光法师在翻译时一一予以还原,写作 nigranti、kumari。其他如智光、法长、正法、功德等也都一一还原为 jnanprdi<梵文 jnanapradha、dirgadrmi<梵文 dirɣadhrma、drmaguptaki<梵文 dharmaguptaka、buyan<梵文 punya。[2]

对《玄奘传》中出现的国名、地名、神佛名、人名等,胜光法师也都准确地予以还原。如摩揭陀(国名)还原为 magad<梵文 magadha,迦维(地名)还原为 kapilavastu<梵文 kapilavastu,阿难(佛弟子名)还原为 ananta<梵文 ananda,罗汉(神佛名)还原为 arxant<梵文 arhan(或 arhat),等等,说明其译者胜光法师除了精通汉文外,不说精通,至少是熟悉梵语的。

在回鹘《玄奘传》中,我们尚可见到相当多的汉语借词,在佛教术语及专有名词方面数量最多,如 tsi in čuen 慈恩传、tsi in si 慈恩寺、bursang 佛僧、gitso 经藏、huy uen 惠远、fapši 法师、samtso 三藏、tayšïng 大乘、siošïng 小乘、道人 toyïn 等。

此外,汉族人名、地名、年号及其他词汇在《玄奘传》中则准确地予以音译,如人名有 čuen hüx 颛顼、hen uen 轩辕,等等;地名有 čoo an 长安、lax gi

---

[1] 杨富学:《回鹘之佛教》,第 55~57 页;杨富学:《回鹘弥勒信仰考》,《中华佛学学报》第 13 期,台北:中华佛教研究所,2000 年,第 21~30 页。
[2] 耿世民:《回鹘文〈玄奘传〉及其译者胜光法师》,《中央民族学院学报》1990 年第 6 期,第 67、69 页(收入氏著:《新疆文史论集》,第 320、323 页)。

洛京、namšan 南山、guylim 桂林,等等;年号有 ken ki 显庆、lintik 麟德等,以及其他来自汉文的词汇,如 baqši 博士、bïr mäk 笔墨、qa tsi 架子等,不胜枚举。以这些汉语译音词来推断当时西北汉语的音韵概貌,不失为研究当时西北汉语方言的一种有效方法。

综上所述,可以看出,回鹘文《玄奘传》虽为译本,但由于译者精通汉语,而且对梵语及佛教有着透彻的了解,语言优美,表达准确,加上其篇幅较大,字迹清晰,而且保存完好,对回鹘历史文化与语言文字的研究有着重要的意义。

最后应予强调的一点是回鹘文《玄奘传》写本的发现为我们认识历史上佛教"倒流"的现象提供了例证。

众所周知,佛教产生于印度,大致在公元前后,通过陆路或海路传入中国。"中国人接受了这一个外来的宗教以后,并不是墨守成规、原封不动地把它保留了下来,而是加以改造和提高,加以发扬光大……有的又'倒流'回印度。"这种现象被季羡林先生命名为"佛教的倒流"。[1]

本文曾提交"七~九世纪唐代佛教及佛教艺术国际会议"(新加坡,2001年12月7日至10日),原刊《敦煌佛教与艺术研究论文集》,兰州:兰州大学出版社,2002年,第108~115页。

---

〔1〕 季羡林:《佛教的倒流》,氏著:《季羡林佛教学术论文集》(中华佛学研究所论丛4),台北:东初出版社,1995年,第463~511页。

第六章　居庸关回鹘文功德记所见 uday 考

uday 一词在回鹘文文献中甚鲜见,据笔者所知,仅出现于居庸关云台回鹘文《建塔功德记》。居庸关位于北京西北 48 公里处的关沟峡谷之中,其云台建成于元末至正二年(1342)。该云台原为过街塔的基座(图 22、23),元末

图 22　居庸关云台

图 23　居庸关券门南壁

明初,台上的三座宝塔遇兵燹而毁圮,唯塔基得以独存。后人未究其详而误称作云台,以至沿用至今。

现存云台系汉白玉石材构建,正中辟门,券洞上部成八角形。券门四隅浮雕藏族艺术风格的四大天王。雕像内侧满布文字,内容为用汉、梵、藏、回鹘、西夏和八思巴式蒙古文等六体文字镌刻的陀罗尼和用梵文以外其余五种文字镌刻的《建塔功德记》(图24)。这些功德记虽然主题一致,但写作形式不一,有韵文、有散文,基本内容也差异很大,需要进行系统而全面的比较研究。但比较研究的前提却是对不同文字题记的条分缕析,因为只有明了各题记的内容,系统研究才会有坚实的基础。笔者在审视回鹘文《建塔功德记》时就发现,该题记有的内容不见于他种文字,有的虽可见到,但却有不少差异,值得深入探讨。这里谨就题记第16偈中的内容进行考证。

图24 居庸关券门五种文字《建塔功德记》

居庸关题刻中的回鹘文内容就文字本身而言可分为大、小两种,大字用以刻写陀罗尼,小字则用以刻写押头韵的韵文体作品《建塔功德记》。其中后者自19世纪末被发现以来即一直引起国际突厥—回鹘语学界的关注,许多著名学者都曾注目于此,孜孜以求,从事研究,并各有创获。以前

第六章 居庸关回鹘文功德记所见 uday 考

人的研究为基础,德国学者罗伯恩和土耳其学者塞尔特卡雅进一步合力对该题刻进行了更为全面、彻底的研究,将其内容划分为 31 偈(不包括首题与尾跋)。[1] 其中,西壁首偈以其长期未得正解而引起了笔者特别的关注。现以罗伯恩和塞尔特卡雅的刊本为据,将其原文移录如下(引用时对原文转写所采用的土耳其文转写模式略有更改):

1. uday tägr[ä]ki bilgä atlïɣ uluɣ xan bolup
2. u[luš](?)...
3. [ot]ɣurak säkiz on yašayur tep wiyakiritlïɣ
4. uš[n]ïri biliglig uluɣ süüglüg säčän xanïm(ï)z[2]

后两句保存完好,意思也非常明确,意为:"我们福智双全的伟大的薛禅皇帝(Säčän Xan,即元世祖忽必烈,1215~1294 年在世)授记享寿八十整。"但内容已不完整的前两句的含义却一直没有得到令人满意的解释。

对文中出现的 uday 一词,刊布者罗伯恩和塞尔特卡雅给出了三种可能的解释:其一,借自梵语国名 udyāna;其二,借自汉语山名"五台";其三,借自梵语山名 udaya。正如二氏所言,由于这句偈语文意不明,故而他们采用了一种自认为较可信的说法,舍前二说而独采第三种解释,译作:"udaya[山]周围有被称作'智慧'的大王的领地(或国家)。"

我们知道,Udaya-giri(乌达雅山)地处印度中部博帕尔(Bhapol)附近,在印度教历史上颇负盛名。笈多王朝时代,君主旃陀罗笈多二世(Chandra Gupta II)曾于 401~402 年在这里修建了著名的毗湿奴(Viśnu)神像。[3] 然而在佛教历史上,该山却没有什么名气和影响,笔者愚陋,从未见此山在何种汉译佛典中出现过,而回鹘人对佛教的接受又主要通过汉译佛典,所以将回鹘文《建塔功德记》中的 uday 解释为 Udaya 山有点让人匪夷所思。

---

[1] K. Röhrborn - Osman Sertkaya, Die alttürkische Inschrift am Tor-Stūpa von Chü-yung-kuan, *Zeitschrift der Deutschen Morgenländischen Gesellschaft* 130, 1980, S.304 - 339.

[2] K. Röhrborn - Osman Sertkaya, Die alttürkische Inschrift am Tor-Stūpa von Chü-yung-kuan, *Zeitschrift der Deutschen Morgenländischen Gesellschaft* 130, 1980, S.320.

[3] 高木森:《印度艺术史概论》,台北:渤海堂文化公司,1993 年,第 168 页。

这里再看 udyāna 一词。该词本意为"花园",作为地名,指代的是巴基斯坦北部斯瓦特(Swāt)河岸一带的乌长那国(《大唐西域求法高僧传》卷上)。汉文史籍又写作乌仗那国(《大唐西域记》卷三)、乌苌国(《新唐书》卷二二一)、乌长国(《法显传》)或乌伏那国(《新唐书》卷二二一)等。[1]这里虽为佛教兴盛之地,但不闻该地与所谓的"智慧大王"有多少关联,况且,udyāna 的写法也与回鹘文 uday 相去较远,故不为学界所接受。

那么,uday 一词当作何解释呢?窃以为应将之与偈语中出现的"bilgä atlïɣ uluɣ xan(被称作'智慧'的大王)"联系起来考虑。

何为"智慧大王"?在佛教万神殿中,最容易使人联想到的无疑是文殊菩萨。该菩萨是三世诸佛之母、释迦牟尼的九世祖师,是般若智慧的化身,号称"智慧第一"。《大日经》曰:"此菩萨与普贤为一对,常侍释迦如来之左,而司智慧。"他顶结五髻,以表大日之五智;手持五剑,以表智慧之利剑;驾狮子以表智慧之威猛。因佛教经典《大方广佛华严经·菩萨住处品》《佛说文殊师利法宝藏陀罗尼》等称印度东北方有"清凉山",山有五顶,为文殊菩萨住处。而山西东北部的五台山由于"岁积坚冰,夏仍飞雪,曾无炎暑"[2],故被称为"清凉山",其地又恰处印度东北方,且兼有五顶,故而被中土僧徒附会为文殊菩萨的道场。[3] 五台山由是而得以名扬天下,形成了以五台山崇拜和文殊信仰结合为核心的独特的宗教文化现象,影响极大,流风广被西夏、辽朝,以至东方的日本、朝鲜等地区。

考虑到这些因素,我们便会很自然地将 uday 与五台山联系起来了。

将 uday 解释为汉语"五台"的音转是否合乎回鹘语之语音规则呢?从语音学角度看,答案是肯定的。首先,在回鹘语中,d 和 t 是混用的,可以互代,尤有进者,t 在元音和浊辅音后常浊化为 d,如成吉思汗次子察合台在酒泉发现的回鹘文《重修文殊寺碑》中就被拼写成 Čaɣaday。[4] 诸如此类在回鹘文文献中俯拾皆是,无须饶舌;其次,汉语"五"在回鹘语中音转作 u 也是有据可循的。"五",《广韵》疑古切,疑母遇摄姥韵,拟音 *ŋu。元周德清

---

[1] 参见(唐)玄奘、辩机著,季羡林等校注:《大唐西域记校注》,第 271 页;(唐)义净著,王邦维校注:《大唐西域求法高僧传注》,北京:中华书局,1988 年,第 100 页。
[2] (宋)释延一:《广清凉传》卷上,见崔玉卿点校:《清凉山传志选粹》,太原:山西人民出版社,2000 年,第 40 页。
[3] 崔正森:《五台山佛教史》(上),太原:山西人民出版社,2000 年,第 49~52 页。
[4] 耿世民:《新疆文史论集》,第 338 页。

第六章 居庸关回鹘文功德记所见 uday 考

《中原音韵》中疑母字大多变读为 n 声母和零声母,"五"属零声母鱼模韵,拟音为 *u。故元代回鹘文献中之"五"对音为 u,"五台"音为 uday,在语音上是完全讲得通的。庆幸的是,在一份迄今尚未刊布,内容不甚明确的回鹘文佛教颂诗(编号为 T III 73, U 5791)中,我们赫然可见 uday šan 一词。[1] 由于文献全文未刊布,内容不甚明确,但以之与上文所论结合起来看,显然应指五台山。为笔者的推论提供了进一步的证据。

作为文殊菩萨显灵说法的道场,五台山与观音菩萨道场普陀山、普贤菩萨道场峨眉山、地藏菩萨道场九华山一起,被并称为中国佛教四大名山。推而论之,偈语中 uluš 就相应地当译为"道场",而非"领地"或"国家"。如是,这两句偈语则可译之如下:

五台[山]一带是被称作"智慧"的大王(即文殊菩萨)的道场。

文殊菩萨是深受回鹘佛教徒尊崇的,这从 19 世纪末 20 世纪初以来相继出土、刊布的回鹘文文献中可得到充分的反映,如敦煌发现的回鹘语文献中就有这样的赞语:

……bu altï yegimi bodïsawat-lar alqu tüzü tüzün mančuširi bodïsawat
……这十六位菩萨皆尊文殊菩萨。[2]

密藏经典《文殊所说最胜名义经(Mañjuśrīnāmasamgīti)》之回鹘文译本残片(均为木刻本)在吐鲁番一带也多有出土,今天已有 40 余件残片得到刊布。[3] 其中,编号为 M 14(U 4759)的回鹘文印本题记即明白无误地诠释了回鹘佛教徒对文殊菩萨及相关经典的景仰之状:

ariš arïɣ bo nama sangit nom ärdini：ačari kši karunadaz sidu üzä

---

[1] P. Zieme, *Zur buddhistische Stabreimdichtung der Uiguren*, Berlin, 1985, S.144.
[2] 杨富学、牛汝极:《沙州回鹘及其文献》,第 130 页。
[3] G. Kara und P. Zieme, *Die uigurischen Übersetzungen des Guruyogas "Tiefer Weg" von Sa-skya pandita und der Mañjuśrīnāmasamgīti* (= *Berliner Turfantexte* VIII), Berlin, 1977, S.81 – 121, Taf. 27 – 50; G. Kara, Weiteres über die uigurische Nāmasmgīti, *Altorientalische Forschungen* 8, 1981, S.227 – 236.

aqdarïlmïš-ï∶aďïnčïɣ mungaďïnčïɣ taydu-taqï aq stup-luɣ uluɣ vxar-ta∶adruq šim šipqan-lïɣ bars yïl yitinč ay-ta∶alqu-sï barča ala-sïzïn tüzü yapa∶adaq-ïnga tägi uz yarašï ädgüti bütürüldi ∷ sadu sadu∶[1]

神圣的法宝《文殊所说最胜名义经》由司徒迦鲁纳答思(Karunadaz)总监翻译,在大都(Taydu)大白塔寺(Aq Stup-luɣ Uluɣ Vxar)内于十干的壬虎年(šim šipqan-lïɣ bars yïl,即1302年)七月将其全部印出,未加任何删节,工作进行得完满细致。善哉！善哉！

因此之故,在敦煌、吐鲁番出土的回鹘文书信中,既有求《文殊所说最胜名义经》者,[2]也有请文殊菩萨像者。[3]《文殊所说最胜名义经》在元代又由释智依梵文译为汉文,名曰《圣妙吉祥真实名经》,回鹘人又依该新汉译本对其作了注音。有关写本在吐鲁番也多有发现,现知的残片已达9件。其中8件(编号分别为Kr. IV 271、Kr. IV 666、Kr. IV 821、Kr. IV 819、Kr. IV 817、Kr. IV 291、Kr. IV 285、Kr. IV 309)皮藏于圣彼得堡,[4]1件存柏林。[5]这些回鹘文汉语注音本的发现,一方面说明当时回鹘佛教界存在着用汉语诵经的情况,同时也体现了回鹘人对该经的偏爱,因为在为数众多的回鹘文佛经写、刻本中,汉语注音本毕竟是相当稀见的。

同时,《文殊师利成就法(Mañjuśrīsādhana)》也被译成回鹘文得到传播,其孑遗在吐鲁番一带也有出土,从文末题跋看,它是由一位名叫括鲁

---

[1] P. Zieme, *Zur buddhistische Stabreimdichtung der alten Uiguren*, AOH 29/2, 1975, S.198 - 199.

[2] Moriyasu Takao, An Uigur Buddhist's Letter of the Yüan Dynasty from Tun-huang - Supplement to "Uigurica from Tun-huang", *Memoirs of the Research Department of the Tōyō Bunko* 40, 1982, pp.2 - 3([日]森安孝夫著,杨富学、黄建华译:《敦煌出土元代回鹘文佛教徒书简》,《敦煌研究》1991年第2期,第38~39页)。

[3] Hiroshi Umemura, Uyghur Manuscripts preserved in the People's Republic of China, *Colloque franco-Japonais de documents et archives provent de l'Asie centrale*, 4 - 8 Octaber 1988, Kyoto International Coference Hall, 1990, p.178([日]梅村坦著,杨富学译:《中华人民共和国藏回鹘文写本》,《西北民族研究》1993年第2期,第154页)。

[4] 庄垣内正弘:《ウイグル文字音寫された漢語佛典斷片について——ウイグル漢字音の研究——》,《言語学研究》第14号,1995年,第65~88页,图版A~F。

[5] P. Zieme, A Fragment of the Chinese Mañjuśrīnāmasamgīti in Uigur Script from Turfan,《内陸アジア言語の研究》第11卷,1996年,pp.1 - 14,编号为Ch/U 8021 (MIK 028476) [T II 1435]。

迪·桑伽失里的回鹘佛教徒由吐蕃语译成回鹘文的：

mančušīrī-nīng sadanasï čoqdu yarlïɣ üzä qoludï sanggä šīrī tangrïdï tüpüt tīlīntīn ävirdim[1]

《文殊师利成就法(mančušīrī-nīng sadanasï)》，括鲁迪·桑伽失里(Qoludï Sanggä Šīrī)遵命据吐蕃语(tüpüt tïl)翻译。

这些地下出土材料反映了回鹘人对文殊菩萨的崇拜，有力地支持了笔者把 uday 视作五台山的比定。值得注意的是，汉文史料也反映出回鹘僧侣对五台山的崇拜：

[景德四年(1007)]十月，甘州夜落纥遣尼法仙等二人来朝，献马十匹，且乞游代州五台山，从之。[2]

同样的记载又见于《宋史·回鹘传》。元代回鹘女喇嘛舍蓝蓝(1269~1332)也曾于五台山修建寺庙。据载：

舍蓝蓝，高昌人……仁宗(1312~1320年在位)之世，师以桑榆晚景，自谓出入宫掖数十余年，凡历四朝事三后，宠荣兼至，志愿足矣，数请静退居于宫外，求至道以酬罔极。太后弗听，力辞弗已，诏居妙善寺，以时入见，赐予之物不可胜纪。师以其物并寺于京师，曰妙善。又建寺于台山，曰普明，各置佛经一藏，恒业有差。[3]

舍蓝蓝所建普明寺何在？今已无从考究。但该寺所在的台山，当系五台山之省称。五台山距京师不远，在元代又是藏传佛教的兴盛之地，元代九帝一主，就有七帝曾作佛事于五台山，作为中宫女喇嘛，舍蓝蓝于此建庙自为情理中事。而史书的记载也证实了这一推想。如元好问《台山杂咏十

---

[1] 小田壽典：《ウイグル文文殊師利成就法の斷片一葉》，《東洋史研究》第33卷第1号，1974年，第86~109页；Oda Juten, Eski Uygurca bir vesikanin Budizmle ilgili kucuk bir parcasi, *Urkiyat Mecmuasi* 19, 1980, S.183–202.
[2] 《宋会要辑稿》番夷四之三，北京：中华书局，1957年，第7715页。
[3] (元)念常：《佛祖历代通载》卷二十二，《大正藏》第49册，No.2036，页734c。

六首》有言"好个台山真面目"之语。[1] 明穆宗于隆庆三年(1569)撰《重修圆照寺碑记》,文称:"自□□师法王张兼管台山提督□□公、高僧天玺,同协阜平县长者孙儒、弟孙孜昆,携金币躬诣台山凤林院,天大师修建。"[2]"台山提督"一职的设立,更是为确证。

通过上面的论述可以看出,不管是汉文还是回鹘文文献,都真实地反映了五台山崇拜及文殊信仰影响的深入与广泛,堪为笔者所谓"回鹘佛教,从某种意义上可被视作汉传佛教在西域的一种翻版"[3]之说的新的有说服力的例证。

原刊《民族语文》2003年第2期,第62~64页。

---

[1] 姚奠中主编:《元好问全集》上,太原:山西人民出版社,1990年,第436页。
[2] 周祝英编:《五台山诗文撷英》,太原:山西人民出版社,2000年,第155页。
[3] 高士荣、杨富学:《汉传佛教对回鹘的影响》,《民族研究》2000年第5期,第76页。

第七章　回鹘文《五台山赞》及相关问题

一、回鹘文《五台山赞》译释

在德国柏林勃兰登堡科学院吐鲁番特藏部中,收藏有三件回鹘文《五台山赞》写本残卷,均系德国第三次探险队于吐鲁番绿洲所获,近由德国著名回鹘学专家茨默(P. Zieme)教授研究刊布。[1] 依次为:

Ch/U 6956(T III 62-1004),正面是《鞞婆沙论》卷14,背面是回鹘语《本生故事》和《五台山赞》(图25);

图25　吐鲁番出土回鹘文《五台山赞》(Ch/U 6956)

U 5684,回鹘语《五台山赞》,小残片3叶(图26),第一片正面背面各14行,第二片正面背面各1行,第三片正面背面各1行,出土于吐峪沟遗址;

U5335,残卷35叶(图27),每叶16.8×12.2厘米,出土于胜金口遗址,含回鹘语佛教布施诗、回鹘语—汉语《礼忏文》和回鹘语—汉语《五台山赞》等多种内容。

---

[1] P. Zieme, Three Old Turkic Wutaishanzan fragments, *Studies on the Inner Asian Languages* XVII, The Society of Central Eurasian Studies, 2002, pp.223-239.

图26 吐鲁番出土回鹘文《五台山赞》(Ch/U 5684a-c 正面)

其中,第一件残片,即 Ch/U 6956 (T III 62-1004)在内容开首之第一行即已出现有文献标题,作 bo udayšansan ol yam[u ...],即"此为《五台山赞》"。以下分别为三赞之残文。今以茨默刊本为据,首先移录其转写,继之直译其文字,再据以与敦煌写本所见汉文《五台山赞》相关内容进行比较,以窥回鹘文译本之由来。

(一)

a 02 burhan oγlï bir üdün taidap[...]

b [...]03 taγ-nïŋ ögdisi :

c beš yü[z agulug luular] 04 uluγ taluy ögüz suv-ïn[...] 05 aktargalï toŋdargalï qïl[ur]

d 06 mančušuri bodistv . basu[...] 07 näŋ ol taγ-ïγ täprätgäli [umaz]

a 佛之子!曾一度[端坐在]道场,

b [一个人聆听超凡入圣之人的思想是如何][念诵]对[五台]山的赞扬。

c 五[百毒龙]令大海之水涌流泛滥。

d [既然]文殊菩萨[镇压了邪恶],他便决不能翻动这座山峰。

(二)

a 08 burhan oγlï taičiu atl(ï)γ balï[q-nïŋ] 09 yïŋak-ïnta bar ärür . bir b[eš...] 10 taγ b ol taɣ-nïŋ edizi [...   ] l l tiräyü tutar täg tetir

c [...] 12 körsär otačï eligi t[äg vaiduri elig] 13 -lig balïqï uluš-ï közünür

d [...] 14 körsär čet tegin-ning [...] 15 birlä bäkiz bälgülüg adrok a[...]

a 佛之子！名为代州(Tayčiu)的城市[东北面]有一座山[叫作五台山]。
b 山之高[仿佛它伸向并举起了天空]。
c [从东面]望去，出现了[琉璃光如来]的国度，他正[如]诸药师之王。
d [从西面]望去，[出现了]祇陀太子的……清晰智慧的……[之林]。

(三)

a 16 burhan oɣlï kündünki basa[...] 17 [saŋ]ram ol

b ol saŋram-ta [...] 18 [arhant-lar] bar ärür

c svas[...]

d [...]

a 佛之子！[在]南方[……]是一座[禅]窟。
b 在这禅窟内有[众多……阿罗汉]。
c [……]
d [……]

三首诗有着相同的格式，前两首可以确定是对五台山及文殊菩萨的颂扬，第三首不完整，无法确定。今日所见对五台山进行赞扬的赞美诗，以敦煌写本《五台山赞》和《五台山圣境赞》为最早。敦煌发现的《五台山赞》写本众多，内容不尽相同，大致可分为四类：第一类写本最多，计有 S.5573、S.4039、S.4429、S.5487、P.3563、P.4608、P.4560、P.4647、北 8325、列 0278 和列 1009；第二类计有三件，即 P.4641、P.4504 和 P.4617；第三类同样三件，即 P.3645、S.0370、P.2483；最后一类仅有一件，即 P.2483。其中以第三类的 P.3645 内容最为完整。[1]《五台山圣境赞》为一诗集，含诗 11 首，题"金

---

[1] 杜斗城：《敦煌所见〈五台山图〉与〈五台山赞〉》，段文杰主编：《1987 年敦煌石窟研究国际讨论会文集·石窟考古编》，沈阳：辽宁美术出版社，1990 年，第 508~519 页；杜斗城：《敦煌五台山文献校录研究》，太原：山西人民出版社，1991 年。

台释子玄本"。现有敦煌写本3件,分别为 P.4617、P.4641 和 P.4504。[1] 经比对,可以看出,前两首对应的分别为《五台山赞》的第一赞和第二赞,汉文原文如下:

> 佛子!道场屈请暂时间,至心听赞五台山;
> 　　毒龙雨降为大海,文殊镇压不能翻。
> 佛子!代州东北五台山,其山高广共天连;
> 　　东台望见琉璃国,西台还见给孤园。[2]

第三首内容残甚,明显与《五台山赞》第三赞不能对应。经仔细勘校,似乎与《五台山赞》第六赞的开篇,即第1~2行诗文大体相符。敦煌写本原文为:

> 佛子!南台窟里甚可增[3],逦迤多少罗汉僧,[4]
> 　　吉祥圣鸟时时现,夜夜飞来点圣灯。[5]

据以可拟补回鹘文原卷之残毁部分。可以看出,《五台山赞》第三至五赞的内容都被书手有意省略了,未详何故。第六赞以后的内容因残毁亦无法得知。

第二件残片 U 5684 之内容如下:

(四)
a 01 […] ang[…] 02 […]-tïn böti […]
b 03 […]üglüg yap[…]gz 04 […]

---

[1] Mary Anne Cartelli, The Gold-Colored World: "Eulogy on the Holy Regions of Mount Wutai", *T'ang Studies*, Vol.23–24, 2005–2006, pp.1–45;[美]卡特里著,杨富学、张艳译:《金色世界:敦煌写本〈五台山圣境赞〉研究》,《五台山研究》2014年第1期,第11~20页。
[2] 杜斗城:《敦煌五台山文献校录研究》,第2~3页。
[3] "增",S.4039、北8325、列1009作"僧",意有不通,故不取。
[4] S.3357 在"多少"后有"饶"字,而 S.4039、S.4429、S.5487 均无此字。观其诗文,有此字则不能形成对仗,疑衍,故径删之。
[5] 杜斗城:《敦煌五台山文献校录研究》,第3页。

第七章 回鹘文《五台山赞》及相关问题

c bar bir [täŋri q]ïzï 05 [dy]an sa[qïn]č at[lïɣ]
d [ü?]ztünki 06 tayča t[äri]p [tuturqan] tapïnur 07 :
a [在北台的东面脚下是]骆驼[岩,]
b [隐匿,盘绕,又曲弯。]
c 有一位[天上的少]女,被称[为"冥]想思[考"]。
d 像最高的山峰[聚积],她供奉[大米]。

(五)

a burhan oɣlï [...]čur atl(ï)ɣ 08 üŋür-tä tatïɣ-l[ïɣ] aqar 09 yuul suvï ol :
b budapadi atl(ï)ɣ 10 ačarï anta dyan olurur
c bir 11 kata dyan-ka kirsär sansïz 12 sakïš-sïz yïl ärtär :
d bügünki 13 künkätägi v(a)črapan t(ä)ŋri bilmägü 14 täg:
a 佛之子!在名为[   ]金刚[1]的洞中有甘甜且流淌的泉水
b 名为佛陀波利(*Buddhapāda)的尊者于其中坐禅。
c 一经入定,无数年岁过去。
d 人们仿佛不知不觉直到今日的那罗延(God Vajrapāni)

(六)

a sözlägülüksüztä söz (背面 01) -lägülüksüz ärür :
b uluɣ bügülüg 02 mančuširi bodis(a)t(a)v avičqa 03 ätözin b(ä)lgürtüp :
c kün künsämäk 04 änip tag kogï tapïɣ uduɣ 05 y(a)rlïqar :
d yanturu barmïš üd 06 -intä beš tüšrüglüg bulït 07 üzä olurup barïr :
a 这比无法言说更加无法言说。
b 大智慧文殊菩萨将自己以老人之身显现。
c 每天他下山并获取祭品。
d 当他归去,便乘坐五色云彩飞升。

(七)

a burhan 08 oɣlï beš tüšrügl[üg bu]lït 09 ičintä altun [öŋlüg bä]lgürtmä 10 köprüg bar :
　　b [uluɣ yarlï]qančučï 11 [tu]ɣ tut[ɣalï   agt]ïnur

---

[1] "金刚",回鹘文原作 cwr,比对汉文诗歌,似可认定为"金刚窟"。敦煌写本《五台山圣境赞》有《金刚窟圣境》诗曰:"文殊火宅异常灵,境界幽深不可名。金窟每时闻梵响,楼台随处显光明。南梁法照游仙寺,西域高僧人化城。无限圣贤都在此,逍遥云外好修行。"

95

c 12 [   ]lïɣ burh[an oɣlan]larï 13 [köprü]g-tin a[gtünur]
d 14 [   ] burhan [oɣlanlarï   ]

a 佛之子！在五色云中有一座金色桥梁(经由)变化显现。
b [大慈大]悲的[和尚举起]招扬着[经幡]。
c [被影响]的佛[子]在[桥]上过去。
d [未被感染到的]佛[子遭遇旋风。]

经过勘校，与残片 U 5684 对应的敦煌写本《五台山赞》，分别是第十五、十六、十七和十八赞，汉文原文为：

佛子！北台东脚[1]骆驼岩，密覆盘回屈曲连；
　　　有一天女名三昧，积米如山供圣贤。
佛子！金刚窟里美流泉[2]，佛陀波利里中禅；
　　　一自入来经数载，如今直至那罗延。
佛子！不可论中不可论，大圣化作老人身；
　　　每日山间受供养，去时化作五色云。
佛子！五色云里化金桥，大悲和尚把幡招；
　　　有缘佛子桥上过，无缘佛子逆风飘。

第三件残片 U5335，用回鹘语书写的《五台山赞》含于文书第 22 叶第 1 行至 23 叶第 5 行。用草体书写，难以辨识，兹不一一赘举。

不难看出，三件残片中的颂诗均为《五台山赞》之译文，这是目前所知用古代少数民族文字翻译《五台山赞》的唯一例证，体现了古代回鹘民族对五台山的崇拜与信仰。

二、回鹘之五台山崇拜

五台山崇拜形成于中原地区，8~11 世纪间，流风广及于周边，在敦煌、西夏、辽朝乃至朝鲜、日本等国都有流行，杜斗城、党燕妮曾撰文予以考证，[3]

---

[1] "脚"，S.5573 作"级"，S.5487 作"曲"，S.4429 作"峡"，兼通。
[2] "美"，S.5487 作"弥"。"美流泉"，不成词，应为"弥流泉"，为泉水弥补之意。
[3] 杜斗城、党燕妮：《八到十一世纪的五台山文殊信仰》，崔正森主编：《文殊智慧之光》，北京：宗教文化出版社，2004 年，第 97~114 页。

第七章　回鹘文《五台山赞》及相关问题

颇有启发意义。史籍还记载,吐蕃曾遣使唐朝求《五台山图》,在煌壁画中迄今尚有四幅吐蕃时期的《五台山图》存在,体现了五台山信仰在吐蕃的流行。[1] 这里译释的回鹘文《五台山赞》,反映了回鹘人对五台山的崇拜,足堪弥补历史记载之不足。

回鹘原本信仰萨满教,大凡天地山川、日月星辰、草木湖海等,都为回鹘之崇拜对象,且奉狼为图腾。[2] 据载,"当时畏兀儿信仰名曰'珊蛮'(即萨满)之术士,与今之蒙古人同。珊蛮自言术能役鬼,鬼能以外事来告"。[3] 763年,回鹘第三代君主牟羽可汗从粟特引入摩尼教,并奉之为国教,取代了萨满教的原有地位。[4] 回鹘可汗对摩尼僧在政治上、经济上信任有加,特别倚重,统治者"常与摩尼议政",[5] 以至于形成"可汗常与[摩尼僧]共国"[6]之局面。840年,漠北回鹘帝国灭亡,部众大批西迁,分别入于今新疆及河西走廊地区。受当地流行的佛教影响,大多数民众放弃摩尼教而皈依了佛教,尽管回鹘王室仍然尊奉摩尼教。太平兴国六年(981),宋朝使者王延德出使高昌,对那里的宗教状况有如下记载:

> 佛寺五十余区,皆唐朝所赐额,寺中有《大藏经》、《唐韵》、《玉篇》、《经音》等,居民春月多游,群聚遨乐于其间,游者马上持弓矢射诸物,谓之禳灾。有敕书楼,藏唐太宗、明皇御札诏敕,缄锁甚谨。复有摩尼寺,波斯僧各持其法,佛经所谓外道者也。[7]

从中可以看出,佛教势力已超过摩尼教,相当强大,不仅寺院众多,寺

---

[1] 扎洛:《吐蕃求〈五台山图〉史事杂考》,《民族研究》1998年第1期,第95~101页;王中旭:《吐蕃时期敦煌〈五台山化现图〉与五台山信仰》,《美术研究》2009年第3期,第53~60页。
[2] 杨富学:《回鹘宗教史上的萨满巫术》,《世界宗教研究》2004年第3期,第123~132页。
[3] [瑞典]多桑著,冯承钧译:《多桑蒙古史》,北京:中华书局,1962年,第62页。
[4] 杨富学:《回鹘改宗摩尼教问题再探》,《文史》2013年第1期,第197~230页。
[5] (唐)李肇:《唐国史补》卷下,上海:上海古籍出版社,1979年,第66页。
[6] 《资治通鉴》卷二三七胡三省注文,北京:中华书局,1963年,第7638页;《新唐书》卷二一七上《回鹘传上》,北京:中华书局,1975年,第6126页。
[7] (宋)王明清:《挥麈录·前录》卷四,上海:上海书店出版社,2001年,第30页。又见《宋史》卷四九〇《高昌传》,北京:中华书局,1977年,第14112页。应录自《挥麈录》。

97

中藏有《大藏经》《唐韵》《玉篇》《经音》等许多来自中原的佛教经典与儒家著作,而且当地居民"群聚邀乐于其间",说明成为当地老百姓的普遍信仰。"复有摩尼寺"一语说明当时回鹘之摩尼教虽不如佛教之盛,但势力仍然是不可小觑的。"波斯僧各持其法"说明景教势力也不可忽视。

11世纪中期,印度旅行家加尔迪齐(Abū Sa'id 'Abd-al-Ḥaiy ibn Ḍaḥḥāk ibn Maḥmūd Gardīzī)所著《纪闻花絮(Zayn-al-akhbār)》对回鹘的宗教状况有如是记载:

> 九姓乌古斯可汗传统上信仰摩尼教(maδhab-e = Dīnāvarī)。然而,在九姓乌古斯的首都(šahr)和疆域(welyāyat)内,还有基督教(tarsā)、二神教(θanawī,即拜火教)和佛教(šomanī/ šamanī)……每天有三四百个选民聚集在当地统治者之宫殿门口,高声诵读摩尼的著作。[1]

其中的 Dīnāvarī 就是对摩尼教的称呼,相当于敦煌写本《波斯教残经》所见的"电那勿",亦即玄奘《大唐西域记》卷11提到的波斯"提那跋外道"。[2] 是故,所谓的 Dīnāvarī、电那勿、提那跋实为同一概念,均指摩尼教,同时用以指代摩尼教的正式僧侣——选民。

在河西地区,佛教势力发展更为迅猛,12世纪40年代洪皓所撰《松漠纪闻》对河西回鹘宗教状况有如下记载:

> [河西回鹘]奉释氏最甚,共为一堂,塑佛像其中,没斋必刲羊或酒,酣,以指染血涂佛口,或捧其足而鸣之,谓为亲敬。诵经则衣袈裟,作西竺语。[3]

这些都反映了宋代回鹘佛教的兴盛。

上述记载表明,不管是西域还是河西的摩尼教,尽管在回鹘王室的支持下,仍然拥有国教的地位,但势力已经江河日下,完全已无法与佛教抗衡了。五台山信仰在回鹘中的形成与流行,正是这一社会现象发展的必然结果。

---

[1] A. P. Martinez, Gardīzī's Two Chapters on the Turks, *Archivum Eurasiae Medii Aevi*, II (1982), 1983, pp.133 – 134, 136.
[2] (唐)玄奘、辩机原著,季羡林等校注:《大唐西域记校注》,第935页。
[3] (宋)洪皓著,翟立伟标注:《松漠纪闻》(长白丛书),长春:吉林文史出版社,1986年,第15页。

第七章 回鹘文《五台山赞》及相关问题

回鹘之五台山信仰,就文献记载而言,最早可追溯至宋代。据载:

> [景德四年(1007)]十月,甘州夜落纥遣尼法仙等二人来朝,献马十匹,且乞游代州五台山,从之。[1]

尼法仙是作为甘州回鹘夜落纥可汗的使者入宋朝贡的,请求瞻仰五台山,得到了宋朝统治者的允准。这一朝拜活动,是否含有回鹘可汗的个人因素,不得而知,但这种可能性是不能排除的。

及至元代,五台山信仰在回鹘(畏兀儿)中依然十分流行,高昌回鹘高僧舍蓝蓝即曾于五台山修道。《佛祖历代通载》卷 22 载:

> 舍蓝蓝,高昌人……仁宗(1312~1320)之世,师以桑榆晚景,自谓出入宫掖数十余年,凡历四朝事三后,宠荣兼至,志愿足矣,数请静退居于宫外,求至道以酬罔极。太后弗听,力辞弗已,诏居妙善寺,以时入见,赐予之物不可胜纪。师以其物并寺于京师,曰妙善。又建寺于台山,曰普明,各置佛经一藏,恒业有差。[2]

舍蓝蓝在"出入宫掖数十余年"后,毅然决定辞别宫廷而远赴五台山修道,并于那里修建普明寺一所,备置佛教经典一藏。

无独有偶,元末(1342)镌刻于北京居庸关过街塔西壁的回鹘文《建塔功德记》中,同样体现出回鹘人对五台山的景仰之情。其中第 16 偈有云:

uday tägr[ä]ki bilgä atlïɣ uluɣ xan bolup
u[luš](?)...
[ot]gurak säkiz on yašayur täp wiyakitlïɣ
uš[n]ïrï biliglig uluɣ süüglüg säčän xanïm(ï)z[3]

---
[1] (清)徐松辑:《宋会要辑稿》蕃夷四之三,北京:中华书局,1957 年,第 7715 页。
[2] (元)念常:《佛祖历代通载》卷二十二,《大正藏》第 49 册,No.2036,页 734c。
[3] 藤枝晃:《ウイグル小字刻文》,村田治郎编著:《居庸關》第 1 卷,京都:京都大学工学部,1957 年,第 276 页;K. Röhrborn – Osman Sertkaya, Die alttürkische Inschrift am Tor-Stūpa von Chü-yung-kuan, *Zeitschrift der Deutschen Morgenlandischen Gesellschaft* Bd. 130, 1980, S.320.

> 五台周围有个智慧大王,
> 国家……
> 授记国土中所有人高寿八十,
> 我们福智双全的大薛禅皇帝。

《建塔功德记》分别用五种文字刻写,除回鹘文外,还有藏文、八思巴文、西夏文和汉文,但内容各有千秋,其中涉及五台山者,仅有回鹘文和八思巴文。回鹘文题刻中有 bilgä atlïɣ uluɣ xan,本意为"被称作智慧的大王",指的是以五台山为道场的号称"智慧第一"的文殊菩萨。[1] 在八思巴文部分第三偈,这句话被写作"Ut'ayiyin horč'in mergen neret'u yėke qan bolju",西田龙雄译作"五台之侧的 mergen(善射者)大汗"。[2] 照那斯图译作"离五台上不远的地方被人誉为'善谢者'的大皇帝"。[3] 其意不甚明确。"善谢者"应为"善射者"之误。将 yėke qan 译作"大王"、"大汗"或"大皇帝"本无不可,但这里明言"大王"居于五台山周围,以智慧见称,再加上下文紧接有薛禅皇帝(回鹘文作 Säčän Xan,八思巴文作 Seč'en Xan),用以指代元世祖忽必烈。[4] 显然,八思巴文中的 yėke qan 应该译为"大王",用以指代文殊菩萨,表示对文殊菩萨的尊崇,而非指任何一位蒙古皇帝也。

三、回鹘文殊信仰的流行

五台山为文殊菩萨所居,文殊是释迦摩尼的九世祖师,号称"智慧第一",是智慧的化身。不惟如此,文殊还有护国护王的功能,菩提流志译《佛说文殊师利法宝藏陀罗尼经》谓:

> 能令所在国土十善勤化,若国王行十善者,国王所作悉皆圆满。此八字大威德陀罗尼者,乃往过去无量百千恒河沙诸佛所说,为拥护一切行十

---

[1] 杨富学:《居庸关回鹘文功德记所见 uday 考》,《民族语文》2003 年第 2 期,第 63 页。
[2] 西田龍雄:《パクパ小字刻文》,村田治郎编著:《居庸關》第 1 卷,第 262 页。
[3] 照那斯圖:《八思巴字和蒙古语文献》II《文献彙集》,東京:東京外國語大學アシア・アフリヵ言語文化研究所,1991 年,第 176 页。
[4] 照那斯圖:《八思巴字和蒙古语文献》II《文献彙集》,第 178 页。

第七章 回鹘文《五台山赞》及相关问题

善国王,令得如意,寿命长远,福德果报无比逾胜,诸方兵甲悉皆休息,国土安宁,王之所有常得增长。[1]

　　文殊菩萨的智慧与护国功能,在《大方广佛华严经》《文殊师利成就法》《文殊师利行愿经》《文殊所说最胜名义经》等佛教经典中均有记载。从敦煌、吐鲁番出土的回鹘文文献看,这些经典也是回鹘佛教徒所熟知的。

　　《文殊所说最胜名义经》在元代由释智予以重译,题曰《圣妙吉祥真实名经》,回鹘人又依该新译本而作注音。有关写本在吐鲁番也多有发现,现知的残片已达9件。其中8件庋藏于圣彼得堡,1件存柏林。[2] 这些回鹘文汉语注音本的发现,一方面说明当时回鹘佛教界存在着用汉语诵经的情况,同时也体现了回鹘人对该经的偏爱,因为在为数众多的回鹘文佛经写、刻本中,汉语注音本毕竟是相当稀见的。

　　吐鲁番还出土有回鹘文《文殊师利成就法(Mañjuśrisādhana)》残片。该文献现存残片1叶,正面存文字22行,背面存15行,现存日本龙谷大学图书馆,编号为2695。从写本跋文知,该经系由回鹘人括鲁迪·桑伽失里(Qoludï Sanggäšïrï)由吐蕃语译入回鹘文。[3]

　　此外,《文殊所说最胜名义经》也被译入回鹘文,有关残片在吐鲁番绿洲多有出土,有40余件,均为木刻本,现存柏林。其中编号为M14 (U 4759)之残卷题记记录了该经的翻译过程:

arïš arïɣ bo nama sangit nom ärdini∶ ačari kši karunadaz sidu üzä aqdarïlmïš-ï∶ adïnčïɣ mungadïnčïɣ taydu-taqï aq stup-luq uluɣ vxar-ta∶ adruq šim šipqan-lïɣ bars yïl yitinč ay-ta∶ alqu-sï barča ala-sïzïn tüzü yapa∶ adaq-ïnga tägi uz yarašï ädgüti bütürüldi∶∶ sadu sadu∶

---

[1]《大正藏》第20册,No.1185A,页793a。
[2] 庄垣内正弘:《ウイグル文字音寫された漢語佛典斷片について——ウイグル漢字音の研究——》,《言語学研究》第14号,1995年,第65~88页;庄垣内正弘:《ロシア所蔵ウイグル語文献の研究——ウイグル文字表記漢文とウイグル語仏典テキスト—》(ユーラシア古語文獻研究叢書1),京都:京都大学大学院研究科,2003年,第6~26页。
[3] 小田壽典:《ウイグル文文殊利成就法の斷片一葉》,《東洋史研究》第33卷第1号,1974年,第86~109页;J. Oda, Eski Uygurca bir vesikanin Budizmle ilgili kucuk bir parcasi, *Urkiyat Mecmuasi* 19, 1980, S.183‑202。

神圣的法宝《文殊所说最胜名义经》由司徒迦鲁纳答思(Karunadaz)总监翻译,在大都白塔寺内于十干的壬寅年(1302)七月将其全部译出,未加任何删节,工作进行得完满细致。善哉！善哉！[1]

在敦煌出土回鹘文书信(Pelliot ouïgour 16 bis/P.4521)中,明言《文殊所说最胜名义经》是由安藏(Antsang)译为回鹘文的。[2] 故学界推定,该经之回鹘文本的真正译者应是安藏,迦鲁纳答思只不过为挂名而已。[3] 不管谁是该文献的真正翻译者,都体现了斯时回鹘人对文殊菩萨及相关经典的崇拜。在敦煌出土回鹘文写本 Or. 8212 - 121 中,把文殊菩萨置于极高的位置：

bu altï yegimi bodïsawat-lar alqu tüzü tüzün mančušïrï bodïsawat
这十六位菩萨皆尊文殊菩萨。[4]

敦煌莫高窟第61窟为五代时期修建的大型石窟,其主壁绘有巨型五台山图,其窟中心为大型彩塑文殊骑狻猊像,所以此窟又被称作文殊堂。其甬道南壁有供养比丘尼像,右侧书草体回鹘文4行：

1. yïlan yïlïn tangut čolgä-täki manglay
2. taykim baγatur bu mančušïri bodistv-qa yüküngäli
3. kälip yükünüp barïr-ta kin-ki körgü bolzun tip qop
4. kiši-tä qour köngül-lüg qočo-luγ mungsuz šabi qy-a bitiyü tägintim

---

[1] P. Zieme, Zur buddhistische Stabreimdichtung der alten Uiguren, *Acta Orientalia Academiae Scientiarum Hungaricae* XXIX - 2, 1975, S.198 - 199.

[2] J. Hamilton, Etude Nouvelle de la Lettre Pelliot ouïgour 16 Bis D'un Bouddhiste D'epoque Mongole, *Turfan and Tun-huang: The Texts*, Firenze, 1990, p.102.

[3] T. Moriyasu, An Uigur Buddhist's Letter of the Yüan Dynasty from Tun-huang (Supplement to "Uigurica from Tun-huang"), *Memoirs of the Research Department of the Toyo Bunko*, No.40, 1982, p.13;［日］森安孝夫著,杨富学、黄建华译：《敦煌出土元代回鹘文佛教徒书简》,《敦煌研究》1991年第2期,第45页。

[4] J. Hamilton, *Manuscrits Ouïgours du IXe-Xe Siècle de Touen-Houang* Tome I, Paris, 1986, p.23; 杨富学、牛汝极：《沙州回鹘及其文献》,第130页。

第七章　回鹘文《五台山赞》及相关问题

　　蛇年,西夏路前卫所属的[万户长[1]] taykim baɣatur 来到[这里]朝拜文书菩萨,顶礼后离开,说道:"后人可读之。"我,来自高昌罪孽深重的 mungsuz šabi qy-a 虔敬而书。[2]

　　与文殊菩萨相关的回鹘文题记在榆林窟也很多见。回鹘人对文殊菩萨的崇拜长期流行,直到明嘉靖年间,仍可以从河西地区的回鹘文游人题铭中窥见回鹘佛教徒对文殊菩萨的景仰之情。酒泉文殊山,在回鹘人眼中,是作为文殊菩萨的道场而存在的,故在万佛洞回鹘文题记中可以看到如下文字(图27):

1. ka sin(g?) oṭuẓunč yïl(?) ü(z)-ä ikinti ay üz-ä yangïkün ü(zä)

2. ary-a manč(u) šrïnïng ornaɣï-nï küs(äyü?) kälmiš(kör)miš üz-ä

图27　文殊山万佛洞康熙五十二年回鹘文题记

3. adišdid vpašyi bu tip kälip yükündimiz

4. quṭluɣ künkä tün(?) toyčï toyïn darm toyïn sängkäš[ir]i toyïn

5. qoy kün üz-ä

---

[1] 题记第1~2行文字又见于莫高窟第61窟甬道南壁,笔法相同,唯将人名 taykim baɣatur 换成了 tümän(bä)gi(万户长)。见松井:《敦煌諸石窟のウイグル語題記銘文に関する箚記》,《人文社会論叢》(人文科学篇)第30号,弘前市:弘前大学人文学部,2013年,第43页。由此可知,taykim baɣatur 的身份为万户长。

[2] 松井太:《敦煌諸石窟のウイグル語題記銘文に関する箚記》,《人文社会論叢》(人文科学篇)第30号,第43页。

103

1. 于嘉靖(?)三十年(1551)二月新日[初一]。
2. [我们]怀念圣文殊师利住地,来到[此寺]并看他像[后],
3. 认为[他是]守护毗婆尸佛者,故来此[像]膜拜。
4. 吉日,即末日[来此者]:僧人 Tün(?) Toyčï、僧人 Darm、僧人 Sängkäširi。[1]

嘉靖年间,西域地区之回鹘佛教式微既久,最终于十五六世纪之交完全让位于伊斯兰教。[2] 只有河西走廊西端肃(酒泉)、瓜(瓜州)、沙(敦煌)地区,在崇奉藏传佛教的蒙古幽王家族的护持下,回鹘人始终保持旧有的佛教信仰,一脉独存。值得注意的是,河西回鹘佛教始终保持着对文殊菩萨的顶礼膜拜,从上述题记可以看出,在回鹘佛教徒心目中,酒泉文殊山是作为文殊菩萨在河西的道场而存在的。职是之故,自元代至明清,文殊山成为回鹘佛教活动的中心。在文殊山万佛洞中,保存回鹘文题记众多,其中有纪年者13则,除上述嘉靖三十年题记外,尚有万历十五年(wän li ygrmi törtünč yïl,1587)、万历二十年(wän li ygrmi yïl)、万历四十二年(wän li qïrq ikinč yïl)、顺治八年(šün či säkizinč yïl,1651)、大清顺治十五年(tay čin šün či on bisinč yïl)和康熙十三年(kang ši on üčünč yïl,1674)和康熙五十二年(kang ši älik ikinči yïl,1713)之题记。[3] 著名的回鹘文《金光明最胜王经》写本也是在文殊山下的文殊沟(今肃南裕固族自治县祁丰藏族乡政府所在地)发现的,在卷四第74页背面有题跋曰:

kang-si yigirmi altinč yïl altïnč aynïng säkiz yungïsï, či tigma tutmaq kün sim sïčqan kün üzä bašlayu bitip, säkizinč aynïng ay tolunï biš yigirmisintä bitiyü tolu qïldïm kinki-lär-kä ulalmaq bolz-un! sadu ädgü![4]

---
[1] 伊斯拉菲尔·玉素甫、张宝玺:《文殊山万佛洞回鹘文题记》,新疆吐鲁番学研究院编:《语言背后的历史——西域古典语言学高峰论坛论文集》,上海:上海古籍出版社,2012年,第104页。
[2] 杨富学:《回鹘之佛教》,第39~47页。
[3] 伊斯拉菲尔·玉素甫、张宝玺:《文殊山万佛洞回鹘文题记》,新疆吐鲁番学研究院编:《语言背后的历史——西域古典语言学高峰论坛论文集》,第94~106页。
[4] В. В. Радлов - С. Е. Малов, *Suvarṇaprabhāsa. Сутра золотого Блеска, Текст уйгурской редакции* (= *Bibliotheca Buddhica* XVII), Delhi, 1992, стр.343; Ceval Kaya, *Uygurca Altun Yaruk Giriş, Metin ve Dizin*, Ankara, 1994, S.207.

第七章　回鹘文《五台山赞》及相关问题

我从康熙二十六年六月初八辛鼠日开始写,至八月十五日满月时写竟。让其流布后世吧!善哉!善哉!

在现存的回鹘文文献中,《金光明最胜王经》与《弥勒会见记》《安慧实义疏》并称,号为回鹘文文献的三大巨著,但文殊沟本《金光明最胜王经》抄写的时代(1687)要比其他写本晚得多,故过去学界一直视之为时代最晚的回鹘文文献,直到近期文殊山万佛洞回鹘文题记的公开刊布。

文殊沟本《金光明最胜王经》的抄经人为 Bilgä Talui Šabï、Ratna Vijra Šabï 和 Čaxsapat Manggal Toyin 等人。其中的 Bilgä Talui 之名在康熙五十二年的回鹘文题记中也有出现,写法完全一样。考虑到这一时期回鹘佛教势力仅局限于河西西端一隅,僧人数量不会很多,加上二者同为康熙年间回鹘僧人,庶几乎可以推定当为同一个人。该经的抄写地点在敦煌,行用于酒泉文殊山,说明当时敦煌至酒泉一带,都有回鹘佛教僧人在活动,以文殊山为中心,这里成为回鹘佛教的最后家园。[1]

河西西部地区回鹘佛教信仰和回鹘佛教文化的长期保持,使其在宗教信仰与文化上与西域地区已完全伊斯兰化的同族(回鹘、畏兀儿、维吾尔)形成了本质上的差别,其后各自走上了不同的发展道路,为裕固族的形成奠定了文化基础。元明以降,河西西部地区的统治者蒙古豳王家族(包括酒泉豳王乌鲁斯、瓜州肃王乌鲁斯和沙州西宁王乌鲁斯)始终与回鹘保持着密切关系,回鹘文化对河西地区的蒙古人产生了重大影响,蒙古贵族在文化上逐步回鹘化,为二者的融合提供了条件。长期的水乳交融与文化上的趋近,使二者最终融为一体,形成了具有特色的新的民族共同体——裕固族。

原刊《五台山研究》2014 年第 4 期,第 50~56 页,与张艳合撰。

---

[1] 杨富学:《酒泉文殊山:回鹘佛教文化的最后一方净土》,《河西学院学报》2012 年第 6 期,第 1~6 页。

第八章　回鹘文《法华经》写卷及其粟特因素

《法华经》，梵文作 Saddharmapuṇḍarīka-Sūtra，是大乘佛教推崇的最重要的经典之一，广泛流传于中国、日本、朝鲜、越南与中亚等许多地区。我国最早形成的佛教宗派——天台宗就是以《法华经》的"诸法实相"理论为基本依据的。日本颇有影响的佛教宗派——日莲宗亦复如此。

《法华经》在我国古代边远之地各民族，如龟兹、回鹘、于阗、藏、西夏、契丹、女真、蒙古、满族等中也非常流行，只是由于文献记载的匮乏及语言的隔阂，学界对其情况往往不甚了了。吐鲁番出土的回鹘文《法华经》写卷正可为这一研究提供宝贵的依据。

今知回鹘文《法华经》写卷为数不少，有 10 件之多，本文仅择柏林·达莱姆印度艺术博物馆（Museum für Indische Kunst in Berlin-Dahlem）收藏的两件虽非常残破但不乏特色的写卷进行研究。

其一编号为 T. M. 257a，系德国第一次吐鲁番探察队于高昌故城所发现，纸质，以回鹘语写本中并不常见的"粟特字体"写成，正、背面各存文字 9 行。其中，正面前 5 行内容残破已甚，不堪卒读，6~9 行较为完整，恰可与背面的内容相连贯。全文转写如下：

  T. M. 257a 正面

1. ..." R...

2. ... biz ol kim/...

3. .../lar ymä...

4. ...ažunta...

5. ...ol kiš[i]...

6. ...törlüg ol k[iš]i [a]ntag köŋü[l tu]rgursar ymä

7. ... [alku ïnlïg] oglanin (?) ämgäktä ozgura (y)ïn inčip ymä

8. ...kertgünčlüg ävči ymä bo [tö]rt btör-

9. [lüg] .../sar ymä ol män nirvanka [k]irmištä

106

第八章　回鹘文《法华经》写卷及其粟特因素

　　T. M. 257a 背面

10. ... [bo]sokančïg nom up(u)di čäčäk bitig
11. ... ol üdün s(a)mantib(a)ttr bodis(a)t(a)v m(a)has(a)t(a)v
12. ...[täŋri täŋrisi] burhanka inčä ötünti ulušta ulugïya
13. [siz nirvanka] kirmištä... beš yülzinč yïl ymä alkïn
14. [makkatägi] ...
15. ... antag kir[lig] ...
16. ... süzök köŋ[ülin] ...
17. [bo sokančig] nom up(u)di čäč[äk bitig]
18. ...YM' ...[1]

注：方括号[ ]内的文字系原件残，研究者根据文意拟补的内容；圆括号( )内的文字则为原文省略的，笔者为便于阅读而录出的字母（大多为元音，仅有少数辅音）。下同。

　　这段文字仅有部分内容可通读，为体现回鹘语译本的特点，将可读部分直译如下：

　　如果这个人使人发心(6)："我要拯救众生出苦海！"或者(7)[某个善男]信女[成就]此四(8)种法，在我进入涅槃之后，(9)[然后他们就一定得到]这部包含着亲敬佛法的《法华经》。(10)那个时候，摩诃萨埵普贤菩萨对(11)[神中之神]佛陀这样说："善哉！世尊！"(12)当您进入涅槃之后……(13)[直至]五百年过去……(14)……[在这个]如此污浊的[坏世道里]……(15)……[如果哪个人以]洁净之心……(16)[捧着这部]包含着[可敬]佛法的《法华经》(17)……

　　这页破损严重的写本，原来正、背面应各有 11 行文字，因为正面第 6 行（背面倒数第 6 行的空白处）正好位于穿绳孔处，而此孔通常开在上下居中的部位。这页残片现存高约 13.6 厘米。由于纸的右侧边缘已全部缺失，故而其原有高度只能依下列因素估算：由于绳孔通常都在纸的右半边居中

---

[1] D. Maue-K. Röhrborn, Zur Alttürkischen Version des Saddharmapuṇḍarīka-Sutra, *Central Asiatic Journal*, XXLV, No.3/4, 1980, S.256-257.

处,因而这张纸的高度就应为 29.6 厘米左右。

从上述内容不难看出,这段文字当出自鸠摩罗什译《妙法莲华经》第二十八品《普贤菩萨劝发品》(相当于尼泊尔梵文本、阇那崛多译《添品妙法莲华经》本的第二十六品、喀什梵文本和竺法护译《正法华经》的第二十七品)。[1] 原文如下:

佛告普贤菩萨:"若善男子善女人,成就四法,于如来灭后,当得是法华经:一者,为诸佛护念;二者,殖众德本;三者,入正定聚;四者,发救一切众生之心。善男子善女人,如是成就四法,于如来灭后,必得是经。"尔时普贤菩萨白佛言:"世尊! 于后五百岁浊恶世中,其有受持是经典者,我当守护,除其衰患,令得安隐。"[2]

另一件编号为 T. M. 255,其发现者、出土地都同于上件。原尺寸 29.5 厘米×13.8 厘米,正面书回鹘文 12 行,背面 11 行。纸质,绳孔位于写本右半侧的居中处。残损严重,且因受潮而折皱变形,内容同属《普贤菩萨劝发品》。全文如下:

  T. M. 255 正面

19. [sokncčig n]om up(u)di čačäk bitig [on]un[č tägzinč]
20. .../sar y(a)vlak sözläsär bo tsuy üčün ažun ažunta ayas si[diŋ](?)
21. ...[ät]öz utlï bulïr inčip ymä tiši sadrak bolur ymä irök ägri
22. [kö]ŋu[r]miš erni šišmiš yumgak burunlug ägri adakl(ï)g kamgï eliglig k(a)ragu
23. közlüg kamgi ... ymä kop özi yarsinčig iďig kirlig bolur ymä kartl(ï)g
24. yirniŋ uduz[lug] karïnï enagü[lü]g inčip ymä takï ad(ï)n alkï[nč]s(ï)z
25. tü törlüg ...özi etiglig bolur ymä anï üčün [samanti]-
26. b(a)tr bodis(a)t(a)v...kiši... bo bitig alïnsar tutsar bo b(itig)

---

[1] 杨富学:《论所谓的"喀什本梵文〈法华经〉"写卷》,《中华佛学学报》第 7 期,台北:中华佛学研究所,1994 年,第 273~295 页;杨富学:《〈法华经〉胡汉诸本的传译》,《敦煌吐鲁番研究》第 3 卷,北京:北京大学出版社,1998 年,第 23~44 页。
[2] (姚秦)鸠摩罗什译:《妙法莲华经》第二十八品《普贤菩萨劝发品》,《大正藏》第 9 册,No.262,页 61a。

第八章 回鹘文《法华经》写卷及其粟特因素

27. üzä kat[ïglansar] …ymä inčä k(ä)rgäk ïrak…

28. utru t[äginip] … kaltï ymä…

29. …[tä]ŋri täŋrisi šakimun bu[rhan]…

30. [köŋül] tur[gu]rgu widvag söz[läyü y(a)rlïkamïšta]
    T. M. 255 背面

31. …[sa]kïnčs(ï)z sans[ï]z b[o]dis(a)t(a)v…

32. …tarni bultïlar inčip…[bo üč miŋ]

33. ulug miŋ [yertinčü] yer suvdaki t]oz[san]inča bodis(a)t(a)v…

34. kutiŋa tä[gip] …ymä ol üčün kalt[ï] taŋ[ri täŋrisi burhan]

35. bo bitig uz(?) y[ar]l[ïka]mïš boltï ymä ol üdün samanti[hatt]r b[odisa]t(a)v

36. ymä k(ä)ntünüŋ [k]uvr[ag]ï ymä šariputr birläki arhant toyunlar ymä

37. t(ä)ŋrilär lular …kiši …ulatï kamug törl[üg]

38. ulug kuvrag [takïlar] ymä t(ä)ŋri t(ä)ŋrisi burhanta tükäl(l)ig tayšïŋ nom

39. …ešidtilär alku ay(ï)g ögürdi sävintilär ymä k(ä)ntün k(ä)ntün burhan y(a)rl(ï)gïn

40. …kopordïlar yüküntilär ay(a)tdïlar bardïlar

41. [tükädi sokanč]ïg nom up(u)di čäčäk bitig onunč tägzinč[1]

其意直译如下：

包含可敬佛法的《法华经》十种法行。(19) 如果[谁对手持此经者]……口出恶言，[那么]，作为报应，不论他属于哪个社会阶层，都将浑身长满白色疥疮(?)，生出裂开的、破损的、歪斜的、(20—21) 脱落的牙齿，他的嘴唇将[变得]肿胀起来，[他将]长出扁平的鼻子、弯曲的双脚、歪扭的手、浑浊的(22)眼睛、扭曲的[脸?]……并且他的全身将发出腐朽的臭味，又臭又脏，长满脓疮、(23)疥疮，肚子[发生]绞痛，而且他的身体还将得各

---

[1] D. Maue und K. Röhrborn, Zur Alttürkischen Version des Saddharmapuṇḍarīka-Sutra, *Central Asiatic Journal*, XXLV, No.3/4, 1980, S.258–260.

种各样的[疾病](?)。因此,(24—25)普贤菩萨!如果……有人接受了这本经书,把他捧起来,并按照经书……努力修行(?)……[那么],就应当如是做:[像从]远处[看到人你就站起来迎上](26—27)去,[并向他致敬]一样,就如同[你对我表示敬意]。(28)当……神中之神释迦牟尼佛……(29)[开恩]宣讲(?)这一《普贤菩萨品》时(30)……[由于]难以想象的[多得]无数的菩萨达到了……陀罗尼,并且(31—32)在这三个皈依世尊像沙[粒]那么大量的菩萨(33)达到了……等级。而在那时,当神中[之神佛陀](34)头头是道地(?)宣讲这部佛法时,当时听讲者有普贤菩萨(35)及其随从,还有随舍利佛同时来的罗汉、和尚,以及(36)天、龙、[人和非]人,以及其他[结为]大群的各种各样的人(37),他们听神中之神佛陀讲解完美的大乘教学说,(38)并且所有的人都十分高兴,每个人自身(39)都掌握了[这部经],[向佛陀]顶礼,表示敬意,然后离去。(40)这部包含着可敬佛法的《法华经》的十种法行。(41)

罗什译本原文如下:

"得阿耨多罗三藐三菩提、转法轮、击法鼓、吹法[2]螺、雨法雨。当坐天人大众中师子法座上。普贤!若于后世,受持、读诵是经典者,是人不复贪着衣服、卧具、饮食、资生之物,所愿不虚,亦于现世得其福报。若有人轻毁之,言:'汝狂人耳,空作是行,终无所获。'如是罪报,当世世无眼。若有供养赞叹者,当于今世得现果报。若复见受持是经者,出其过恶,若实若不实,此人现世得白癞病。若有轻笑之者,当世世牙齿疏缺,丑唇平鼻,手脚缭戾,眼目角睐,身体臭秽,恶疮、脓血、水腹、短气,诸恶重病。是故,普贤!若见受持是经典者,当起远迎,当如敬佛。"说是《普贤劝发品》时,恒河沙等无量无边菩萨,得百千万亿旋陀罗尼,三千大千世界微尘等诸菩萨,具普贤道。佛说是经时,普贤等诸菩萨、舍利弗等诸声闻,及诸天、龙、人非人等,一切大会,皆大欢喜,受持佛语,作礼而去。[1]

与现今尚存于世的《法华经》诸译本相较,不难看出,这两页残片的内

---

[1] (姚秦)鸠摩罗什译:《妙法莲华经》第二十八品《普贤菩萨劝发品》,《大正藏》第9册,No.262,页62a。

第八章 回鹘文《法华经》写卷及其粟特因素

容与鸠摩罗什译本最为接近,但仍有一定的差别,其中的一些内容不见于汉文本和梵文本,很可能另有所依。

通过对回鹘文写本的比较研究,可以看出,T. M. 257a 是一件比较特殊的写本。首先,它用的是"粟特字体",这在回鹘语写本中是不常见的;其次,该译本的内容有特异之处,很可能依据或参考了现今存世之汉、梵诸本以外的版本。将二因素结合起来看,笔者认为这个译本很可能是参考或依据粟特文本翻译过来的。这一点从语言学上可以得到佐证。举例说,第 10、17 行中的 up(u)di(莲花)又可见于下文将要谈到的 Mainz 225 号回鹘语粟特文写卷中。该词源于粟特文的 wpδy(梵语 uppala)。在粟特语文中,δ 相当于梵语的 l,在其他的回鹘文写本中一般都直接采用汉文"莲花"的译音,仅有一处用 utpal 表示;该文献第 11 行中的 S(a)mantib(attr)(普贤)在其他回鹘文献中一般都写作 Samantabadira,其中 i 是粟特语中的一个典型现象;词尾 -tt- 也常见于粟特文本中。这些都说明,该文献很可能译自或参考了一种今已不传的粟特语文本,或者,该回鹘语译本的译者是一位粟特人。据我们所知,所有见刊的粟特语文献都是依据汉文翻译的,至今尚未见到任何一部直接译自梵语。从其遣词造句多用罗什译本这一因素看,该回鹘语译本至少参考了罗什的译本。

除了上述两件写本外,属于回鹘文的《法华经》写本尚有多件,其中较早得到刊布的有 5 件,分别为:

1. 迪雅科夫(A. A. Dyakov)收集品,获于吐鲁番,现藏于圣彼得堡东方学研究所。原件为卷子式,长 285 厘米,宽 27 厘米,共存 224 行。内容基本完整,仅第 4~5 行有残缺,是目前所有存储写本中保存最好、内容最完整的一份。[1]

2. 橘瑞超收集品,发现于吐鲁番,梵箧式,残存 1 页,长 41 厘米,宽 21.3 厘米,正面存 21 行,背面存 22 行,第 3~5 行间有一穿绳用的圆孔。[2]

3. T II Y 32, 39, 60,是德国第二次吐鲁番探察队于交河故城获得的,原藏梅因茨科学与文学研究院(Akademie der Wissenschaften und der

---

[1] W. Radloff, *Kuan-ši-im Pusar. Ein Türkische Übersetzung des XXV. Kapitels de Chinesischen Ausgada des Saddharmapuṇḍarīka* (Bibliotheca Buddhica XIV), St. Petersburg, 1911 (Repr. Delhi: Motilal Banarsidass Publisher, 1992).

[2] 羽田亨:《回鹘文法華經普門品の斷片》,《東洋学報》第 5 卷第 3 号,1915 年,第 394~404 页(收入氏著:《羽田博士史学論文集》下卷,第 143~147 页)。

Literature, Mainz),现入藏于德国国家图书馆(Staatsbibliothek Preussischer Kulkurbesitz),新编号为 Mainz 733,卷子式,长 103 厘米,宽 30.5 厘米,有文字 61 行,开头与中间部分残损较少,后部损毁严重。

4. TIIY51-a,德国第二次吐鲁番探察队获于交河故城,原藏梅因茨科学与文学研究院,现入藏于德国国家图书馆,新编号为 Mainz 289,卷子式,长 17 厘米,宽 16 厘米,存文字 11 行。[1]

5. 另有一件文书,原件纸质呈黄褐色,墨书,现存 1 页,共 61 行,1911 年,德国学者缪勒将其研究刊布,德译了全文书,并与汉文本作了对照。[2] 惜刊布者未就其他情况对该写本做出更详细的报道。据羽田亨氏推测,它可能也出自吐鲁番附近。[3]

通过学者们的研究,我们可以明了,这几件文献的内容都是根据鸠摩罗什的本子译出的。我国学者张铁山在前人研究的基础上,以拉德洛夫所刊布的迪雅科夫写本为底本,于 1990 年重新研究上述 5 种写本。除拉丁字母转写、疏证、汉译外,他还尽可能地介绍了《法华经》在回鹘人中的译传情况。[4] 由于偶然的巧合,早期刊布的文献均属于《观世音菩萨门品》,加上他没有注意到该经的其他写本,以致误认为"回鹘文《妙法莲华经》保留至今者,均为该经的《观世音菩萨普门品》"。[5] 其实,属于其他诸品的回鹘文写本也不少,只是长期未得刊布而少为人知而已。

属《普门品》之外的写卷,除上述研究的两件外,尚有柏林德国科学院历史与考古中央研究所(Zentralinstituts für Alte Geschichte und Archäologie der Akademie der Wissenschaften)收藏的 2 件。其一,编号为 U 3542,现存 1 页,正背面各书回鹘文 11 行。内容为译自鸠摩罗什译的《妙法莲华经》第二十三品《药王菩萨本事品》中的一部分;其二,编号为 T. M. 256 (U 2376),存 1 页,正、背面各存回鹘文 11 行,内容为译自罗什译的《妙法莲华经》第

---

[1] 以上两件写本均由土耳其学者特肯研究刊布。见 S. Tekin, *Uigurcā metinler l: Kuan si im pusar (See listen llah)*, Erzulum, 1960.

[2] F. W. K. Müller, *Uigurica II*, Abhandlungen der Preussischen Akademie der Wissenschaften, Berlin, 1910, Nr.3.

[3] 羽田亨:《回鶻文法華經普門品の斷片》,《東洋学報》第 5 卷第 3 号,1915 年,第 394 页(收入氏著:《羽田博士史学論文集》下卷,第 143 页)。

[4] 张铁山:《回鹘文〈妙法莲华经·普门品〉校勘与研究》,《喀什师范学院学报》1990 年第 3 期,第 56~68 页。

[5] 同上。

第八章　回鹘文《法华经》写卷及其粟特因素

二十六品《陀罗尼品》中的一部分。[1]

在德国国家图书馆东方部收藏的回鹘文写本中,还有一件编号为Mainz 225 的文献,用回鹘语粟特文书写,因其过于残破而难以确认,故迄今未得刊布。从可读出的少量词汇看,很可能同为回鹘文《法华经》写本的残部。兹存疑。

这里还应注意到,唐代唯识学大师窥基阐释的《法华经》的名著《妙法莲华经玄赞》(10 卷)也被译成了回鹘语。敦煌出土有写本1 件,分藏瑞典斯德哥尔摩民族学博物馆(1 页)和日本羽田亨家中(现存照片68 张,惜原件下落不明),共35 页,贝叶式,纸幅为30.2×14 厘米。纸质硬厚,呈淡褐色,双面书写,每面8~13 行。系元代回鹘文楷书体写卷。[2] 属于同一写本的还有巴黎吉美所藏伯希和于敦煌携归的回鹘文残卷7 页(编号为Manuscrit Ouigour No.63322)。[3]

此外,德国国家图书馆还藏有吐鲁番交河故城出土的回鹘文卷子本(编号为 Mainz 732/T II Y 21)残片,书草体回鹘文129 行,1934 年由邦格和葛玛丽刊布,但被误作《法华经》。[4] 经百济氏研究,知为《妙法莲华经玄赞》。[5] 该写本开首明确记载其所用纸为"Sačio kagda(沙州纸)",字体较前一写本为古老。

从上述可以看出,《法华经》在回鹘社会中的传播是相当普遍的,出现

---

[1] 以上两件写本均见刊于 P. Zieme, Zwei neue alttürkische Saddhar-mapuṇḍarīka-Fragmente, *Altorientalischen Forshungen* Bd. 16, Nr. 2, 1989, S. 371 – 379, Taf. xx-ixxii.

[2] 百济康义:《〈妙法蓮華經玄贊〉のウイグル譯片段》,護雅夫編:《內陸アジア・西アジアの社會と文化》,東京:山川出版社,1983 年,第185~209 頁。

[3] 百济康义:《キメ美術館藏〈妙法蓮華經玄贊〉のウイグル譯片段》,《龍谷紀要》第12 卷1 号,1990 年,第1~30 頁。

[4] W. Bang und A. von Gabain, Türkische Turfan-Texte. V: Aus buddhistischen Schriften, *Sitzungsberichte der Preussischen Akademie der Wissenschaften*, Phil.-hist. Klasse Nr.14, Berlin, 1931, S.323 – 356.

[5] 百济康义:《ウイグル譯〈妙法蓮華經玄贊〉》,《佛教学研究》第36 号,1980 年,第49~65 頁;同氏:《〈妙法蓮華經玄贊〉のウイグル譯片段》,護雅夫編:《內陸アジア・西アジアの社會と文化》,第185~209 頁;Kōgi Kudara, Uigurische Fragmente eines Kommentars zum Saddharmapuṇḍarīka-Sūtra, *Türkische Buddhismus Japanischen Forschung*, Herausgegeben von Jens Peter Laut und Klaus Röhrborn, Wiesbaden: Otto Harrassowitz, 1987, S.34~55, Fascimiles 102 – 106.

了不少写本。从已刊布的写卷看,回鹘文《法华经》译本并非是从梵文原典直译的,而是以鸠摩罗什的译本为底本,反映了罗什译本在回鹘佛教界的重大影响。与其他的写本相比,本文译释的这两件文献比较特殊,含有超出《法华经》梵文本以及汉文本以外的内容,但仍体现出鸠摩罗什译本的深刻影响。窃以为,这两件文献很可能是鸠摩罗什译《妙法莲华经》的改编本。

上文所述的这些文献尽管早已相当残破,却是我们认识《法华经》在古代西域以及回鹘人、粟特人中传译情况的第一手资料,具有填补历史记载空白的价值,弥足珍贵。我相信,随着不同文字写成的多种文本《法华经》写、刻本的陆续刊布,我们对该经价值及其影响的探讨必将越来越深入,认识也越来越全面。

本文曾提交"光山净居寺与天台宗学术研讨会"(光山,2000年5月26~28日),原刊《光山净居寺与天台宗研究》,香港:天马图书有限公司,2001年,第98~105页(再版:郑州:河南人民出版社,2015年,第121~130页。原题《回鹘文〈法华经〉及其价值》)。

第九章　榆林窟回鹘文威武西宁王题记研究

榆林窟位处甘肃省瓜州县,是敦煌石窟群中保存回鹘文题记最多的一处,在现存41个洞窟中,有25个窟的壁面上书有回鹘文题记,有190余条,590余行。[1] 其中又以第12窟最为集中,有10余条,牛汝极作了全面研究。[2] 本文所释,位处榆林窟第12窟前室甬道南壁,高27厘米,宽3厘米,存文字11行,先由法国学者哈密顿与牛汝极合力刊布,[3] 由于题记本身模糊不清,释读困难,故间有讹误。以此为基础,日本学者松井太对题记重新进行了释读,纠正补漏,多有创获,[4] 使题记内容得以更加明晰,对回鹘佛教与蒙古史研究均具积极意义。兹依松井太之转写,移录全文如下:

1. …quḍluɣ［1uu］yïl（…）
2. qaɣan qaḍun［s］oy［u］rqaḍïp qamïl-qa Y［　］N
3. ［buya］n qulï ong bašlaɣ-lïɣ biz X'D（…）P（…）
4. （…）MYŠ qïsaq-čï napčik-lig qamču T'V'［
5. 　　　　［　］（.）ṭaruɣačï-nïng（q）uš-［č］ï tärbiš bašlap
6. 　　　　［　］KWY-lar birliä kä［1i］p
7. 　　　　［　］ong-nïng（.）YPWR（…）süm-ä-tä kälip

---

[1] ［法］哈密顿、杨富学、牛汝极:《榆林窟回鹘文题记译释》,《敦煌研究》1998年第2期,第39~54页。
[2] 牛汝极:《敦煌榆林千佛洞第12窟回鹘文题记》,《新疆大学学报》2002年第1期,第120~129页。
[3] J. R. Hamilton-Niu Ruji, Inscriptions ouïgoures des grottes bouddhiques de Yulin, *Journal Asiatique* 286, 1998, pp.144–146. 又见牛汝极:《敦煌榆林窟佛教徒回鹘文题记》,《回鹘佛教文献——佛典总论及巴黎所藏敦煌回鹘文佛教文献》,乌鲁木齐:新疆大学出版社,2000年,第352~354页;牛汝极:《敦煌榆林千佛洞第12窟回鹘文题记》,《新疆大学学报》2002年第1期,第120~121页。
[4] Dai Matsui, Revising the Uigur Inscriptions of the Yulin Caves, *Studies on the Inner Asian Languages* XXIII, The Society of Central Eurasian Studies, 2008, pp.18–21.

8.　　　[yan]miš-ta buyanïmïz-(nï)ta män yavlaq baxšï[
9.　　　[　]biži(P)Y(…)K-či tämür kin körmiš-[tä]
10.　　[ödig]bolzun tip sümkä bardïmïz män(?)bi[t]i(p?)
11.　　[　]quḍ[1uɣ]bolzun bardïmiz[1]

其中第2行的qamïl即哈密,第4行之napčik(=Lapčuq)和qamču分指纳职(今新疆哈密市五堡乡四堡村拉甫却克古城)与甘州(今甘肃张掖)。至于第3行出现的Buyan-Qulï Ong其人身份的确定,对题记史料价值的解读至关重要,故特作论证于下。

Buyan-Qulï为佛教徒名称,意为"善德奴"。其中,Buyan来自梵语Puṇya,意为"吉利的"、"幸运的"、"德"、"善行"、"功德",Qulï意为"奴隶",相当于梵语dāsa。在中原汉人佛教徒中,亦常有以"奴"为名者,如"佛奴"、"僧奴"等,西夏有"观音奴",契丹有"萧观音奴",都属于这种情况。在《元史》卷一三一《明安传》有"普颜忽里",即Buyan-Qulï之音译,但此人为康里人,官拜"怀远大将军、贵赤亲军都指挥使司达鲁花赤"。况且Buyan-Qulï后有"Ong"字,亦为普颜忽里一名所不备,故可以确认,普颜忽里与榆林窟回鹘文题记无关。

在中亚帖木儿王朝时期的波斯文史籍《贵显世系(Mu'izz al-Ansāb fi shajirat salātin moghūl)》中,可见有Buyan-Qulï Ong一称,文献称其为亦里黑赤(Ïlïqčï~Yïlïqčï)之子。[2] 亦里黑赤者,《元史·诸王表》有载,系察合台汗第四代孙。

1276年,察合台汗孙阿鲁浑诸子在阿姆河以北地区揭竿而起,反对窝阔台后王海都的统治。在失败之后,出伯与哈班兄弟投奔忽必烈,受赐金印,以诸王身份出任河西至塔里木南道方面军事统帅重任,节制甘肃行省诸军。大德十一年(1307),出伯晋封豳王,统领镇戍诸军防守哈剌火州(今新疆吐鲁番)至吐蕃一线。[3] 出伯兀鲁思形成后,又在内部进行了再分

---

[1] Dai Matsui, Revising the Uigur Inscriptions of the Yulin Caves, *Studies on the Inner Asian Languages XXIII*, The Society of Central Eurasian Studies, 2008, p.18.
[2] 杉山正明:《豳王チュベイとその系譜——元明史料と『ムィッズル-アンサーブ』の比較を通じて——》,《史林》第65卷第1号,1982年,第7页。
[3] 杉山正明:《ふたつのチヤガタイ家》,小野和子编:《明清時代の政治と社会》,京都:京都大学人文科学研究所,1983年,第677~686页。

第九章　榆林窟回鹘文威武西宁王题记研究

封,在豳王之外又形成西宁王一支。其中,豳王驻牧于酒泉一带,世系为:出伯→喃忽里→喃答失太子→不颜帖木儿等。波斯文《贵显世系》、《元史》及汉—回鹘文二体《重修文殊寺碑》均有记载。西宁王之称首见于史册时当天历二年(1329),[1]其驻牧地大致在沙州一带,世系为:出伯→不颜那木达失→速来蛮→→牙罕沙等。波斯文《贵显世系》及敦煌发现的《莫高窟六字真言偈》《重修皇庆寺记》二碑[2]均有载。

元统二年(1334)五月,又出现了威武西宁王一支。相对于前两支言,威武西宁王要低一级,仅享受第三等级金印驼钮待遇。[3]《元史》卷三十八《顺帝纪一》元统二年(1334)五月己丑条载:"诏威武西宁王阿哈伯之子亦里黑赤袭其父封。"[4]依《贵显世系》,结合《元史》记载,可以肯定,阿哈伯就是出伯,阿哈伯当是阿哈出伯脱一"出"字,意为大兄出伯。[5]

依《贵显世系》,结合《明史》的记载,威武西宁王至明朝永乐年间演变为哈密忠顺王,世系为:出伯(豳王)→亦里黑赤(Ïlïqčï ~ Yïlïqčï)→Buyān-qulī→Tūm qulī→忽纳失里(Kunāshīrin)→脱脱(哈密忠顺王)。

在日本京都有邻馆收藏的一件蒙古文手稿残页(No.4, red series)中,出现有 Buyanquli Ong 之谓。该文献为 Buyan-Quli 致西宁王苏丹沙(Sultan-šāh)的信件,现存文字5行:

1. qaɣan u jarl(i)ɣiyar
2.   sultanš-a si ning ong un
3.   ongwuu yin noyad ta
4.   buyanquli uei vu sining ong
5. wuu ui sun-g(?) günsi(?) üg-e ögümü[6]

---

[1] 刘迎胜:《察合台汗国史研究》,上海:上海古籍出版社,2006年,第476页。
[2] 李永宁:《敦煌莫高窟碑文录及有关问题》(二),《敦煌研究》试刊第2期,1983年,第108~116页。
[3] 杉山正明:《豳王チュベィとその系譜——元明史料と『ムィッズル-アンサーブ』の比較を通じて——》,《史林》第65卷第1号,1982年,第37页。
[4] 《元史》卷三八《顺帝纪一》,北京:中华书局,1976年,第822页。
[5] 胡小鹏:《元代西北历史与民族研究》,兰州:甘肃文化出版社,1995年,第45页。
[6] H. Franke, A 14th Century Mongolian Letter Fragment, *Asia Major* (n.s.) Vo.11, No.2, 1965, p.120.

这里出现的 Uei Vu Sining Ong，显然为"威武西宁王"之音译，其中的 Ong 字，写法与榆林窟回鹘文题记所见完全相同。故可将该书信汉译如下：

承皇帝圣旨。
致西宁王苏丹沙王府总管！
威武西宁王 Buyanquli 之 wuu ui（府尉？）sun-g günsi（宋春熙？）谨呈。

关于该文献的出土地，学界一般归之于新疆，[1]其实当来自敦煌或甘肃某地。[2] 书信中的 Buyanquli，即榆林窟回鹘文题记第 3 行中的 buyan qulï，亦即《贵显世系》中的 Būyān-qūli。

值得注意的是，在黑水城出土 TK248《甘肃行省宁夏路支面酒肉米钞文书》中曾提到"嵬力豳王"，兹摘录如下：

阿章王位下使臣忻都蛮等三人前赴嵬力豳王位下，计禀军情勾当，住至十一日起程，计支二日。正二人，面四斤、酒四升、肉一斤、米四升、杂支钞一两，从一人，米二升。[3]

《元史》卷四十二《顺帝纪五》至正十二年（1352）秋七月庚寅条记事中有"邠王嵬厘"之谓。[4] 邠王即豳王，如《元史》卷三十五《文宗纪》至顺二年（1331）八月丁巳，"命邠王不颜帖木儿围猎于抚州"。[5] 翌年正月壬午又"命甘肃行省为豳王不颜帖木儿建居第"。[6] 屠寄将嵬厘归于豳王系统，指出：

---

[1] 如 H. Franke, A 14th Century Mongolian Letter Fragment, *Asia Major* (n. s.) Vo.11, No.2, 1965, p.138; L. Ligeti, *Monuments Préclassiques I, XIII-XIV Siècles* (Monumenta linguae Mongolicae Collecta II), Budapest, 1972, pp.235 - 236.
[2] 松井太：《カラホト出土蒙漢合璧税糧納入簿断簡》，《待兼山論叢》（史学篇）第 31 号，1997 年，第 45 页，注 13。
[3] 俄罗斯科学院东方研究所圣彼得堡分所、中国社会科学院民族研究所、上海古籍出版社合编：《俄藏黑水城文献》第 4 册，上海：上海古籍出版社，1997 年，第 314 页。
[4] 《元史》卷四二《顺帝纪五》，第 901 页。
[5] 《元史》卷三五《文宗纪四》，第 798 页。
[6] 《元史》卷三六《文宗纪五》，第 799 页。

第九章 榆林窟回鹘文威武西宁王题记研究

邠、豳异文同地……魏氏源云:"旧表别之为二,岂印文一作豳一作邠软?"寄按,直是简牍异文,明初修史者疑误析之耳。[1]

说明魏源和屠寄都认为,邠王就是豳王。因为豳是古国名,唐代改作邠,二者实指同一地。[2]

"嵬",依《广韵》,为五灰切,疑母、灰韵、合口、一等、平声、蟹摄,ŋuɐi。在酒泉文殊山发现的元代汉回鹘二体《重修文殊寺碑》之汉文部分中,将出伯之父阿鲁浑写作"阿禄嵬",而回鹘文之对音则为 alqu 或 alɣu,[3] 亦证"嵬"与-qu/-ɣu 可互译。如是,则"嵬厘"即当 qūli 之音译,殆无疑义。由是可知,TK248 中的"嵬力豳王"与《元史》中的"邠王嵬厘"实指同一人,是同名异译。

在豳王三个系统中,名字中含 qūli 的有三位:其一为出伯之子 Nām-qūli,即《重修文殊寺碑》中的喃忽里。[4] 喃忽里袭豳王位时在至大元年(1308),至迟于泰定三年(1326)重修文殊寺时即已故去,与榆林窟题记无干;其二为 Būyān-qūli;其三为 Būyān-qūli 之子 Tūm-qūli。考虑到 Būyān-qūli 之父亦里黑赤获赐威武西宁王封号时在 1334 年,至 1372 年瓜沙被明朝占领,那么,该题记中的书写时间就只能限定在 1334 年至 1372 年之间。

题记第 1 行 quḍluɣ(吉祥的)和 yïl(年)之间的文字残损,依遗留空间之大小,松井太拟补为 luu(龙)字。[5] 按,1334 年至 1372 年间属于龙年的有 1340 年、1352 年和 1364 年。《元史》卷四十二《顺帝纪五》载至正十二年(1352)邠王嵬厘"以杀获西番首贼功"而获赐金系腰一条,此为莫大之殊荣。题记第二行文字 qaɣan qaḍun [s]oy[u]rqadïp qamïl-qa 意为"皇帝和皇后赐予恩典……给哈密……"正可表明朝拜者的主旨所在,即感恩佛的

---

[1] 屠寄:《蒙兀儿史记》卷一五〇《诸王表二》,北京:北京市中国书店,1984 年,第 968 页。
[2] 陈高华:《黑城元代站赤登记簿初探》,《中国社会科学院研究生院学报》2002 年第 5 期,第 55 页。
[3] 耿世民、张宝玺:《元回鹘文重修文殊寺碑初释》,《考古学报》1986 年第 2 期,第 263、258 页。
[4] 耿世民、张宝玺:《元回鹘文重修文殊寺碑初释》,《考古学报》1986 年第 2 期,第 263 页。
[5] Dai Matsui, Revising the Uigur Inscriptions of the Yulin Caves, *Studies on the Inner Asian Languages* XXIII, The Society of Central Eurasian Studies, 2008, p.18.

护佑。故而,可以断定,这里的嵬厘,指的就是题记中的 Būyān-qūli。反过来又可证松井太拟补之不误。Būyān,元代文献中常见,可译作不颜(或布颜、伯颜、柏颜、普颜等)。如是,这段文字可译作"威武西宁王不颜嵬厘"。可将该文献汉译如下:

1. 在吉祥的[龙]年[…月…日]
2. 皇帝和皇后赐予恩典[……]给哈密(qamïl)[……]
3. 我们,以不颜嵬厘(buyan qulï)王为首
4. 驾车者[……]MYŠ,甘州(Qamču)-[……]来自纳职(Napčik)[……]
5. 以及总督的训练猎鹰者 Tärbiš,
6. 一同来的[……]
7. [……]王的[……]来到寺院,而且,
8. 我们返回的时候,宣扬了我们的美德,我,一个下人
9. [……]-bïžï(和)(P)Y(…)K-čï,铁木耳(Tämür)说:"后来再看,
10. [该题记]将会是一种[记忆]!"同时我们去了寺院。我?写?[于是]和,[说]:
11. "请保佑!"我们离开了。

是以可断定,这则题记系威武西宁王之子不颜嵬厘等人朝拜榆林窟时所写,他们来自纳职,说明当时威武西宁王应居于纳职一带。日本学者一般认为威武西宁王驻哈密,[1]国内有人推测威武西宁王的"领地约在沙州一带",至忽纳失里时才移住哈密。[2] 该题记否定了这些推测,证明其居地实在哈密西65公里处之纳职(拉甫却克古城)。高昌回鹘王国时期,纳职地位重要,据敦煌文献 P.2962《张议潮变文》和 P.3451《张淮深变文》记载,纳职回鹘曾于9世纪下半叶多次入侵瓜沙地区。[3] 今天的拉甫却克古城仍颇具规模,有南北二城,平面呈"吕"字形分布。由于其内残留的遗

---

[1] 松井太:《东西チャガタイ系諸王家とウイグル人チベット仏教徒——敦煌新発現モンゴル語文書の再検討から——》,《内陸アジア史研究》第23号,2008年,第33页。
[2] 胡小鹏:《元代西北历史与民族研究》,兰州:甘肃文化出版社,1999年,第46页。
[3] 杨富学:《〈张淮深变文〉所见"破残回鹘"来源考》,高国祥主编:《文献研究》第1辑,北京:学苑出版社,2010年,第16~29页。

物多属汉唐或更早时期,故学界一般称之为汉唐故城。[1] 从敦煌文献和榆林窟回鹘文题记看,纳职的繁荣其实并非至唐代而终,而是在其后继续保持繁荣,高昌回鹘以之为东向经营瓜沙之冲要,在元代充任威武西宁王驻牧之地,具有比较重要的战略地位。只是来自蒙古草原的回鹘人、蒙古人受旧习所使,或耕或牧于纳职城外,不像汉人那样好依城而居,故而城内缺少高昌回鹘与元代的历史文化遗物。

题记的具体年代可考订为至正十二年(1352),这是敦煌石窟回鹘文题记中年代最为明确者之一,可为敦煌石窟回鹘文题记的研究提供一个年代坐标,弥足珍贵。

威武西宁王家族本为蒙古人,但在赴榆林窟朝山拜佛时,却用回鹘语文而非蒙古语文书写题记,体现了元代蒙古贵族的回鹘化。

本文曾提交"庆贺饶宗颐先生95华诞敦煌学国际学术研讨会"(敦煌,2010年8月8日至11日),原刊中央文史研究馆、敦煌研究院、香港大学饶宗颐学术馆编:《庆贺饶宗颐先生95华诞敦煌学国际学术研讨会论文集》,北京:中华书局,2012年,第214~218页。

---

[1] 《哈密文物志》编写组:《哈密文物志》,乌鲁木齐:新疆人民出版社,1993年,第68~69页。

第十章　敦煌莫高窟464窟回鹘文榜题研究

在敦煌莫高窟、西千佛洞和瓜州榆林窟多有回鹘文题记。笔者初步普查，已发现各种题记300余条，其中以瓜州榆林窟为最多，内容也最丰富。在现存的41个洞窟中，可见到回鹘文题记的就有20多个，计有190条，590余行。[1] 莫高窟次之，现已发现的也有100余条。

敦煌发现的回鹘文题记多为香客题铭，唯莫高窟464窟（张大千编号308窟，伯希和编号181窟）比较例外，内容多为佛经。

464窟位处莫高窟最北端，左右毗邻第465窟和463窟，皆属元代洞窟。现存洞窟有一反常现象，即前室大，而后室反而小，有违常制。何以会出现这种情况？学界存在着两种推论：其一，"推测可能非一次性完工，后来凿设后室时限于条件而未能挖掘成大于前室的后室"；其二，根据窟前崖面现状，推测该窟原来的前室早"随崖体一起坍毁……今之前室则为原来的主室"。[2] 后一种推测得到了考古学成果的支持。[3]

464窟原为多室禅窟，开凿于北凉。[4] 故未绘制壁画。前室（原为中室，即主室。后来前室塌毁，中室便被习称作"前室"）南、北二壁原各开两个小禅窟，后来（很可能在元代）通往禅窟的甬道被封堵，该窟变成了礼佛窟。及至元代，该窟经过重新修复，重新绘制了壁画，前室内容为千佛和善财五十三参变（图28），后室为观音三十二应化现变。[5]

---

[1]［法］哈密顿、杨富学、牛汝极：《榆林窟回鹘文题记译释》，《敦煌研究》1998年第2期，第39~54页。
[2] 梁尉英：《元代早期显密融汇的艺术——莫高窟第四六四诸窟的内容和艺术特色》，敦煌研究院、江苏美术出版社编：《敦煌石窟艺术·莫高窟第四六四、三、九五、一九四窟（元）》，南京：江苏美术出版社，1997年，第11页。
[3] 彭金章、王建军：《敦煌莫高窟北区石窟》第3卷，北京：文物出版社，2004年，第54、62、65页。
[4] 杨富学：《敦煌莫高窟第464窟的断代及其与回鹘之关系》，《敦煌研究》2012年第6期，第1~18页。
[5] 梁尉英：《元代早期显密融汇的艺术——莫高窟第四六四诸窟的内容和艺术特色》，敦煌研究院、江苏美术出版社编：《敦煌石窟艺术·莫高窟第四六四、三、九五、一九四窟（元）》，第11~12页。

第十章 敦煌莫高窟 464 窟回鹘文榜题研究

图 28　莫高窟 464 窟前室五十三参壁画及回鹘文榜题

该窟回鹘文题记众多,为五十三参壁画之榜题,一一对应,讲述壁画之内容。惜经烟熏火燎,文字已不易辨清,难以释读,唯后室甬道南北二壁的数则回鹘文题记尚清晰可读。

通往后室的甬道南、北二壁现各存菩萨二身,均已完全氧化为黑色,各菩萨头顶皆有宝幢形榜题框,内书回鹘文字(为便于叙述,依次编号为 A、B、C)。其中南壁右侧菩萨像,但保存完整,榜题亦保存完好,书文字 4 行(图 29):

A1. bešinči oruntaqï bodïstv-larqa körü qanïnč-sïz

A2. körklä qïz ärdini tolp ät'öz-in üküš türlüg

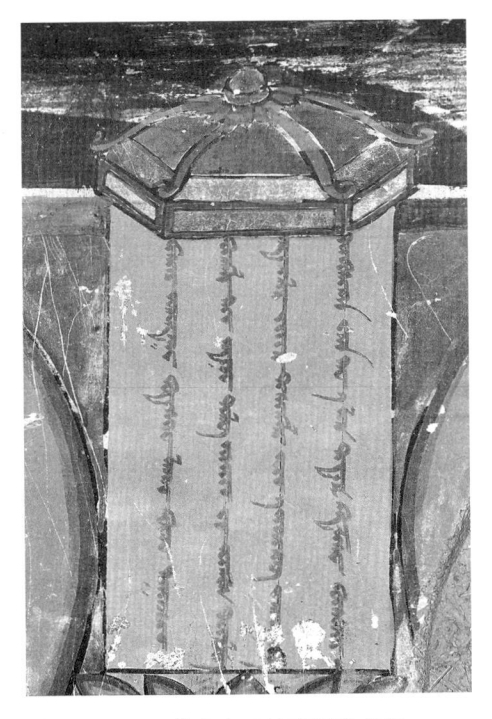

图 29　莫高窟 464 窟甬道南壁右侧回鹘文榜题

123

A3. ärdinilig yevig tiziglär üz-ä etinip yara*tïnïp*
A4. töpüsintä yana xu-a-lïɣ tetim kädmiši köẓünür:

其中第4行第3字 tetim,意为"冠",当借自粟特语 δyδm<希腊语 διάδημα。[1] 该词出现在麻赫穆德·喀什噶尔《突厥语大辞典》中,作 didim,表示新婚之夜给新娘戴的冠。[2] 在已刊布的回鹘文文献中该词多以 alp tetimlig 形式对应汉语的"勇猛": alp tetimlig köngül "勇猛心"[3]; uluɣ küčlüg alp tetimligin qatïɣlandačï atl(ï)ɣ<t(ä)ngri> burxan "大精进勇猛佛"。[4] 故可将这段题记译为:"为五地菩萨显现美丽无比之宝女,全身装扮各种珠宝璎珞,头戴花冠之[景象]。"

同壁左侧菩萨半残,头顶榜题框亦残,仅留残文(图30),内容如下:

图30 莫高窟464窟甬道南壁左侧回鹘文榜题

B1. [törtünč orunṭaqï bodïstv]-larqa [tört yïngaqdïn yeellig
B2. tilgänlär tüü türlüg adruq ad]ruq tütsük xu-a čečekl[är]
B3. [sača tökä kelip] tolp yaɣïz yer yüẓin xu-a čečeklär üz-ä tošɣur*mïš*[larï]

[1] G. Clauson, *An Etymological Dictionary of Pre-Thirteenth-Century Turkish*, Oxford, 1972, p.456.
[2] 麻赫穆德·喀什噶里著,校仲彝等译:《突厥语大词典》第1卷,北京:民族出版社,2002年,第418页。
[3] Jens Wilkens, *Das Buch von der Sündentilgung*. Teil 1-2, Edition des alttürkischen Kšanti kılɣuluq Nom Bitig (=Berliner Turfantexte XXV), Brepols, 2007, S.68.
[4] Jens Wilkens, *Das Buch von der Sündentilgung*. Teil 1-2, Edition des alttürkischen Kšanti kılɣuluq Nom Bitig (=Berliner Turfantexte XXV), Brepols, 2007, S.132.

第十章　敦煌莫高窟464窟回鹘文榜题研究

B4. köz-ünür：

其中第1、2行的 yeellig tilgän 对应"风轮"，指存在于须弥山之下，支撑着全世界的四种大轮之一。其余三个大轮分别为"虚空轮"、"水轮"、"金轮"。[1] 译文："[为四地菩萨]显现[风轮从四方散洒各种芳香的]花朵，用花朵遍布褐色大地[的景象]。"

甬道北壁左侧菩萨像同样已氧化，呈黑色，但保存完整，榜题亦保存完好，书文字9行（图31）：

C1. onunč orunṭaqï bodistv-larqa sopïɣ altun önglüg ät'öz-

C2. lüg altun önglüg ök yaruq-luɣ ät'öz-intin sačrayu ünä

C3. turur körü qanïnčsïz körklä burxan körki ülgüsiz üküš

C4. kolti sanïnča äz-rua t(ä)ngri-lär quvraɣ-ï üz-ä tägrikläp

C5. tapïɣ uduɣ aɣïr ayaɣ üz-ä üz-äliksiz üstinki

C6. yeg soɣančïɣ tatïɣ-lïɣ nom tilgän-in ävir-e

C7. nom nomlayu y(a)rlïqamïš-ï köẓünür ::

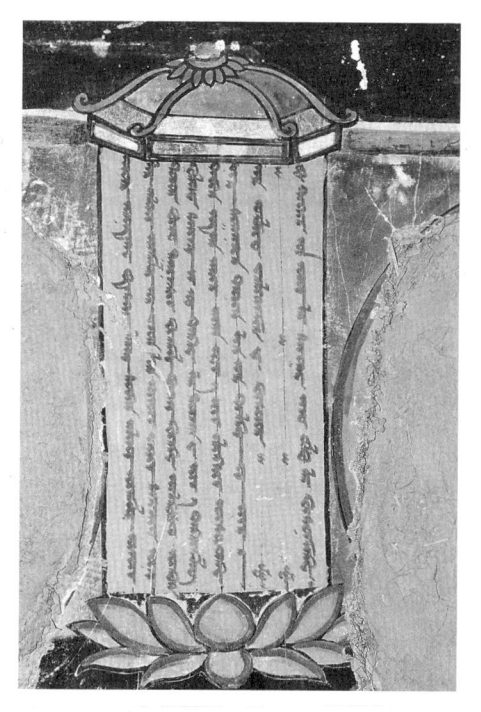

C8. ：　　　：　　　：
　　::

图31　莫高窟464窟甬道北壁左侧回鹘文榜题

C9. bu tetir on orun-lar sayuqï erü bälgü-lär köẓünmäki：

其中第1行第4字 sopïɣ，显然是 altun"金"的修饰语。已经刊布的其他

---

[1]　中村元：《佛教语大辞典》，第1186页。

125

回鹘文文献均不见该词语。卡亚(Ceval Kaya)读作 sobak,但未解其意。[1] 在哈萨克语中 sobïq 表示"玉米棒子"。如考虑金黄色的玉米棒,那此文献中的 sopïɣ 就是对于金色的修饰语。第9行第5字 erü,卡亚读作 irü。[2] ir-表示"厌烦"、"腐烂"之意,在此处意不通。依词义此处应读作 er-,为"到达"、"跟随"、"附属"之意。这段文字可汉译为:"为十地菩萨显现金色光身普照无量光耀之美丽无比的[如来]菩萨被无量亿梵王围绕,用充满尊重的供养[之心]转于无比殊胜的妙法轮,演说正法[之景象]。此乃十地一切悉相明见。"

甬道北壁右侧菩萨像半残,榜题框内文字尽失,推而论之,应为九地菩萨。

以上内容对应于义净译《金光明最胜王经》卷四《最净地陀罗尼品第六》有关文字,兹引录如下,其中划线部分为本文所示回鹘文榜题的对应内容:

善男子！初地菩萨是相先现,三千大千世界,无量无边种种宝藏,无不盈满,菩萨悉见。

善男子！二地菩萨是相先现,三千大千世界地平如掌,无量无边种种妙色,清净珍宝庄严之具,菩萨悉见。

善男子！三地菩萨是相先现,自身勇健,甲仗庄严,一切怨贼,皆能摧伏,菩萨悉见。

善男子！四地菩萨是相先现,四方风轮种种妙花,悉皆散洒,充布地上,菩萨悉见。

善男子！五地菩萨是相先现,有妙宝女,众宝璎珞周遍严身,首冠名花以为其饰,菩萨悉见。

善男子！六地菩萨是相先现,七宝花池有四阶道,金沙遍布,清净无秽,八功德水皆悉盈满,嗢钵罗花、拘物头花、分陀利花随处庄严,于花池所游戏快乐,清凉无比,菩萨悉见。

善男子！七地菩萨是相先现,于菩萨前,有诸众生应堕地狱,以菩萨力便得不堕,无有损伤,亦无恐怖,菩萨悉见。

---

[1] C. Kaya, *Uygurca Altun Yaruk Giriş, Metin ve Dizin*. Ankara, 1994, S.194.
[2] C. Kaya, *Uygurca Altun Yaruk Giriş, Metin ve Dizin*. Ankara, 1994, S.195.

第十章　敦煌莫高窟 464 窟回鹘文榜题研究

　　善男子！八地菩萨是相先现,于身两边,有师子王以为卫护,一切众兽悉皆怖畏,菩萨悉见。

　　善男子！九地菩萨是相先现,转轮圣王无量亿众围遶供养,顶上白盖,无量众宝之所庄严,菩萨悉见。

　　善男子！<u>十地菩萨是相先现,如来之身,金色晃耀,无量净光,皆悉圆满,有无量亿梵王围绕,恭敬供养,转于无上微妙法轮,菩萨悉见。</u>[1]

　　通过上文比较,可以看出,上述榜题皆出《金光明最胜王经》卷四。除四地、五地和九地、十地菩萨外,从窟中现存遗迹可以看出,其余 6 尊菩萨均因土坯所砌甬道的被毁而残缺,如北壁甬道现存部分呈曲尺形,下边长 2.50 米,上边残长 0.90 米,就是明显的例证。

　　《金光明最胜王经》为大乘佛教最重要的经典之一,有多种汉译本行世,其中较为重要者有三,即北凉昙无谶《金光明经》四卷十八品、隋开皇十七年大兴善寺沙门宝贵编《合部金光明经》十卷三十一品和义净译(703 年)《金光明最胜王经》十卷三十一品。及至 10 世纪,该经又由别失八里著名回鹘佛教翻译家胜光法师(Šïngqo Säli Tutung)译为回鹘文,题作 altun önglüg yaruq yaltrïqlïɣ qopda kötrülmiš nom iligi atlïɣ nom bitig,文末跋尾明确地记载了它的翻译过程：

　　y(ä)mä qutluɣ öngtün uluɣ tavɣač ilintä tayšing sivšing alqu šastïrlarïɣ qamaɣ nomlarïɣ qalïsïz ötkürü topulu bilmiš bošɣunmiš bodistv kitsi samtso atlïɣ ačarï änätkäk tilintin tavɣač tilinčä ävirmiš yana bu kälyük bulɣanyuq biš čöbik yavlaq ödtäki kinki bošɣutluɣ beš-balïqlïɣ šïngqo säli tutung tavɣač tilintin ikiläyü türk tilinčä aqtarmïš altun önglüg y(a)ruq yaltrïqlïɣ qopta kötrülmiš nom iligi atlïɣ nom bitig tükädi.

　　y(ä)mä qutluɣ öngdün uluɣ tabɣač ilinčä tayšing siwšing alɣu šasatarlarïɣ nomlarïɣ qalïsïz ötkürmiš bodisataw gitso samtso atlïɣ ačarï änätkät tilintin tawɣač tilinčä ävirmištä yana bu biš čöbik käbik kälyük bulɣanyuq yawaz ötdä qoluta kinki boš-ɣutluɣ biš-balïqlïɣ sïngqu säli tutung tawɣač tilintin türk uyɣur tilinčä ikiläwirmis altun önglüg yaruq yaltrïqlïɣ qopta

---
[1]《大正藏》第 16 册,No.665,页 419b。

kötrulmiš nom iligi atlïɣ nom bitig bitiyü oquyu yätildi sadu ädgü ymä qutluɣ bolz-un!

时幸福的东方之伟大的桃花石国（即中国——引者）中洞彻大乘[与]小乘一切经的菩萨义净三藏从印度语译为汉语。时此五浊恶世之中别失八里后学胜光法师（Sïngqu Säli Tutung）又从汉语译为突厥—回鹘语,定名为《金光明最胜王经》,写讫。善哉！善哉！祝福！[1]

明确记载回鹘文《金光明最胜王经》是以义净译本为依据进行翻译的。

今天所知回鹘文《金光明最胜王经》最完整的写本出自甘肃省酒泉文殊沟,为马洛夫（S. E. Malov）于1910年所获,现存俄罗斯科学院东方写本研究所（以下简称"文殊沟本"）。该刻本中散失的二叶为瑞典考古学家贝格曼（F. Bergman）于1927~1935年参加西北科学考察团时于甘肃某地所得,现存斯德哥尔摩民族学博物馆。除文殊沟本外,吐鲁番发现的残本则更多,计有583件。[2] 其中大多收藏于柏林,近由拉施曼（S. Ch. Raschmann）进行了编目整理。[3]

"文殊沟本"抄写年代为康熙二十六年（1687）,抄经地为敦煌。写本高23厘米,宽60.5厘米,共398叶,双面书写,每面平均写22~25行,字体为回鹘文楷书体。将莫高窟464窟所见榜题与"文殊沟本"逐字对译,可以看出,现除个别地方在用词方面略有不同外,整体译文基本一致。如在"五地菩萨"一段中第3行的 etinip yaratïnïp,在酒泉文殊沟发现的回鹘文《金光明最胜王经》译本中写作 etip yaratïp;第4行 kädmiši 在"文殊沟本"中为 kädmišläri[4];"十地菩萨"一段的第二行 ät'öz-intin 在"文殊沟本"中为 ät'öz-inte;第5行 üz-ä 在"文殊沟本"中为 alu;第6行 tatïɣ-lïɣ 前面"文殊沟

---

[1] F. W. K. Müller, Uigurica, Abhandlungen der Preussischen Akademie der Wissenschaften 1908, 2, Berlin, 1908, S.13 – 14.

[2] 杨富学:《回鹘文〈忏悔灭罪金光明经冥报传〉研究》,《敦煌学》第26辑,2005年,第37页。也有言多达800多件,见 Johan Elverkog, *Uygur Buddhist Literature* (Silk Road Studies I), Turnhout: Brepols, 1997, p.65.

[3] S. Ch. Raschmann, *Alttürkische Handschriften*. Teil 5: Berliner Fragmente des Goldglanz-Sūtras. Teil 1: Vorworte und Erstes bis Drittes Buch, Stuttgart, 2000; ibid, *Alttürkische Handschriften*. Teil 6: Berliner Fragmente des Goldglanz-Sūtras. Teil 2: Viertes und Fünftes Buch, Stuttgart, 2002.

[4] C. Kaya, *Uygurca Altun Yaruk Giriș, Metin ve Dizin*. Ankara, 1994, S.194.

第十章 敦煌莫高窟 464 窟回鹘文榜题研究

本"中多了一个 noš。[1] 其余部分在用词、翻译、语序等方面均完全一致，说明这三段回鹘文榜题皆为胜光法师译回鹘文《金光明最胜王经》之摘抄。

依据后室甬道的榜题，结合窟内随处可见的其他回鹘文题记，可以认为，464 窟现存壁画的绘制应与回鹘息息相关。各种迹象表明，后室现存壁画为元代前期所绘，而前室与甬道则出自回鹘人之手，应为元代晚期之遗墨。

词汇集

adruq adruq 种种 B2
altun 金 C1、C2
aɣïr ayaɣ 尊敬的 C5
ärdini <梵文 ratna 宝 A2、A3
ärü 遂、即 C9
ät'öz 身 A2、C1、C2
äz-rua <粟特文 'zrw' C4
   ä. t(ä)ngri 梵天 C4
ävir- 翻、转 C6
bešinč 第五 A1
   b. orun-taqï bodistv 无地菩萨 A1
bälgü 相 C9
bodistv <梵文 bodhisattva 菩萨 C1
burxan 佛 C3
čeček 花 B2
erü 遂、即 C9
etin- yaratïn- 装饰 A3
käd- 穿、着 A4
kolti <梵文 koṭi 亿 C4
kör- 看 A1、C3
   k. ü qanïnč-sïz 看不满足 A1、C3
körklä 美丽 A2、C3

---

[1] C. Kaya, *Uygurca Altun Yaruk Giriş*, *Metin ve Dizin.* Ankara, 1994, S.195.

körki　相、容貌　C3
közün-　显现　A4、B4、C7
nom　法　C7
nomla-　说法　C7
onunč　第十　C1
　　o. orun-taqï bodistv　十地菩萨　C1
orun　地　C1
öng　色　C1
qan-　满足　A1、C3
qïz　女　A2
quvraɣ　僧众　C4
xu-a　<汉语"花"　A4、B2、B3
　　x. čeček　B2、B3
sač-　撒　B3
　　sač- tök-　散撒　B3
sačra-　散发、照耀　C2
san　数量　C4
sayuq　方　C9
soɣančïɣ　殊胜　C6
sopïɣ　玉米棒？　C1
tapïɣ uduɣ　供养　C5
tatïɣ　甜的　C6
tägriklä-　围绕　C4
tilgän-　轮　C6
te-　说　C9
tetim　<粟特文 δγδm <希腊文 διάδημα　冠　A4
tolp　周遍　A2、B3
tošɣur-　使装满、遍布　B3
tört　四　B1
　　t. yïngaq　四方　B1
törtinč　第四　B1
　　t. orun-taqï bodistv　四地菩萨　B1

130

第十章 敦煌莫高窟 464 窟回鹘文榜题研究

  t. yïngaq 　四方　B1
töpü 　上面、首　A4
tur- 　站　C3
türlüg 　种类的　A2
tütsük 　香　B2
tüü türlüg 　种种　B2
ülgüsiz 　无量　C3
ünä- 　发、出　C2
üküš 　多、无量　C3
üküš 　诸多　A2
  ü. türlüg 　种种　A2
üstinki 　上面的　C5
üz-äliksiz 　无上的　C5
yaɣïz 　褐色　B3
  y. yer 　褐色大地　B3
y(a)rlïqa- 　说法　C7
yaruq 　光　C2
yeel 　风　B1
  y. tilgän 　风轮　B2
yeg 　特别的　C6
  y. soɣančïɣ tatïɣ-lïɣ nom tilgän 　微妙法轮
yevig tizig 　资粮、璎珞　A3
yüz 　面、脸　B3

  原刊《民族语文》2012 年第 3 期,第 78~80 页,与阿依达尔·米尔卡马力合撰。

第十一章　回鹘文藏密经典所见"七宝"考

一、题解

回鹘文写本《吉祥胜乐轮曼陀罗》是 20 世纪初由第一次德国探险队在吐鲁番考察时发现的。作为密教经典之一，该文献梵文作 Śrīcakrasaṃvara Maṇḍala-Abhisamaya，藏文译本称之为 Cakrasamvara-mandala。其回鹘文译本是由元朝帝师、萨迦五祖八思巴（1235～1280）的弟子本雅失里（Puṇyaśri）依据藏文本翻译的。[1] 原编号为 T I Tantra，现存德国国家图书馆，收藏号为 U 557。该文献为册子本，长约 18.6 厘米，宽为 16.5 厘米，现存 49 页，计 356 行。用羽管笔蘸墨写成，草体，均匀流畅，粗细变化不甚明显。

本雅失里是元代回鹘翻译家，除本文献外，他还翻译了另外两本藏文佛教著作。其一为佚名氏著《观世音本尊修法（Avalokiteśvara Sādhana)》。其文献残卷在吐鲁番亦有出土，其中 4 件为木刻本，1 件为写本。其中编号为 T III M 192b（U 4710）的印本在跋文中称其译者为本雅失里（Puṇyaśri），底本为藏文，译成时间在 qutluɣ bing šipqan-liɣ küskü yïl birygrminč ay bir yangï ayïr uluɣ posat bačaɣ kün（吉祥的十干的丙鼠年十一月初一大斋日），是年应为 1273 年或 1333 年。其二为《身轮因明经》（梵文作 Kāyacakra Sādhana，藏文作 Lus-dkyil-gyi bdag-'jug）。本为某佚名氏献给萨迦五祖八思巴的著作，见载于《萨迦五祖全集》卷六，内容与本文所述的《吉祥胜乐轮曼陀罗》有关，意在阐述吉祥胜乐轮之法旨。文献开首即记载说系由八思巴弟子本雅失里（Puṇyaśri）翻译。[2] 特别值得注意的是，在回鹘文写本《吉祥胜乐轮曼陀罗》的第 757～765 行罗列了自金刚手以下 22 位上师的名

---

[1] 杨富学：《回鹘之佛教》，第 138 页。
[2] G. Kara und P. Zieme, *Fragmente tantrischer Werke in Uigurische Übersetzung* (= Berliner Turfan-Texte Ⅶ), Berlin, 1976, S.46.

字,其中最后一位为八思巴上师,说明当时八思巴应在世。[1] 八思巴去世于1280年。考虑到这些因素,笔者认为回鹘文《观世音本尊修法》中的丙鼠年应为1273年,而不会迟至1333年。推而论之,本雅失里翻译《吉祥胜乐轮曼陀罗》的时代亦应在1273年左右。

《吉祥胜乐轮曼陀罗》是一部重要的回鹘文册子本藏传密宗经典,内容可分为两大部分:第一部分为曼陀罗仪轨修持法的筑路现观,依次叙述了观想曼陀罗、赫庐迦肉身二十四部位、观想自性成就、十六位金刚天女、生起次第、完成次第以及陀罗尼修持法;第二部分主要讲述了供养修持法,这里所释观想转轮王"七宝"(即金轮宝、神珠宝、玉女宝、典宝藏臣、典兵臣、绀马宝和白象宝)的内容即属供养修持法中的一种。

该文献早已引起国际学术界的重视,1928年,德国学者缪勒曾对其做过简略的研究。他注意到该文献与藏文文献《吉祥胜乐轮怛特罗》(藏文作Bde-mchog-lu'i-pa'i lugs-kyi sgrub-thabs rim-pa gsal-ba 或 Dpal 'khor-lo bde-mchog-gi dkyil-'khor-gyi 'khor-lo'i thabs rim-pa gsal-ba zhes-bya-ba,见载于《萨迦五祖全集》卷六)近似之处甚多。[2] 其后,有不少学者都关注过这一文献,而用功最巨、成就也最大的当属匈牙利学者卡拉和德国学者兹默,二人合力于1978年完成了该文献的转写、注释和德文翻译工作,使该文献的全貌终于得以面世,引起了学界的重视。[3]

回鹘文藏传密宗文献的研究是我国吐蕃、回鹘学界的薄弱环节。回鹘文《吉祥胜乐轮曼陀罗》残卷的发现与研究,对探讨元代回鹘佛教的特点、高昌回鹘语言的嬗递以及西藏佛教文化对回鹘的影响等无疑都具有珍贵的资料价值。[4] 这部藏传佛教密宗经典至今仍无汉文译本,故对它的译释庶几乎可填补汉文《大藏经》的一项空白。鉴于国内注意此文献者尚少,我们这里拟据卡拉和兹默的刊本,对残卷中所涉转轮王"七宝"的内容略作译释。

---

[1] G. Kara und P. Zieme, *Fragmente tantrischer Werke in Uigurische Übersetzung* (= Berliner Turfan-Texte Vll), Berlin, 1976, S.66.

[2] F. W. K. Müller, Ein uigurisch-lamaistisches Zauberritual aus den Turfunden, *Sitzungsberichteder Preussischen Akademie der Wissenschaften*, Berlin, 1928, S.31–46.

[3] G. Kara und P. Zieme, *Fragmente tantrischer Werke in Uigurische Übersetzung* (=Berliner Turfan-Texte Vll), Berlin, 1976, S.5–63.

[4] 王红梅:《元代高昌回鹘语概略》,《民族语文》2001年第4期,第55~61页。

二、原文转写

（转写中的黑体字表示原文有缺，研究者据上下文拟补的文字；斜体字表示原文不甚清晰，研究者不敢肯定的文字。）

第四十二页

668. mudur-lrïn ärsär tudq-a yanglïɣ qïlɣu ol ·
669. anta basa öz yüräk-tin yiti ärtini-lrig
670. käsig-čä ündürüp ödüngü *ol* · šlok-lrïn söz-
671. -läyür-tä · ay-a-sïn kögüz-in-tä qavšurup
672. oom sarva tatagada-ta ulatï-larïɣ sözlämiš-
673. -(in)-tä ilig-lrin tägsindürü linxu-a mudur-ïn qïlu ·
674. öz öz mudur-lrïn tügä drni-lrïn sözläyü
675. ödüngü ol∶ alqu ädgün barmiš-lrqa · bo čakir
676. ärdini-ni ödünmäk-imiz üzä · sansar-lïɣ tilgän-
677. -ig üsüp käsig · *nom*-luɣ tilgän-ig ävirmäk-
678. -imiz bolsun∶ oom sarva tatagada čakir-a ratna
679. včir-a pučiti a xung tigü ol∶ burxan-lar-qa
680. birlä *yänä* oɣlan-lar-ïnga · bo munčuq ärdini-

第四十三页

681. -ni ödünmäk-imiz üzä · čïɣayum*uz* ämgäk-
682. -imiz üsülüp käsilip · alqu törlüg-lärkä
683. tükäl-lig bolmaq-ïmïz bolzun∷
684. oom sarva tatagada mani ratna včir-a pučiti
685. a xung tigü ol∶ bo qïz ärdini-ni ödünmäk-
686. -imiz üzä bilgsiz bilig-lig qarngɣu-lrïmïz
687. tarïqïp · pirty-a bilgä bilig-ning yörüg-in
688. bilip uqup · al atlɣ bilgä [bilig]-ig bärkdürmäk-
689. -imiz bolsun∷ oom sarva tatagada maɣda ratna
690. včir-a pučiti a xung tigü ol∷ bo buryuq
690a. (ärdini-ni buši birmäk-imiz üzä ič ta//

134

690b. ⋯⋯/ig üč kölüngü-täki · saqïnu sözläyü yitinč-siz

690c. šazïn-ïɣ brk yarp tudup alqu ädgü-lärkä tükäl-lig bolmaq-ïmïz

690d. bolsun · oom〔sarva tatagada〕maxačan ratna **včir-a pučiti a xung tigü ol**:)

691. bo yanga ärdini-ni buši birmäk-imiz üzä

692. yavïz körüm-lärig arïđip kidärip üsälksiz

693. külüngü-kä kölürüp alqu biltäči-ning balïq-

694. -ïnga barmaq-ïmïz bolzun :: oom sarva tatagada xasti

695. ratna včir-a pučiti a xung tigü ol ::

696. bo yig üsdünki at ärdini-ni buši birmäk-

697. -imiz üzä : tuɣum asun-luɣ toor-tïn odɣuraq

第四十四页

698. osup qudrulup · riti küü kälig-ning yig-in

699. bašđïng-ïn bulup burxan-lar uluš-ïnga barmaq-

700. -ïmïz bolsun :: oom sarva tatagada turanga ašu-a

701. ratna včir-a pučiti a xung tigü ol ::

702. bo süü bägi alpaɣut ärdini-(ni) buši birmäk-imiz

703. üzä · nisvani-lïɣ yaɣï-lrïɣ udup yigädip ·

704. ađïn käčig-lig türtï-lrïɣ kävmäk qïsɣurmaq

705. qïlïp ·küvänč yoqay köngül-tin öngi ödrül-

706. -mäk-tä yig-in bulmaq-ïmïz üzä ::

707. oom sarva tatagada kadga ratna **včir**-a pučiti

708. a xung tigü ol ::

三、汉译文

然后,我们祈求从自心依次出现七宝。我们在念诵偈语时,合掌于胸前念诵唵一切如来等时,在转动手臂结大莲花手印时,在结各自手印念诵陀罗尼时,进行祈祷。(668~675行)

我们祈祷:"我们向施行诸善者祈求金轮宝,让我们摆脱生死轮回之轮,获得法轮!"并念诵唵一切如来金轮宝金刚普迦特阿吽!(675~679行)

我们祈祷:"我们向众佛和众王子祈求神珠宝,消除我们的贫穷痛苦,

135

具备一切完善品质!"并念诵唵一切如来神珠宝金刚普迦特阿吽!(679~684行)

我们祈祷:"我们祈求玉女宝,清除我们无知的愚昧,让我们领悟般若智慧的注释,掌握方便智慧!"并念诵唵一切如来玉女宝金刚普迦特阿吽!(685~690行)

我们祈祷:"我们布施典宝藏臣,在三乘上,坚持正念,念诵至尊教法,让我们成就诸种善行!"并念诵唵一切如来典宝藏臣金刚普迦特阿吽!(690~690行)

我们祈祷:"我们布施白象宝,以此清除恶念,念诵至尊教法,让我们成就诸种善行!"并念诵唵一切如来白象宝金刚普迦特阿吽!(691~695行)

我们祈祷:"我们布施上乘绀马宝,以此彻底挣脱生殖之网,获得至善至上如意神通,让我们抵达佛国乐土!"并念诵唵一切如来绀马宝金刚普迦特阿吽!(696~701行)

我们祈祷:"我们布施典兵臣,以此战胜欲望的魔军,削弱旁门左道,愿我们远离骄傲自大,获得善行!"并念诵唵一切如来典兵臣金刚普迦特阿吽!(702~708行)

四、"七宝"考释

通过上文对回鹘文写本《吉祥胜乐轮曼陀罗(Śrīcakrasaṃvara Maṇḍala)》第668~708行内容的译释,我们可以看出,这段文字主要描述的是观想转轮王七宝(金轮宝、神珠宝、玉女宝、典宝藏臣、白象宝、绀马宝、典兵臣)之修持法。

这里须首先对转轮王问题略作解释。鸠摩罗什译《妙法莲华经·安乐行品》曰:

> 文殊师利,譬如强力转轮圣王,欲以威势降伏诸国,而诸小王不顺其命,时转轮王起种种兵而往讨伐。王见兵众战有功者,即大欢喜,随功赏赐。或与田宅、聚落、城邑……奴婢人民,唯髻中明珠,不以与之。所以者何?独王顶上有此一珠。若以与之,王诸眷属,必大惊怪。[1]

---

[1] (姚秦)鸠摩罗什译:《妙法莲华经》卷五《安乐行品》,《大正藏》第9册,No.262,页38c。

第十一章　回鹘文藏密经典所见"七宝"考

也就是说,转轮王是强有力的圣王,声威浩大,但凡敌人见之,无不望风披靡,故可兵不血刃即一统天下。转轮王治世,天下太平,风调雨顺,五谷丰登,福寿延年,人们可以各取所需,无有困乏,等等。

所谓"七宝",指的是转轮王(又称飞行皇帝)出世时相随而来的七件宝贝。《修行本起经》卷一载转轮王之七宝如下:

为转轮王飞行皇帝,七宝导从。何等为七? 一金轮宝,二神珠宝,三玉女宝,四典宝藏臣,五典兵臣,六绀马宝珠髦氀,七白象宝珠髦尾。[1]

对"七宝"的特征及其神异伟力,该经同卷更是一一做了细致的描述:

金轮宝者,轮有千辐,雕文刻镂,众宝填厠,光明洞达,绝日月光。当在王上,王心有念,轮则为转,案行天下,须臾周匝,是故名为金轮宝也。

神珠宝者,至二十九日月尽夜时,以珠悬于空中。在其国上,随国大小,明照内外,如昼无异,是故名为神珠宝也。

玉女宝者,其身冬则温暖,夏则清凉,口中青莲花香,身栴檀香,食自消化,无大小便利之患,亦无女人恶露不净,发与身等,不长不短,不白不黑,不肥不瘦,是以名为玉女宝也。

典宝藏臣者,王欲得金银、琉璃、水精、摩尼真珠、珊瑚珍宝时,举手向地,地出七宝向水,水出七宝向山,山出七宝向石,石出七宝,是故名为典宝藏臣也。

典兵臣者,王意欲得四种兵:马兵、象兵、车兵、步兵,臣白王言,欲得几种兵,若千若万,若至无数,顾视之间,兵即已办,行阵严整,是故名为典兵臣也。

绀马宝者,马青绀色,髦氀贯珠,搯摩洗刷,珠则堕落,须臾之间,更生如故,其珠鲜洁,又逾于前,鸣声于远闻一由旬。王时乘骑,案行天下,朝去暮还,亦不疲极,马脚触尘,皆成金沙,是故名为绀马宝也。

白象宝者,色白绀目,七肢平跱,力过百象,髦尾贯珠,既鲜且洁,口有六牙,牙七宝色。若王乘时,一日之中,周遍天下,朝往暮返,不劳不疲,若

---

[1] (东汉)竺大力、康孟祥译:《修行本起经》卷一,《大正藏》第3册,No.184,页462c。

行渡水,水不摇动,足亦不濡,是故名为白象宝也。[1]

从中不难看出,转轮王所拥有的"七宝"之中,每一宝都各有妙用,具有多种独胜之处。金轮宝起导引作用,只要转轮王念诵,即可飞行天上,"须臾周匝",故而转轮王又被尊为飞行皇帝;神珠宝,可使转轮王治域昼夜光明;玉女宝冬暖夏凉,身含异香,完美无瑕;典宝藏臣可根据转轮王之需而产金银、琉璃、水精、摩尼真珠、珊瑚珍宝等;典兵臣可为转轮王提供马兵、象兵、车兵、步兵,需要多少,便有多少;绀马宝光洁喜人,转轮王乘之,周行天下,可朝去暮还,马蹄踏处,尘土变金;白象宝"力过百象",转轮王乘之,一日之中可周游天下而不疲惫。转轮王正是因为有此七宝之襄助,才得以成就其圣王之业。

"七宝",回鹘文写作 yiti ärtini-lrig(其中,ärtini,在具体的每一宝名称中,均写作 ärdini,乃-t-、-d-在古代维吾尔语中可交替使用所致),在梵语中则作 saptartna,藏语写作 rin-hen sna-bdun。兹据梵文、藏文、回鹘文、汉文文献对"七宝"的记述,简列下表,以便对照:

	梵文对音	藏文对音	回鹘文译音	汉译
1	cakra	'khor-lo / čakir-a ratna	čakir ärdini	金轮宝
2	ratna cinatamani	yid-bzin norbu / mani ratna	munčuq ärdini	神珠宝
3	stri	bcun-mo / maγda ratna	qïz ärdini	玉女宝
4	girti(mahajana)	blon-po / maxačan ratna	buryuq ärdini	典宝藏臣
5	hasti	glan-po čhen-po / xasti ratna	yanga ärdini	白象宝
6	asva	rta-mčhog /turanga asu-a ratna	at ärdini	绀马宝
7	ksatri	dmag-dpon / kadga ratna	süü bägi alpaγut ärdini	典兵臣

众所周知,转轮王原本为印度的民间传说中的圣王,后被佛教吸收改造,从而创造出新的转轮圣王。从佛教典籍《佛说伅真陀罗所问如来三昧

---

[1] (东汉)竺大力、康孟祥译:《修行本起经》卷一,《大正藏》第3册,No.184,页462c~463a。

第十一章 回鹘文藏密经典所见"七宝"考

经》卷三的记载看,转轮王思想自印度贵霜王朝时代即已相当流行,贵霜王朝的创建者丘就却的前身即被称为"转轮王"。[1] 此后迦腻色迦、波斯匿王、儴佉王、月光王、顶生王等都曾被称为转轮王。众多转轮王故事的出现,实际上是故事产生地区人民希望天下太平、社会安定、生活美好,有贤明国王当政的一种理想。与此同时,世俗的统治者也希望自己能像转轮王一样,兵不血刃而坐拥天下,并能长治久安。因此做转轮王是世俗统治者所梦寐以求的。佛教传到中国之后,受其影响,也有不少中国皇帝做起充当转轮圣王的美梦,如北凉王沮渠蒙逊、隋文帝、武则天等。[2] 从中国佛教发展的历史看,就是在这类自称转论王的统治者当权时,佛教最为兴盛。佛教所说的转轮王,差不多都是"护法弘法"的君王。这种思想不仅在中原流行,也传播至周边地区,如东北的辽朝,转轮王思想就非常兴盛。[3] 此外,西夏、吐蕃、于阗,也都有转轮王思想流行。那么,这种思想在回鹘中是否亦有所传播呢?史书未载,唯赖回鹘文写本《吉祥胜乐轮曼陀罗》的发现,我们才得以了解转轮王思想在回鹘中的存在及其来源于藏传佛教等些许史实,故显得弥足珍贵。

本文曾提交"丝绸之路民族古文字与文化学术讨论会"(兰州,2005年8月1日至4日),原刊郑炳林、樊锦诗、杨富学主编:《丝绸之路民族古文字与文化学术讨论会文集》,西安:三秦出版社,2007年,第63~73页,与王红梅合撰。

---

[1] 古正美:《贵霜佛教政治传统与大乘佛教》,台北:晨允文化出版公司,1993年,第55页。
[2] 杜斗城:《北凉译经论》,兰州:甘肃文化出版社,1995年,第298~303页。
[3] 杨富学:《中国北方民族历史文化论稿》,兰州:甘肃人民出版社,2001年,第122~123页。

第十二章　回鹘文《金光明经》及其忏悔思想

一、《金光明经》在回鹘中的译传

《金光明经》是大乘佛教中一部十分重要的经典,在东亚地区流传广、影响大,有多种译本传世,其中比较重要的有以下三种:

1. 北凉昙无谶译《金光明经》四卷十八品;
2. 隋开皇十七年(597)大兴善寺沙门宝贵编《合部金光明经》八卷二十四品;
3. 唐武周长安三年(703)义净译《金光明最胜王经》十卷三十一品。

在上述诸译本中,以义净译本最为完备,为后世通行的本子。回鹘文《金光明经》译本就是以义净本为底本的。

回鹘人对《金光明经》是极为崇奉的,此可由西域、河西诸地出土的大量回鹘文写本为证。其中最为著名的是俄国学者马洛夫于 1910 年在酒泉文殊沟发现的内容比较完整的本子,学界习称之为文殊沟本。又以其抄写地点在敦煌,故学界又称之为敦煌本。该文献原题 altun önglüg yaruq yaltrïqlïɣ qopta kötrülmiš nom iligi atlïɣ nom bitig,现存 397 叶,存圣彼得堡俄罗斯科学院东方学研究所,另有散失的 2 叶现存斯德哥尔摩民族学博物馆。在圣彼得堡所藏写本中有题跋曰:

kang-si yigirmi altinč yïl altïnč ayniŋ säkiz yungïsï, či tigma tutmaq kün sim sïčqan kün üzä bašlayu bitip, säkizinč ayniŋ ay tolunï biš yigirmisintä bitiyü tolu qïldïm kinki-lär-kä ulalmaq bolz-un! sadu ädgü!

我从康熙二十六年六月初八辛鼠日开始写,至八月十五日满月时写竟。让其流布后世吧!善哉!善哉![1]

---

[1] В. В. Радлов - С. Е. Малов, *Suvarṇaprabhāsa. Cympa золотого Блеска*, Текстъ уйгурской редакции (= *Bibliotheca Buddhica* XVII), Delhi, 1992, стр. 343; Ceval Kaya, *Uygurca Altun Yaruk Giriş*, *Metin ve Dizin*, Ankara, 1994, S.207.

第十二章 回鹘文《金光明经》及其忏悔思想

题记表明,该写本的缮写者为 Bilgä Talui Šabi、Ratna Vijra Šabi、Čaxsapat Manggal Toyin 等人,抄经地点在敦煌。

在三位书手中,两位姓名中都出现有 Šabi 一词。在为数众多的回鹘文佛教题跋中,仅此一见。那么,Šabi 究竟为何意呢? 从回鹘语文中得不到正解。然蒙古语中有该词,其意有二:一指僧侣的徒弟,二是指隶属于寺庙或大喇嘛的属下人,即僧官管辖下的属民。无疑,该词应为汉语"沙弥"的假借(源自梵语 Šrāmaṇera)。故笔者考虑,这些书手很可能是蒙古人。况且,康熙二十六年(1687)时,回鹘文早已在回鹘人中不再行用了,而蒙古人却仍在继续使用这种文字;加之当时敦煌是否还有回鹘佛教集团存在,本身就是一个值得怀疑的问题,故由蒙古佛教徒来抄写这种文字应是不无可能的。不管这些书手是回鹘人还是蒙古人,该写本的存在,本身就证明了回鹘佛教典籍在河西地区的影响之大。

至于该经的翻译时代,学术界众说纷纭。俄国的拉德洛夫和马洛夫虽然认为该书译于 13~14 世纪,但同时又承认该书的用词与语法与 8~9 世纪的回鹘语摩尼教文献之语言相似,[1] 而德国的茨默则认为该经应译自 10 世纪,[2] 学术界多倾向于 10 世纪说。文殊沟本《金光明经》在跋尾中明确地记录了它的翻译过程:

y(ä)mä qutluɣ öngdün uluɣ tabɣač ilinčä tayšing siwšing alɣu šasatarlarïɣ nomlarïɣ qalïsïz ötkürmiš bodisataw gitso samtso atlïɣ ačarï änätkät tilintin tawɣač tilinčä äwirmištä yana bu biš čöbik käbik kälyük bulɣanyuq yawaz ötdä qoluta kinki boš-ɣutluɣ biš-balïqlïɣ sïngqu säli tutung tawɣač tilintin türk uyɣur tilinčä ikiläwirmis altun önglüg yaruq yaltrïqlïɣ qopta kötrulmiš nom iligi atlïɣ nom bitig bitiyü oquyu yätildi sadu ädgü ymä qutluɣ bolz-un!

时幸福的东方之伟大的桃花石国(即中国——引者)中洞彻大乘[与]小乘一切经的菩萨义净三藏从印度语译为汉语。时此五浊恶世之中别失八里后学胜光法师都统(Sïngqu Säli Tutung)又从汉语译为突厥—回鹘语,

---

[1] В. В. Радлов‐С. Е. Малов, *Suvarṇaprabhāsa. Сутра золотого Блеска*, Текст уйгурскойредакши (= *Bibliotheca Buddhica* XVII), Delhi, 1992, стр. 14‐15.

[2] П. Циме, О Второй щпаве сутры "золото‐йблеск", *Turcologica. Festschrift zum 70. Geburtstag von A. N. Kononov*, Leningrad, 1976, стр. 341.

定名为《金光明最胜王经》,写讫。善哉!善哉!祝福![1]

此跋告诉我们,回鹘文《金光明最胜王经》是别失八里人胜光法师[2]依大唐三藏义净法师所译《金光明最胜王经》而转译的。文殊沟本回鹘文《金光明最胜王经》现包括如下内容:

第一卷,包括第一品《序品》和第二品《如来寿量品》。在《序品》中多出了义净汉文译本中所不见的两个故事:张居道因抄写《金光明经》而得起死回生和某妇人因诵该经而得除病,以其内容,当系胜光法师由《忏悔灭罪传》译补。此外还多出了《四天王赞》(此经之梵文本已无存,回鹘文本较藏文本更为完整,由名叫 Tanwasïn Ačari 的法师译自藏语)、《八大圣地制多赞》(名叫 Amoga Širi Ačari 的法师译自梵语)和书末的回向文(当为抄经者所撰)。

第二卷,现存48叶,其中第2~20叶保存完好,其余则残损严重,且无结尾。内容包括第三品《分别三身品》(至 II. 29a 结束)、第四品《梦见金鼓忏悔品》(自 II. 29b 始)前部。

第三卷,存35叶,缺第1、3叶,内容包括第四品后部和第五品《灭业障品》前半(III. 39a, 9)。

第四卷,存有1~50、53~74叶,仅缺少其中的第51~52叶,内容包括第五品后半和第六品《净地陀罗尼品》(IV. 73b, 22)。

第五卷,保存最为完好,30叶全存。内容包括第七品《莲花喻赞品》(V. 1a, 7)、第八品《金胜陀罗尼品》(V. 6a, 6)、第九品《重显空性品》(V. 9b, 20)、第十品《依空满愿品》(V. 14a, 20)和第十一品《四天王观察人天品》(V. 27b, 20)。

---

[1] F. W. K. Müller, *Uigurica*, Abhandlungen der Preussischen Akademie der Wissenschaften, Berlin, 1908, Nr.2, S.13 – 14.

[2] 以前学界多译作"僧古萨里"或"详古萨里"。后来,哈蔡在一份回鹘文木刻本中发现一位以汉—回鹘双语书写的大译师的名字,其确切写法为 ŠYNKQW S'LY Tutung,而在每页的注码处都标有汉文"胜光法师"字样,显然,二者是相通的(Georg Hazai, Fragmente eines uigurischen Blockdruck-Falt-buches, *Altorientalische Forschungen* 3, 1975, S.91 – 92, Taf. 9, 11, 13, 15, 17)。参见 A. von Gabain, Die Druke der Turfan-Sammlung, *Sitzungsberichte der Deutschen Akademie der Wissenschaften zu Berlin, Klasse für Sprachen, Literatur und Kunst*, 1976, nr. 1, S.19, Taf. 9.

第六卷,共 30 叶,现有 28 叶。内容包括第十二品《四天王护国品》(Ⅵ. 30b, 11)。

第七卷,原应为 20 叶,但写本缺第一叶。内容包括第十三品《无染著陀罗尼品》和第十四品《如意宝树品》(Ⅶ. 8a, 12)。

第八卷,原为 38 叶,现存第 2～25、29、31～38 叶,缺 1、26～28、30 叶。内容包括第十五品之二(至 8b, 15)、第十六品《大吉祥天女品》(Ⅷ. 8b, 18)、第十七品《大吉祥天女增长财物品》(Ⅷ. 11b, 8)、第十八品《坚牢地神品》(Ⅷ. 16a, 13)、第十九品《僧慎尔耶乐叉大将品》(Ⅷ. 21b, 4)、第二十品《王法正伦品》(Ⅷ. 25b, 9)。

第九卷,现存 1～8、21～31 叶,缺 9～20 叶。内容包括第二十一品《善生王品》(Ⅸ. 1a, 6)、第二十二品《诸天乐叉护持品》(Ⅸ. 6b, 18)、第二十三、二十四品(仅有 12)、第二十五品《长者子流水品》(Ⅸ. 27b, 8)。

第十卷,现存 5～39 叶,缺 1～4 叶。内容包括第二十六品《舍身品》(至 Ⅹ. 23)、第二十七品《十方菩萨赞叹品》(Ⅹ. 23b, 20)、第二十八品《妙幢菩萨赞叹品》(Ⅹ. 26b, 12)、第二十九品《菩提树神赞叹品》(Ⅹ. 28a, 10)、第三十品《大辩才天女赞叹品》(Ⅹ. 30a, 20)和第三十一品《付嘱品》。

由于现存回鹘文文献绝大多数都为残篇断简(特别是新疆出土者断残尤甚),仅有此写本保存比较完整,而且内容丰富,在所依底本外又多出了不少其他内容,故对研究回鹘佛教思想,尤其是回鹘忏悔思想显得特别重要。

除酒泉文殊沟本外,吐鲁番出土的回鹘文《金光明经》写本更多。笔者综合各种文献所见,统计多达 583 件,简列如下:

1. 高昌故城,76 件;

2. 木头沟遗址,163 件;

3. 吐峪沟遗址,17 件;

4. 葡萄沟废寺遗址,2 件;

5. 吐鲁番山前坡地,12 件;

6. 交河故城,11 件;

7. 具体出土地点不详者,302 件。

此外,在吐鲁番出土的回鹘文文献中,我们还可看到回鹘人颂赞《金光明经》的诗篇与偈语。可以说,《金光明经》是目前所知存留写本最多的回鹘文佛教经典之一,由此可见该经在回鹘的盛行。

二、回鹘文献所见"金光明忏"

《金光明经》宣传的主要有三身十地说，诸天救助世间、卫护佛法的思想，及忏悔灭罪除恶的观点与具体方法，等等，其中以后者尤为突出。该经大力提倡忏悔，将忏悔视为佛教修习的重要方法。

汉地文化原无"忏悔"一词，"忏悔"是随着印度佛教东传、佛经汉译而产生的新造词。"忏"字是梵文 kṣama("忏摩")音译之略，"悔"字为意译。"忏悔"原意是请宽恕我罪，通过忏悔而达到灭罪的目的。这在佛教的宗教生活中占有重要地位。至于"忏悔"之意义，唐代宗密大师《圆觉经修证义》卷十六如是说：

> 夫忏悔者，非惟灭恶生善，而乃翻染为净，去妄归真，故不但事忏，须兼理忏；事忏除罪，理忏除疑。然欲忏时，必先于事忏门中，披肝露胆，决见报应之义，如指掌中，悚惧恐慌，战灼流汗；口陈罪状，心彻罪根。根拔苗枯，全成善性，然后理忏，以契真源。

我国佛教信众自来均认为"忏悔"可以消除宿业，《佛为首迦长者说业报差别经》卷一称："若人造重罪，作已深自责，忏悔更不造，能拔根本业。"[1] 因而佛教视忏悔为一种重要的修习方式，并将进行忏悔的仪式称为忏法，这是一种自陈己过，悔罪祈福，以便积极修行的宗教仪轨。

《金光明经》非常重视并强调"忏悔"。昙无谶译四卷本《金光明经》卷第一中第三品即为《忏悔品》，内容相当于义净译《金光明最胜王经》的第五品《灭业障品》。该品在强调忏悔的同时，又详尽地描述了忏悔的方式及需要忏悔的内容，这就是所谓的"金光明忏"。

"金光明忏"在我国佛教史上影响巨大。天台智者大师于隋开皇年间曾为萧妃"行金光明忏"。其后，相继有《金光明经忏仪》《金光明经忏法补助仪》等著作问世，[2] 使"金光明忏"的影响进一步扩大。

酒泉发现的回鹘文《金光明最胜王经》写本第五品为《灭业障品》，内容

---

[1] （隋）瞿昙法智译：《佛为首迦长者说业报差别经》卷一，《大正藏》第 1 册，No. 80，页 893c。

[2] 郑阿财：《敦煌写卷〈忏悔灭罪金光明经传〉初探》，《庆祝潘石禅先生九秩华诞敦煌学特刊》，台北：文津出版社，1996 年，第 594 页。

第十二章　回鹘文《金光明经》及其忏悔思想

讲的也是忏悔,亦即所谓的"金光明忏"。《灭业障品》从以下七个方面分门别类地论述了忏悔的重要意义:

1. 若有造罪,心怀惭愧,恐得恶报,以求清净,应忏悔令速除灭;
2. 若想生于富乐之家,拥有财宝,亦应忏悔灭除业障;
3. 若欲生豪贵之家,或求转轮王七宝具足,亦应忏悔灭除业障;
4. 若求来世生四天王众天、三十三天等,亦应忏悔灭除业障;
5. 若求来世生梵众梵辅大梵天等,亦应忏悔灭除业障;
6. 若欲求预流果、一来果、不还果、阿罗汉果,亦应忏悔灭除业障;
7. 若欲愿求三明六通声闻独觉自在菩提等,亦应忏悔灭除业障。

特别值得注意的是,将敦煌本回鹘文《金光明最胜王经》与胜光法师所依义净汉译本《金光明最胜王经》进行对照,可以看出,回鹘文本第1卷多出了两个故事:沧州景城县人张居道在温州做治中时因女儿婚事而屈杀牛、羊、诸、鸡、鹅、鸭之类牲畜而被阎王追索,后发愿抄写《金光明经》而被放还;又有温州安固县某县丞妻,久病不愈,张居道闻之,劝其发愿抄写《金光明经》,此县丞遵之,雇人抄写,果然妇人疾病得除。[1] 这两个故事,虽不见于义净译本,但可见于北凉昙无谶译《金光明经》第四卷卷首所录《金光明经忏悔灭罪传》。[2] 回鹘文本之内容当系胜光法师据昙无谶本补译。由于回鹘人特别崇奉《金光明经》,故而10世纪左右回鹘著名翻译家胜光法师在翻译《金光明经》入回鹘文时,虽然总体上是以唐义净译《金光明最胜王经》为底本的,但有意地在所依底本之外,将北凉昙无谶译《金光明经》之第四卷中出现的《忏悔灭罪金光明经冥报传》全文移入序文之中。[3] 此举无疑对"金光明忏"的流行起到了推波助澜的作用。

《金光明经》,尤其是"金光明忏"在回鹘中的流行,极大地促进了回鹘忏悔思想的发展。从敦煌、吐鲁番出土的回鹘文写本看,佛教徒为自己罪过与过失请求宽恕而作的忏悔文数量不少,现已发表者即已达二十件以上。这些文献的发现证明,回鹘佛教徒的忏悔意识是相当浓厚的,这可以称作是回鹘佛教的一个特色。

---

[1] S. Çagatay, *Altun Yaruk'tan iki parča*, Ankara, 1945; P. Zieme, Zu den Legenden im uigurischen Goldglanzsūtra, *Turkluk Bilgisi Araştimalari* 1, 1977, S.149–156.
[2] (北凉)昙无谶译:《金光明经》卷四,《大正藏》第16册,No.663,页358b~359b。
[3] 杨富学:《回鹘文〈忏悔灭罪金光明经冥报传〉研究》,《敦煌学》第26期,台北:南华大学敦煌学研究中心编印,2005年,第29~43页。

学者们通过研究发现,回鹘人之忏悔内容与方式,在印度、中亚、中原乃至吐蕃的佛教中一般是看不到的,故很有可能是受摩尼教忏悔思想与礼仪形式的影响所致。[1] 因为摩尼教先于佛教在回鹘流行,而且长期被尊为回鹘国教。在摩尼教中,忏悔思想极为流行,影响巨大。以回鹘文佛教徒忏悔文与敦煌、吐鲁番出土的回鹘文《摩尼教徒忏悔词》相较,不难看出,二者不论在体例或是在忏悔内容上都不无相似之处。

《金光明经》非常注重忏悔,与回鹘传统的忏悔思想是相通的,二者交相辉映,互相促进,共同发展,愈发得到广泛的传播。

三、回鹘文"金光明忏"诗

通过上文的论述可以看出,《金光明经》在回鹘有着广泛的传播,该经所宣扬的忏悔思想正好适应了回鹘人的文化传统,故而《金光明经》与"金光明忏"对回鹘佛教都产生了深刻的影响,最能够说明问题的就是吐鲁番出土回鹘文写本所见回鹘佛教徒巏巏(Kki-Kki)依"金光明忏"而撰写的诗作。

巏巏忏悔诗可见于木头沟遗址发现的 T III M 197(Mainz 654)中。该文献存残片1叶,为印本,现存文字60行,为16段四行诗。兹节录内容比较完整的部分段落,并依据《金光明最胜王经·灭业障品》的有关内容指明其佛经依据。

第一段:

altï yolta ög qang qadaš oγul qïz bolmïš
alqu tïnlïγ ät'üzlärin ämgäklig qïlmïš
amraq isig özin üzüp ölümka soqmïš
ayïγ qïlïnč qïltïm ärsär asanvar titmïš
我于六道之中,曾对父母、兄弟、子女,
以及一切众生的身体进行过折磨,
我断送了他们宝贵的性命使其死亡,
犯了不可饶恕的罪过。

---

[1] 对这些回鹘文佛教徒忏悔文,以及这些忏悔文与摩尼教徒忏悔文的关系问题,笔者拟另文研究,兹不赘述。

佛经依据为："破和合僧,杀阿罗汉,杀害父母……于六道中所有父母,更相恼害。"

第二段：

tüü türlüg vrχar sangram stupqa kodmïš
torttin sïngarqï bursanglarqa maduruɣ urmïš
tüzünlärning äd tawarïnlap bušï birmiš
töläč qunup oɣurlap boltum sanggikqa yuqmïš
我偷窃了施给寺院的，
供给四方僧人的甜食，
我掠取了善人施舍给他们的财物，
我对僧众犯了罪……

佛经依据为："或盗窣堵波物四方僧物,现前僧物,自在而用。"

第六段：

üzäliksiz burqanlarnïng ädgülärintä
ülgüläṅčsiz yig üstünki artuqlarïnta
ülgü täng urup ayïɣlap tanïp olarta
öküš ayïɣ qïlïnč qïltïm ažun ažunta
我妄自猜测无上佛的善行，
以及他无可比拟的至高的功德，
我心怀恶意地诽谤了他们，
我世世犯下了许多罪行。

佛经依据为："无明所覆,邪见惑心,不修善因,令恶增长,于诸佛所而起诽谤。"

第七段：

qawïrïp töküp sözläsär bolmïš bolmaduq
qaranɣyu sansar ičintä män barïp toɣmaduq
qamaɣ ötäg birimlärig özüm yïɣmaduq

147

qalmadï ärki ayïɣ qïlïnč manga qïlmaduq
有的和未有的我都胡乱说过，
在黑暗的轮回中未曾有我没去的地方，
没有我未曾收过的债务，
也没有我未曾犯过的罪孽。

佛经依据为："无明所覆，邪见惑心，不修善因，令恶增长，于诸佛所而起诽谤。"

第八段：

munčulayu türä bükä qïlmïšlarïmïn
muntaɣ yanglïɣ qamaɣ türlüg yazuqlarïmïn
muna amtï ača yada ayïɣlarïmïn
mung kay qïlu kšanti qïlurmän qïlïnčlarïmïn
对我遮遮掩掩的所做所为，
对我犯下的一切罪过，
而今我都公诸于众，
我忏悔并乞求恕罪。

佛经依据为："愿我此生所有业障皆得消灭，所有恶报未来不受，亦如过去诸大菩萨修菩提行。所有业障悉已忏悔，我之业障今亦忏悔，皆悉发露不敢覆藏。已作之罪愿得除灭，未来之恶更不敢造，亦如未来诸大菩萨修菩提行。"

第九段：

ontün sïngarqï üč ödki burqan baqšïlar
on küčlüg bügü biliglig uɣan arzilar
üqšataɣuluqsuz ädgülüg umuɣ ïnaɣlar
uqa bilü mini körü yarlïqazunlar
啊，十方三时的诸佛和大师，
啊，具有十力智慧的圣者，
啊，不可比拟的庇护者，

第十二章　回鹘文《金光明经》及其忏悔思想

愿你们对我明鉴。

第十段：

una amtï isig özümtin bärü ïnanu
umaɣ ïnaɣ yolčï yirči baqšï tutunu
ol yirtinčü yula-larïnga arïɣ süzülü
uɣan arzilar üksüklärintä töpün yükünü

你看,我生来就把他们敬信,
我的庇护者和引路人;
他们是世间的明灯,
我向全能的圣者顶礼膜拜。

以上两段(第九、十段)的佛经依据为:"现在十方一切诸佛,已得阿耨多罗三藐三菩提者,转妙法轮,持照法轮,雨大法雨,击大法鼓,吹大法螺,建大法幢,秉大法炬。为欲利益安乐诸众生故,常行法施,诱进群迷,令得大果证常乐故。"

第十一段：

üstünki ol qïlïnčlarïmïn ökünür män
öküš tälim yazuqlarïmïn bilinnür män
özüm amtï ačïnur män yadïnur män
örtmäz kišlämäz yašurmaz baturmaz män

如今我对上述的行为感到后悔,
我认识了自己的许多罪过,
我现在都公开承认,
绝不隐瞒、掩饰。

佛经依据为:"我今归命,对诸佛前,皆悉发露,不敢覆藏。"

第十二段：

biligsizlig qïlïnčlarïm öčün alqïnzun

149

birtämlädi arïɣ silig kitzün tarïqzun
birlä yana türčimäksiz itzün yoqadzun
bir ikinti üčünč yolï kšanti bolzun

愿我愚蠢的行为消失，
愿我和它们一刀两断，
愿它们化为乌有不再发生，
愿赦罪一、二、三次。

第十三段：

öngdünki qïlïnčlarïmïn kšanti qïlïnïp
okünü qaqiinu ariiyu siliyü kidärip tükätip
öngi qilmaduq ayïɣlartïn özüm tïdïnïp
özäläyü qïlmaz män töläč...

我以前的罪行得到宽恕，
我以忏悔把它们消除干净，
今后我再不犯其他罪行，
我不因……罪上加罪。[1]

以上两段（第十二、十三段）之佛经依据为："未作之罪，更不复作，已作之罪，今皆忏悔……所有业障悉皆忏悔，我之业障今亦忏悔，皆悉发露不敢覆藏。已作之罪愿得除灭，未来之恶更不敢造，亦如现在十方世界诸大菩萨修菩提行。所有业障悉已忏悔，我之业障今亦忏悔，皆悉发露不敢覆藏。已作之罪愿得除灭，未来之恶更不敢造。"

这首忏悔诗共包括了16段四行诗，我们这里仅移录了其中内容比较明晰的10段。从中既可以看到作者优美的笔触，也可以体会出忏悔人流露的真挚感情，反映了回鹘人对"金光明忏"的理解与认识，值得深入研究。

这些诗有一个共同的特点，就是既押首韵，又押尾韵。如第一段，首韵为al-，尾韵为-mïš；第二段首韵为tü-/to-/tö-，尾韵则为-mïš；第六段首韵为

---

[1] 汉译文采自耿世民：《古代维吾尔诗歌选》，乌鲁木齐：新疆人民出版社，1982年，第79~84页。引用时略有变动。

第十二章　回鹘文《金光明经》及其忏悔思想

ü-/-ö,尾韵则为-tä/-ta。兹不一一列举。其中,ü/o/ö/ü 及 ä/a 等属于通韵。可以看出,全诗和谐隽永,对仗工整,每句音节数大多在 12 至 14 之间,只有少数例外。押首韵是古代回鹘诗歌的典型特征,与汉语诗歌要求押尾韵的情况截然不同。至于是否押尾韵,在回鹘文诗歌中却并不是特别重要的,既可押,也可不押。

至于该诗的作者 Kki-Kki 其人,在武威发现的汉—回鹘文对照《亦都护高昌王世勋碑》中也可见到,他是该碑的撰书人。在回鹘文部分第 5 栏的 50~51 行中,他自称为彰八里(Čam Balïq,今新疆昌吉市附近)人。而在该碑的汉文部分,又注明书写者为巎巎。[1] 说明 Kki-Kki 即巎巎,二者一也。据载,他"幼肄业国学,博通群书……善真行草书,识者谓得晋人笔意,单牍片纸,人争宝之,不翅金玉"。[2] 说明他当时汉文造诣甚高,是当时著名的书法家。从碑文看,巎巎不仅精通回鹘文,而且其文学造诣也是相当高的。[3]

从吐鲁番木头沟出土的回鹘文残卷(编号为 T III M 252)看,巎巎还曾将《观无量寿经》改写成四行诗形式。[4] 这些文献表明,巎巎是善于将佛教经典转变为回鹘文韵文体作品的,常采用维吾尔族传统的文学形式——四行诗,上文所述的忏悔诗就是他根据《金光明最胜王经》第五品《灭业障品》的相关内容而进行创作或改编的。

本文曾提交"西域文献学术座谈会"(北京,2006 年 11 月 19 日至 22 日),原刊沈卫荣主编:《西域历史语言研究集刊》第二辑,北京:科学出版社,2009 年,第 241~251 页。

---

[1] 黄文弼:《亦都护高昌王世勋碑复原并校记》,《考古》1964 年第 2 期,第 35 页。
[2] 《元史》卷一四三《巎巎传》,北京:中华书局,1976 年,第 3412、3416 页。
[3] 耿世民:《回鹘文亦都护高昌王世勋碑研究》,《考古学报》1980 年第 4 期,第 525~529 页。卡哈尔·巴拉提、刘迎胜认为该碑汉文中的"巎巎"是讹字,"应订正为巎巎",且认为他与碑文回鹘文部分的作者 Kki-Kki 恐怕不是一个人。见其所著《亦都护高昌王世勋碑回鹘碑文之校勘与研究》,《元史及北方民族史研究集刊》第 8 期,1984 年,第 91 页注 256。录此存疑。
[4] ペーター・ツイーメ、百済康義:《ウイグル語の觀無量壽經》,京都:永田文昌堂,1985 年,第 78~79 页。

151

第十三章 从《弥勒会见记》到贯云石
——古代回鹘戏剧史上的一个侧面

维吾尔族的先民——回鹘是我国北方地区历史悠久、文明昌盛的古代民族之一,在戏剧领域也取得了引人注目的成就。本文拟就早期回鹘戏剧的历史及其影响略作探讨。

谈起回鹘戏剧,人们自然而然地首先就会将其与哈密、吐鲁番等地发现的大型回鹘文剧本——《弥勒会见记(Maitrisimit)》联系起来。

20世纪初,德国考察队在勒柯克(A. von Le Coq)率领下,于吐鲁番的木头沟和胜金口发现了不少回鹘文《弥勒会见记》残叶,均藏德国。据葛玛丽研究,共有6种写本,其中两种为"胜金口本",两种为"木头沟本",另外两种出土地则尚未查明。1957年,葛玛丽将收藏于梅因茨(Mainz)科学院的该著残卷(113叶)影印刊布,定名为《弥勒会见记Ⅰ(Maitrisimit I)》;1959年,她又在柏林科学院发现了一批残卷(114叶),1961年影印发表,定名为《弥勒会见记Ⅱ(MaitrisimitⅡ)》。1980年,德国所藏的《弥勒会见记》写本又由特肯作了系统整理后附以转写与德译出版。[1] 1959年4月,哈密县天山公社脱米尔提大队(今哈密市天山区板房沟乡)巴什托拉的维吾尔牧民牙合亚热衣木在放牧时于一石堆内的毡包中发现回鹘文《弥勒会见记》586叶(其中完好无缺或大体完好者约114叶),每叶大小为47.5×21.7厘米,纸为褐黄色,纸质厚硬,每叶上、下、左、右均留有相等的空白。文字用黑墨从左至右竖写,每面书有30或31行工整美观的回鹘文字。有些幕前面用朱笔标明演出地点,每叶左侧都以黑色小字回鹘文注明叶数。每叶第7至第9行中间用浓墨细线画有直径为4.6厘米的小圆,圆心留有直径为0.5厘米的绳孔(图32)。

《弥勒会见记》属于小乘佛教说一切有部毗婆娑派(Vaibhasīkā)的舞台作品,但其中也杂有许多大乘教观点。篇幅很大,由一篇序文和二十五品

---

[1] S. Tekin, *Mairisimit nom bitig. Die uigurische Übersetzung eines Werks der buddhistischen Baibhaṣīkāschule*, I-II, Berlin, 1980.

第十三章 从《弥勒会见记》到贯云石

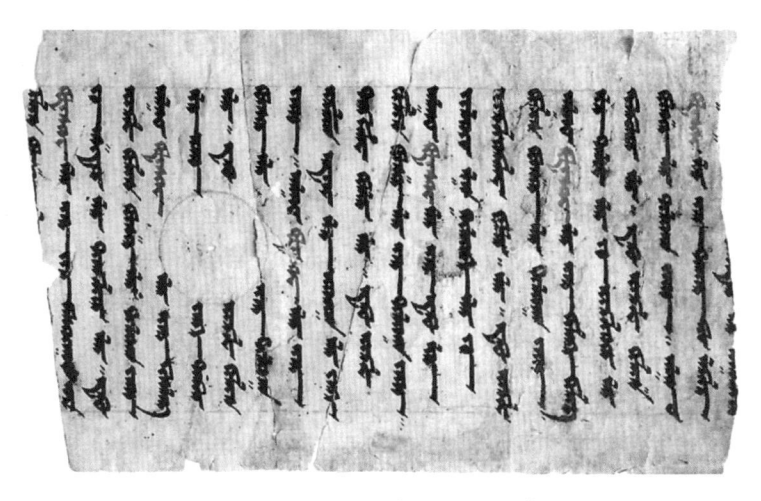

图32 哈密本回鹘文《弥勒会见记》残页

正文构成。序文为一般佛教说教和施主所写回向文,正文则讲述弥勒佛的生平事迹。

故事以毗沙门天手下三员大将之间的谈话开始,通过三人的对话,告诉观众天中天释迦牟尼成佛后正于摩揭陀国说法。当时弥勒虽只有8岁,但聪颖过人,受业于跋多利婆罗门。一天夜里,跋多利婆罗门受天神启示,要见天中天佛,但年迈多病而不能成行,郁郁寡欢。而此时弥勒也受天神启示要到天中天那里出家学道。跋多利遂让弥勒去见释迦牟尼。于是,弥勒和16位同伴都成了佛弟子。

后来,天中天佛到波罗奈国说法。此前佛姨母专为佛织一金色袈裟,但天中天不愿接受,让她转施其他僧众。在佛讲述了未来世弥勒的故事后,弥勒向佛请求愿作此未来世之弥勒,以解救众生脱离苦海。于是,弥勒降生于翅头末国(Ketumati)一大臣家中。他从宝幢毁坏一事中得到启发,遂出家寻道,终于在龙华菩提树下得成正觉,转动法轮,普度众生,甚至入大小地狱,解救其中的受苦众生。

该剧本并不单靠人物的说教来灌输佛教思想,而是通过剧中塑造的人物形象和充实、完整的故事情节,成功地运用舞台表演形式把枯燥的佛教理论转化为有血有肉、具体生动的故事,使人喜闻乐见。[1]

---

[1] 多鲁坤・阚白尔:《〈弥勒会见记〉成书年代新考及剧本形式新探》,曲六乙、李肖冰编:《西域戏剧与戏剧的发生》,乌鲁木齐:新疆人民出版社,1992年,第14页。

关于这部作品的名称与作者和译者,在写本的第 1、3、10、12、16、20、23、25 诸幕末尾都有内容大致相同的跋语。例如第 1 幕的尾跋称:

alqu šastar nomlaraɣ adartlayu uqtačï waibaš šastarlaɣ noš suwsus ičmiš aryač(a)ntri bodis(a)w(a)t k(i)ši ačari änätkäk tilintin tohri tilinčä yaratmïš p(a)rtanrakšit k(a)ranwaz-ika türk tilinčä äw(i)rmiš maitrisimit [nom bitig]dä badari bramanning yaɣiš yaɣamaq [atlïɣ baštïnqï] üluš tükädi

精通一切论书的、饮过毗婆沙论甘露的圣月菩萨大师从印度语制成古代焉耆语,智护法师[又从焉耆语]译为突厥语的《弥勒会见记》书中跋多利婆罗门作布施第一幕完。[1]

据此跋文可知,该经回鹘文原名作 maitrisimit,它先由圣月(Āryačantri)大师据印度文本改为古代焉耆语,以后又由智护(Änätkäk)大师据之转译为突厥语。据考,圣月大师系三唆里迷国(Üč Solmi,即焉耆)的著名佛教大师。[2] 而智护呢?葛玛丽据存于德国的此书写本称其为 Il-balïq 人,认为他出生于伊犁地区。[3] 而哈密顿则认为 Il/El-balïq 为"国都"之意,可能指回鹘王国的国都——高昌。[4]

现存世的吐火罗语《弥勒会见记》也有好几种写本,其中一件提到该书原名为"Maitre-yasamita Nātaka",其中的 Nātaka 即为梵语"剧本"之意。古代吐火罗文本每幕前都标出了演出地点、出场人物及演唱的曲调,无疑为剧本。[5] 但哈密回鹘文本未标明曲调与出场人物,仅标出了演出地点。

---

[1] 耿世民:《古代维吾尔语佛教原始剧本〈弥勒会见记〉(哈密写本)研究》,《文史》第 12 辑,1981 年,第 214 页;伊斯拉菲尔·玉素甫、多鲁坤·阚白尔、阿不都克尤木·霍加研究整理:《回鹘文弥勒会见记》Ⅰ,乌鲁木齐:新疆人民出版社,1988 年,第 141 页。

[2] 耿世民:《古代维吾尔语佛教原始剧本〈弥勒会见记〉(哈密写本)研究》,《文史》第 12 辑,1981 年,第 214 页。

[3] A. von Gabain, *Maitrisimit I. Faksimile der alttürkischen Version eines Werkes der buddhistischen Vaibhaṣīkāschule* 1, Wiesbaden, 1957, S.20.

[4] J. Hamilton, Review of A. von Gabain, Maitrisimit, *T'oung Pao* 46, 1958, p.443.

[5] A. Bombaci, On Ancient Turkish Dramatic Performances, Denis Sinor(ed.), *Aspects of Altaic Civilization*, Bloomington-The Hague, 1963, pp.87-117;季羡林:《敦煌吐鲁番吐火罗语研究导论》(敦煌学导论丛刊 6),台北:新文丰出版公司,1993 年,第 48~63 页。

第十三章 从《弥勒会见记》到贯云石

将吐火罗文本与回鹘文本相较可以看出,二者内容基本上是一致的,但又各具不同的文学风格。国内外学者的研究证实,《弥勒会见记》原为一部长达 27 幕的佛教剧本。哈密回鹘文本现存 25 幕,缺 26、27 两幕,但比原本多出了序幕。吐火罗文、回鹘文《弥勒会见记》的发现,为我国古代戏剧艺术的发展写下了浓重的一笔。它表明回鹘人通过佛典的传译,学会了来源于印度的戏剧表演。981 年北宋使者王延德出使西域,至北庭晋见高昌回鹘狮子王时,就被招待看了当地演出的"优戏"。[1] 能歌善舞的维吾尔族,通过佛教学到了新的表演形式,同时又用之更为广泛地宣传了佛教教义。

关于此回鹘文译本成书的年代,学界也莫衷一是。葛玛丽认为德国写本(胜金口出土)抄于 9 世纪,译成年代应在此前;[2] 哈密顿则根据德藏写本与敦煌所出早期回鹘写本的相似性,认为其应属 10 世纪。[3] 冯家昇认为:"译经的年代不应早于 840 年回鹘人西迁之前,也不能晚到 11 世纪以后","至于 11 世纪以后则又太晚,可能那时候当地人经二、三百年之久,已被回鹘融合而不通吐火罗语了。"[4] 土耳其学者特肯曾根据葛玛丽《弥勒会见记》第二卷中所刊文献中有施主名为 Klanpatri(来自梵文 Kalyānabhadra,意为"善贤"),与吐鲁番出土木杵铭文(编号 TIII,第 18 行)中的施主相同,[5] 认为其中的 Klianmati 应读作 Klanpatri,而此木杵之时代他将其推定为 767 年,故顺理成章地把回鹘文《弥勒会见记》的成书年代也定在了 8 世纪。[6] 此说得到了斯拉菲尔·玉素甫等人的支持。然笔者认为,特肯将回鹘文铭文推定于 767 年是缺乏根据的,既得不到文献的支持,也很难与历史的记载相吻合。窃以为,吐鲁番发现的那则回鹘文铭文,

---

[1] 《宋史》卷四九〇《高昌传》,第 14113 页。
[2] A. von Gabain, *Maitrisimit I. Faksimile der alttürkischen Version eines Werkes der buddhistischen Vaibhaṣīkāschule* 1, Wiesbaden, 1957, S.27.
[3] J. Hamilton, Review of A. von Gabain, Maitrisimit, *T'oung Pao* 46, 1958, p.442.
[4] 冯家昇:《1959 年哈密新发现的回鹘文佛经》,《文物》第 7~8 期,1962 年,第 91 页(收入氏著:《冯家昇论著辑粹》,北京:中华书局,1987 年,第 480 页)。
[5] F. W. K. Müller, *Zwei Pfahlinschriften aus Turfanfunden*, Abhandlungen der Preussischen Akademie der Wissenschaften, Berlin, 1915, S.23.
[6] S. Tekin, Zur Frage der Datierung des Uigurischen Maitrisimit, *Mittelungen des Instituts für Orientforschung* 16, 1970, S.132.

其实应为 947 年之手笔。[1] 如果回鹘文《弥勒会见记》中的 Klanpatri 与回鹘文木杵铭文中的 Klianmati/Klanpatri 确为同一人,那么,回鹘文《弥勒会见记》写本亦应属 10 世纪之遗物。

总之,回鹘文《弥勒会见记》无疑是古代维吾尔族文学史上的一朵奇葩,在中国戏剧发展史上占有一席特别重要的位置。

诚如新疆等地考古发掘与研究所证明的那样,西域是中国戏剧艺术的重要发源地之一。20 世纪初,德国探险家在吐鲁番等地发现用梵文书写的剧本三种,其中最引人注目的就是印度贵霜迦腻色伽王诗歌供奉马鸣菩萨的作品《舍利弗缘(Śāriputraprakarṇa)》,共 9 幕。该剧本包括 150 个残叶,用贵霜体梵文书写,学者们推定其当为公元 1 世纪左右的遗物,但题记所用文字为早期中亚婆罗谜文字,时代较晚,当系新疆古代收藏人所添加。该文献比学界所认为的我国现存最早的剧本——晚唐敦煌本《释迦因缘剧本》[2]要早 800 年左右,也比新疆出土的吐火罗文、回鹘文《弥勒会见记》剧本要早数至十数个世纪。这些写本发现时已相当凌乱,经吕德斯整理、编订,发表于他的名作《梵文戏剧残片》[3]一书中,后人始可睹其本原。

吕德斯的研究引起了我国学界的广泛关注。许地山经研究后认为,该剧即杜佑《通典》所载梵竹四曲:《舍利弗》《法寿乐》《阿那环》和《摩多楼子》中的第一曲,颇有见地。[4]

众所周知,马鸣是印度贵霜帝国著名的佛教理论家与诗人,撰有《佛所行赞》《大乘庄严论》等佛学名著,而且在文学、诗歌和音乐艺术方面都取得了相当高的成就。他的佛教剧本《舍利弗缘》在吐鲁番的出土,改写了梵文戏剧的历史,对探讨西域戏剧的起源具有重要意义,故而深受国际学术界的关注。它被发现说明,在《弥勒会见记》之前,佛教戏剧在新疆一带就已经长期存在了。

---

[1] 杨富学:《吐鲁番出土回鹘文木杵铭文初释》,《甘肃民族研究》1991 年第 4 期,第 80~81 页(收入氏著:《西域敦煌宗教论稿》,兰州:甘肃文化出版社,1998 年,第 267~269 页)。

[2] 李正宇:《晚唐敦煌本〈释迦因缘剧本〉试探》,《敦煌研究》1987 年第 1 期,第 64~82 页。

[3] H. Lüders, *Bruchstücke buddhistischer Dramen*, *Kleinere Sanskrit-Texte I*, Berlin, 1911.

[4] 许地山:《梵剧体例及其在汉剧上底点点滴滴》,郑振铎编:《中国文学研究》(《小说月报》17 卷号外),上海:商务印书馆,1928 年,第 1~36 页。

第十三章 从《弥勒会见记》到贯云石

回溯中国戏剧发展的历史,我们可以联想到先秦巫觋的歌舞和汉之俳优,前者用以娱神,后者用以乐人。汉武帝时代角抵戏始兴,据载:安息曾"以黎轩善眩人献于汉……是时上方巡狩海上,乃悉从外国客……大觳抵,出奇戏诸怪物……及加其眩者之工;而觳抵奇戏岁增变,甚衰益兴,自此始"[1] 应劭注曰:"角者,角技也;抵者,相抵触也。"角抵戏是一种杂技乐,而且是由西域传入的。至魏晋倡优亦以歌舞戏谑为事,如三国时代魏齐王曹芳即曾在观看歌舞时令优伶"作辽东妖妇",[2] 庶几为歌舞插入故事表演的例子,并且是男优装扮女子。与汉世角抵相比,虽受其影响,但已发生明显变化。[3] 至北齐,故事表演与歌舞进一步合为一体,南北朝与隋唐时流行的乐舞节目《兰陵王入阵曲》即为典范。北齐兰陵王高长恭"才武而面美",自以为不能使敌人畏惧,"常着假面以对敌……齐人壮之",因作《兰陵王入阵曲》,摹拟他上阵指挥、击刺的姿态。[4] 有歌有舞,用以演出历史故事。由歌舞而发展为歌舞戏,发育最完善的当推《踏摇娘》。这是一出根据真人真事编演的歌舞小戏。从北齐到隋唐,经过民间艺人的不断加工改进,后被采入教坊,成为宫廷"鼓架部"的著名节目。[5] 当然,从严格意义上讲,这些演出还应算作歌舞,而不能称之为戏剧。

北朝诸政权的统治者多为入主中原的北方少数民族,与西域诸国交往频繁,龟兹、天竺、康国、安国等乐,亦于此时进入中原。尤其是龟兹乐,自隋唐以来一直相承不绝,对中原地区的词曲歌舞产生了深远而重大的影响。[6] 西域戏剧亦当在此时传入中原。《旧唐书·音乐志》载有《拨头》一戏,云:"《拨头》出西域。胡人为猛兽所噬,其子求兽杀之,为此舞以像之也。"[7] "拨头",又译"钵头"或"拔豆"。循名责实,应出自西域拔豆国,盖经由龟兹等地而传入中原,而后直接启迪了北齐《兰陵王》《踏浪船》等戏的产生。[8] 此种歌舞戏,剧情与表演都很简单,且流行不广,只作为百戏的

---

[1] 《史记》卷一二三《大宛列传》,北京:中华书局,1992年,第3172~3173页。
[2] 《三国志》卷四《魏书·齐王芳纪》,裴松之注,北京:中华书局,1982年,第129页。
[3] 黄卉:《元代戏曲史稿》,天津:天津古籍出版社,1995年,第21页。
[4] 《旧唐书》卷二十九《音乐志》,北京:中华书局,1975年,第1074页。
[5] 周育德:《中国戏曲文化》,北京:中国友谊出版公司,1995年,第43页。
[6] 苏北海:《丝绸之路与龟兹历史文化》,乌鲁木齐:新疆人民出版社,1996年,第573~609页。
[7] 《旧唐书》卷二十九《音乐志》,第1074页。
[8] 王国维:《宋元戏曲史》,北京:东方出版社,1996年,第7页。

一种存在。据《隋书·音乐志》载："及大业二年（606），突厥染干来朝，炀帝欲夸之，总追四方散乐，大集东都……每岁正月，万国来朝，留至十五日，于端门外，建国门内，绵亘八里，列为戏场。"[1]反映了当时百戏兴盛之状。至唐代，始有歌舞戏和滑稽戏。歌舞戏以歌舞为主；滑稽戏以语言为主。滑稽戏或演一事，而不能被以歌舞。至宋人杂剧，纯以诙谐为主，与唐之滑稽剧无异，但其角色较为著明，而布置亦稍复杂，然仍然不能被以歌舞。而且滑稽戏虽托故事以讽时事，但不以演事实为主，作为戏剧，是演故事情节为主，所以与戏剧相比，还是有很大的区别。唐、宋大曲融入了大量的西域乐舞，是由乐曲、歌曲、舞曲组成的大型歌舞，只是尚未与戏剧表演结合起来。

10世纪流传于高昌的回鹘文戏剧《弥勒会见记》，有完整的故事情节、剧中人物，并且有演唱的曲调（吐火罗文本，每幕前都标出出场人物及演唱的曲调），已经具备了戏曲的几大要素。维吾尔民族善舞，他们将源自印度的佛教戏剧表演学来之后，不断传播和发展，必然对中国内地歌舞戏剧的表演艺术产生影响。这种文化艺术交流首先在中国北方最为频繁。所以中国真正的戏曲即北方杂剧（金元杂剧），在金元时期的北方产生了：中国的戏曲经由宋官本戏，金院本、诸宫调等多种形式的尝试与发展、改进，至宋元时期（约13世纪初）趋于成熟。起初戏剧较粗糙简单，作家多是一些无名氏艺人，至元初关汉卿（约1225~约1302）开始，文人之作大盛，奠定了中国戏曲的基础。

元杂剧由宋大曲、诸宫调等的叙事体一变而为代言体，树立了戏曲的独立规模。它所用的曲子，有大曲、法曲、诸宫调，有词，以及"胡夷里巷"的流行曲，并加之改造，在音乐方面有了长足的进步，使之能够满足戏剧表现不同情节、塑造不同人物的性格需要。因而，王国维说，元杂剧有两大进步，一是乐曲上的进步，二是由叙事体变为代言体。"此二者的进步，一属形式，一属材质，二者兼备，而后我中国之真戏曲出焉。"[2]

戏曲以曲调为主，宾白为辅。故事情节都须靠曲子唱出来。从中国音乐史上看，龟兹、高昌、疏勒等西域音乐对中国音乐贡献最大，大曲、法曲、词牌、曲调中都有大量西域音乐的成分，尤其是龟兹乐舞的影响最为显著。并且，乐曲是确立戏曲的基本材料，是最重要的部分。从这方面来说，中国

---

[1]　《隋书》卷十五《音乐志》，北京：中华书局，1973年，第381页。
[2]　王国维：《宋元戏曲史》，上海：上海古籍出版社，1998年，第63页。

第十三章 从《弥勒会见记》到贯云石

戏剧也深受西域文化的影响。

至于古代维吾尔族的曲艺作品,目前在回鹘文文献中尚未找到较为确定的例证。值得注意的是敦煌出土的回鹘语韵文体《观音经相应譬喻谭》。该文献现存伦敦大英图书馆,编号为 Or.8212-75A。写本共 15 叶,346 行,其结构特点为押头韵的四行诗形式,可能为古代回鹘僧众在讲说《观音经》时穿插的唱词。[1] 兹引录其第二部分的一段:

今此以后说相应义 :: amtï munda-ta ïnaru bu sudur ärdini-ning 相应 tigmä bir nom töz-ingä yarašï avdan nomuγ tanuq tartïp söz-lägülük käz-ig ol : amtï anï söz-läyü birälim qop süz-ük kird-günč köngül-in äšidz-ün-lar tïnglaz-un-lar ::[2]

今此以后与此宝经相应,引证法性相应的譬喻,依次说明。现在我讲这些,请你们以最清净之心听闻。

读起来颇有唱词的味道,此或为回鹘讲唱文学之先例,尚待进一步研究。但是从元代维吾尔族散曲家贯云石身上,可窥见一斑。贯云石(1286~1324),西域北庭人,祖父随忽必烈入主中原。贯云石小时候在大都维吾尔人居住区,即今北京魏公村一带长大。他自幼拜汉族宿儒为师,接受汉文化的教育,诗、文、曲无不精通。在深受中原汉文化影响的基础上,又受到了维吾尔民族文化的熏陶,维吾尔族能歌善舞的特质,在他身上得到发扬光大,故而显示出多才多艺的人文特质,但其重要成就主要还是体现在散曲方面。

散曲分为小令、套数两种,是元代新兴的清唱曲子,也是当时韵文的主流。贯云石保留至今的散曲作品有小令 88 首,套数 10 套。[3] 贯曲大多抒写恋情和隐逸,其次为写景和咏诗之作。他写恋情的作品具有直率、警拔的长处,用最通俗质朴的语言写出人物的痴情。如《中吕·红绣鞋》:

---

[1] 庄垣内正弘:《ウイグル語・ウイグル語文献的研究》Ⅰ:《〈觀音經び相應しい三篇のAvadqna〉及び〈阿含經〉について》(神户市外國語大学研究叢書第 12 册),神户:神户市外國語大学外國学研究所,1982 年,第 19~40 页。

[2] 赵永红:《回鹘文佛教诗歌〈观音经相应譬喻谭〉研究》,《中国少数民族文学与文献论集》,沈阳:辽宁民族出版社,1997 年,第 373 页。

[3] 胥惠民、张玉生、杨镰:《贯云石作品辑注》,乌鲁木齐:新疆人民出版社,1986 年,第 3 页。

挨着靠着云窗同坐,偎着抱着月枕双歌,听着数着愁着怕着早四更过。四更过情未足,情未足夜如梭,天哪,更闰一更儿妨甚么?

作者"更闰一更"的要求,想得新颖,似无理又合理。其情其意,写得热烈直率,清新爽脆。贯云石的隐逸之典写得更是洒脱。如以下三首《双调·清江引》:

弃微名去来心快哉,一笑白云外。知音三五人,痛饮何妨碍,醉饱袖舞嫌天地窄。

竟功名有如车下坡,惊险谁参破!昨日玉堂臣,今日遭残祸。争如我避风波走在安乐窝。

避风波走入安乐窝,就里乾坤大。醒了醉还醒,卧了重还卧,似这般得清闲的谁似我。

这些隐逸之作很少愤懑牢骚,表现出一种经过深切理悟之后的平和心态。

贯云石是元代最著名的散曲作家之一。他的作品在当时影响很大,不仅数量多,而且品位也堪称一流。

值得注意的是,贯云石不同于其他散曲家,他不仅以创作取胜,还以唱腔闻名。《东郊私语》上说:"[海盐]州少年,多善乐府,其传多出于澉州杨氏,当康惠公(杨梓)存时,节侠风流,善音律,与武林(杭州)阿里海涯之子(当为阿里海涯之孙,即贯云石)云石交善。云石翩翩公子,无论所制乐府散套,骏逸为当行之冠,即歌声高引,上彻云汉,而康惠独得其传……故杨氏家僮千指,无有不善南北歌调者。由是,州人往往得其家法。以能歌有名于浙右云。"[1]据传,贯云石跟他父亲贯只哥移住杭州,曾专以散曲、填曲为个人事业。他如同许多北方曲作家一样,来到杭州,把北方的时令小调带到了南方,也接受了一些南方的时行小曲,于是到了元末,就有所谓南北合套的出现。贯云石传授给杨家的南、北歌调,应是他带来的北方的时令曲调,以及南方的时令曲调,还有加之贯云石融会贯

---

[1] (元)姚桐寿著,李梦生点校:《乐郊私语》(《历代笔记小说大观》),上海:上海古籍出版社,2012年,第6109~6110页。

通,再创作的南北合套作品。在戏曲音乐发展史上有重要地位的海盐腔,与贯云石有密切关系。海盐腔继续发展,到明代成为一种主要声腔剧种之一。贯云石深厚的音乐修养源自维吾尔民族能歌善舞的民族音乐文化,他所改造的南北曲调,无疑渗透了他民族的文化精神。据元人姚桐寿《乐郊丝语》记载,四大声腔之一的"海盐腔"就是由贯云石首创的。这一说法,今天也得到了学界的认可。[1]

如同贯云石一样,另一位元代维吾尔族散曲家薛昂夫也走过了一条由仕途而归隐的道路。他的散曲几乎可与贯云石的作品媲美。其作品现存套数 3 套,小令 65 首,现存作品多为其晚期之作,内容以述怀咏史为主,还有一些写景纪行之作。综观其散曲,可以看出,薛曲于放逸宏丽中富雄健之气,于嘲讽戏谑中见诙谐之趣。豪放而不失之粗,诙谐而不失之俗,不饰铅粉而自具丽质,不求韵度而自有风格,成为元曲中的精品。[2]

另外,贯云石还撰写了我国历史上第一篇论述元散曲作家风格的专文,即他为元人杨朝英所编《阳春白雪》写的序言。[3] 全文虽仅 200 余字,但内容却很丰富,不但品评了当时的散曲名家,还着重阐述了自己的创作主张。其评论往往得其要旨,公允而切中肯綮,对后世曲评产生了重要而积极的影响。[4]

总之,古代维吾尔以《弥勒会见记》为代表的戏剧,辉煌灿烂的西域乐舞,以及以贯云石为代表的元代维吾尔族散曲家,对中华戏曲的形成与发展都产生了重要的影响,在中国戏曲发展史上占有不可忽视的地位。

本文原刊《甘肃民族研究》2004 年第 1 期,第 75~80 页,与高人雄合撰。

---

[1] 杨镰:《贯云石评传》,乌鲁木齐:新疆人民出版社,1983 年,第 199~200 页。
[2] 栾睿:《谈元曲散曲家薛昂夫的作品风格》,《新疆师范大学学报》1984 年第 1 期,第 45~49 页;王开元:《论薛昂夫散曲的艺术风格》,《民族文学研究》1998 年第 4 期,第 86~89 页;杨镰、石晓奇、栾睿:《元曲家薛昂夫》,乌鲁木齐:新疆人民出版社,1992 年,第 98~102 页。
[3] 胥惠民、张玉生、杨镰:《贯云石作品辑注》,第 135~137 页。
[4] 高人雄:《漫议文化交融对北曲的影响》,《西北民族学院学报》,1999 年《迎接建校五十周年语言文学与教学研究专辑》,第 56 页。

第十四章　回鹘文文献所见藏密十六佛母考

佛母,本指释尊的生母摩耶夫人和养母(姨母)摩诃波阇波提,有时又用以指代般若波罗蜜,即能生出一切佛者。而佛以法为师,由法而成佛,故佛母有时又指佛法。但在密教中,佛母指的是能产生诸佛、诸菩萨的女性神祇。"大清内阁掌译番蒙诸文西番学总管仪宾"工布查布译《佛说造像量度经续补》解释说:

> 佛母像,五行之真性,为五部佛母(亦谓明妃)或有佛菩萨被大慈力,以就世间之通情(众生通情,惟母恩重且周),特化女相者。或善信女人、女神发弘誓,行大乘愿满成道者,俱通称佛母。[1]

接着,同书又明确规定了佛母图像的制作要求:

> 其像作十六岁童女相。乳瓶广八指,周三倍,胎偶则凸高分四指,坚实不倾,乳尖珠高阔各一指。双瓶中间横二指,发作半攒,崇六指,向后倾之。余发下垂,而梢过手肘,面形如芝麻(或作卵形),目纵三指,广半指,似优波罗华瓣形。臂梢、胫梢、指尖、腰之极细处,俱比他像稍细,而肩顶亦作低二指。下身之广阔分,比本制诸像,稍加宽厚,衣服庄严同菩萨像,而总用正大窈窕之相方可。[2]

概言之,佛母又被称作明妃,其面相为十六岁童女相,脸型如卵或芝麻,目横长三指,宽半指,为微睁状,形如莲花瓣。乳房直径八指,周长二十四指。塑像凸高四指,坚实不倾。乳头高宽一指,两乳间距二指。此外,对

---

[1] (清)工布查布译:《佛说造像量度经续补》,《大正藏》第 21 册,No. 1914,页 947c。
[2] 同上。

第十四章 回鹘文文献所见藏密十六佛母考

头发、肩宽等也都有明确规定。这些规定,为佛教造像提供了重要的参考依据。[1]

在藏传佛教中,被称为佛母的女神甚多,著名的有尊胜佛母、大白伞盖佛母、狮面佛母、智行佛母、作明佛母、准胝佛母、般若佛母等,但对本文所论的十六佛母,藏密文献却少有论及,故而学界研究者也甚少。笔者孤陋寡闻,仅知意大利学者杜齐在研究藏传佛教上乐系统曼陀罗图像时,曾综合藏文典籍和有关的图像资料对藏密十六佛母及其特征进行了比较全面的归纳:

十六佛母(明妃)

1. 琵琶佛母,蓝色,四臂,右手持竖琴、金刚,左手持铃。
2. 笙篥佛母,黄色,四臂,右手持笙篥、金刚,左手持铃。
3. 手鼓佛母,红色,四臂,右手持手鼓、金刚,左手持铃。
4. 陶鼓佛母,绿色,四臂,右手持陶鼓、金刚,左手持铃。
5. 笑佛母,红色,四臂,两手呈大笑式,右手持头盖骨,左手持杖。
6. 喜佛母,蓝色,四臂,右手持金刚、头盖骨,左手一个于体侧持铃、另一个持杖。
7. 歌佛母,黄色,四臂,两手持铜钹,另右手持头盖骨,左手持杖。
8. 舞佛母,绿色,四臂,两臂呈击打式,另右手持头盖骨,左手持杖。
9. 花佛母,白色,四臂,右手持花瓶、鼓,左手持头盖骨、杖。
10. 香佛母、珍珠色,四臂,右手持香瓶、鼓,左手持头盖骨、杖。
11. 灯佛母,黄色,四臂,右手持灯、鼓;左手持头盖骨、杖。
12. 涂佛母,红色,四臂,右手持香瓶、鼓;左手持头盖骨、杖。
13. 色佛母,白色,四臂,右手持镜、鼓;左手持头盖骨、杖。
14. 味佛母,红色,四臂,右手持一瓶蜂蜜、鼓;左手持头盖骨、杖。
15. 触佛母,绿黄色,四臂,右手持杂色衣服、鼓;左手持头盖骨、杖。
16. 法界金刚佛母,红色,四臂,右手持三角形、鼓;左手持头盖骨、杖。[2]

---

[1] 李翎:《佛教造像量度与仪轨》,北京:宗教文化出版社,1998年,第101页。
[2] G. Tucci, *Indo-Tibectica*, *The temples of western Tibet and their artistic symbolism III. 2: Tsaparang*, New Delhi, 1989, pp.34–35.

但依据何在？杜齐先生并未交代。笔者仅知，在上述十六佛母中，有部分佛母的图像在流传下来的藏文成就法图像集《五百佛像集》中有所收录，但系统记录这十六位佛母的文献，笔者还没有见到。有幸的是，近期在研究回鹘文文献时，却发现了与这一内容相关的文献依据，那就是20世纪初德国探险队于吐鲁番发现的回鹘文写本《吉祥胜乐轮曼陀罗》。[1]

该文献原编号为 T I Tantra，现存德国国家图书馆（Staatsbibliothek Preussischer Kulturbesitz, Berlin），收藏号为 U 557。册子本，长约18.6厘米，宽为16.5厘米，现存49页，计356行。用羽管笔蘸墨写成，草体，均匀流畅，粗细变化不甚明显（图33）。

图33 吐鲁番本回鹘文《吉祥胜乐轮曼陀罗》

该文献早已引起国际学术界的重视，1928年，德国学者缪勒曾对其做过简略的研究。他注意到该文献与藏文文献《吉祥胜乐轮怛特罗》（藏文作 Bde-mchog-Lu'i-pa'i lugs-kyi sgrub-thabs rim-pa gsal-ba 或 Dpal 'khor-lo bde-mchog-gi dkyil-'khor-gyi 'khor-lo'i thabs rim-pa gsal-ba zhes-bya-ba，见

---

[1] 《吉祥胜乐轮曼陀罗》是佛教密宗经典之一，笔者此前曾据其文意译为《吉祥轮律曼陀罗》或《转轮王曼陀罗》。今依藏学专家沈卫荣先生之建议改。

载于《萨迦五祖全集》卷六)近似之处甚多。[1] 后来,匈牙利学者卡拉和德国学者兹默又于1978年合力完成了对该文献的转写、注释和德文翻译工作。[2] 其中10至15页(136~215行)的内容与十六佛母颇有关联,对藏传佛教图像的研究极具意义,但一直未引起学界的重视。现据卡拉与兹默的释读,移录其原文转写,并汉译如下:

原文转写

(其中的黑体字表示原文已残,由研究者根据上下文内容拟补的文字)

第十页

136. bo ärsär kä**ntü özüg**

137. törüdü saqïnmaq ärür: *anta* **basa käntü**

138. özüüg törüdü saqïnmïš bo/……

139. qïlɣu ol ·

139a. <vsir-lïɣ tngri qïzïl ärür biba at**lɣ · kök önglüg ärip biba tutar ·** **biba ün-ingä tükäl-lig-ig · munï üzä kök qalïɣ-ïɣ**

139b. **to**šɣurup tapïnurbiz · bini vcirini vcir-a puci**ti a xung**>

139. vsir-lïɣ tngri qïzï ärür bilir

第十一页

140. atlɣ · altun önglüg ärip **bilir tutar · bilir**

141. ün-ingä tükäl-lig-ig · munï **üzä kök qalïɣ-**

142. -ïɣ tošɣurup tapinurbiz · b**angši vcirni vcir-a**

143. pucit a xung ∷ vsir-lïɣ **tngri qïzï ärür**

144. kübrüg atlɣ · banbuka xu-a **öng**lüg ärip

145. kübrüg tudar · kübrüg ün-ingä t**ükäl-lig-ig**

---

[1] F. W. K. Müller, Ein uigurisch-lamaistisches Zauberritual aus den Turfunden, *Sitzungsberichteder Preussischen Akademie der Wissenschaften*, Berlin, 1928, S.31 – 46.

[2] G. Kara und P. Zieme, *Fragmente tantrischer Werke in Uigurische Übersetzung* (= Berliner Turfan-Texte Ⅶ), Berlin, 1976, S.5 – 63.

146. munï üzä kök qalïɣ-ïɣ tošɣ urup tapïnurbiz

147. mirdangga vcirini **vcir**-a puciti **a** x**ung** ::

148. vsir-lïɣ tngri qïzï ärür **sasï kängräk atlɣ**......

149. ärdini önglüg ärip · sasï käng**räk tutar sasï**

149a. <kängräk ün-ingä tükäl-lig-ig >

150. munï üzä kök qalïɣ-ïɣ toš**ɣ**uru**p tapïnurbiz**

151. murci vcirini vcir-a puciti a x**ung** ::

152. vsir-lïɣ tngri qïzï ärür külcirgä **atlɣ**

153. *king*šu xu-a önglüg ärip külcirä **turur**

154. *kül*cir-ä turur ün-kä tökäl-ligig · **munï** üzä

155. **kök** qalïɣ-ïɣ tošɣurup tapïn*ur*biz · **xasy-a**

第十二页

156. vcirinivcir-a puciti a xung · **vsir-lïɣ**

157. *tngri* qïzï ärür küväz **atlɣ kök**

158. önglüg ärip · küväzlänü turur **kövä**zlän*ü*

159. turur ät'özlüg ïr ü*n-ingä***tü**käl-ligig

160. munï üzä kök qalïɣ-ïɣ toš**ɣ** urupta**pïnur**-

161. -biz · laz-y-a vcirini vcir-a puciti **a xung**

162. vsir-lïɣ tngri qïzï *ärür* ïraɣ u **atlɣ** kün

163. tuɣar-ïntaqï täg *öngl*üg ä**rip**

164. ïr-nïng cïngïrcaq-nïng **ün-ingä** t**ükäl-ligig**

165. munï üzä kök qalïɣ-ïɣ toš**ɣ** urup tapïnur-

166. -biz · giti vcirini *vcir*-a puciti a **xung** ::

167. vsi-lïɣ tngri qïzï ärür b**üdigci atlɣ**

168. markat önglüg ärip büdiyü **turur**

169. büdiyü adaq-ïn tägšürü turur-u**ɣ munï** üzä

170. kök qalïɣ-ïɣ tošɣurup tapïn**urbiz narda**

171. vcirini vcir-a puciti a x**ung** ::

172. vsir-lïɣ tngri qïzï ärür **xu-a cäcäk atlɣ**

第十四章　回鹘文文献所见藏密十六佛母考

第十三页

173. kürkün önglüg ärip *xua* **cäcäk tutar**
174. xu-a-lïɣ yaɣmur-uɣ yaɣïdu oyun bädiz
175. -uɣ · munï üzä kök qalïɣ-ïɣ *tošɣur***up tapïnurbiz**
176. pušpam vcirini vcir-a puciti *a x***ung** ::
177. vsir-lïɣ tngri qïzï ärür tütsü**k** at**lɣ**
178. tütün önglüg ärip küli tudar tütsük-
179. -lüg bulut-qa oyun bädiz-kä t**ü***käl*-**ligig**
180. munï üzä kök qalïɣ-ïɣ **tošɣ ur**up tapïnurbiz
181. tupan vcirini vcir-a puciti *a* xung
182. vsir-lïɣ tngri **qïzï** ärür yula *atlɣ* yašïn täg
183. önglüg ärip yula tudar yula-nïng yruq-
184. -ïnga oyun bädiz-kä tükäl-ligig · munï üzä
185. kök qalïɣ-ïɣ tošɣurup *tapïnurbiz* · tipam
186. vcirini vcir-a puciti a *xung* :: *vsir*-lïɣ
187. *tngri* qïzï ärür ädgü yït-*lïɣ* suv atlɣ
188. *piryanggu* xu-a önglüg ärip yarïmduq lab*ay* **tudar** ädgü

第十四页

189. *yït*-lïɣ suv-luɣ yaɣmur-qa · oyun bädiz-kä
190. tükäl-ligig · munï üzä kök qalïɣ-ïɣ tošɣur**up**
191. tapïnurbïz · gantam vcirini vcir-a puciti a xung
192. vsir-lïɣ tngri qïzï ärür *közüng*ü *atlɣ* toqïlïɣ körklä ät'öz-
193. -lüg · küzki ay täg önglüg ärip kösüngü tudar
194. säviglig ät'özkä idig tümäg-kä tükäl-ligig
195. munï üzä kök qalïɣ-ïɣ tošɣurup tapïnur**biz**
196. adrš-a urupa vcirini vcir-a *puciti a* **xung** ::
197. vsir-lïɣ tngri qïzï ärür **pinbat aš** atlɣ
198. capak xu-a önglüg ärip pinbat **aš tu**dar
199. noš rasiyan-lïɣ yaɣmur-uɣ yaɣ**ïdu tur**ur-uɣ
200. munï üzä kök qalïɣ-ïɣ tošɣurup tapïnurbiz
201. raza vcirini vcir-a puciti a **xung** ::

167

202. vsir-lïɣ tngri qïzï ärür ton kit**im at**lɣ
203. markat önglüg ärip ton kitim tudar
204. ton kitim-kä böridig-kä qucmaq-qa t**ükäl-ligig**

第十五页

205. munï üzä kök qalïɣ-ïɣ tošɣurup **tapïnurbiz**
206. sipiraš-a vcirini vcir-a puciti a xung ::
207. visir-lïɣ tngri qïzï ärür **no**m uɣuš-ï atlɣ
208. kunt xu-a önglüg ärip · darma uday tudar
209. iliglig ärip · aqïɣsïz mängi-**kä tükäl-ligig**
210. munï üzä kök qalïɣ-ïɣ *tošɣurup* **tap**ï*nurbiz*
211. darm-a tatu vcirini vcir-a **puciti a xung** ::
212. tigü ol · bolar *ärür-lär* :: **anta basa**
213. ärip tözi yoq mantal-*taqï* **divata**-*lar*-**qa**
214. kögül-üg tägürüp · kongül-üg *amïrd*ɣ*ur*ɣ*u* ol
215. törüdgü-lüg käsig ärür ::〔1〕

汉译:

136~139.［若修持］观想自性成就法,然后,作自性成就观想。修持……

139a~b. 有一金刚天女,名叫琵琶,其身蓝色,手持琵琶,琵琶之声美妙动听,遍布苍穹。我们顶礼敬拜。琵琶金刚天女,金刚普迦特阿吽(Vina vajrini vajra pujite ah hum)!

139~143. 有一金刚天女,名叫筚篥,其身金色,手持筚篥,筚篥之声美妙动听,遍布苍穹。我们顶礼敬拜。筚篥金刚天女,金刚普迦特阿吽!

143~147. 有一金刚天女,名叫手鼓,其身花色,手持手鼓,鼓声美妙动听,遍现苍穹。我们顶礼敬拜。手鼓金刚天女,金刚普迦特阿吽!

148~151. 有一金刚天女,名叫陶鼓,其身珠宝色,手持陶鼓,陶鼓之

---

〔1〕 G. Kara und P. Zieme, *Fragmente tantrischer Werke in Uigurische Übersetzung* (= Berliner Turfan-Texte Vll), Berlin, 1976, S.37-40.

第十四章 回鹘文文献所见藏密十六佛母考

声美妙动听,遍现苍穹。我们顶礼敬拜。陶鼓金刚天女,金刚普迦特阿吽!

152~156. 有一金刚天女,名叫嬉戏,郁金花色,面带微笑,嬉戏声美妙动听,遍现苍穹。我们顶礼敬拜。嬉戏金刚天女,金刚普迦特阿吽!

157~161. 有一金刚天女,名叫骄慢,其身蓝色,神态骄傲自信,其歌声美妙动听,遍现苍穹。我们顶礼敬拜。骄慢金刚天女,金刚普迦特阿吽!

162~166. 有一金刚天女,名叫歌吟,其身如旭日初升之色,其歌声铙钹声美妙动听,遍现苍穹。我们顶礼敬拜。歌吟金刚天女,金刚普迦特阿吽!

167~171. 有一金刚天女,名叫舞姬,其身绿宝石色,欢快地舞蹈,遍现苍穹。我们顶礼敬拜。舞姬金刚天女,金刚普迦特阿吽!

172~176. 有一金刚天女,名叫献花,其身藏红花色,手持鲜花,洒下花瓣雨,遍现苍穹。我们顶礼敬拜。献花金刚天女,金刚普迦特阿吽!

177~181. 有一金刚天女,名叫燃香,其身烟雾色,手持香炉,香火缭绕,遍现苍穹。我们顶礼敬拜。燃香金刚天女,金刚普迦特阿吽!

182~186. 有一金刚天女,名叫明灯,其身如焰火色,手持明灯,灯光四射,遍现苍穹。我们顶礼敬拜。明灯金刚天女,金刚普迦特阿吽!

187~191. 有一金刚天女,名叫涂香,其身栀子花色,手持半片螺贝,洒下善好香水雨,嬉戏点缀,遍现苍穹。我们顶礼敬拜。涂香金刚天女,金刚普迦特阿吽!

192~196. 有一金刚天女,名叫持镜,美丽绝伦,如秋月之色,手持镜子,迷人华丽,遍现苍穹。我们顶礼敬拜。持镜金刚天女,金刚普迦特阿吽!

197~201. 有一金刚天女,名叫钵食,其身玫瑰花色,手持钵,洒下甘露圣水,遍现苍穹。我们顶礼敬拜。钵食金刚天女,金刚普迦特阿吽!

202~206. 有一金刚天女,名叫服饰,其身绿宝石色,手持衣裳,丽服美饰,抚摸拥抱,遍现苍穹。我们顶礼敬拜。服饰金刚天女,金刚普迦特阿吽!

207~211. 有一金刚天女,名叫法界,其身茉莉花色,手持经卷,永远快乐,遍现苍穹。我们顶礼敬拜。法界金刚天女,金刚普迦特阿吽!

212~215. 如此念诵。然后,让心皈依无自性曼陀罗中的众神祇们,使心灵获得安宁,这是生起次第。

《吉祥胜乐轮曼陀罗》是一部重要的回鹘文册子本藏传密宗经典，梵文作 Śrīcakrasaṃvara Maṇḍala-Abhisamaya，藏文译本称之为 Cakrasaṃvara-maṇḍala。其回鹘文译本或改编本是由元朝帝师、萨迦五祖八思巴（1235～1280）的弟子必兰纳识理（Puṇyaśri）依据藏文本翻译或编译的。译成或编成的时代大致在1273年左右。[1] 内容可分为两大部分，第一部分为曼陀罗仪轨修持法的筑路现观，依次叙述了观想曼陀罗、赫庐迦肉身二十四部位、观想自性成就、十六位金刚天女、生起次第、完成次第以及陀罗尼修持法，第二部分主要讲述了供养修持法。

这里译释的这段文字内容丰富，详细地描述了琵琶、笙簧、手鼓、陶鼓、嬉戏、骄慢、歌吟、舞姬、献花、燃香、明灯、涂香、持镜、钵食、服饰、法界十六位金刚天女的特征，对古代藏密艺术的鉴别及回鹘佛教历史的研究均有积极意义。通过对这十六位金刚天女特征之观想，并念诵其名号及与之相应的陀罗尼，使自心"皈依无自性曼陀罗中的众神祗们，使心灵获得安宁"。这就是藏密所谓的"生起次第"。

在回鹘文写本中，金刚天女被写作 vsir-lïγ tngri qïzï，共有十六位，来源于梵语，在梵文典籍中可找到对应的词汇。现以回鹘文写本为依据，简列其名称、梵文对音、回鹘文译音，及各位金刚天女的特征如下：

	天女名称	梵文对音	回鹘文译音	特　征
1	琵琶	Vīṇā	biba	蓝色
2	笙簧	Vaṃṣā	bilir	金色
3	手鼓	Mṛdaṅgā	kübrüg	花色
4	陶鼓	Murajā	kängräk	珍宝色
5	嬉戏	Hāsyā	külčirgä	郁金花色
6	骄慢	Lāsyā	küväz	蓝色
7	歌吟	Gīta	ïraγu	旭日初升之色
8	舞姬	Nṛtya	büdiči	绿宝石色
9	献花	Puṣpā	čäčäk	藏花色

---

[1] 王红梅、杨富学：《回鹘文〈吉祥轮律曼陀罗〉所见十六金刚天女研究》，《敦煌研究》2005年第2期，第74~75页。

第十四章　回鹘文文献所见藏密十六佛母考

续　表

	天女名称	梵文对音	回鹘文译音	特　征
10	燃香	Dhupa	tütsük	烟雾色
11	明灯	Dīpa	yula	焰火色
12	涂香	Gandā	adgü yïṭ-lïγ suv	栀子花色
13	持镜	Ādarśa rūpa	közüngü	秋月之色
14	钵食	Rasā	pinbat aš	玫瑰色
15	服饰	Sparśā	ton kiṭim	绿宝石色
16	法界	Dharmadhātu	nom uγuš-ï	茉莉花色

　　以之与杜齐罗列的十六佛母相比较,不难看出,不管是名称还是基本特征,二者都是大同小异的,其中的金刚持镜天女、金刚钵食天女与金刚服饰天女,相当于杜齐所列的色佛母、味佛母、触佛母。也就是说,藏人所谓的佛母、明妃,其实就是回鹘文文献中的金刚天女。

　　这些佛母/金刚天女/菩萨均应被归入供养天女之列,一般用于坛城之中,而非通常意义上的飞天(Devi)。既然其名可见于汉译坛法佛典中,那么我们认为,她们应是随着坛城供养法同时传入西藏的。

　　在这十六位金刚天女/佛母/明妃中,第五至十二位数见于汉文密宗文献的记载。《佛顶尊胜心破地狱转业障出三界秘密三身佛果三种悉地真言仪轨》卷一载:

八供养菩萨者,金刚嬉戏菩萨、金刚鬘菩萨、金刚歌菩萨、金刚舞菩萨、金刚焚香菩萨、金刚花菩萨、金刚灯菩萨、金刚涂香菩萨。[1]

　　据不空译《金刚顶瑜伽略述三十七尊心要》[2]《略述金刚顶瑜伽分别圣位修证法门》[3]记载:位于金刚界曼荼罗中央的毗卢遮那佛,从心中流

---

[1] (唐)善无畏译:《佛顶尊胜心破地狱转业障出三界秘密三身佛果三种悉地真言仪轨》卷一,《大正藏》第18册,No.906,页913a~b。
[2] (唐)不空译:《金刚顶瑜伽略述三十七尊心要》,《大正藏》第18册,No.871,页294c。
[3] (唐)不空译:《略述金刚顶瑜伽分别圣位修证法门》,《大正藏》第18册,No.870,页291b。

出金刚嬉菩萨以供养东方阿閦佛,从心中流出金刚鬘菩萨以供养南方宝生佛,从心中流出金刚歌菩萨以供养西方阿弥陀佛,从心中流出金刚舞菩萨以供养北方不空成就佛。因以上四身供养菩萨安置于金刚界曼荼罗内院四隅,故称内供养,又称内四供、内供。位于金刚界曼荼罗中央毗卢遮那佛东方的阿閦佛、南方的宝生佛、西方的阿弥陀佛、北方的不空成就佛,各自从内心分别流出金刚香菩萨、金刚花菩萨、金刚智灯菩萨(又称金刚灯菩萨)、金刚涂香菩萨(又称金刚香菩萨),以供养金刚界曼荼罗中央的毗卢遮那佛。因以上四身供养菩萨置于金刚界曼荼罗外院四隅,故称外供养,又称外四供、外供。

在不空译《摄无碍大悲心大陀罗尼经计一法中出无量义南方满愿补陀落海会五部诸尊等弘誓力方位及威仪形色执持三摩耶幖帜曼荼罗仪轨》中,出现有37尊菩萨,嬉、鬘、歌、舞、香、花、灯、涂八身供养菩萨位列其中,对香、花、灯、涂四身供养菩萨之形象是这样描述的:

东北金刚灯菩萨,顶上大宝冠,身相鲜肉色,定慧持明灯,严身如上说。东南金刚涂香菩萨,顶上大宝冠,身相大青色,定慧涂香器,严身如上说。西南金刚香菩萨,顶上大宝冠,身相大黑色,定慧持香炉,严身如上说。西北金刚花菩萨,顶上大宝冠,身相浅黄色,定慧持鲜花,严身如上说。[1]

这四身菩萨,在《诸佛境界摄真实经》卷一中被称作"四金刚天女":

复有四金刚天女,其名曰金刚烧香天女、金刚散花天女、金刚然灯天女、金刚涂香天女。如是等金刚天女,一一各有一千金刚天女,为眷属俱。[2]

除此之外,《妙吉祥平等秘密最上观门大教王经》卷三亦提到其中的多位天女,以及各自的印契与陀罗尼。兹摘引如下:

---

[1] (唐)不空译:《摄无碍大悲心大陀罗尼经计一法中出无量义南方满愿补陀落海会五部诸尊等弘誓力方位及威仪形色执持三摩耶幖帜曼荼罗仪轨》,《大正藏》第20册,No.1067,页134c。

[2] (唐)般若译:《诸佛境界摄真实经》卷一,《大正藏》第18册,No.868,页270b。

第十四章　回鹘文文献所见藏密十六佛母考

灯供养菩萨,左手捧右羽,忍指申供养……琵琶菩萨契,二羽作弹势……烧香菩萨契,二羽执香炉,如供养佛势……饮食供养契,二羽于面前,犹如捧物势……衣供养菩萨,二羽金刚拳,禅智捻进力,翻旋于右羽,想如着衣势……散华菩萨契,左羽如掌华,右羽禅捻忍,右羽向掌华,犹如取华势,想散佛顶上……贯华菩萨契,二羽于怀中,犹如取华势,想从佛顶上,顶后而旋系……涂香菩萨契　二羽向外旋　直竖而外散……此八大菩萨,在于第三院,次第居四门,右左而安坐。

次镜菩萨契,左羽安腰侧,右羽执于镜,光外照于佛……歌供养菩萨,左拳安腰侧,右羽忍进指,直竖而相拍……甘露菩萨印,想左羽掌内,而掌甘露水,右羽戒指弹,想洒佛坛上……舞供养菩萨,二羽作舞势。此四大菩萨,在于第三院,次第各安居,四隅而安坐,秘密供养已,更以饮食献,华果及涂香,种种而供养。[1]

这里提到了灯、琵琶、烧香、饮食、衣、散华、冠华、涂香、镜、歌、甘露、舞共计十二位菩萨。前八者号为"八大菩萨",居于坛城的第三院第四门;后四者名唤"四大菩萨",居坛城第四院的四隅。内容与回鹘文写本所见有较大差异。

总括汉文文献的有关记载,可以看出,在回鹘文所见的十六佛母/金刚天女中,唯有筚篥、手鼓、陶鼓和法界不见于记载。

通过上面的论述,我们可以看出:

1. 藏密所谓的十六佛母,其实就是回鹘文文献中的十六金刚天女,二者是一而二、二而一的关系,只是不同文献中译名有所不同而已。

2. 汉文佛典中虽对十六天女/佛母有所反映,但比较零散,而且内容不全,仅及其中的十二位,而筚篥、手鼓、陶鼓和法界灯则全然不见记载。藏文文献是否有如此系统的记载,因笔者没有直接阅读藏文原典的能力,不得而知。回鹘文写本《吉祥胜乐轮曼陀罗》的发现、研究与刊布,可弥补汉文甚至藏文大藏经的一个空白。

3. 汉文文献对有关天女的记载虽多,但不成系统,有"八大菩萨""四大菩萨"之别,在八大菩萨中,又有"内菩萨""外菩萨"之区分,与回鹘文《吉

---

[1] (宋)慈贤译:《妙吉祥平等秘密最上观门大教王经》卷三,《大正藏》第20册,No.1192,页923a~b。

祥胜乐轮曼陀罗》的记载当非同一来源,而是各有所本。

总之,回鹘文《吉祥胜乐轮曼陀罗》的发现,对进一步研究、认识密教,尤其是藏密十六佛母问题具有积极意义。

原刊《安多研究》第 1 辑,北京:中国藏学出版社,2005 年,第 135～149 页,与王红梅合撰。

第十五章　敦煌本回鹘文《说心性经》为禅学原著说

一、问题的提出

在敦煌、吐鲁番发现的古代回鹘文佛教文献中，部头大且内容保存完整者为数不多，大多都可寻其源头，只有两件例外，文献虽刊布既久，但始终难得其详。其一为吐鲁番木头沟出土的《Insadi 经》写本，系 1906 年由德国第三次吐鲁番探察队所获，现存柏林，编号 T Ⅲ M 228（Ch/U 7570），残存 35 叶，计 1121 行，每叶均以汉字标明叶码，文中穿插不少汉字，书名见于第 757 行，写作"insadi sudur"。从文中穿插的汉字看，似当译自汉文，但学者们迄今未能找到与之相应的汉文原本。[1] 各品之后常附有赞弥勒之文，从内容看属小乘教之作，约抄写于元代。

其二即为本文所论《说心性经》，回鹘文题作 xin（köngül）tözin uqïttačï nom bitig，由英人斯坦因于 1907 年发现于敦煌莫高窟，现存伦敦大英图书馆，系编号为 Or.8212-108 中之一部（2a-16b），册子本，存 405 行。Or.8212-108 为不同内容佛教文献的集成，其中包括多种韵文诗，除《说心性经》外，还有安藏撰韵文体《华严赞》（17a-19a 和 27b-31b）、无名氏著字母诗（24a 至 27a）及必兰纳识里（Prajnā-śri）所撰佛教赞美诗（32a-b）。纸质细薄，长 $5\frac{7}{8}$ 英寸，高 $7\frac{3}{4}$ 英寸，字体为回鹘文草体，但清晰可读。每面写 13~15 行，拼写法比较规则，但有时存在 t 和 d、s 和 z 字母交替使用的情况。在文献末尾（第 404~405 行）有题跋曰：

wapšï baqšï yaratmïš 心 tözin oqïdtačï nom bitiyü tügädi :: 善哉 sadu bolzun :: čisön bitidim ::[2]

---

[1] Senih Tezcan, *Das uigurische Insadi-sūtra* (=Berliner Turfantexte III), Berlin, 1974.
[2] R. R. Arat, *Eski Türk Şiiri*, Ankara, 1965, S. 124; S. Tekin, *Buddhistische Uigurica aus Yüan-Zeit, Teil I: HSIN Tozin oqidtaci Nom*, Budapest, 1980, S.53, 145. 其中的 čisön，原刊本作 čisuya，现据最新的研究成果径改。

  此前,学界多言《说心性经》为 vapšı 法师所创作,而 Čisön(智泉)仅为抄写者。[1] Čisön 在莫高窟北区出土的回鹘文印本残片 B140：5《文殊所说不思议佛境界经》中,又写作 Čisön Tutung(智泉都统)。[2]

  近期,笔者在研究中发现,智泉(Čisön/Čisön Tutung)为一名高僧,而非一般的书手。[3] 莫高窟北区出土回鹘文印本残片 B140：5《文殊所说不思议佛境界经》,就是由智泉都统依汉文本译成回鹘文的。[4] 此外,他还曾组织人力将《阿弥陀经》《华严经》《观音经》《七有经》《八阳经》《般若经》《金光明经》《金刚经》《法华经》和《圆觉经》等十部佛经翻译为回鹘文,[5]同在莫高窟北区发现的回鹘文 B128：18 称赞其"在生前,通过积德行善,在现实,成立人们的头领"。[6] 看来,智泉法师的身份是相当尊贵的。

  题跋中的 wapšī 与 baqšī 意同,皆"法师"也。[7] 其后之 biti-既有"抄写"之意,也有"撰写"之意。这里应理解为"撰写"而非"抄写"。首先,"wapšī baqšī yaratmïš 心 tözin oqïdtačï nom bitiyü tügädi(法师创作的《说心性经》撰写完毕)",意在表明言出有据,内容出自法师之口而非个人杜撰。这种情况在古代历史文献中是很常见的,既有托古之意,亦犹佛典所谓"如

---

[1] P. Zieme, *Die Stabreimtexte der Uiguren von Turfan und Dunhuang. Studien zuralttürkischen Dichting*. Budapest, 1991, S.319; Yukiyo Kasai, *Die Uigurischen Buddhistischen Kolophone* (Berliner Turfantexte XXVI), Turnhout: Brepols, 2008, S.233－234.

[2] Abdurishid Yakup, Uigurica from the Northern Grottoes of Dunhuang, *A Festschrift in Honour of Professor Masahiro Shōgaito's Retirement: Studies on Eurasian Languages*, Kyoto 2006, p. 24;阿不都热西提·亚库甫:《古代维吾尔语赞美诗和描写性韵文的语文学研究》,上海:上海古籍出版社,2015 年,第 60 页。

[3] 关于智泉之名称及生平事迹考证,请参见杨富学、张田芳:《回鹘文〈说心性经〉作者身份考》,《中国边疆学》第 7 辑,北京:社会科学文献出版社,2018 年(待刊)。

[4] Abdurishid Yakup, Uigurica from the Northern Grottoes of Dunhuang, *A Festschrift in Honour of Professor Masahiro Shōgaito's Retirement: Studies on Eurasian Languages*, Kyoto 2006, p. 24;阿不都热西提·亚库甫:《古代维吾尔语赞美诗和描写性韵文的语文学研究》,第 60 页。

[5] 阿依达尔·米尔卡马力:《回鹘文诗体注疏和新发现敦煌本韵文研究》,上海:上海古籍出版社,2015 年,第 169 页。

[6] 阿依达尔·米尔卡马力:《回鹘文诗体注疏和新发现敦煌本韵文研究》,第 163 页。

[7] *Древнетюркский Словарь*, Ленинград, 1969, стр. 632; G. Clauson, *An Etymological Dictionary of Pre-Thirteenth-Century Turkish*, Oxford, 1972, p. 321.

第十五章 敦煌本回鹘文《说心性经》为禅学原著说

是我闻"之类,旨在取信读者;其次,biti-作为"撰写"之意,在回鹘文文献中更为多见,如武威文庙发现的汉-回鹘文合璧《亦都护高昌王世勋碑》之回鹘文部分由巎巎(kiki 或作 khikhi,1295~1345)撰文,其中就用 bitiyü 来表示"撰写"之义。[1] 推而论之,这里 biti-亦应为"撰写";其三,在莫高窟北区所出 B128：18 第 134~135 行中有如下文字:"ayaɣ-qa tägimlig bursang quvraɣi-nï čaylatip [ata]m čisön tutong-qa 五 sudur-larïɣ nomlatmïš",意为:"宴请值得尊敬的僧伽,让我父亲智泉都统讲了五部佛经。"[2] 可见,智泉法师非普通书手,不仅精通佛典,而且能够讲授五部佛经。

综上,结合智泉在宗教界所拥有的崇高地位,笔者认为应将其视作《说心性经》回鹘文本的撰写者而非抄写者比较妥当。是故,这段尾题可译作：

法师造《说心性经》撰写完毕。善哉！善哉！智泉撰。

《说心性经》写本未署明年份,但特肯发现,智泉其人同时又是同一写本(Or.8212-108)所见哲理诗的作者。哲理诗后有题记曰：

küskü yïlïn toquzunč aynïng on yangïta,
körtklä tangïsuq taydu kedini gao lenhuata,
köp yašamaqlïɣ boduɣïn kök qalïɣïɣ
küčäyü bädizägäli umunmïšïn körgü üčün bitidim. čisön tutung
鼠年九月初十,
在大都(Taydu)西部的魅力、迷人的 gao lenhua
用长生不老的颜色把虚空
极力装饰的愿望变成现实而写。智泉都统。[3]

---

[1] 耿世民:《回鹘文亦都护高昌王世勋碑研究》,《考古学报》1980 年第 4 期,第 519~520 页; Geng Shimin-J. Hamilton, L'inscription ouïgoure de la stèle commémorative des Iduq qut de Qočo, *Turcica* Tome XIII, 1981, pp.22-24.
[2] 阿依达尔·米尔卡马力:《回鹘文诗体注疏和新发现敦煌本韵文研究》,第 164 页。
[3] R. R. Arat, *Eski Türk Siiri*, Ankara, 1965, S.124; 阿不都热西提·亚库甫:《古代维吾尔语赞美诗和描写性韵文的语文学研究》,第 59 页。

这里的 Taydu 即"大都",gao lenhua 应指坐落于大都(今北京)高粱河之滨的高粱河寺,即元代极具盛名的皇家寺院"大护国仁王寺"。[1] 这两个地名的出现意味着这一写本为元代遗物,书写风格与词法特征也正与此契合。其中的鼠年,特肯推测为 1264、1276、1288、1300、1312、1324、1336、1348、1360 年中的某一个年份。[2] 考虑到大护国仁王寺落成于至元十一年(1274),故而 1264、1276 年的可能性庶几可以排除。中村健太郎将时间范围缩短到 1300、1300、1312、1324、1336、1348。[3] 可以信从。

《说心性经》的内容大体可分为四部分:第一部分(2b/2 - 6b/2)总论及心性说,第二部分(6b/2 - 11b/11)解说关于心性的"三种门",第三部分(11b/12 - 16a/9)阐述正确理解"三部法"之途径,第四部分(16a/10 - 16b/13)结语。[4] 最早研究该写本的为土耳其学者阿拉特,他在《古代突厥诗歌》一书中多次引用该经语句。[5] 根据阿拉特未刊稿本,鲁宾从佛学角度对文献进行了研究。[6] 嗣后,写本内容渐为学界广知,但对文书本身的系统论述则是 1976 年由庄垣内正弘先生进行的。[7] 后来,特肯又刊布了文书全文的拉丁字母转写和德译,书后附有原写本图版。[8] 近期,该文献又由张铁山、阿里木·玉苏甫分别译为汉文发表。[9] 二译文虽朴华有别,然大同而小异,足资取信。本文参酌张铁山、阿里木·玉苏甫译本胜者而采之,有不同见解处略有变异,并出注标识。

---

[1] 张田芳、杨富学:《高粱河与元大都畏兀儿佛教》,提交"第二届中国宗教学高峰论坛"(成都,2017 年 11 月 9~12 日)论文。

[2] S. Tekin, *Buddhistische Uigurica aus Yüan-Zeit, Teil I: HSIN Tozin oqidtaci Nom*, Budapest, 1980, S.19.

[3] 中村健太郎:《14 世紀前半のウイグル語印刷仏典の奥書に現れる[könčög イドゥククト王家]をめぐって》,《内陸アジア言語の研究》XXVI,2009 年,第 158 页。

[4] 杨富学:《回鹘之佛教》,第 115 页。

[5] R. R. Arat, *Eski Türk Şiiri*, Ankara, 1965, S.63 - 161.

[6] W. Ruben, Bir Uygur filozofu hakkinda, *III, Turk Tarih Kongresi*, Ankara, 1948, S.314 - 337.

[7] 庄垣内正弘:《ウイグル語寫本·大英博物館藏 Or.8212 - 108 について》,《東洋学報》第 57 卷第 1~2 号,1976 年,第 017~035(272 - 254)页。

[8] S. Tekin, *Buddhistische Uigurica aus der Yüan-Zeit, Teil I: HSIN Tozin oqidtaci Nom*, Budapest, 1980, S.17 - 142.

[9] 张铁山:《回鹘文佛教文献〈说心性经〉译释》,《中国少数民族文学与文献论集》,沈阳:辽宁民族出版社,1997 年,第 359 - 369 页;阿里木·玉苏甫:《敦煌回鹘写本〈说心性经〉研究》,北京:中国社会科学出版社,2014 年,第 36 ~ 105 页。

第十五章 敦煌本回鹘文《说心性经》为禅学原著说

写本原文夹写汉字,但在汉文大藏经中却一直找不到对应的底本,职是之故,学术界对其来源一直不得究竟。澳大利亚佛学家谢德琼(J. W. de. Jong)和德国著名回鹘文专家茨默都认为这部著作可能译自某一部汉文佛典,但具体是哪一部却无法确定。[1] 另一位德国回鹘文专家劳特(J. P. Laut)疑其或为某瑜伽(Yogacara)行派著作的译本。[2] 更多的学者则将其解释为一部不可多得的回鹘文佛教哲学原著。[3] 新近出版的《回鹘文〈说心性经〉研究》一书,一方面言其为佛教哲学原著,另一方面又称其有译自某部著作的可能性。[4]

笔者起初也倾向于佛教哲学原著说,但又心存疑惑,故而指其"似为一部不可多得的回鹘文佛教哲学原著"。[5] 后来,在系统整理敦煌禅籍的过程中,发现其与托名为达摩而实由汉地僧人伪撰的《观心论》很接近,故而推测其与《观心论》有关。[6] 近期,我们对该文献之回鹘文本与敦煌汉文禅籍进行了全面系统而又细致的梳理,发现该文献确与《观心论》有关,此外,文献还与《修心要论》等多种禅籍关系密切。

---

[1] J. W. de. Jong, Review to S. Tekin, Buddhistische Uigurica aus der Yüan-Zeit, *Indo-Iranian Journal* Vol.25, 1983, p. 226; P. Zieme, *Religion und Gesellschaft im Uigurischen Königreich von Qočo. Kolophone und Stifter des alttürkischen buddhistischen Schriftums aus Zentralasien*, Oplanden: Westdt. Verl., 1992, S.44; P. Zieme, The "Sutra of Complete Enlightenment" in Old Turkish Buddhism, *Collection of Essays 1993. Buddhism Across Boundaries-Chinese Buddhism and the Western Regions*, Taipei, 1999, p. 471 (Peter Zieme, *Fragmenta Buddhica Uigurica—Ausgewählte Schriften*, Berlin: Klaus Schwarz Verlag, 2009, p. 177).

[2] J. P. Laut, Berwetung der buddhisische Uigurica aus der Yüan-Zeit, *Zeitschrift der Deutschen Morgenlandischen Gesellschaft*, Bd. 134, 1984, S.153.

[3] W. Ruben, Bir Uygur filozofu hakkinda, III, Turk Tarih Kongresi, Ankara 1948, S.314-337;耿世民:《敦煌突厥回鹘文书导论》,台北:新文丰出版公司,1994年,第112页;张铁山:《回鹘文佛教文献〈说心性经〉译释》,《中国少数民族文学与文献论集》,沈阳:辽宁民族出版社,1997年,第341页。

[4] 阿里木·玉苏甫:《论回鹘文〈说心性经〉来源》,张定京、阿不都热西提·亚库甫编:《突厥语文学研究——耿世民教授八十华诞纪念文集》,北京:中央民族大学出版社,2009年,第27~36页;阿里木·玉苏甫:《敦煌回鹘写本〈说心性经〉研究》,第5页。

[5] 杨富学:《回鹘之佛教》,第115页。

[6] 杨富学:《论汉传佛教对回鹘的影响》,束迪生、李肖、娜仁高娃主编:《高昌社会变迁及宗教演变》,乌鲁木齐:新疆人民出版社,2010年,第198页。

二、《说心性经》与敦煌禅籍《观心论》的关系

《观心论》全称《达摩大师观心论》,又作《达摩大师破相论》或《达摩和尚观心破相论一卷》《是观心可名为了一》,相传为禅宗初祖菩提达摩之语录,但慧琳《一切经音义》卷一百记载:"观心论,大通神秀作。"[1]因此另有神秀撰之说。全书以问答形式阐述观心之法,内容述说三毒六贼、三界六趣之苦及其原因,劝说实践解脱修行,主张六波罗蜜、三聚净戒、念佛等修行,及洗浴众僧、造塔伽蓝等功德,皆可摄收于"摄心内照"之观心法,亦即以观心一法总摄诸法。敦煌所出《观心论》写本有7件,分别为S.646、S.2595、S.5532、P.2460、P.2657v、P.4646及龙谷122,此外还有朝鲜《禅门撮要》本(1908年公刊)、安行寺别行本、日本金泽文库所藏镰仓时期抄写本、日本流通本及龙谷大学藏传世本等,计有十余种。敦煌写本中,P.4646首尾俱全,S.646首尾俱残,S.5532、S.2595、P.2460首残尾全。龙谷122基本完整,唯无最后的偈语部分,其文字与底本多不相同,有些段落彼此互有出入,当是与底本不同来源的本子。兹以P.4646[2]为底本参校它本。回鹘文本的一些文字可以在敦煌本《观心论》中可找到相对应的内容。

敦煌本《观心论》和回鹘文《说心性经》部分内容相似,有的则完全相同,如2~3行回鹘文:toɣar ärip · yanturu köngül-gä tayïnïp turdačï ärür-lär · inča qaltï suw-taqï qabarma,其意为"我探究[其究竟],我自己、所有的凡人、圣人、有心者及无心者。"对应的敦煌写本《观心论》则作:"问:'若复有人志求佛道,当修何法,最为省要?'"[3]意义完全一致。再如回鹘文3~4行:toɣar ärip · yanturu köngül-gä tayïnïp turdačï ärür-lär · inča qaltï suw-taqï qabarma,其意为:"一切法生于一切心,又反过来依靠心。"对应的敦煌写本《观心论》则作:"心者,万法之根本也。一切诸法,唯心所生,若能了心,则万行俱备。"[4]两者皆讲心与诸法之间的辩证关系,行文尽管写法不同,但在语义上完全一致,可以看出,回鹘文《说心性经》开头部分是参照了敦煌本《观心论》。当然,这种参照不是完全照录,而是有所改变。为了

---

[1] (唐)慧琳:《一切经音义》卷100,《大正藏》第54册,No.2128,页932a。
[2] 上海古籍出版社、法国国家图书馆编:《法藏敦煌西域文献》第32册,上海:上海古籍出版社,2005年,第351~359页。
[3] 上海古籍出版社、法国国家图书馆编:《法藏敦煌西域文献》第32册,第352页。
[4] 上海古籍出版社、法国国家图书馆编:《法藏敦煌西域文献》第32册,第352页。

第十五章 敦煌本回鹘文《说心性经》为禅学原著说

解释和说明心与诸法之间的辩证关系,采用譬喻的方式,以便于信徒深入理解,如《观心论》云:"犹如大树,所有枝条及诸花果,皆悉自心,根本生长。栽树者,存根而始生;伐树者,去根而必死。"[1] 用树和根的关系比喻诸法与心的关系,根不生则树不存,诸法依然,浅显易懂。《说心性经》云:suw-ta turur ärip · yanturu suw-qa tayïnïp turmïš-täg ärür,其意为:"犹如水上的水泡处于水,反过来又依靠水一样。水为本,去水则沫息。"两者譬喻事物虽不同,但所起的作用则一致。显然出自改编的结果。同样,该文献第15~19行:

15. lï tuymaq-lï iki türlüg nom-lar birgärü köngül-nüng köligä-si ärür · ïnča

16. qaltï kün toɣsar · kök qalïq yruq bolup y(a)ruq ärksinip · kiča bolsar

17. qaranɣu bolup qaranɣu ärksinip · yruq bolmïš ödtä kök qalïq

18. üstälmädin · qaranɣu bolmïš ödtä kök qalïq äsilmädin · öz tözinčä

19. öčüp amrïlïp turup · yruq qaranɣu tözi · birgärü nätäk ärmäz bolur

犹如太阳升起,天空发亮,明亮居于主导;若是黑夜,黑暗降临,黑暗居于主导。这不是因为明亮时天空就升高,也不是黑暗时天空就降低,而是按照自己的性消失着、产生着,明亮与黑暗的性竟如此不同。[2]

敦煌本《观心论》(P.4646)对应内容则为:

《十地论》云:"众生身中,有金刚佛性,犹如日轮,体明圆满,广大无边,只为五荫重云所覆。如瓶内灯光,不能显了。"[3]

与《说心性经》相似之处在于都出现了"日轮"的比喻,但仔细比较会发现,都在讲"心性"的本质,前者讲无论明亮和黑暗都依自性产生或消失,而后者则讲众生都有佛性,不能自视,乃被五荫重云所覆而致;何以显示佛

---

[1] 上海古籍出版社、法国国家图书馆编:《法藏敦煌西域文献》第32册,第352页。
[2] 张铁山:《回鹘文佛教文献〈说心性经〉译释》,《中国少数民族文学与文献论集》,第359页。参见阿里木·玉苏甫:《敦煌回鹘写本〈说心性经〉研究》,第39页。
[3] 上海古籍出版社、法国国家图书馆编:《法藏敦煌西域文献》第32册,第352页。

181

性,自然要通过修行以拨云见日。同样都在讲"心"或"心性"的本原,但各有千秋。敦煌本《修心要论》中亦有雷同文字:

《十地论》云:"众生身中,有金刚佛性,犹如日轮,体明圆满,广大无边,只为五荫重云所覆。如瓶内灯光,不能照外。又以即日为喻,譬如世间云雾,八方俱起。天下阴暗,日岂烂也,何故无光?答曰:日光不坏,只为重雾所覆。"[1]

可见,《说心性经》回鹘文作者 Čisön Tutung 根据自己对文本的理解和写作需要,对这段文字进行了必要的改编。

三、《说心性经》与敦煌禅籍《修心要论》之关系

敦煌本《修心要论》一卷,又名《最上乘论》《导凡趣圣道悟解真宗修心要论》或《一乘显自心论》,禅宗五祖弘忍述,为禅宗东山法门纲要书。敦煌文献属于《修心要论》的卷子较多,计有 13 种。其中以 P.3559+P.3664[2] 最为清晰,故本文索引皆以此为底本过录。

敦煌本《说心性经》与《修心要论》的关系与敦煌本《观心论》类似。有的意义相近,有的完全一致,有的则是改编的内容,如第 30~36 行:

30. alqu ödtä

31. 心 birlä yurïr ärip · 心 tözin tuymadačï-lar ärsär · partakčan ärür-lär ·

32. köngül tözin tuyayïn tip oɣrap · tüpükkinčä tuymadačï-lar ärsär 菩萨-lar

33. ärür 心 tözin tuyunup · näčätäkägi 心 tözintä sarïlïp turdačï-lar ärsär 佛

34. lar ärür · bu 心 tözi toɣdačï ärmäz · öčdäči ärmäz · bardačï ärmäz · käldäči

---

[1] 上海古籍出版社、法国国家图书馆编:《法藏敦煌西域文献》第 25 册,上海:上海古籍出版社,2003 年,第 277 页。

[2] 上海古籍出版社、法国国家图书馆编:《法藏敦煌西域文献》第 25 册,第 277~281 页。

第十五章 敦煌本回鹘文《说心性经》为禅学原著说

35. ärmäz·· quruq ödwi učsüz qïdïɤsïz · tözü-tä turup · ömäksiz ärip
36. y(a)ruq yasuq bildäči ärür

若在一切世与心并行,而不觉心性者,就是凡人;若想要领悟心性,而彻底不觉者,就是菩萨;若领悟心性,而在心性上安然处置者,就是佛。此心性不生不灭、不去不来,是虚的、无边的、不可想的、光辉的、可知的。[1]

这段文字可与P.3559+P.3664《修心要论》之如下内容相对应：

一切众生皆如也,众圣贤亦如也。一切众生者,[即]我等是[也],众圣贤者,[即]诸佛是[也]。言名相虽别,身心真如,法体并同,不生不灭,故言皆如也。故知自心本来,不生不灭。"[2]

再如第74~77行有如下文字：

74. ma yoqlamaz ärti · qal-ïma bolmaz ärti tip · munung abipiray-i
75. ärsär mundaq tip körgitmäk ärür · tuyunmaq-ïɤ tilädäči kiši
76. lär · yanturu öz köngül-in baqsar ol oq köngül ol oq burqan
77. ärür · adïn-tïn tilägü bolmatïn · igid saqïnč-lar ymä toɤmaɤay

其意义是指：祈求觉悟的人们反过来若看自己的心,那就是心,那就是佛,因为不从别处祈求的缘故,也是为了不产生虚幻的念头。[3]

这段文字可与P.3559+P.3664《修心要论》如下内容相对应：

一切功德,自然圆满,不假外求,归生死苦,于一切处,念念察心。莫受现在乐,种未来苦,自诳诳他,不脱生死。[4]

---

[1] 张铁山：《回鹘文佛教文献〈说心性经〉译释》,第359页。参见阿里木·玉苏甫：《敦煌回鹘写本〈说心性经〉研究》,第41~42页。译文有改变,učsüz qïdïɤsïz,原译"不灭的",应为"无边的"。
[2] 上海古籍出版社、法国国家图书馆编：《法藏敦煌西域文献》第25册,第277页。
[3] 张铁山：《回鹘文佛教文献〈说心性经〉译释》,第361页。参见阿里木·玉苏甫：《敦煌回鹘写本〈说心性经〉研究》,第49页。
[4] 上海古籍出版社、法国国家图书馆编：《法藏敦煌西域文献》第25册,第278页。

通过比对,足见两者之间存在着渊源关系,尤其是"祈求觉悟的人们反过来若看自己的心"与"念念查心"以及"不从别处祈求"与"不假外求"的意义基本相同,此乃禅宗核心思想之一。

四、《说心性经》与敦煌禅籍《般若波罗蜜多心经疏》之关系

笔者在比对《说心性经》与敦煌禅籍的过程中还发现,该文献极有可能也受到剑南禅派创始人智诜撰《般若波罗蜜多心经疏》的影响,如该文献"一切法生于一切心,又反过来依靠心"之语即与智诜对"一切诸法"的解释完全对应。敦煌写本《般若波罗蜜多心经疏》云:

一切诸法,以心为本。心生,故种种法生,心灭,故种种法灭。三界六道,本由自是心生,净土秽土,悉由心造。心外无别境,境外无别心。心外无境,无境故无心;境外无心,无心故无境。无心无境,名为般若。[1]

《般若波罗蜜多心经疏》又名《心经疏》,现存7件抄本,编号分别为:P.4940、北为52(BD03652)、北阙9(BD04909)、P.3229、P.2178、S.7821。其中,P.2178首题"资州诜禅师撰"。《般若波罗蜜多心经疏》以九门分别疏释《心经》。[2] 由于深受唐代著名学僧慧净所撰《般若波罗蜜多心经疏》(敦煌存写本4件,编号分别为S.554、北昆12、S.5850和日本天理图书馆藏品1件)的影响,智诜在注释《般若心经》时大量采用了唐初比较盛行的法相唯识思想,如八识、三性、四智等,在一些段落上加了禅宗以心性为解脱之本的内容,故可归为禅宗文献。

智诜在《般若波罗蜜多心经疏》中所阐释的正是禅宗的"识心见性"禅法所依据的重要心性禅法:若以色等见我求我,是人行邪道不能见如来。由是以观,乃知事相非真正也。过去诸佛所修种种功德,皆非外说,唯正求

---

[1] 敦煌写本北为52(BD03652)智诜:《般若波罗蜜多心经疏》,中国国家图书馆编:《国家图书馆藏敦煌遗书》第50册,北京:北京图书馆出版社,2007年,第303页。录文见方广锠编纂:《般若心经译注集成》,上海:上海古籍出版社,1994年,第269页。

[2] 冈部和雄:《禅僧の注抄と疑偽經典》,《講座敦煌8 敦煌佛典と禅》,東京:大東出版社,1980年,第337~338页;季羡林主编:《敦煌学大辞典》,上海:上海辞书出版社,1998年,第687页。

第十五章 敦煌本回鹘文《说心性经》为禅学原著说

心。心是众善之源,是万恶之主。常乐由自心生,三界轮回从心起,心为出世之门户,心是解脱之关津,知门户者,岂虑不达彼岸,识关津者,何愁不见如来。

虽然在比对的过程中,没有发现《说心性经》中有与智诜《般若波罗蜜多心经疏》所言高度吻合的语句,但颇有蛛丝马迹可寻,如文献第 101~112 行的文字:

101. munčuq arïɣ tözinčä turup · nätäg täwrämädin turur ärsär ·
102. ančulayu ymä · öng ün id tadïq bürïdïk nom tigli
103. altï atqanɣu-lar yügärü bolup · 心-gä tüšmiš ödtä · öz 心-
104. gä alïnmarsar · 心 toɣmaqsïz tözinčä turur · 六境-lar ymä
105. öz tözinčä turur · toɣmaqsïz boulp · atqanɣu amrïlsar
106. 心-li atqanɣu-lï birgärü toɣmaqsïzta turur · birök muni-täg
107. bolmadïn közünmiš-čä atqanɣu-nï 心-gä alïnïp · köngül-gä qawšur
108. sar · ol qawšurmaqsïz tözindä küčäyü tïldaq basudčï qïlïp
109. az öpkä-tä uladï nïzwanï-lar-nï turqurup qïlïnč qïlïp
110. sansarta tägzinür-lär · nä üčün tip tisär · bular alqu barča
111. köngül-li atqanɣu-lï-nï öngï körüp özli adïn-lï-nïng
112. atqaɣïn turɣurmaqïntïn ärür · birök bu 心-li 境-lï-nïng

当声、色、香、味、触、法所谓六境出现,落在心上时,心不变,还是按照心不生之性存在,六境也按照自己的性不变。心是不生的,六境是静止的,心和六境是同生。若不是如此,而是心具有了境,将境合并于心那么就会因为不合之性,产生贪婪、恼怒等烦恼,作恶在轮回中变化。为什么这样说了?这些都是因为把心和境看作是不同的,产生了自己和别人的分别。如若懂得此心与境是同一性,想要得到心性,就必须看此后的经文。[1]

这段文字描写心与境,与《般若波罗蜜多心经疏》颇有相似之处,只是回鹘文《说心性经》又添加了些许新内容,如境有声、色、香、味、触、法六境之类文字,乃《般若波罗蜜多心经疏》所未见,系作者据己意而新加的文字。

---

[1] 张铁山:《回鹘文佛教文献〈说心性经〉译释》,第 360 页。参见阿里木·玉苏甫:《敦煌回鹘写本〈说心性经〉研究》,第 44~46 页。

五、《说心性经》与《圆觉经》之关系

《圆觉经》具名《大方广圆觉修多罗了义经》,署唐佛陀多罗译,疑为汉人撰述。"圆觉"者,乃至人人本具的圆满觉悟之心,背之则凡,顺之则圣。观《圆觉经》主旨,在于讲一乘圆教,没有大小乘之分,只有见性成佛,是无所偏的圆教。这一思想对汉地禅宗的形成与发展产生了既深且巨的影响。

《说心性经》的作者智泉生前曾组织人力译经10部,最后完成者即为《圆觉经》。[1] 回鹘文本《圆觉经》写卷在吐鲁番、敦煌诸地都有发现。吐鲁番等地所出现藏柏林,计有7个写卷残片,编号依次为 T II S 26 (U 4183)、T I D (b) (U 4088)、U 4500、T III 73 (U 4260)、T II 989 (U 4138)、U 4430、T III M 131 (U 4274),均由茨默刊布。[2] 敦煌所出计有4叶,现存斯德哥尔摩民族学博物馆,当系贝格曼于甘肃某地所得,贝叶形式;日本大谷探险队亦曾于西域某地获印本一叶(编号龙大ウ835),存9行,二者均由百济康义研究刊布,内容为回鹘文《圆觉经》注释书。[3] 此外,圣彼得堡东方写本研究所也收藏有该经回鹘文木刻本(1叶),上书 uluɣ bulung yïngaq sayuqï king alqïɣ tolu tuymaq atï sudur 等文字,应为此经之回鹘文译名。

在《说心性经》中诸多处可以看到《圆觉经》的内容,如第96~100行:

96. ärür · ïnča qaltï arïɣ süzük 大 suntsï munčuq bolur · üksin
97. tä ·

---

[1] Abdurishid Yakup, Uighurica from the Northern Grottoes of Dunhuang, *A Fertschrift in Honour of Professor Masahiro SHŌGAITO's Retirement STUDIES ON EURASIAN LANGUAGES*, "Studies on Eurasian Languages" Publication Committee, Kyoto, 2006, p. 24;阿不都热西提·亚库甫:《敦煌北区石窟出土回鹘文文献的综合研究》,《敦煌莫高窟北区石窟研究》(下卷),兰州:甘肃教育出版社,2011年,第460页。

[2] P. Zieme, The "Sutra of Complete Enlightenment" in Old Turkish Buddhism, *Collection of Essays 1993. Buddhism Across Boundaries-Chinese Buddhism and the Western Regions*, Taipei, 1999, pp.449 - 483 (Peter Zieme, Fragmenta Buddhica Uigurica—Ausgewählte Schriften, Berlin: Klaus Schwarz Verlag, 2009, pp.155 - 190)。

[3] 百濟康義:《ウイグル譯〈圓覺經〉とその注譯》,《龍谷紀要》第14卷第1号,1992年,第1~23页。

98. kök sarïγ-ta ulatï ädlärig orduq-ta · kök sarïγ 色-lär
99. iyin ol suntsï munčuq-ta közünür ärip · suntsï
100. özingä alïnmamaq-ïntïn · ol 色-lär munčuq-qa yoqlunmadïn

犹如是清净的大水晶项链,在其上面放着蓝、黄色物品,于是蓝、黄色就在水晶项链上显现出来。这不是由于水晶项链自己具有了那些颜色,也不是由于那些色消失在项链上了,项链还是以清净而存在,没有任何变化。[1]

在《圆觉经》中与之相对的汉文原典作:

譬如清净摩尼宝珠,映于五色,随方各现,诸愚痴者见彼摩尼实有五色。[2]

二者相较,回鹘文本比汉文本内容要多。若仔细观察,则可看出,基本内容是对应的,回鹘文本只是做了进一步详尽的解释而已。"摩尼宝珠比喻生命本来清净,因为无始以来的习气,造成了各人思想、感情、遭遇的歧义,呈现出不同的现象。众生看到摩尼宝珠五光十色,遂误以为摩尼宝珠上的颜色是实有的"。[3] 显然,《说心性经》中的"大水晶项链譬"是依据《圆觉经》中的"摩尼宝珠喻"改编而来。此外,这一文献中还有诸多与《圆觉经》相关的内容,如磨镜喻、空观思想等,限于篇幅,不一一备举。

六、《说心性经》与《楞严经》和禅宗灯史《宗镜录》的关系

《楞严经》,10卷,唐般刺密帝译,具名《大佛顶如来密因修证了义菩萨万行首楞严经》,一名《大佛顶首楞严经》。《楞严经》阐明"根尘同源、缚脱无二"之旨,并解脱三昧之法与菩萨之阶次,是开市修禅的经典。[4] 该经对禅宗的影响颇深,诸多禅门高僧大德都是从《楞严经》入手,了悟禅机。禅宗多部经典都曾引用收录《楞严经》的内容,如《碧岩录》《禅宗颂古连珠

---

[1] 阿里木·玉苏甫:《敦煌回鹘写本〈说心性经〉研究》,第53~54页;张铁山:《回鹘文佛教文献〈说心性经〉译释》,第361页。
[2] (唐)佛陀多罗译:《大方广圆觉修多罗了义经》,《大正藏》第17册,No.842,页914c。
[3] 吴言生:《禅宗思想渊源》,北京:中华书局,2001年,第324页。
[4] 吴言生:《禅宗思想渊源》,第154页。

通集》等,会通禅教的《宗镜录》更是大量的征引、阐释《楞严经》的内容,将楞严三昧和禅心发挥到极致。《宗镜录》100卷,为五代吴越国永明延寿所集,主张"一心为宗",调和融通禅、教及各宗教理,主张禅教合一,是中古中国佛教具有总结性意义的禅宗灯史。回鹘文《说心性经》还多次引用《首楞严经》的内容,但至今没有发现回鹘文本《楞严经》。从回鹘文《说心性经》对《楞严经》内容的引用来看,所引内容皆能一一比对出来,而且不是改编,是直接的翻译,因此,可以推测出《楞严经》可能是在回鹘中流传过的佛教经典。另一可能,《宗镜录》中有对《楞严经》大量的征引,作为禅宗灯史,《说心性经》极有可能参照了《宗镜录》的内容。如第48~74行中关于演若达多的故事,就直接取材于《首楞严经》:

48. · tngri burqan surungamï sudur-ta
49. inča tip yrlïqamïš ärür · ananta sïrawast balïq-ta yatïndatï
50. atlɣ kiši · tam üzä kösüngü körüp · kösüngü-ni qodï tudmaq
51. intïn · öz bašïn körmämäk üzä · baš-ïm yoq bolmïš turur tip qal
52. bolup öz baš-ïn tilägäli qayu-ta qačïp tiläp yorïyur
53. ärkän · bir ödtä qal-ï sarïlïp käntü özi inča tip saqïndï · mäning
54. özüm-nüng baš-ïm yoq ärmiš · baš-ïm-nï tilädäči-si kim ol tip ·
55. örtü qal-ï sarïldï · ananta bu yatïndatï baš-ïn yoq-lamïš
56. ödtä
57. baš-ï yoq boldï mu ärki · ananta inča tip kiknč birdi 世尊 yoq bol
58. mïš-ï yoq ärür tip · yana yrlïqadï ananta bu kiši baš-ïn tapmïš öd-
59. tä · baš-ïn tapdï mu ärki tip ananta ödünti täginmäz tngrim ol oq
60. baš-ï ärür · adïn-tïn tapmïš ärmäz tip · yana yrlïqadï oyrayu adïn-tïn
61. baš tapsar · anga baš bolur mu ärki tip · ananta ödünti täginmäz 世
62. 尊 tngrim · adïn-nïng baš-ï anga baš bolmaz tip · bu nätäk ärsär 如是
63. ymä tïnlɣ-lar 心 yangïlmaq-ïtïn · taštïn sïngar burqan tiläyü-lär · qayu 时
64. tä yangïlmïš 心 amrïlsar · ol oq 心 burqan ärür adïntïn bolur ärmäz
65. ananta · ol yangïlmïš.tïnlɣ-lar burqan tilämiš ödtä · 心 tidli burqan
66. yoq boldï mu ärki · täginmäz tngrim · yoq bolmïš-ï yoq tip · 佛 bolmïš

第十五章 敦煌本回鹘文《说心性经》为禅学原著说

67. ödtä · qayu-tïn ärsä käldi mu ärki · täginmäz tngrim qayu-tïn ärsär
68. kälmiš · ol oq 心 burqan ärür tip · ananta oɣrayu adïn-tïn
69. burqan bulsar ymä · anga burqan bolur mu · täginmäz tngrim · özi ök
70. burqan ärür-tïn burqan bulur ärmäz tip ·
71. bu tngri yrlq-ïn tudsar · öz köngül-ni tudup burqan yol-ïn tilämiš
72. kärgäk · tuyunmïš tïnlɣ-lar ïnča tip sözläyür-lär · birök yatïn
73. datï azqï-a qadaru yanïp közüngü-ni baqmïš ärsär · baš-ïn
74. ma yoqlamaz ärti · qal-ïma bolmaz ärti tip · munung abipiray-i

佛在《首楞严經》中这样说道：阿难陀啊！舍卫城有名叫演若达多（yatïndatï）者，在墙上照镜子。由于他把镜子拿的太低，找不到自己的头。因此，他以为"我没有头"而惊慌失措，到处跑着寻找自己的头。一会儿他安静下来，心想："我自己的头都没有了，谁在寻找我的头呢？"于是，他心神才安静下来了。阿难陀啊！当这个演若达多说自己没有头时，难道他真的找不到头吗？阿难陀如此回答："师尊！没有的就是没有。"佛又说道："如果是从别处找到头，那是他的头吗？"阿难陀回答："师尊！别人的头不是他的头。"佛又说道："这是为什么呢？如此，是因为众生失去了心，而从外面寻找佛。何时迷失心得安静，那心便是佛，不是从别处得到的。阿难陀！那些失去心的众生在祈求佛时，是没有被称作心的佛吗？""师尊！没有的就是没有。""当有佛时，是从哪里来的呢？""师尊！不是从哪里来的，那心便是佛。""阿难陀！从别处得到佛，他就有佛了吗？""师尊！从别处得不到佛，他自己就是佛。"若记住这个佛的话就应该保持自己的心，去寻佛道。觉悟的众生这样说道："如果演若达多稍微转动镜子来照，就不会没有头，也不会失魂落魄了。"[1]

在《首楞严经》中与之相对应的汉文原典作：

今复问汝，汝岂不闻室罗城中演若达多。忽于晨朝以镜照面，爱镜中头眉目可见。瞋责己头不见面目。以为魑魅，无状狂走。于意云何？此人何因无故狂走？

---

[1] 阿里木·玉苏甫：《敦煌回鹘写本〈说心性经〉研究》，第44~49页；张铁山：《回鹘文佛教文献〈说心性经〉译释》，第360页。这段文字主要依据以上二文而有所改动。

189

富楼那言：是人心狂，更无他故。

佛言："妙觉明圆，本圆明妙，既称为妄，云何有因？若有所因，云何名妄？自诸妄想展转相因。从迷积迷，以历尘劫，虽佛发明，犹不能返。如是迷因，因迷自有，识迷无因，妄无所依。尚无有生，欲何为灭？得菩提者，如寤时人，说梦中事，心纵精明，欲何因缘，取梦中物。况复无因，本无所有，如彼城中演若达多，岂有因缘，自怖头走，忽然狂歇，头非外得，纵未歇狂，亦何遗失？[1]

因缘故失，本头不失，狂怖妄出，曾无变易，何籍因缘？本狂自然，本有狂怖，未狂之际，狂何所潜？不狂自然，头本无妄，何为狂走？若悟本头，识知狂走，因缘自然，俱为戏论。[2]

很显然，回鹘文《说心性经》中关于演若达多的故事系由《首楞严经》改编而来。但同样的内容还见于《宗镜录》卷17：

如《首楞严经》云："佛言：富楼那，汝岂不闻，室罗城中，演若达多，忽于晨朝，以镜照面，爱镜中头。眉目可见，瞋责己头；不见面目，以为魑魅；无状狂走，于意云何？此人何因无故狂走？"富楼那言："是人心狂，更无他故。"佛言："妙觉明圆，本圆明妙。既称为妄，云何有因？若有所因，云何名妄？自诸妄想，展转相因。从迷积迷，以历尘劫。虽佛发明，犹不能返。如是迷因，因迷自有；识迷无因，妄无所依。尚无有生，欲何为灭？得菩提者，如寤时人，说梦中事，心纵精明，欲何因缘？取梦中物，况复无因，本无所有。如彼城中，演若达多，岂有因缘？自怖头走，忽然狂歇。头非外来，纵未歇狂，亦何遗失？富楼那！妄性如是，因何为在？汝但不随分别世间业果众生，三种相续，三缘断故，三因不生，则汝心中演若达多，狂性自歇，歇即菩提，胜净明心。"[3]

与《楞严经》的内容相比，《说心性经》中关于演若达多的故事更像是来

---

[1] （唐）般剌蜜帝译：《大佛顶如来密因修证了义诸菩萨万行首楞严经》卷4，《大正藏》第19册，No.945，页121b。
[2] （唐）般剌蜜帝译：《大佛顶如来密因修证了义诸菩萨万行首楞严经》卷4，《大正藏》第19册，No.945，页121c。
[3] （宋）释延寿：《宗镜录》卷17，西安：西北大学出版社，2006年，第310页。

自《宗镜录》,如开头所示,"佛在《首楞严经》中这样说道"与《宗镜录》中"如《首楞严经》云"几无二致。因此,笔者认为,《说心性经》中关于《楞严经》的引用内容极有可能来自禅宗灯史《宗镜录》。

是见,回鹘文《说心性经》不仅与汉文禅籍,如敦煌本《观心论》《修心要论》《般若波罗蜜多心经疏》存在联系,而且和《圆觉经》及五代禅宗灯史《宗镜录》同样存在密切关系,主要思想当来自禅宗文献,可以推定,这是一部受禅宗影响颇深的回鹘文禅学原著。

七、《说心性经》与《华严经》

除了上述经典之外,《说心性经》还与一部对禅宗影响颇深的《华严经》关系密切。在该文献中,几乎有六分之一的内容可以明确得知是来自《楞严经》和《华严经》的内容,而且,这些内容不是意译,是直接按汉文原本翻译。如《说心性经》第183~191行所示:

183. padmalangkar sudur-ta · ozmïš atlγ bodistw 善哉
184. tongzï urï-qa ïnča tip sözlämiš ärür · m(ä)n käntü özüm ontïn
185. sïngarqï burqan-lar-nï köräyin tisärm(ä)n · ol burqan-lar manga kälmäz
186. m(ä)n ol burqan-lar-qa barmaz ärip · bu oq orun-ta ol burqan-lar-nï
187. körürm(ä)n · nätägin tip tisär · mäning öz köngül-üm ärsär suw-qa
188. oqšatï ärür · burqan-lar ärsär ay tngri-gä oqšatï ärür tip bil
189. · ir-m(ä)n · suw süzülmäk üzä ay tngri nätäg közünür ärsär ·
190. öz köngül-lüg suw süzülsär burqan-lar-nïng köligä-si süzük
191. köngül-lüg · suw-qa tüšär tip · anï üčün · tüzün yol-ta

善哉,在《华严经》中名为"解脱"的菩萨对童子是这样说的:"我自己想见十方佛。而那些佛不来我这里,我不去那些佛哪里,就在此地,我将见到那些佛。为什么这样说呢? 我知道,我自己的心像水一样,而诸佛则像月亮一样。水清净就能看见月亮,心之水,那么诸佛的影响就会施予清净水之上。[1]

---

[1] 张铁山:《回鹘文佛教文献〈说心性经〉译释》,《中国少数民族文学与文献论集》,第303~304页;阿里木·玉苏甫:《敦煌回鹘写本〈说心性经〉研究》,第67~68页。

在《华严经》中与之相对应的汉文原典作：

善男子！我见如是等十方各十佛刹微尘数如来。彼诸如来不来至此，我不往彼。……然彼如来不来至此，我身亦不往诣于彼。知一切佛及与我心，悉皆如梦；知一切佛犹如影像，自心如水；知一切佛所有色相及以自心，悉皆如幻；知一切佛及以己心，悉皆如响。我如是知，如是忆念：所见诸佛，皆由自心。[1]

可以看出，两段文字的相似极高，《说心性经》的内容是根据《华严经》翻译而来。

八、结论

由于汉文佛典为散文体，而回鹘文本为韵文体，比对非常困难，上文所列，只是我们目前已确认的部分，尽管尚欠全面，但足以看出敦煌本回鹘文《说心性经》与敦煌禅籍《观心论》《修心要论》《般若波罗蜜多心经疏》及佛典《首楞严经》《华严经》《圆觉经》，乃至五代人永明延寿所撰禅宗灯史《宗镜录》都存在着密切关联。阿依达尔·米尔卡马力曾推测《说心性经》乃智泉都统于14世纪在元朝都城大都根据汉文原文而创作的四行韵文诗，[2]当不无道理。至于"汉文原文"为何？阿依达尔氏同样未能指出。是以，如何将四行诗体的回鹘文与敦煌汉文写本一一对应起来，还有很长的路要走，非本文所可以完成的任务。

比对工作尽管非常艰难，但饶有趣味，如上引《说心性经》中有"水上泡"之譬喻，在多部汉译佛典中都可见到，最早者可追溯至西晋竺法护译《普曜经》：

愚冥之士以此为安，而见侵欺，如适起便灭；处在颠倒，亦如聚沫幻化卧梦；五乐无足，犹海吞流渴饮咸水增其疾患；欲之无常，惟智能觉，愚人不解犹盲投谷。[3]

---

[1] 实叉难陀译：《大方广佛华严经》卷63，《大正藏》第10册，No.279，页339c。
[2] 阿依达尔·米尔卡马力：《回鹘佛经翻译家 Čisuin Tutung 其人》，《西域研究》2016年第3期，第96页。
[3] （西晋）竺法护译：《普曜经》卷4，《大正藏》第3册，No.186，页505c。

第十五章　敦煌本回鹘文《说心性经》为禅学原著说

嗣后,"水上泡"之语屡见于多种佛典,如东晋佛驮跋陀罗译《大方广佛华严经》卷43:"观色如聚沫,受如水上泡";[1]东晋瞿昙僧伽提婆译《增壹阿含经》:"痛者无牢,亦不坚固,亦如水上泡,幻伪不真";[2]刘宋求那跋陀罗译《杂阿含经》亦有"水上泡"之喻。诸如此类,不一而足。此喻在西晋、南北朝、隋、唐、宋等多部汉文经典中出现,延续时间很长。回鹘文《说心性经》既有可能直接引自《华严经》,因为宋元时代,《华严经》在回鹘中非常流行,既有八十华严,又有四十华严。[3] 同时,也有可能间接引自回鹘文作者耳熟能详的汉文禅籍,如成书于五代延寿之手的《宗镜录》同样有"水上泡"之喻。《祖堂集》卷9《洛浦和尚·浮沤歌》云:"权将沤水类余身,五蕴虚攒假立人。解达蕴空沤不实,方能明见本来真"[4]。洛浦禅师以水上泡譬喻五蕴合成的人身,不但深知五蕴合成的人身不实,而且洞察五蕴的本身亦空,从而明明白白地见到超出虚幻蕴沤之外的亘古长新的本来面目[5]。由于文献作者对汉文佛典,尤其是禅籍的熟识度很高,写作时信手拈来,多部佛经内容杂陈而又交叉糅合。该文献之属性与来源长期难得正解,主因盖出乎此。

综上所述,可以看出,《说心性经》并非某一种佛教文献的翻译与改编,而是以禅宗理论为基础,根据自己对禅籍的理解而进行的创作,体裁为四行诗形式,观其行文风格,与敦煌出土安藏撰韵文体《赞十种善行》[6]颇有异曲同工之妙,却与汉文《观心论》《修心要论》《般若波罗蜜多心经疏》及《宗镜录》等禅籍所用的散文体迥然有别,故而言其为佛教哲学原著当不为过,更确切一点讲,称其为维吾尔族、裕固族历史上唯一留存的禅学原著似乎更契合其要义。

---

[1] （东晋）佛驮跋陀罗译:《大方广佛华严经》卷43,《大正藏》第9册,No.278,页672c。
[2] （东晋）瞿昙僧伽提婆译:《增壹阿含经》卷27,《大正藏》第2册,No.125,页701b。
[3] 杨富学:《回鹘之佛教》,第105~108页。
[4] （唐）静筠禅师编,张华点校:《祖堂集》卷9《洛浦和尚》,郑州:中州古籍出版社,2001年,第306页。
[5] 吴言生:《禅思想渊源》,北京:中华书局,2002年,第72页。
[6] 耿世民:《古代维吾尔诗歌选》,乌鲁木齐:新疆人民出版社,1982年,第67~73页。参见王红梅:《元代畏兀儿翻译家安藏考》,《敦煌学辑刊》2008年第4期,第75~83页。

《说心性经》内容复杂,来源众多,若要深入探究其所反映的禅学思想、文学特点与佛教旨趣,势必须明了其引据的禅宗典籍。就目前的观察,可以推定其思想来源为唐五代时期的汉地禅宗。遗憾的是,唐五代禅宗文献多已失传,仅有一部分幸存于敦煌莫高窟藏经洞而得窥其一斑。这些文献大都不为历代大藏经所收,难以引起研究者的关注。笔者通过爬梳敦煌禅宗写本,结合存世禅宗典籍,虽然讲《说心性经》之主干内容大体弄明白了,但还有少部分内容需要进一步研究。

宋元时期,禅宗在回鹘-畏兀儿中一直有传播,敦煌吐鲁番出土回鹘文文献对此多有反映,如柏林吐鲁番残片 Ch. 1421v(原编号 T II T 2068)出自吐峪沟石窟,其中有《禅门十二时》之内容。[1] 此外,中原诸地出土的碑刻墓志中也可见对回鹘禅宗信仰的相关记载。[2] 本文献的发现,可为回鹘禅宗的深入系统研究提供更为扎实可靠的依凭,也为回鹘文学研究平添一重要内容。回鹘佛教特别倚重于汉传佛教,故而笔者曾断言,回鹘佛教其实可被视作汉传佛教在西域的一种翻版,是汉传佛教强烈影响我国周边民族的一个典型范例。[3]《说心性经》所引据的经典差不多都来自汉文佛教禅籍,而且多为中土僧人所撰,可为上述推测提供新的佐证。

原刊《西南民族大学学报》2018 年第 1 期,第 79~86 页。与张田芳合撰,其中第七部分为新增补的内容。

---

[1] P. Zieme, A Chinese Chan text from Dunhuang in Uigur transcription and in translation from Turfan, Irina Popova & Liu Yi (eds.), Dunhuang Studies: Prospects and Problems for the Coming Second Century of Research, St. Petersburg, 2012, pp.361-364;[德]茨默著,杨富学、朱满良译:《一件敦煌禅文献在吐鲁番回鹘语中的音转与翻译》,《回鹘学译文集新编》,兰州:甘肃教育出版社,2015 年,第 127~135 页。

[2] 杨富学:《回鹘与禅宗》,《曹溪禅研究》第 3 辑,北京:中国社会科学出版社,2003 年,第 213~218 页。

[3] 高士荣、杨富学:《汉传佛教对回鹘的影响》,《民族研究》2000 年第 5 期,第 76 页。

第十六章 Three Uighur Inscriptions Quoted from *Altun Yaruq* in Dunhuang Mogao Grottoes 464

There are large number of Uighur inscriptions in Dunhuang Grottoes, including the Mogao Caves, West Thousand Buddha Caves and Yulin Grottoes. The author finds that there are more than 300 items of inscriptions, among which Yulin Grottoes is the most and richest. We can see more than 200 Uighur inscriptions in extant 41 caves, about 190 items, 500 lines.[1] Dunhuang Mogao Grottoes is the second where about 100 items were found. The Uighur inscription found in Dunhuang were possibly written by pilgrims, except Cave 464 (Pelliot No.181) whose contents are quotations of the Buddhist sutras. (Fig.34)

Fig.34 Interior of cave 464

---

[1] James Hamilton – Yang Fuxue – Niu Ruji, Textual Research on Uighur Inscriptions in the Yulin Grottoes, *Dunhuang Research*, 1998, No.2, pp.39 – 54.

In Cave 464, there is large number of Uighur inscriptions, but most of them are too misted to be read, only three items on the south and north wall of corridor between the front room and back one can be read clearly.

There are two Bodhisattvas reserve separately on the south and north wall of corridor all which are oxygenated to be black completely, the square frame for inscriptions on the top of each Bodhisattva have some Uighur inscriptions. (Fig. 35) Co-operating with Dr. Aydar Mirkamal, the author gives the transcription and translation as following:

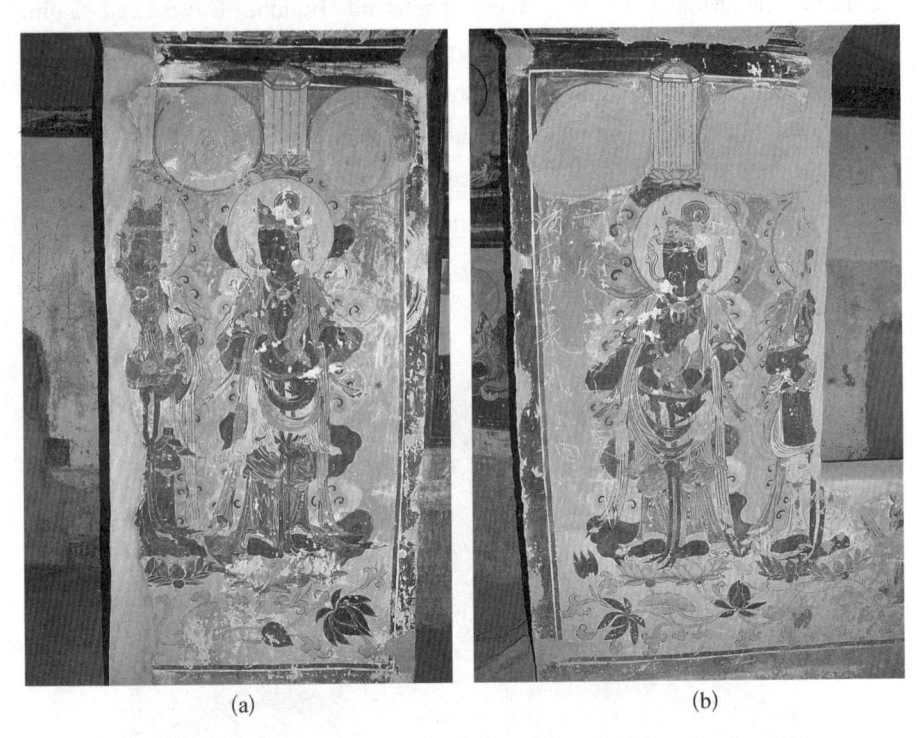

Fig.35 Bodhisattvas on the south (a) and north (b) wall of corridor

A. Both the inscription (4 lines) and the Bodhisattva on the right of south wall are well-preserved (Fig.36).

Text:

A1. bešinči oruntaqï bodïstv-larqa körü qanïnč-sïz

A2. körklä qïz ärdini tolp ät'öz-in üküš türlüg

第十六章　Three Uighur Inscriptions Quoted from *Altun Yaruq* in Dunhuang Mogao Grottoes 464

A3. ärdinlig yevig tiziglär üz-ä etinip yaratïnïp
A4. töpüsintä yana xu-a-lïɣ tetim kädmiši köẓünür:

tetim (A4, crown) borrowed from Sog. δyδm < Greek διάδημα,[1] corresponding to *didim*, the crown which a bride wears on her wedding night can be seen in *Dīwān Luɣat-it Türk. I*. In the Uighur manuscripts, there are some examples such as alp tetimlig, alp tetimlig köngül[2] and uluɣ küčlüg alp tetimligin qatïɣlandačï atl(ï) <t(ä)ngri> burxan.[3] So, the inscription can be translated as following:

This is Fifth Stage of Bodhisattva that manifests the lady body with various pearls, jade necklaces and an ornamental crown.

Fig.36　Inscription on the right of south wall

B. Both the inscription (4 lines) and Bodhisattva on the left of south wall are partly damaged (Fig.37):

B1. [törtünč oruntaqï bodïstv]-larqa [tört yïngaqdïn yeellig
B2. tilgänlär tüü türlüg adruq ad]ruq tütsük xu-a čečekl[är]

---

[1] G. Clauson, *An Etymological Dictionary of Pre-Thirteenth-Century Turkish*, Oxford, 1972, p.456.
[2] Jens Wilkens, *Das Buch von der Sündentilgung*. Teil 1-2, Edition des alttürkischen Kšanti kılɣuluq Nom Bitig (=Berliner Turfantexte XXV), Brepols, 2007, S.68.
[3] Jens Wilkens, *Das Buch von der Sündentilgung*. Teil 1-2, Edition des alttürkischen Kšanti kılɣuluq Nom Bitig (=Berliner Turfantexte XXV), Brepols, 2007, S.132.

B3. [sača tökä kelip] *tolp yayïz* yer yüzin xu-a čečeklär üz-ä tošyur*miš*[larï]

B4. köz-ünür: (supplementary based on the edition of Prof. Cevel Kaya)

yeellig tilgän (B1-2) corresponds to the "wind wheel" in Buddhist concept. The sentence can be translated as following:

This is the [scene of the Fourth Stage of Bodhisattva] that manifests the various flowers which were sprayed on the ground.

Fig.37　Inscription on the left of south wall

C. The inscription (9 lines) of Bodhisattva on the left of north wall are well-preserved (Fig.38):

C1. onunč oruntaqï bodistv-larqa sopïy altun önglüg ät'öz-
C2. lüg altun önglüg ök yaruq-luy ät'öz-intin sačrayu ünä
C3. turur körü qanïnčsïz körklä burxan körki ülgüsiz üküš
C4. kolti sanïnča äz-rua t(ä)ngri-lär quvray-ï üz-ä tägrikläp
C5. tapïy uduy ayïr ayay üz-ä üz-äliksiz üstinki
C6. yeg soyančïy tatïy-lïy nom tilgän-in ävir-e
C7. nom nomlayu y(a)rlïqamïš-ï közünür ::
C8. :　　　：　　　：　　　::
C9. bu tetir on orun-lar sayuqï erü bälgü-lär közünmäki:

sopïy (C1) is obviously modifier of altun (gold) and can not be seen in the published old Uighur texts. The word was red as sobak by Ceval Kaya, but

第十六章　Three Uighur Inscriptions Quoted from *Altun Yaruq* in Dunhuang Mogao Grottoes 464

no explanation was given.[1] In Kazakh, sobïq means corncob. The colour of corncob is golden yellow, sopïγ mentioned above should be the modifier of the golden. The word erü (C9) was red irü by Ceval Kaya.[2] But, ir- means "tire" or "decompose" and is not suited to the meaning of the inscription. From the context, the word should be red er-, indicating "to reach" or "to follow" or "subsidiary". Then the inscription can be translated as following:

This is the [scene] of the Tenth Stage of Bodhisattva who manifests the tathāgata, whose body gave out golden light and was

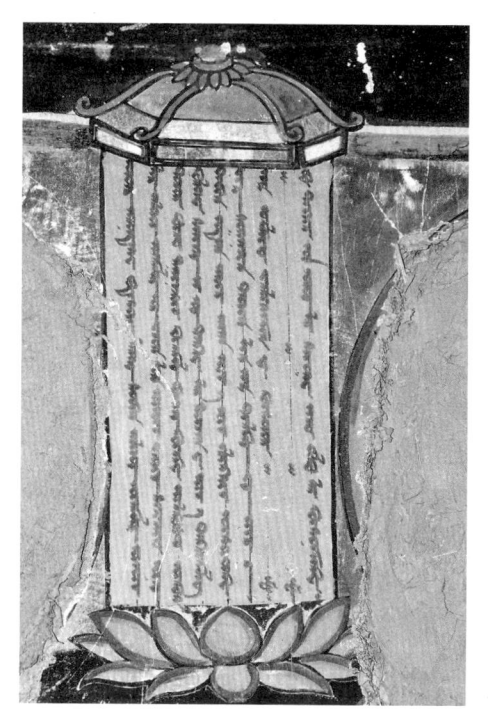

Fig.38　Inscription on the left of north wall

gathered round by innumerable brahmans who are preaching the Dharma reverently. The scene shows that the Tenth Stage of Bodhisattvas can know clearly every things.

The Bodhisattva figure on the right of north wall of corridor is half wrecked. Words in the square frame for inscriptions all disappeared, the image should be the Ninth Stage of Bodhisattva.

The content mentioned above corresponds to words in chapter 4 of *Altun Yaruq* which was translated into Chinese in 703 by Yijing, a famous Buddhist monk of the Tang Dynasty. Except the Fourth, Fifth, Ninth and Tenth Stage of Bodhisattva, we can see according the remains that the other six Bodhisattvas are lost when the adobe corridor is damaged. The remain of north

[1]　C. Kaya, *Uygurca Altun Yaruk Giriṣ, Metin ve Dizin*. Ankara, 1994, S.194.
[2]　C. Kaya, *Uygurca Altun Yaruk Giriṣ, Metin ve Dizin*. Ankara, 1994, S.195.

199

corridor assumes square rule-shaped, the lower limb 2.5 m long, the upper limb 0.9 m long. This is an obvious example. (Fig.39)

Fig.39 Present Situation of the north wall of corridor

Compared word by word, from the Uighur inscriptions with the related text of the Uighur Version of *Altun Yaruq* found in Wenshugou in Jiuquan, Gansu, which was translated by Šïngqo Säli Tutung based on the Yijing's Chinese translation, it can be seen that whole text is fundamentally accordant. In addition the separate aspects of a phrase are different. For example, etinip yaratïnïp (A3) was written as etip yaratïp in the Wenshugou version of the *Altun Yaruq*; kädmiši (A4) was written as kädmišläri in the Wenshugou version of the *Altun Yaruq* [1]; ät'öz-intin (C2) was written as ät'öz-inte in the Wenshugou version of the *Altun Yaruq*; üz-ä (C5) as alu in the Wenshugou version of the *Altun Yaruq*; tatïɣ-lïɣ (C6) as noš tatïɣ-lïɣin the Wenshugou version of the *Altun Yaruq*. [2] The fact shows that all of three Uighur inscriptions quoted from *Altun Yaruq* were translated by Šïngqo Säli Tutung.

There are 492 caves in the Dunhuang Mogao, the date of most of which

---

[1] C. Kaya, *Uygurca Altun Yaruk Giriş, Metin ve Dizin*. Ankara, 1994, S.194.
[2] C. Kaya, *Uygurca Altun Yaruk Giriş, Metin ve Dizin*. Ankara, 1994, S.195.

第十六章　Three Uighur Inscriptions Quoted from *Altun Yaruq* in Dunhuang Mogao Grottoes 464

is clear, only few caves in cluding Cave 464 can not be dated up to now. The Uighur inscription provide an important evidence for the dating of the cave.

Cave 464 is located at the northernest end of Mogao Grottoes. When was the cave built?

It is demarcated in Western Xia Dynasty (1038 – 1227) and rebuilt in the Mongol-Yuan Dynasty (1227 – 1368) in general. Recent archaeological data proves that there are two small rooms separately on the south and north wall of the main room, namely front room. This type of cave can only be seen in the Northern Liang Dynasties (401 – 439) in Dunhuang and Turpan, Xinjiang, like Mogao Cave 268 and Tuyoq Cave 42. Therefore, I think the cave 464 served originally as a meditating cave, lately (maybe in the mid-14th century), the corridor leading small meditating rooms were blocked and the cave became a worshipping Buddha cave. So it seems that the cave 464 was built in the Northern Liang instead of Xixia.

The extant wall-paintings didn't belong to Xixia, either. Based on the Uighur inscriptions, in combination with the others everywhere in the cave, it seems the extant wall-paintings of front room and corridor in cave 464 should have been drawn by the Uighurs. This cave was used by the old Uighur Buddhists for a long time.

The following facts should be paid attentions:

Firstly, the Uighur texts from cave 464 belong to the early and middle period of the 14th century as suggested by Moriyasu Takao;[1]

Secondly, the small meditating room in the northwest corner was changed into a tomb. In order to protect the tomb, a new square room was constructed enclosing the tomb. The fact shows that the died enjoyed a high social position.

The tomb was dug in 1920 by Russians where a lot of pearls and jades and a leg of the Mongolian princess were discovered. The leg is kept in

---

[1] Moriyasu Takao, An Uigur Buddhist's Letter of the Yüan Dynasty from Tunhuang (Supplement to "Uigurica from Tun-huang"), *Memoirs of the Research Department of the Toyo Bunko* 40, 1982, p.15.

201

Dunhuang Research Academy. I think, the princess maybe come from the Mongolian Xining King Family migrated from Čaɣtay Khanate of Central Asia who ruled Dunhuang in 1330 to 1372. It can be said that, according to the remains, the cave (at least the front room and corridor) was rebuilt in the late Yuan Dynasty by the Uighurs while the back room was rebuilt in the early of the Yuan Dynasty.

The three inscriptions are important, because:

It shows that the cave was rebuilt by the Uighurs in the Yuan Dynasty instead of the Western Xia Dynasty;

There are 23 Uighur caves in Dunhuang which are dated to the 11th century, only cave 464 belonging to the mid-14th century;

It is first time to find the images of the Ten Stage of Bodhisattvas in Dunhuang that enriches the contents of Dunhuang arts;

It is only known that wall-paintings were painted based on the Uighur translations of Šïngqo Säli Tutung and that they recorded the contribution of the Uighurs to Dunhuang cultures.

本文曾提交"古代回鹘语研究国际学术研讨会"(安卡拉,2011 年 6 月 15 日 19 日),原刊 *Şingko Şeli Tutung Anısına Uluslararası Eski Uygurca Araştırmaları Çalıştayı*, Ankara, 2018, pp.249 – 256.

下 编

佛教与回鹘历史文化

第十七章　回鹘弥勒信仰考

回鹘佛教是在汉传佛教的强烈影响下形成的。其所依经本大多译自汉语,佛教术语也有很多直接采用汉语形式,佛教艺术也处处深受汉传佛教的濡染,故笔者认为,从某种意义上说,回鹘佛教其实可被视作汉传佛教在西域的一种翻版,是汉传佛教强烈影响我国周边民族的一个典型范例。[1] 回鹘弥勒信仰的形成其实也是汉传佛教影响回鹘的一个实例,只是这种信仰在中原的盛行是在4至8世纪间,9世纪以后便渐趋衰微。回鹘人所接受的只是其余绪,但一直信受奉行,直至15世纪随着伊斯兰教的征服,佛教徒相继变成穆斯林为止。这是中国佛教史上有着特殊意义却又未被记载的一件大事。幸赖吐鲁番、敦煌、哈密等地大批回鹘文佛教文献的出土、研究与刊布,才使这一史实在时隔数百年之后得以重新昭然于世。

1254~1255年,小亚美尼亚王海屯出使蒙古,途次回鹘地区,见当地回鹘人"在一座美丽的庙宇中给弥勒塑造了巨大的泥像"。[2] 可惜,塑像已无法看到了,但有关回鹘弥勒崇拜的文献却时有发现,均以回鹘文写成。有的篇幅较小,如《赞弥勒诗》,本文全文引录;有的篇幅较大,如《弥勒会见记》《Insadi经》等,这里仅能选录其中的一些段落,供高僧大德研究之用,并略作申论,以填补研究中的空白。

一、吐鲁番出土回鹘文赞弥勒诗一首:

我以四偈的颂诗,
不断地赞美;
这样的功德必有善报,
愿能与您相会,弥勒!

---

[1] 高士荣、杨富学:《汉传佛教对回鹘的影响》,《民族研究》2000年第5期,第71~76页。
[2] 何高济译:《海屯行纪》,北京:中华书局,1981年,第22页。

无人想起
在轮回中受苦的我,
当您证成佛果时,
千万别忘记我,弥勒!

愿从三毒[1]污染的
三界[2]行为中,
借佛法之伟力,
将我拯救出来,弥勒!

六贼[3]之敌
把我带入地狱,
今天,我求求您,
请将我救出,弥勒!

由于恶行累累,
眼见我要堕入地狱,
愿四信[4]使我
尝到法药,弥勒![5]

二、吐鲁番出土回鹘文经幢题记一则:

愿以此三宝胜因使我的母亲、父亲和我所尊敬的长者及无量间之众生永离尘缘,遂其心愿,再生兜率天宫。[6]

---

[1] 三毒,指贪、嗔、痴。
[2] 三界,指欲界、色界、无色界。
[3] 六贼,指佛教中所说的六种感觉器官:眼、耳、鼻、舌、身、心。
[4] 四信,指四种信心,即真如、佛宝、法宝、僧宝。
[5] G. R. Rachmati, *Türkische-Turfan Texte*. VII, Abhandlungen der Preussischen Akademie der Wissenschaften, Berlin, 1936, Nr.12, S.60;汉译文载耿世民:《古代维吾尔诗歌选》,第73~76页。
[6] P. Zieme, *Buddhistische Stabreimdichtungen der Uiguren* (Berliner Turfantexte XIII), Berlin, 1985, nr. 46, S.169.

三、吐鲁番出土回鹘文木杵铭文（编号为 IB 4672）：

但愿这一功德善业所产生的力量能使我们以后与崇高的弥勒佛相会；但愿我们能从弥勒佛那里得到崇高的成佛的胜因；但愿我们借助这一胜因所产生的力量，在永劫间和三无量限中将六条解脱之路走完。[1]

关于该铭文的时代，据考，应为947年之遗物[2]，此不赘述。

四、吐鲁番出土回鹘僧菩提瓦伽西拉（Bodi-tuvaca Šīla，相当于梵文 Bodhidhvaja Sīlavat）题记：

通过可敬的、神圣的三宝神力，
将使我母、我父和我所尊重的人，以及
我的福慧最高的睿智导师们，
在无量寿佛国土（或）兜率天宫，
根据每个人的意愿而得往生！[3]

五、敦煌出土回鹘文礼赞三宝文（编号 Or. 8212－122）：

我向兜率天宫顶礼了。我向弥勒和所有菩萨的洪福顶礼了。[4]

六、吐鲁番出土回鹘文发愿文一则（原件现藏柏林，编号为 TIII TV 68 Mz 813）：

远离[烦恼（kle1as?）]……他们是法门卫士，护卫佛法，屏弃恶行……如果他们犯下深重的难计其数且无法量度的罪恶或违犯了戒律的话，[可

---

[1] F. W. K. Müller, *Zwei pfahlinschriften aus den Trufanfunden*, Abhandlungen der Preussischen Akademie der Wissenschaften, 1915, S.8－9；杨富学：《回鹘之佛教》，第181页。
[2] 见杨富学：《高昌回鹘王国的西部疆域问题》，朱雷主编：《唐代的历史与社会》，武汉：武汉大学出版社，1997年，第572页。
[3] P. Zieme, *Buddhistische Stabreimdichtungen der Uiguren* (Berliner Turfantexte XIII), Berlin, 1985, nr. 46, S.37－41.
[4] 杨富学、牛汝极：《沙州回鹘及其文献》，第204页。

以]通过崇高而充满敬意的奉献……积累难以想象和无法形容的功德。通过这一功德,增长天地间以佛法为[美食]的众神和众女神的神力,使家族与群体得以繁衍生息。[通过积攒功德而形成的神圣之力和他们的部落群体,让]宇宙的统治者合罕皇帝来保护和守卫十姓回鹘帝国,保护居住在帝国内外的人民免受痛苦的困扰!此外将使所有愿望得以实现……使[近处]及远处的兄弟和子民们坚定自己的信仰,不受诽谤,不为谣言蛊惑,不受疾病和病痛侵害,对佛祖所描绘的[福地之崇拜和奉献功德之心得到满足!

弥勒佛住世六万岁后灭度。[他]生于翅头末城,父曰妙梵,母曰梵摩波提,弥勒托生以为父母。他出生时,周身放出万丈光芒,使太阳黯然失色。这就是弥勒佛……把人从与生俱来的痛苦中解救出来,使其准确、直接地到达涅槃的彼岸……[1]

此文献较长,计有41行,遗憾的是竟无一行保存完整,内容颇难读通,以上所录仅为其中内容较清楚者。从中不难看出,这段发愿文的基本思想当来源于后秦鸠摩罗什译《佛说弥勒下生佛经》。值得注意的是,文中出现有"宇宙的统治者合罕皇帝"一语,此语在回鹘文中写作 taloy-nung ärkligi xaɣan xan。同一头衔,又见于回鹘文《普贤行愿(Samantabhadracaryāraṇidhāna)》题记[2]中,其意相当于《佛说弥勒下生佛经》所说之转轮王。与之相涉的还有一种来自蒙古语的称谓: dalaiyin xahan,意为"世界之主",[3]显然又是回鹘文 talay-nïng ärkligi 的仿造语,talay 是对蒙语 dalai(达赖)一词的反借用。[4] 合罕皇帝一词,常用于指代蒙古国第二代可汗窝阔台,但有时亦用于称呼其他可汗。[5] 总之,从这一名称可以确定,该发愿文当写成于蒙元时代。

---

[1] P. Zieme, Zum Maitreya-kult in uigurischen Kolophonen, *Rocznik Orientalistyczny*, T. xlix – 2, 1994, S.223 – 224.

[2] P. Zieme, Zum uigurischen Samantabhadracaryāpraṇidhāna, *Studia turcologica Memoriae Alexii Bombaci Dicata*, Neapel, 1982, S.609.

[3] P. Zieme, Zum uigurischen Samantabhadracaryāpraṇidhāna, *Studia turcologica Memoriae Alexii Bombaci Dicata*, Neapel, 1982, S.608.

[4] P. Zieme, Religion und Gesellschaft im Uigurischen Königreich von Qočo. Kolophone und Stifter des alttürkischen buddhistischen Schrifttums aus Zentralasien (= Rheinisch-Westfälischen Akademie der Wissenschaften, bd. 88), Opladen, 1992, S.77.

[5] 杨富学:《回鹘文献所见蒙古"合罕"称号之使用范围》,《内蒙古社会科学》1997年第5期,第44~46页。

七、吐鲁番出土回鹘文《Insadi 经》

该文献当为多种佛经的合本或汇编,现存柏林,1906 年发现于吐鲁番木头沟,编号为 T III M 228（Ch/U 7570）,现存残叶 35 叶,计 1 121 行,每叶均以汉字标明叶码,文中穿插不少汉字,书名见于 757 行,作 insadi sudur。从文中穿插的汉字看,似当译自汉文,但迄今未能找到与之相应的汉文原本。各品之后常附有赞美弥勒,乞求与弥勒佛相会,并能在兜率天宫往生之类的语句。兹录其中的一段为例：

> 愿我们的心变得宁静,愿我们的肉体没有危险,如果我们的生命力与朝气都将耗尽,则我们将面临死亡,啊！我们的父母弥勒,请您赏恩显灵于上吧！如果我们的生命由此得到延续,我们的君主啊！我们的侯爵与王子啊！请接受我们这些奴仆,保护我们(?),让我们升入兜率天宫。[1]

从内容看属小乘之作,约抄写于元代或稍后。

八、哈密、吐鲁番等地出土的大型回鹘文剧本《弥勒会见记》

《弥勒会见记》,不见于汉文大藏经,是目前所存篇幅最大、数量最多的回鹘文佛教文献之一。它由一幕序文和二十五幕正文组成。序文的内容主要为一般的佛教教义和以施主曲·塔什·依干（Qü Taš Ygan）名义书写的回向文；正文以戏剧的形式描绘了未来佛弥勒的生平事迹,是佛教说一切有部毗婆娑派的重要经典。

21 世纪初,吐鲁番木头沟和胜金口发现了不少回鹘文《弥勒会见记》残叶,现均藏德国。据葛玛丽（A. von Gabain）之研究,共有 6 种写本,其中两种为"胜金本",两种为"木头沟本",另外两种出土地则尚未查明。1957 年,葛玛丽将收藏于梅因茨科学院的该著残卷（113 叶）影印刊布,出版《弥勒会见记（Maitrisimit）》第 1 卷；1959 年,她又在柏林科学院发现了一批残卷（114 叶）,1961 年影印发表《弥勒会见记（Maitrisimit）》第 2 卷。1980 年,德国所藏的《弥勒会见记》写本又由特肯作了系统整理后附以转写与德译出版。[2]

---

[1] Semih Tezcan, *Das uigurische Insadi-sūtra* (Berliner Turfantexte III), Berlin, 1974, S.75.

[2] Ş. Tekin, *Maitrisimit nom bitig. Die uigurische Übersetzung eines Werks der buddhistischen Vaibhāsika-Schule*, I-II, Berlin, 1980.

1959年4月,哈密又发现了另外一种回鹘文《弥勒会见记》写本,计有586叶(其中完好无缺或大体完好者约114叶),每叶大小为47.5×21.7厘米,每叶上下左右均留有相等的空白。有些幕前面用朱笔标明演出地点,每叶左侧都以黑色小字回鹘文注明叶数。

在写本的第一、二、十、十二、十六、廿、廿三、廿五诸幕末尾都有内容大致相同的跋文。据跋文知,此先由焉耆著名佛教大师圣月据印度文本改为古代焉耆语,[1]又由智护大师据之转译为回鹘语。

关于此回鹘文译本成书的年代,学界莫衷一是。葛玛丽认为德国写本(胜金口出土)抄于9世纪,译成年代应在此前;哈密顿(J. Hamilton)则根据德藏写本与敦煌所出早期回鹘写本的相似性,认为其应属10世纪。冯家昇认为:"译经的年代不应早于840年回鹘人西迁之前,也不能晚到11世纪以后。"土耳其学者特肯(Ş. Tekin)曾根据葛玛丽所刊的一件文献中的施主名为Klanpatri(来自梵文Kalyānabhadra,意为"善贤"),与吐鲁番出土木杵铭文中的施主相同,认为此木杵之时代应为767年,故认为此书当成书于8世纪;此说得到了斯拉菲尔·玉素甫等人的支持。耿世民指出其成书时间应在8~9世纪之间。然特肯所说的那则回鹘文铭文其实是947年之遗物,由此可以说,《弥勒会见记》写本亦应属于10世纪。[2]

该文献对回鹘之弥勒崇拜有着集中的反映,这在文献序章施主发愿文中就有表露:

> 羊年闰三月二十二日,我对三宝虔诚的优婆塞曲·塔什依甘都统和我的夫人托孜娜一起为了能与未来佛弥勒相会,特造弥勒尊像一躯,并使人书写《弥勒会见记》一部。[3]

诸如此类的敬奉弥勒之文在回鹘文佛教文献中是极为常见的,此不一一赘举。

---

[1] 焉耆文《弥勒会见记》写本,在吐鲁番七个星遗址中也有发现。对其之研究,见季羡林:《吐火罗文〈弥勒会见记〉译释》(=《季羡林文集》第11卷),南昌:江西教育出版社,1998年。

[2] 对这一问题的讨论,详见杨富学:《回鹘之佛教》,第96页。

[3] 伊斯拉菲尔·玉素甫、多鲁坤·阚白尔、阿不都克尤木·霍加研究整理:《回鹘文弥勒会见记》Ⅰ,第18页。

第十七章 回鹘弥勒信仰考

从中可以得到如下的结论：

1. 9~15 世纪间，弥勒信仰在回鹘中非常流行。佛教何时传入回鹘，史书无征，但可知在唐武德至贞观年间（618~646），回鹘中已有被命名为"菩萨"的酋长。[1] 差不多与此同时，居于甘、凉之间的回鹘别部——契苾部也出现了一位名为"沙门"的首领，并被任命为贺兰州都督。[2] 说明早在 7 世纪上半叶，佛教已传入回鹘之中。但由于 762~763 年间漠北回纥汗国第三代君主牟羽可汗将摩尼教引入回鹘社会，并将之定为国教，这一举措极大地妨碍了佛教在回鹘人中的正常发展。直到 9 世纪中期，随着汗国的灭亡和部众向新疆和甘肃河西走廊的西迁，回鹘佛教才在当地繁荣昌盛的汉传佛教的影响下得以兴旺发展起来。

既然回鹘佛教的兴盛始于 9 世纪，而回鹘佛教又是在汉传佛教的强烈影响下形成的，那么，当时弥勒崇拜在中原地区已渐趋衰微，回鹘佛教何以偏偏要在这个时候继其余绪呢？这一现象形成的原因，我认为需从西域佛教的特殊性中去寻找。弥勒信仰，在西域有着十分悠久的历史，"弥勒三部"中有两部就是龟兹高僧鸠摩罗什翻译的，罗什曾驻足吐鲁番，自应对那里的佛教产生影响。北朝时期，吐鲁番地区的弥勒信仰一直十分流行，这从吐鲁番一带发现的大量汉文写本及北凉承平五年（445）所立《凉王大且渠安周功德碑》中都可得到具体的印证。640 年唐灭高昌，统一西域，西域佛教进一步被纳入汉传佛教的一体化进程，但当时中原地区净土信仰形式的递嬗对吐鲁番等地的影响似乎并不是很大。唐朝初年，弥勒信仰在中原地区尽管还十分流行，但已不敌弥陀信仰之盛。只是在武则天统治时期，由于统治阶级的扶持，才又盛行了一段时间。而在吐鲁番地区呢，弥勒信仰一直十分盛行，与观音信仰、十方诸佛信仰并存，弥陀信仰反而不显。[3] 说明吐鲁番地区之净土信仰演变进程本身就与中原地区不太一致。755 年，安史之乱爆发，吐蕃乘机攻陷陇右、河西，切断了西域与中原的联系，西域佛教进一步走向独立发展的轨道，为以后回鹘弥勒信仰的最终形成铺平了道路。

2. 超脱轮回之苦，达到涅槃彼岸，往生弥勒净土，与弥勒佛相会，是佛

---

[1]《旧唐书·回纥传》，第 5195 页；《新唐书·回纥传》，第 6112 页。
[2]《旧唐书·契苾何力传》，第 3291 页；《新唐书·契苾何力传》，第 4118 页。
[3] 王素：《吐鲁番出土〈功德疏〉所见西州庶民的净土信仰》，《唐研究》第 1 卷，北京：北京大学出版社，1995 年，第 32 页。

教徒虔诚信佛的终极目的。弥勒净土略分为两种,其一是弥勒未来成佛时所成就的人间净土,其二是弥勒菩萨现在居于天宫说法的兜率净土。《观弥勒菩萨上生兜率天经》云:佛灭度后,诸佛弟子若精修诸功德,威仪不缺,扫塔涂地,供养僧众,读诵佛经,念佛形象,称弥勒名,修诸净业,命终之后,即往生兜率天,受诸极乐。甚至闻弥勒菩萨之名,也可往生兜率天。即使不生兜率天宫,也可于未来世中生于龙华树下,值遇弥勒。除了对弥勒的礼敬外,弥勒信仰的基本内容主要就是乞求生兜率净土或未来人间净土,因此又可分为上生信仰和下生信仰,[1]而以上生兜率天宫为主。这些思想在回鹘文文献中都有反映,说明他们对回鹘佛教徒曾产生过极为强烈的影响。

3. 常做弥勒业,是回鹘佛徒由此岸世界向彼岸世界过渡的舟楫。首先,应净化自己的心灵,故回鹘佛经题跋中常常提到信徒要通过忏悔以清净杂念。同时,还应将自己对弥勒佛的虔诚付诸实际,诸如译经、礼忏、发愿、洗浴众僧、抄写印制佛经、给施贫人、供养三宝、功德回向或开凿石窟、妆銮佛画、兴建寺庙、立塔造像等,这些都可作为往生弥勒净土的基础。

4. 从出土文献看,敦煌回鹘之弥勒崇拜远不如吐鲁番兴盛。究其原因,似乎应与敦煌佛教比吐鲁番更同于中原佛教有关。

这里应特别提出的是回鹘人胜光法师(Sïngqu Säli Tutung)对《大慈恩寺三藏法师传》的翻译。该文献现存回鹘文写本多件,其中最重要的一件于1930年或稍前出自南疆,现分藏于北京、圣彼得堡等地。从近年发表的资料看,柏林也藏有该文献的写本残片,既有回鹘语,也有汉—回鹘双语对照者。从题跋知,其译者为别失八里人胜光法师,大致译成于10世纪左右。经德国学者茨默(P. Zieme)研究证实,在回鹘文译本中,多处与弥勒信仰有关的内容被扩充了。[2] 如,《大慈恩寺三藏法师传》卷一〇载玄奘曾口诵偈语:"南无弥勒、如来应正等觉,愿与含识速奉慈颜,南谟弥勒、如来所居内众,愿舍命已,必生其中。"回鹘文本译之如下:

  南无弥勒!这位来自净土世界的人,

---

[1] 汪娟:《唐代弥勒信仰与佛教诸宗派的关系》,《中华佛学学报》第5期,台北:中华佛学研究所,1992年,第194页。

[2] Peter Zieme, Xuanzang und Maitreya, J. P. Laut und K. Röhrborn (eds.), *Sprach- und Kulturkontakte der türkischen Völker*, Wiebaden, 1993, S.229–230.

第十七章 回鹘弥勒信仰考

这位备受尊敬的人,这位真诚、高贵的智者,
我虔诚地乞求自己和所有的人能一道
尽快地在您的面前侍奉您。
哦!我的佛祖!
南无弥勒!崇拜进入净土世界的人,
以及进入精神圣殿的人。
我真诚地希望能够毁灭此身,
以使将来一定能在你们之间往生。

两相对照,不难看出,后者内容有所扩充。如果说这一扩充尚不太明显的话,那就再看另外一段内容。当弟子问及"和尚决定得生弥勒内众不?"时,玄奘简单地答道:"得生。"这是他的最后一句遗言,表露出对弥勒净土的向往。但在回鹘文写本中,情况就大不一样了,多出了玄奘详尽地描述弥勒所居兜率天宫的内容。显然,译者胜光法师是在有意地强调并扩充玄奘法师对弥勒崇拜的内容,想借玄奘这位颇受回鹘人崇拜的佛教大师之口以宣扬弥勒净土的妙胜之处。正是由于回鹘对弥勒的崇拜,《大慈恩寺三藏法师传》这部高僧传才被全文译为回鹘语,盖此文献与弥勒崇拜密切相关也。而《大慈恩寺三藏法师传》的翻译,如同《弥勒会见记》等文献之被译为回鹘语一样,反过来又促进了弥勒信仰在回鹘中的进一步盛行。

弥勒,又译梅怛利耶、每怛哩等,梵文作 Maitreya,意译慈氏,系从佛授记(预言)将继承释迦牟尼佛位为未来佛的菩萨。据《佛说观弥勒菩萨上生兜率天经》和《佛说弥勒下生经》等载,他出身于南天竺婆罗门种姓,后为佛弟子,先佛入灭,上生兜率天内院(即弥勒净土),经四千岁(据称相当于人间五十六亿七千万年)又将下生,在转轮圣王所在国土的华林园内龙华树下成正觉,仍号弥勒菩萨;以其具有未来佛的地位,所以又称弥勒佛。信徒死后均可往生兜率天宫,免除轮回,永不退转。

弥勒本身具有佛弟子、菩萨、未来佛等多种身份。但在印度佛教中,他一般都是以菩萨身份出现的,与金刚手、文殊、虚空藏、观音、地藏、除盖障和普贤一样,同为佛陀的护卫菩萨,其地位并不是很高。到了中国,随着佛教中国化程度的逐步加深,弥勒与其他菩萨一样,其身份、地位与影响都开始发生明显的变化。金刚手、虚空藏、除盖障菩萨几乎被中国僧俗遗忘,文殊、观音、地藏、普贤成了护卫佛陀的四大菩萨,弥勒则因其具有未来佛的

特殊地位而常以佛的身份出现。佛经称其下生时,世界将变得无限美好,没有水火、刀兵、饥馑之灾,人寿八万四千岁,安稳快乐。总之,那是一方政通人和、社会进步的人间乐园,故特别受人们崇拜和向往。这种信仰从北朝直到唐朝中期(4~8世纪),在中国一直非常流行。

弥勒信仰的首倡者为两晋时代的道安(314~385),史称:"安每与弟子法遇等,于弥勒前立誓,愿生兜率。"[1] 自他以后历南北朝而至隋唐,弥勒崇拜不管是在封建士大夫中还是在民间都广为流传,历久而不衰。[2] 其思想集中反映在所谓的"弥勒三部"之中,即前文已提到的北凉沮渠京声译《佛说观弥勒菩萨上生兜率天经》和后秦鸠摩罗什译《佛说弥勒下生经》,另加鸠摩罗什《佛说弥勒大成佛经》。在唐代,对弥勒信仰鼓吹最力、影响最大的应首推玄奘大师。其所作弥勒业在慧立、彦悰撰《大慈恩寺三藏法师传》和冥祥撰《大唐故三藏大师行状》中都有明确的记载。前者之被译为回鹘文就与此密切相关。

在回鹘文佛典中,弥勒一般都不以菩萨身份出现,而以未来佛——弥勒佛的身份流行于世,写作 Maitri(弥勒)Burxan(佛),这种情况与汉传佛教接近而迥异于印度所见。故可以认为,回鹘佛教之弥勒佛观念应借自汉传佛教。

原刊《中华佛学学报》第13期,台北:中华佛学研究所,2000年,第21~32页。

---

[1] (梁)慧皎撰,汤用彤校注:《高僧传》卷五《晋长安五级寺释道安传》,北京:中华书局,1992年,第183页。
[2] 参见唐长孺:《北朝的弥勒信仰及其衰落》,氏著:《魏晋南北朝隋唐史拾遗》,北京:中华书局,1983年,第196~207页。

第十八章　回鹘观音信仰考

作为一种流传极广的宗教文化现象,观音信仰对中国的社会历史和文化都产生了巨大的影响,故而长期以来一直深受国内外学术界的重视。遗憾的是,学术界对于这种现象的重视似乎主要局限于中原汉族地区和西藏地区,对周边少数民族古往今来的观音信仰状况却关注不多。例如,今天新疆维吾尔族与甘肃裕固族的共同祖先——古代回鹘人信奉观世音菩萨的历史情况,学术界即一直少有问津者。

回鹘本为北方草原游牧民族,最初信奉万物有灵的原始宗教——萨满教,[1]大致于7世纪初开始与佛教有所接触。《旧唐书·回纥传》载,隋末唐初回鹘有一首领名为"菩萨"。此人智勇双全,作战时身先士卒,所向披靡,战功显赫,从他开始,回鹘逐步强大起来,成为北方地区具有较强大军事力量的一个民族。这里的"菩萨",即梵语之 Bodhisattva,佛教中指上求菩提、下化众生之仁人。说明早在7世纪初,菩萨信仰在回鹘中就产生了一定的影响。

那么,本文所述的观音菩萨信仰在那个时代是否有所传播呢?因史书缺载,我们不得而知。有幸的是,我们在敦煌、吐鲁番发现的回鹘文文献和壁画中,却找到了古代回鹘人信仰观音菩萨的蛛丝马迹。

古代回鹘文文献中对回鹘观音信仰的状况多有反映,其中最能说明问题的就是《妙法莲华经》第二十五品《观世音菩萨普门品》在回鹘中的盛行。

吾人固知,《妙法莲华经》是大乘佛教所推崇的最重要的经典之一,是随着大乘佛教的出现而产生的。该经并非由某一位作者在一时完成的,其形成过程经历了漫长的阶段,最初出现于公元前1世纪,直到公元1世纪末或2世纪初才最终定型。[2] 中土僧俗对此经极为重视,曾先后八次译之为汉语,今存比较完整的译本有西晋太康七年(286)竺法护所译《正法华

---

[1] 详见杨富学:《回鹘宗教史上的萨满巫术》,《世界宗教研究》2004年第3期,第123~132页。
[2] 杨富学:《〈法华经〉胡汉诸本的传译》,《敦煌吐鲁番研究》第3卷,北京:北京大学出版社,1998年,第23~24页。

经》十卷二十八品；姚秦弘始八年（406）鸠摩罗什所译《妙法莲华经》七卷（或八卷）二十八品；隋仁寿二年（602），阇那崛多共达摩笈多所译《添品妙法莲华经》七卷二十七品，其中以罗什本最为流行。依吐鲁番等地出土的回鹘文《法华经》写本的内容及用词看，不难发现，回鹘文本是以罗什本为底本而转译的。

《观世音菩萨普门品》见于鸠摩罗什译《妙法莲华经》卷七第二十五品，若就整个《法华经》的内容观之，该品似乎与《法华经》的核心内容关系不大，具有独立性，所以，学界推定其出现的时代也应是较晚的。

《观世音菩萨普门品》把观世音描写为大慈大悲的菩萨，遇难众生只要诵念其名号，他即时就可闻声而拯救解脱之。令人感兴趣的是经中对其神通的种种描写，如大火燃烧，不能伤身；大水漂没，浅处逢生；海风颠船，化险为夷；刀杖加身，段段自折；恶鬼恼人，不能加害；枷锁披身，断裂自损；富商行旅，安然无恙；淫欲过度，得离恶念；愚痴低能，智慧充满；妇女求育，得生男女。凡此种种功德利益，都会对信众产生巨大的吸引力。且持法修行简捷可行，易为人们所接受。故在存世的15件回鹘文《妙法莲华经》写本中，《观世音菩萨普门品》（也有可能是单行本《观世音经》，详后）就占去了三分之一。

A. 迪雅科夫（A. A. Djakov）收集品，获于吐鲁番，现藏圣彼得堡东方学研究所。原件为卷子式，长285厘米，宽27厘米，共存224行。

B. 橘瑞超收集品，发现于吐鲁番，梵箧式，残存1页，长41厘米，宽21.3厘米，正面存21行，背面存22行，第3~5行间有一穿绳用的圆孔。

C. T Ⅱ Y 32、39、60，是德国第二次吐鲁番探察队于交河故城获得的，现藏梅因茨科学与文学研究院，馆藏号为Mainz 733，卷子式，长103厘米，宽30.5厘米，有文字61行，开头与中间部分残损较少，后部损毁严重。

D. T Ⅱ Y 51-a，德国第二次吐鲁番考察队获于交河故城，现藏梅因茨科学与文学研究院，馆藏号为Mainz 289，卷子式，长17厘米，宽16厘米，存文字11行。

E. 另有一件文书，编号为TIIY 10+TIIY 18，原件纸质呈黄褐色，墨书，现存2页，共64行。1911年，德国学者缪勒将其研究刊布，德译了全文书，并与汉文本作了对照。[1] 惜刊布者未能就其他情况对该写本做出更详尽

---

[1] F. W. K. Müller, *Uigurica II*, Abhandlungen der Preussischen Akademie der Wissenschaften, Berlin, 1910, Nr.3, S.72-78.

第十八章 回鹘观音信仰考

的报道。据推测，它可能也出自吐鲁番。

在上述诸写本中，唯 A 本内容基本完整，仅 4~5 行有残缺，是目前所存诸写本中保存最好、内容最完整的一份。1911 年，俄国学者拉德洛夫在他的《观世音菩萨》一书中研究释读了该文献，附有德译及详细的疏证和原文模拟。[1] 以拉德洛夫所刊布的 A 本为底本，土耳其学者特肯将上述 5 种写本归为一帙，进行了系统的整理研究，[2] 内容全面准确，为回鹘文《妙法莲华经·观世音菩萨普门品》写本的研究提供了比较可信的蓝本。在此之后，又有另外一些残片被认定同属该品，但内容与上述所引诸写本差异不大。近期，我国学者张铁山重新研究了上述 5 种写本。除了拉丁字母转写、疏证、汉译外，他还尽可能地介绍了《法华经》在回鹘人中的译传情况。可以参考。只是需提醒的一点是，由于受资料所限，他没有注意到该经的其他写本，以致误认为"回鹘文《妙法莲华经》保留至今者，均为该经的《观世音菩萨普门品》"。[3] 其实，在敦煌、吐鲁番等地出土的回鹘文《妙法莲华经》中，另有属于《普贤菩萨劝发品》《药王菩萨本事品》及《陀罗尼品》等多种内容的写本 10 件。

在上述《观世音菩萨普门品》回鹘文写本中，出现有大量的汉文借词，如第 1 行的 sang，借自汉语的僧，未采用梵语的 saxgha；第 2 行将观世音菩萨译作 quanšï im pusar，而未采用梵文的 avalokiteśvara，显然直译自汉语；第 28 行出现的 tsun，显然借自汉语的"寸"；第 120 行出现的毗沙门，直接采用汉语音译 bïsamn，而不采用梵语 vaiśramaṇa。这些说明，回鹘文本当是以汉文本为底本的。更能说明问题的是，在 A 件回鹘文本的第 2~3 行出现有 quanšï im pusar alqudïn sïngar ät' öz körkin körgitip tïnlïγlarqa asïγ tosu qïlmaqï biš otuzunč 字样，意为"观世音菩萨普门品第二十五"。《观世音菩萨普门品》在梵文本及竺法护译《正法华经》、阇那崛多共达摩笈多译《添品妙法莲华经》中同属第 24 品，唯在鸠摩罗什译《妙法莲华经》中被列为第 25

---

[1] W. Radloff, *Kuan-ši-im Pusar. Eine türkische übersetzung des XXV. Kapitels de Chinsischen Ausgada des Saddharmapundarīka* (Bibliotheca Buddhica XIV), St. Petersburg, 1911 (Repr. Delhi, 1992).

[2] Ş. Tekin, *Uygurca Metinler, I: Kuanši im Pusar* (ses Işiten Ilâh), Erzurum, 1960.

[3] 张铁山:《回鹘文〈妙法莲华经·普门品〉校勘与研究》,《喀什师范学院学报》1990 年第 3 期，第 56~68 页。

品。各种因素互相印证，可以确定，回鹘文《观世音菩萨普门品》当转译自罗什汉译本。

这里必须指出，回鹘语《观世音菩萨普门品》译本是以鸠摩罗什译本为底本的，但就具体内容言，二者尚存在着一定的差异，主要表现在：与汉文本相比，回鹘文偈颂（gāthā）部分缺了一些段落，而这些内容又是与前文所述观世音的名号来源及其广大神通的叙述是一致的，这种情况的出现，原因不明，当系回鹘文译者的主观行为。

《妙法莲华经·观世音菩萨普门品》曾以单行本流行，这就是后世所说的《观世音经》（又作《佛说高王观世音经》），首见于道宣于麟德元年（664）编集的《大唐内典录》卷二。唐人僧详在《法华传记》卷一中记载说：

唯有什公《普门品》，于西海而别行。所以者何？昙摩罗忏，此云法丰，中印度婆罗门种，亦称伊波勒菩萨。弘化为志，游化葱岭，来至河西。河西王沮渠蒙[逊]，归命正法，兼有疾患，以语菩萨，即云：观世音此土有缘，乃令诵念，病苦即除。因是别传一品，流通部外也。[1]

这一记载说明，《观世音经》的出现和流传当与北凉河西王沮渠蒙逊的信奉与推崇有着密切的关系，是因为沮渠蒙逊特别推重《妙法莲华经·观世音菩萨普门品》，才有意将其另列出来，使之成为在《妙法莲华经》之外的一部单行佛经。沮渠蒙逊在位于永安元年至义和二年（401~432），而鸠摩罗什是在弘始八年（406）译完《妙法莲华经》的，二者相距甚近。《观世音经》如此之快地被作为单行本流传，除却沮渠蒙逊的个人因素，我认为应系时人对《妙法莲华经·观世音菩萨普门品》重视程度非同一般所致。

在敦煌出土的魏晋隋唐至宋初的发现物中有很多《观世音菩萨普门品》和《观世音经》写、刻本，其中有些还附有精致的插图，可谓图文并茂；在敦煌石窟壁画中，也有大量的《观世音菩萨普门品》及由之变化而来的《观音经变》的变相存在，[2]说明在那个时代，《观世音菩萨普门品》和《观世音经》是非常受民众欢迎的。这种插图本文献、石窟壁画、《妙法莲华经·

---

[1] 《大正藏》第51册，No.2068，页133c。
[2] 藤枝晃：《敦煌册子本〈观音经〉》，《墨美》第177号，1968年，第3~44页；罗华庆：《敦煌艺术中的〈观音普门品变〉和〈观音经变〉》，《敦煌研究》1987年第3期，第49~61页。

观世音菩萨普门品》和独立的《观世音经》都在敦煌一带广为流传。流风所及,回鹘人不仅推重《妙法莲华经·观世音菩萨普门品》,而且也将《观世音经》作为单行本流传,最明显的证据就是在敦煌出土的回鹘文写本《观音经相应譬喻谭》中出现有用汉字书写的"观音经"三字。此外,在吐鲁番出土的编号为 U 4707（T III M 187）的回鹘文《观音颂》印本残卷中也提到,1330 年,元政府派驻云南的回鹘高级官员跃里帖木儿(Yol Tämür)之妻色拉奇(Šaraki)为保佑丈夫平安,曾出资命人印制了《观世音经》。[1]

既然回鹘文文献不止一次地提到回鹘文本《观世音经》的存在,那么,我们前文所述的 5 件回鹘文《妙法莲华经·观世音菩萨普门品》写本有没有可能其实就是单行本的《观世音经》呢？我认为这种可能性是存在的,因为,在 5 种《观世音菩萨普门品》写本中,仅有 A 件注明为"观世音菩萨普门品第二十五",其余几件都无这种文字。至于是残缺还是原本就无这种文字,因本人无法目睹原件,而且也无法找到这些文献的照片,无法断言。

从出土文献看,《观世音经》在回鹘中应有着广泛的传播,并赢得了相应的声望,上引回鹘文《观音经相应譬喻谭》中的授记以大量的篇幅对《观世音经》进行了极力称颂,可从一个侧面反映这一史实。

回鹘文《观音经相应譬喻谭》写本在结构上的特点为押头韵的四行诗形式,内容与《观世音菩萨普门品》密切相关,似应为古代回鹘人在讲说《观音经》之后的唱词,以大量的譬喻故事劝诫人们虔诚信佛。

三篇授记中的每一篇都按传说的时间顺序进行排列,并考虑到听众的需要进行分段,希望通过积累功德和增长智慧以求在未来"超证佛果",文中对《观世音菩萨普门品》(即回鹘文文献所谓的《观音经》)之殊胜多有称颂,现摘引第三篇授记中的相关内容如下:

335. tuš//ta ačuq adïrtlïγ äšidip ∷ maitrï 佛 -lïγ paramart činkirtü baxšï-nï bu oq

336. sudur ärdinig //nomlaḍyalï öḍünüp ∶ tüzkärinčsiz yig üsḍünki 佛

---

[1] G. Hazai, Ein buddhistisches Gedicht aus der Berliner Turfan-Sammlung, *Acta Orientalia Academiae Scientiarum Hungaricae* 23：1, 1970, S.1 - 21;小田壽典：《トル1330 年の雲南遠征餘談》,《内陸アジア史研究》創刊号,1984 年,第 11~24 頁;P. Zieme, *Buddhistische Stabreimdichtungen der Uiguren*(= Berliner Turfantexte XIII), Berlin, 1985, Nr.20, S.122 - 126.

quḍïnga alqïš alïp ∶/

337. ol alqïš-taqï-ča qaḍïɣlanu tavranu asankïlarïɣ ärḍürüp

338. parmït-larïɣ büḍ//-kärip∶ buyan-lï bilgä bilig-li yivig-lärig toɣurup tošɣurup ∶∶/

339. 等觉妙觉 tigmä 二 törlüg tüš käziglärdin ärḍip käčip ∶

340. tüpgärmäk//atlɣ tuš-ta tüzü köni tuymaq burxan quḍïn bulup ∶

341. kälmädük öd-lär-ning//uči qïḍïɣï tükäkïnčä-käḍägi ∶

342. tuḍčï ulalïp üzülmädin käsilmädin mänggün//ärip ∶∶ alqu tïnlɣ-lar-qa asïɣ tusu qïlu ∶

343. 大自在天宫 tigmä//uluɣ ärksinmäk-kä taɣülük∶ ayïšvarasḍan atlɣ orun-ta∶

344. abamuluɣ//öḍün ornašmaq-lar-ï bolɣay ärti ∶∶

345. 善哉 善哉 娑土//qayu-ma 大乘 sudur-lar-qa söz-läsär ∶ qasïnčïɣ tangïsuq uz bolur ∶∶/

346. 观音经 sudur-nung 相应是

请求真谛之师弥勒佛给你讲解这一宝典经文（即《观音经》——引者），你们将得到深不可测的至高无上的佛法；按照佛法去努力追求，你们将渡过无量时和完善波罗蜜多，完成功德和智慧的修炼；你们将通过被称为次第的"等觉"和"妙觉"，并在被称为"完善"的时间里达到真正认识佛陀；直至完成无量劫的末尾，你们将不断精进，并将成为永恒；为众生创造利益，你们将在被称为"自在天宫"的地方，即至高无上的弥勒佛居处，永远居住下去。善哉！善哉！娑土！人们常谈的大乘经文完全是奇妙的和壮丽的！观音经相应。[1]

其内容集中反映了回鹘观音信仰的如下几个方面：

1.《观音经》是大乘佛教无上法宝，常念颂之，可深刻体悟佛法，并达到理想的精神境界；

2. 依《观音经》修行，可获得大功德，成就大智慧；

---

[1] Peter Zieme, *Religion und Gesellschaft im Uigurischen Königreich von Qočo. Kolophone und Stifter des alttürkischen Buddhistischen Schrifttums aus Zentralasien* (= Rheinisch-Westfälischen Akademie der Wissenschaften 88), Opladen, 1992, S.92.

3. 以观音慈悲心利乐有情,可往生大自在天宫(这里应指兜率天宫),与弥勒佛相会,并常住此处。

值得注意的是,这里将观音信仰与往生大自在天宫,与弥勒佛相会的思想联系在一起了。

曹魏天竺三藏康僧铠译《佛说无量寿经》有偈颂称:

大士观世音,整服稽首问,
白佛何缘笑,唯然愿说意。
梵声犹雷震,八音畅妙响,
当授菩萨记,今说仁谛听。
十方来正士,吾悉知彼愿,
志求严净土,受决当作佛。[1]

在该经中,观音是与"净土成佛"思想联系在一起的。中土僧徒依据自己的重视人生、重视现实的意识,把清净的佛土发展为人们死后可以"往生"的另一个幸福美满的世界。相对于被神仙方术化了的只能解救现世苦难的救苦观音而言,净土观音能够接引众生"往生",解决人们的"生死大事",因而另具一种宗教意义。[2] 这样的信仰在中国长期得到了广泛的流传。

而在回鹘文写本《观音经相应譬喻谭》中,弥勒信仰被提高到至高无上的地位。文中不仅多次提到弥勒佛,而且称之为"真谛之师"。信徒们通过念颂观音,以其慈悲之力,死后可以"往生"弥勒佛的居处——大自在天宫(兜率天宫),与弥勒佛相会。这种信仰在其他地区是见不到的,是回鹘观音信仰所特有的内容。在古代回鹘社会中,弥勒信仰蔚为盛行,故而敦煌、吐鲁番出土的回鹘文文献有大量的写经题记和发愿文都将往生兜率天宫,作为信仰的终极目的。[3]

上文所说的《妙法莲华经·观世音菩萨普门品》及其单行本《观音经》

---

[1] 《大正藏》第12册,No.360,页273a。
[2] 夏广兴:《观世音信仰与唐代文学创作》,《上海师范大学学报》2003年第5期,第102页。
[3] 杨富学:《回鹘弥勒信仰考》,《中华佛学学报》第13期,台北:中华佛学研究所,2000年,第21~32页。

属于汉传大乘佛教显宗系统,除此之外,密宗系统的观音信仰在回鹘中也有流播,突出表现在《观世音本尊修法(Avalokiteśvara-Sādhana)》《大乘大悲南无圣观音陀罗尼聚颂经(Mahākāruṇika nāma ārya avalokiteśvara dhāraṇī anuśaṃa sahita sūtrāt saṃgrhītā)》《千眼千臂观世音菩萨陀罗尼神咒经(Sahasrākśa-sahasrabāhv-avalokiteśvara-bodhisattva-dhāraṇī-riddhi-mantra-sūtra)》及《千手千眼观世音菩萨广大圆满无碍大悲心陀罗尼经(Nīlakaṇṭhaka Sūtra)》等密宗经典在回鹘中也有所传译。

《观世音本尊修法》是藏传佛教经典之一,柏林收藏有相关文献5件,均出自吐鲁番地区。其中4件为印本残片,另一件为草体写本残片,内容与观想有关,当系元代遗物。其中,编号为 T III M 192 b(U 4710)的写本残片题跋称:

99. kinki karmau-a baxšï-nïng

100. yaratmïš bo sadana-nï sapdati

101. ačari qatïn qatïn yalvaru

102. ötümiš-kä ∶ mn puny-a širi

103. ävirü tägintim ∷ ∷ ∷

在撒普塔啼阿阇梨(Sapdati Ačari)的反复请求之下,我必兰纳识理把噶玛拔希上师的著作努力翻译完毕。[1]

这里的噶玛拔希(回鹘文作 Karmau-a Baxšï,1203~1282)系藏族著名佛教大师,藏传佛教噶玛噶举派第二代祖师。从噶玛拔希起开始创立了通过活佛转世制来继承法位的办法。回鹘文本译者必兰纳识理(回鹘文作 Punyaširi,13 世纪末至 14 世纪中叶)则为元代著名的回鹘高僧,精通回鹘语、汉语、蒙古语、梵语与藏语,在皇庆年间(1312~1313)曾受命翻译过多种佛教经典,见于记载的有《楞严经》《大乘庄严宝度经》《乾陀般若经》《大般涅槃经》《称赞大乘功德经》和《不思议禅观经》。[2] 从出土文献看,他还曾根据汉文佛典创作回鹘文诗歌《普贤行愿赞》,[3] 译龙树著《大般若波

---

[1] G. Kara-P. Zieme, *Fragmente tantrischer Werke in Uigurischer Übersetzung* (= Berliner Turfantexte VII), Berlin, 1976, S.66.

[2] 《元史》卷二〇二《释老传》,第 4520 页。

[3] R. R. Arat, *Eski Türk Şiiri*, Ankara, 1965, Nr.15, S.72–78.

罗蜜多经》颂词、密宗经典《佛说北斗七星延命经》[1]《吉祥胜乐轮曼陀罗》[2]和这里所述的《观世音本尊修法》为回鹘文。[3]

特别值得注意的是,在吐鲁番发现的回鹘文印经题记中,也曾不止一次地提到《观世音本尊修法》这一经典,如：

1. 癸酉年(1333?),大都普庆寺的和尚们(回鹘文写作 Šilavandi-lar)接受了一项任务,即要把回鹘文《观世音本尊修法》印制成册。全寺和尚们齐心协力,顺利完成了印刷任务。僧侣们在题记中写到,通过这一活动,他们不仅得到了锻炼,而且也为传播佛法做了功德。[4]

2. 丙子年(1336?),俗人勃里不花(Böri Buqa)又重新印制了《观世音本尊修法》。[5]

上述这些回鹘文《观世音本尊修法》写本、印本的发现,以及多种回鹘文印经题跋对该经的记载,体现出回鹘佛教徒对《观世音本尊修法》及观世音菩萨的崇拜之情。

《大乘大悲南无圣观音陀罗尼聚颂经》同属藏传佛教系统的典籍,是佛教徒对大慈大悲观世音菩萨的颂赞,以祈求观世音菩萨的保佑和庇护。现存写本小残片两件,均藏柏林德国国家图书馆,编号分别为 U 5461(T I D 609)和 U 5880(T III M 219.505)。其中,前者出自吐鲁番高昌故城,存文字 11 行;后者出自吐鲁番木头沟遗址,仅存文字 10 行。在汉文佛经中无此经典,回鹘文本当译自藏文。[6]

除了译自藏文的密宗经典外,也有不少与千手千眼观音相关的经典却

---

[1] L. Ligeti, Notes sur le colophon du «Yitikän Sudur», *Asiatica. Festschrift Friedrich Weller zum 65. Geburtstag gewidmet von seiden Freunden Kollegen und Schiilern*, Leipzig, 1954, pp.397–404.

[2] G. Kara und P. Zieme, *Fragmente tantrischer Werke in Uigurische Übersetzung* (=*Berliner Turfan-Texte VII*), Berlin, 1976, S.31–63.

[3] R. R. Arat, *Eski Türk Siiri*, Ankara, 1965, Nr.15, S.154–161; Margit Koves, A Prajñāpāramitā Hymn in Uigur, *Papers on the Literature of Northern Buddhism*, Delhi, 1977, pp.57–67.

[4] G. Kara-P. Zieme, *Fragmente tantrischer Werke in Uigurischer Übersetzung* (=Berliner Turfantexte VII), Berlin, 1976, S.66, B 101 ff.

[5] G. Kara-P. Zieme, *Fragmente tantrischer Werke in Uigurischer Übersetzung* (=Berliner Turfantexte VII), Berlin, 1976, S.66–67.

[6] P. Zieme, *Buddhistische Stabreimdichtungen der Uiguren* (=Berliner Turfantexte XIII), Berlin, 1985, nr.20, S.130–131.

是从汉文翻译过来的,如吐鲁番出土的回鹘文写本《千眼千臂观世音菩萨陀罗尼神咒经》和《千手千眼观世音菩萨广大圆满无碍大悲心陀罗尼经》即是。前者现知写本 7 件,均藏圣彼得堡,编号分别为 SI Kr. II/29 - 1、SI Kr. II/29 - 3、SI Kr. II/29 - 7、SI Kr. II/29 - 10、SI Kr. II/29 - 15、SI Kr. II/30 - 14、SI Kr. II/30 - 16。[1] 后者亦有 7 件写本出土,编号分别为 T I D 668 (U 2363)、T I D (U 2297)、T I D 93 /502 (U 2309)、T II 647 (U 2510)、T I D 93 /505 (Mainz 213)、T I D (U 2304),均由罗伯恩刊布。[2] 其中编号为 T I D 93 /505 (Mainz 231)的回鹘文写本题记称:

    ymä qutluɣ uluɣ tavɣač ilintä……atlɣ-ɣ sängräm-däki…üč aɣïlïq nom ötgürmiš čitung samtso atlɣ ačarï änätkät tilintin tavɣač tilinčä ävirmiš basa yana alqatmïs on uyɣur ilintä kinki bošɣutluɣ bišbalïqïɣ sïngqu säli tutung…tavɣač tilintin…ikiläyü türk tilinčä aqtar-mïš…ming közlüg min iliglig amduq…aryavlokidšvr bodistv-nïng qïlmïš ili //…birlä… uqtu nomlamaq atlɣ üčünč tägzinč tükedi (…)

    时幸福的、伟大的桃花石国(即中国——引者)中有名叫……寺中的洞彻三藏的名叫智通的法师从印度语译为桃花石语,又受赞颂的十姓回鹘的后学别失八里人胜光法师再由桃花石语译为突厥语,命之曰《千手千眼观世音菩萨〔广大圆满无碍大悲心陀罗尼经〕》第三品终。[3]

    该经的译者是古代回鹘著名学者、译经大师胜光法师(Sïngqu Säli Tutung),除了该经外,他还用回鹘文翻译了《玄奘传》《金光明最胜王经》和《观身心经》,而且还有可能翻译过玄奘法师的《大唐西域记》。回鹘文《千手千眼观世音菩萨广大圆满无碍大悲心陀罗尼经》写本的发现,证明胜光法师对密宗经典也不无兴趣。

---

[1] 庄垣内正弘:《ロシア所蔵ウイグル語文献の研究——ウイグル文字表記漢文とウイグル語仏典テキスト—,ユーラシア古語文献研究叢書1》,京都:京都大学大学院研究科,2003 年,第 181~199 页。

[2] K. Röhrborn, Fragmente der uigurischen Version der "Dhāranī Sūtras der grossen Barmherzigkeit", *Zeitschrift der Deutschen Morgenländischen Gesellschaft* 126, 1976, S.87 - 100.

[3] S. Tekin, Uygur Bilgini Singku Seli Tutung'un Bilinmeyen Yeni Ceririsi üzerine, *Türk Dili Araştırmaları Yıllgı Belleten* 1965, S.31.

第十八章 回鹘观音信仰考

《千眼千臂观世音菩萨陀罗尼神咒经》和《千手千眼观世音菩萨广大圆满无碍大悲心陀罗尼经》的中心内容同样是讲观世音菩萨的法力。文中间有药方和宗教礼仪之类的内容,它们是治疗中毒、蛇咬、眼疾、失聪、中风、致命心绞痛、家庭灾难,甚至蚊虫飞进眼睛后的处理办法。其中,《千手千眼观世音菩萨广大圆满无碍大悲心陀罗尼经》是宋人四明知礼(960~1028)所作《大悲忏法》的所依经。此《大悲忏法》自宋代始,一直是中国佛教界最流行的忏仪之一,内含佛教信众每天所诵念之《大悲咒》,对观音信仰的普及与流行居功甚伟。特别值得注意的是,《千手千眼观世音菩萨广大圆满无碍大悲心陀罗尼经》中还有不少内容述及千手千眼观音为信徒开示的达到心愿或躲避灾祸的方法,故而受到回鹘佛教徒特别的崇敬。

上述这些回鹘文佛教经典都出自敦煌、吐鲁番一带,其数量尽管不少,但仍然远远不是相关回鹘文佛经的全部。有趣的是,与观音信仰密切相关的几部经典,不少都有回鹘文写本流传。除了前文已叙述过的《妙法莲华经》和《千手千眼观世音菩萨广大圆满无碍大悲心陀罗尼经》之外,值得注意的还有唐人佛驮跋陀罗译《大方广佛华严经》,该经在卷五十一《入法界品》中阐述了观世音的神力。观世音向善财童子自称:

> 我已成就大悲法门光明之行,教化成熟一切众生,常于一切诸佛所住,随所应化普现其前,或以惠施摄取众生,乃至同事摄取众生。显现妙身不思议色摄取众生,放大光明,除灭众生诸烦恼热,出微妙音而化度之,威仪说法,神力自在,方便觉悟,显变化身,现同类身,乃至同止摄取众生。[1]

这一记载说明,大慈大悲的观音菩萨在救苦救难时为方便起见可"显变化身,现同类身",根据需要变成各种不同的角色。从男到女,从僧到俗,从鬼怪到动物,达33种之多,即后世所谓的"三十三面观音"或"三十三身"。

《大方广佛华严经》现有两种回鹘文译本存在,一为四十华严,一为八十华严。前者出土于吐鲁番,后者发现于敦煌。[2]

此外,《楞严经》很可能也曾被译入回鹘文,在敦煌出土的回鹘文《说心

---

[1] 《大正藏》第9册,No.278,页718a。
[2] 详见杨富学:《回鹘之佛教》,第105~108页。

性经》写本中,即多处引用与《楞严经》《华严经》相关的文字。[1]《元史》在提到回鹘喇嘛僧、著名佛经翻译家必兰纳识里时称:

> 其所译经,汉字则有《楞严经》,西天字(指梵文——引者)则有《大乘庄严宝度经》、《乾陀般若经》、《大涅槃经》、《称赞大乘功德经》,西番字(指古代藏文——引者)则有《不思议禅观经》,通若干卷。[2]

从这一记载看,元朝时期必兰纳识里曾根据汉文将《楞严经》译入回鹘文。对观音信仰而言,《楞严经》卷六《观世音菩萨耳根圆通章》是非常重要的文献,其内容对观音所修持禅法有细致描写,具体包括修行功夫、修证次第与全体功用等诸多方面,对"观音法门"之禅修具有特殊意义。

这些经典的翻译与流行,无疑会进一步推动观音信仰在回鹘中的普及与兴盛。吾人固知,佛教在回鹘中的繁荣主要在宋元时期,以后便逐步走向衰落,至15世纪基本上已让位于伊斯兰教的统治。与之相应,西来的阿拉伯文也被确定为官方文字。回鹘文逐步被弃用,最终成了不为人知的"死文字",回鹘文佛经也自然地被人们遗弃。尤其严重的是,在伊斯兰教传入吐鲁番等地后,出于宗教上的原因,人们有意识地对那里原来流行的回鹘文佛教经典进行了大规模的销毁,所以,吐鲁番出土的回鹘文文献大多都是那些因被埋藏于地下才得以幸存的劫后余孤,多数都属于小残片,只有敦煌莫高窟发现的回鹘文文献保存比较完好,但数量有限。以理度之,当有更多的与观音信仰相关的经典曾被译成回鹘文字流传于世。

随着相关经典的翻译与流传,观音信仰在回鹘社会中得到广泛传播,进而对回鹘的文化艺术产生了深刻的影响。在敦煌、吐鲁番等地发现的回鹘艺术品中,观音绘画是十分常见的,大致可分为以下几种情形:

1. 汉风影响下的回鹘观音像。比较典型的例子可见于敦煌莫高窟第97窟和库车库木吐拉石窟第45窟,后者还有用汉文书写的"南无观世音菩萨"或"南无大慈大悲救苦观世音菩萨"之类的榜题,在库木土拉石窟第42窟中还出现有"南无大慈大悲般若观世音菩萨"榜题,都明显带有汉风特

---

[1] 庄垣内正弘:《ウイグル語寫本・大英博物館藏 Or. 8212-108について》,《東洋学報》第57卷第1~2号,1976年,第017~035页。
[2]《元史》卷二〇二《释老传》,第4520页。

点。也正是因为如此,在西域、敦煌等地众多的观音画像中,我们很难确定到底有哪些作品应出自回鹘艺术家之手。

2. 送子观音像。比较典型的是吐鲁番木头沟遗址出土的回鹘式坐姿观音像,据榜书回鹘文题记,[1]时属9~10世纪的遗物,其怀抱一子,有可能就是最早的送子观音像。[2] 从其身着白衣这一现象看,似乎曾受到了回鹘人长期信奉的摩尼教的影响。在回鹘于840年由蒙古高原西迁新疆与河西走廊之前,摩尼教一直享有回鹘国教的地位。[3]

3. 水月观音。可见于敦煌莫高窟第237窟的回鹘壁画中,观音坐于水边岩石之上,身光为白色,如月轮,天边则绘一弯新月。同样题材的内容又见于榆林窟第21窟(图40)。

图40 榆林窟第21窟回鹘水月观音

---

[1] D. Siren, *Chinese Sculpture from the Fifth to the Fourteenth Century*, London, 1925, pl. 577.

[2] [美]葛雾莲著,杨富学译:《榆林窟回鹘画像及回鹘萧氏对辽朝佛教艺术的影响》,《1994年敦煌学国际研讨会文集·石窟考古卷》,兰州:甘肃民族出版社,2000年,第292页。

[3] 杨富学、牛汝极:《牟羽可汗与摩尼教》,《敦煌学辑刊》1987年第2期,第86~93页。

图41 榆林窟第39窟回鹘千手眼观音

4. 多手观音像。这种题材的作品在回鹘石窟中最为常见,如在榆林窟第39窟绘有六臂观音和千手眼观音(图41);吐鲁番柏孜克里克石窟第41窟和新疆库车县库木吐拉石窟第42窟中绘有千手千眼观音;在吉木萨尔县北庭高昌回鹘佛寺遗址中,也发现有千手观音。

5. 马头观音。在库车库木吐拉石窟第38窟的主室地面所绘敷曼陀罗两侧,各绘有一尊袒上身、披帛、头戴有马头宝冠的神,应是马头观音,系密宗六大观音之一。[1] 此外,在吉木萨尔北庭高昌回鹘佛寺遗址中,也发现有马头观音绘画残片。

上文所述的多手观音与马头观音均属于密宗内容。在密宗观音绘画中,观音手中所持的法器含义非常广泛,既表示朋友的相聚,又表示将众生从统治者的压迫下解救出来的愉悦。它是智慧之镜,是诞生在神殿的莲花,是达到圣境的神音,是祈祷好收成的香柱等。

在绘画之外,观世音菩萨更是每每出现于回鹘文佛教诗歌中。除了前述敦煌本回鹘文《观音经相应譬喻谭》写本外,现知的尚有以下十种:

1. U 5103(T Ⅲ, TV 57),写卷1页,面积14.3×15.3平方厘米,吐鲁番山前坡地出土,存文字45行,内容为《千手千眼观世音菩萨赞》;

2. Ch/U 6573 (T Ⅲ M 141),残片1页,面积12.5×16.3平方厘米,木头沟出土,正面为汉文佛经,背面有回鹘文17行,内容为《不空羂索观音颂》;

3. Ch/U 6821 (T Ⅱ S 32a-1005),残片1页,面积12.2×10.5平方厘米,胜金口出土,存文字17行,内容为《观音赞》;

---

[1] 贾应逸:《库木吐拉回鹘窟及其反映的历史问题》,《1994年敦煌学国际研讨会文集·石窟考古卷》,兰州:甘肃民族出版社,2000年,第311页。

4. Ch/U 7570（T Ⅲ M 228），册子本，现存残片 35 页，为回鹘文《Insadi 经》译本，其中第四部分（1014~1074 行）为《观音颂》；

5. Ch/U 7469（T Ⅱ T 1622），残片 1 页，面积 12.5×16.3 平方厘米，吐峪沟出土，存文字 17 行，为《不空罥索观世音菩萨赞》；

6. U 4921（T Ⅱ D 199），残片 1 页，面积 17×28.5 平方厘米，高昌故城出土，存文字 26 行，内容为《观音颂》；

7. U 5803+U 5950+U 6048+U 6277（T Ⅲ [M] 234），较完整的写本 4 页，每页面积 14.3×15.3 平方厘米，吐鲁番出土，存文字 45 行，内容为《观音赞》；

8. U 5863（T Ⅲ M 132-501），残片 1 页，木头沟出土，内容为回鹘文《观音赞》；

9. Ch/U 6393（T Ⅱ S 32a），残片 1 页，面积 11×9.3 平方厘米，存文字 17 行，内容为《观音赞》；

10. U 4707（T Ⅲ M 187），印本残片 2 页，木头沟出土，存文字 80 行，内容为《观音颂》。

上述这些作品均为押头韵的诗歌，有的在押头韵的同时又押尾韵，这一文学形式堪称回鹘文诗歌有别于其他诗歌的显著特点。现撷取 U 4707（T Ⅲ M 187）回鹘文《观音颂》中的两段以为例证，来观察回鹘文诗歌的这一特色。

  9. tüzün körgäli ärklig tip
   tüzüdin kükülmiš atlɣ-qa
   tuyunmïš-lar iligi ïduq-qa
   tüz töpüm üzä yükünürmn
   我顶礼膜拜
   能公正看待一切的
   被所有人赞颂的
   明鉴之王陛下。

  10. bodistv körklüg qangïm-ay
   bo ögmiš buyan-ïm küčintä
   bod köḍum-ä tïnlɣ-lar
   burxan qutïn bulzun-lar：sadu
   啊，我庄严的菩萨父亲，

愿因我这赞歌之力，
一切行走的众生
得到佛福，善哉！[1]

　　该诗的作者不详，大致作于1330年左右，元政府派驻云南的回鹘官员跃里帖木儿的妻子色拉奇为保佑丈夫平安而在大都（今北京市）出资使人印制了《观世音经》。诗中所谓的 iligi ïduq（明鉴之王）从字面看指的是回鹘统治者亦都护，实际上应借指观世音菩萨。[2]

　　其中，第9段以 tü-/tu-起首（在古代回鹘文中，ü/u通用，不加区分），在第10段中，起首的同为 bo-/bu-（在古代回鹘文中，o/u通用，不加区分），非常押韵，而且音节数目也比较严整。全诗语言优美，对观音菩萨的崇敬与膜拜之情溢于言表，具有极强的感染力，给读者以非常深刻的印象。鉴于其文学特色不关本文宏旨，故此略而不论。

　　综上所述，我们可以看出，观音信仰在古代回鹘人中的传播是相当普及的。这首先表现在有众多与观音相关的经典被译成回鹘文字广为流传，同时也表现在观音形象常常出现在古代的回鹘艺术品中，敦煌、吐鲁番等地发现的印经题跋、观音颂诗更是深刻地反映出古代回鹘佛教徒对观音菩萨的崇敬之情。从译经、印经题跋、艺术品和颂诗看，回鹘中流行的观音，既有显宗的，也有密宗的，既有汉传佛教的影响，也有藏传佛教的影响，同时又不乏自己的民族特色（如颂赞观音的头韵诗），体现出回鹘文化的多样性。

　　本文曾提交"第五届中华国际佛学会议"（台北，2006年3月4日至6日），原载《观世音菩萨与现代社会——第五届中华国际佛学会议中文论文集》，台北：法鼓文化，2007年，第253~276页。

---

[1] P. Zieme, *Buddhistische Stabreimdichtungen der Uiguren* (= Berliner Turfantexte XIII), Berlin, 1985, Nr.20, S.123-124；耿世民：《古代维吾尔诗歌选》，第79~80页。

[2] 小田壽典：《トル1330年の雲南遠征餘談》，《内陸アジア史研究》创刊号，1984年，第16页；Juten Oda, Eski Bir Türk Şiirindeki Yol Temür Adlı Bir Zat Üzerine, *Turkluk Bilgisi Araştımaları* 3, 1993, S.142.

第十九章　佛教与回鹘印刷术

在数以万计的敦煌、吐鲁番出土回鹘文文献中,属于印本者有1000余件,同时,在敦煌莫高窟中,人们又发现了千余枚回鹘文木活字实物和活字本文献,这些为古代回鹘印刷术的研究提供了极为重要的前所未知的资料。

我们知道,回鹘(维吾尔族与裕固族的共同祖先)是我国西北地区具有悠久历史和灿烂文明的古老民族之一,以善于兼容外来文明而著称于世,曾先后信奉过萨满教、摩尼教、佛教、景教、祆教、道教和伊斯兰教等,这在敦煌、吐鲁番出土的回鹘文文献中都可得到证明。在研究这些文献时,我们发现了一个很奇特的现象,那就是在数以千计的回鹘文印本中,无一不是佛教典籍,而其他各种宗教及世俗文献却都是手抄本,竟无一件采用印刷技术;回鹘文木活字全部发现于敦煌莫高窟,这又与佛教不无联系。那么,原因何在呢? 这一问题引起了笔者极大的兴趣。愚以为,这可能与当时回鹘佛教徒人数众多,佛经需求量大有关。由此设想出发,笔者钩稽各种史书,尤其是回鹘文文献的记载,结合新的考古发现,撰成此文,旨在探询回鹘佛教的兴衰及其与印刷术之间的密切关系,从而进一步阐述回鹘佛教徒对我国印刷技术,尤其是活字印刷技术发展的重要贡献。

一、佛教在回鹘中的兴衰

佛教是回鹘历史上流行时代最长且影响最大的宗教。关于佛教之初传回鹘,学术界存在着不同的说法。一种观点认为回鹘人在9世纪中叶由漠北迁往西域、河西之前仅信奉萨满教与摩尼教,而不曾信仰佛教;[1]但多数学者却认为早在漠北时期回鹘人即已与佛教有所接触。笔者认为后一种说法是正确的。《旧唐书·回纥传》曾载,回鹘首领有特健俟斤之子,

---

[1] 護雅夫:《古代トルコ民族と佛教》,《現代思想》5卷14号,1977年,第123~124页;森安孝夫:《トルコ佛教の源流と古トルコ語佛典の出現》,《史学雑誌》第98編4号,1989年,第14(466)页。

名为"菩萨"。他在位的时代在隋末至唐太宗在位期间。这里的"菩萨"即梵语之 Bodhisattva,佛教中指上求菩提、下化众生之仁人。差不多与此同时,居于甘、凉之间的回鹘别部——契苾部也出现了一位名为"沙门"的酋长,并被任命为贺兰州都督。[1] 说明早在 7 世纪初,佛教即对回鹘产生过一定的影响。

8 世纪中叶,漠北回鹘汗国第三代君主——牟羽可汗(759~780 年在位)由洛阳携四摩尼僧入漠北,经过与旧有宗教——萨满教的斗争,摩尼教终于战胜对手而一跃成为回鹘的国教。[2] 在回忆这段往事时,《九姓回鹘可汗碑》说道:"往者无识,谓鬼为佛;今已悟真,不可复事。"[3] 说明牟羽可汗之先世确曾接触过佛教。

840 年左右,由于天灾人祸接连发生,雄强一时的漠北回鹘汗国(744~840)竟为来自叶尼塞河流域的黠戛斯(今新疆柯尔克孜族及中亚吉尔吉斯人的祖先)所灭,其部众遂分路西迁,一支迁中亚,一支投西域,一支入河西。入西域者以高昌(今新疆吐鲁番市)、北庭(今新疆吉木萨尔县)为中心建立了历时达 400 余年之久的高昌回鹘王国(848~1283)。

高昌回鹘王国初期的疆域相当广大,东起今甘肃西端,与瓜沙归义军政权为邻;西至中亚两河流域,包括伊塞克湖地区在内;南自昆仑山北麓与于阗、喀什噶尔一线,北抵天山以北。[4] 这一区域自汉代以来直到回鹘徙此,一直都盛行佛教,当时的高昌、焉耆、龟兹、于阗、疏勒各绿洲都为佛教中心。这里佛寺林立,僧徒众多,不仅有虔诚的佛教徒修筑的寺庙,而且还有许多由王公贵族、富吏豪绅出资修建的佛堂殿宇,各地统治者还常常带头弘扬佛法。上行下效,佛法盛行。这些都为高昌回鹘王国佛教的繁荣奠定了基础。

汉文史籍对高昌回鹘佛教兴盛之状的明确记载,可见于 10 世纪晚期北宋使者王延德的出使报告:

---

[1] 《旧唐书·契苾何力传》,第 3291 页;《新唐书·契苾何力传》,第 4118 页。
[2] 杨富学、牛汝极:《牟羽可汗与摩尼教》,《敦煌学辑刊》1987 年第 2 期,第 86~93 页。
[3] 录文见羽田亨:《唐代回鹘史の研究》,《羽田博士史学论文集》上卷《歷史篇》,京都:同朋舍,1975 年,第 307 页。
[4] 杨富学:《高昌回鹘王国的西部疆域问题》,朱雷主编:《唐代的历史与社会》,武汉:武汉大学出版社,1997 年,第 573 页。

佛寺五十余区,皆唐朝所赐额,寺中有《大藏经》《唐韵》《玉篇》《经音》等,居民春月多群聚遨乐于其间。[1]

从这一记载看,当时高昌回鹘的佛教即已获得蓬勃发展,佛寺遍地开花,仅区区高昌一地就有50余座,而且拥有众多的信徒。寺中除收藏有《唐韵》《玉篇》《经音》等来自中原的典籍外,还藏有卷帙浩繁的《大藏经》。

除高昌外,龟兹回鹘境内的佛教也是极为发达的。自3世纪中叶始,龟兹即已发展成为西域佛教的一大中心。回鹘徙入此地后,不仅接受了当地佛教,而且使之更加繁荣,这从现有的克孜尔、库木吐拉、森木塞姆、克孜尔尕哈等石窟中大量的属于高昌回鹘时期的回鹘佛教壁画、回鹘文题记,以及龟兹地区出土的回鹘文木简中都可得到证明。

北庭作为高昌回鹘王国的夏都,文化昌盛,于10世纪左右造就了胜光法师(Singqu Säli Tutung)这一伟大的回鹘文佛经翻译家,他先后译出的经典有《金光明最胜王经》《玄奘传》《千手千眼观世音菩萨广大圆满无碍大悲心陀罗尼经》《观身心经》等。982年王延德至北庭会见回鹘王时,即曾憩于高台寺,并瞻仰了唐太宗贞观十四年(640)于此地兴建的应运太宁寺。[2] 推而论之,二寺在回鹘王国中当有较高的地位。

哈密佛教在高昌回鹘王国时期也得到了较大的发展。位于今哈密市柳树泉农场白杨沟村的佛教寺院,虽始建于唐代,但蓬勃发展却是在高昌回鹘时代。哈密市五堡乡四堡村北4.5公里处的恰普禅室,内存少量壁画,从线描看,亦系高昌回鹘时代之遗物。[3]

从上文的论述可以看出,9~11世纪是西域回鹘佛教发展的一个高潮,高昌、龟兹、北庭、哈密都发展成为回鹘佛教及其艺术的中心。只是到11世纪以降,随着伊斯兰教的东进,于阗、龟兹的佛教才逐步让位于伊斯兰教,其他地方的佛教仍保持旺势。

蒙元时代,尽管受到了来自西方及中亚的基督教与伊斯兰教势力的蚕食与压迫,但高昌回鹘的佛教依然保持着旺盛的势头。意大利旅行家马可·波罗在行记中对高昌、哈密佛教流行的情况作了如下记载:

---

[1]《宋史》卷四九〇《高昌传》,第14112页。
[2]《宋史》卷四九〇《高昌传》,第14112~14113页。
[3] 参见《哈密文物志》编纂组:《哈密文物志》,乌鲁木齐:新疆人民出版社,1993年,第84~86页。

畏兀儿（指高昌）为一大州，臣属大汗，首府称哈喇火州，治下村镇众多，居民为偶像教徒……基督徒常与偶像教徒通婚。[1]

［哈密］居民皆是偶像教徒，自有其语言。[2]

说明当时高昌、哈密佛教是非常兴盛的。高昌虽有基督教徒分布，但势力不大，且与佛教徒相互通婚，体现了回鹘地区宗教信仰的宽容。

蒙元时代，有大批回鹘佛教徒入居内地，受到了蒙古统治者的倚重，其僧侣常受命在宫廷设法场，为皇室告天祷祝。据《元史》卷三十二《文宗纪》的记载，入蒙古宫廷作法事的回鹘僧人的数量是不小的，如在天历二年（1330）举行的一次佛事活动中，与其事者竟达 108 人。这些高僧，有的皈依喇嘛教，有的充当蒙古皇帝与藏族喇嘛教帝师之间的翻译，更有的出任蒙古皇帝或王室其他成员的老师或代替皇帝出家，影响很大。其中著称于史的有叶仙鼐、阿鲁浑萨理、舍蓝蓝、必兰纳识里等。

叶仙鼐是我们所知最早的回鹘喇嘛僧，曾师从著名的萨迦班智达公哥坚赞。他曾任吐蕃宣慰使多年，政绩显赫，《元史》卷一三三、《新元史》卷一五四、《蒙兀儿史记》卷八十等汉文史籍都为其立有专传，但未提及他曾出家为喇嘛一事。这一缺憾在藏文《萨迦五祖全集》中所收《关于为忽必烈抄写般若经详中略的说明》一文中得到了弥补，弥足珍贵，故引录于下：

一明明三界上师，三界之三途领路人，以此而出名的萨迦般智达，因他的恩典叶仙鼐皈依了佛法。为了修成佛果，王孙贵妃长寿、政权稳固，为了报答父母等的恩情，以及用佛法教化民众，于木狗年秋，在叫做玛康宗多的地方，聘请精通冶炼工艺的工匠，以纯金溶液，在与蓝宝石媲美的纸张上书写能胜三时的《般若波罗蜜多经》、《般若经详中略》。他再三校勘，在书夹板、书带、包书布之间做了很好的经忏，如同产生于五味正理经中，进行了开光大圆满。虽无恶业，但以善业之器物敬献了供养，而且使善业广大而

---

[1] 这段文字不见于冯承钧译：《马可·波罗行纪》，也不见陈开俊等译：《马可·波罗游记》（福州：福建科学技术出版社，1981 年），但见于缪勒与伯希和之英译本。见 Marco Polo, *The Description of the World*, tr. A. C. Moule & P. Pelliot, London, 1938, pp.156－156.

[2] 冯承钧译本：《马可·波罗行纪》，上海：上海世纪出版集团上海书店出版社，2001 年，第 119 页。

第十九章　佛教与回鹘印刷术

持久,聆听《般若经》并牢记在心,因而福泽无边。[1]

文中的木狗年,即1274年,当时叶仙鼐正在吐蕃宣慰使任上。

阿鲁浑萨理,《元史》有传,称其出自回鹘王族,在忽必烈时官至尚书右丞、中书平章政事,位高权重,死后被追封为赵国公。"幼聪慧,受业于国师八哈思巴,即通其学,且解诸国语。"[2]这里的八哈思巴即八思巴。阿鲁浑萨理从其学佛法,成为虔诚的喇嘛,很受忽必烈器重。

舍蓝蓝是我们所知唯一的回鹘女喇嘛。她曾在元朝宫廷为后妃们讲经说法,而且还将多种佛教典籍译为回鹘语,其在蒙古宫廷中地位之高,佛事活动之频繁,抄经之丰,布施之广,建寺之多,在元代回鹘僧徒中都是很少见的。[3]

必兰纳识里也很值得注意,他是《元史》卷二〇二《释老传》中唯一立有专传的回鹘喇嘛僧。他精通回鹘语、汉语、蒙古语、梵语与藏语,不仅有译经之才,而且善事管理,曾作为替僧,代元成宗出家。故而得到成宗重用,被擢升为开府仪同三司,仍赐三台银印,兼领功德使司事和诸国引进使。又被任命为"国师",地位仅次于"帝师"。

元世祖至元二十二年(1285)春至二十四年(1287)曾对《大藏经》进行过一次大整理,主要是以藏文经卷来勘对汉文经卷,总1 440部,5 586卷,定其名为《至元法宝勘同总录》。参加工作者29人,既有汉人、藏人,又有回鹘人和印度人。在领衔的5位回鹘人中,迦鲁挐答思、安藏、合台萨理3人在《元史》或《新元史》中都有专传,且都与蒙古宫廷有着密切的关系。如安藏,"十九被征,召对称旨,为特赐坐。世祖即位,进《宝藏论玄演集》一十卷,嘉叹不已"。[4]乞台萨理为阿鲁浑萨理之父,其事见于《元史·阿鲁浑萨理传》。乞台萨理"通经、律、论。业既成,师名之曰万全。至元十二年(1275),入为释教都总统,拜正议大夫、同知总制院事"。我们知道,总制院是宣政院的前身,管理全国佛教及吐蕃政务。乞台萨理能预其事,表明他

---

[1] 尹伟先:《维吾尔族与藏族历史关系研究》(《中国西北文献丛书续编·别卷》1),兰州:甘肃文化出版社,1999年,第199~200页。
[2] 《元史》卷一三〇《阿鲁浑萨理传》,第3175页。
[3] (元)念常:《佛祖历代通载》卷二十二,《大正藏》第49册,No.2036,页734c。
[4] (元)程钜夫:《程雪楼文集》卷九《秦国文靖公神道碑》,湖北先正遗书本。本传载(民国)柯绍忞修:《新元史》卷一九二,上海:开明书店,1935年,第392~393页。

的影响之大,与蒙古宫廷及国师八思巴的关系亦当非同寻常。迦鲁纳答思也是一位富有语言天才的回鹘喇嘛僧,除精通回鹘语、蒙古语与汉语外,还精通梵语与藏语。曾受翰林学士承旨回鹘人安藏的引荐而师从国师八思巴修习密法,充任忽必烈与八思巴之间讲经说法的译师,曾"以畏兀字译西天、西番经论。既成,进其书。帝命锓版,赐诸王大臣"。[1]

此外,"好言财利事"的桑哥,也是一名佛教徒,曾先后师事国师胆巴和帝师八思巴。他精通汉、蒙、藏、回鹘等多种语言,"故尝为西蕃译史……至元中,擢为总制院使。总制院者,掌浮图氏之教,兼治吐蕃之事"。[2] 1287年,总制院改为宣政院,桑哥又为第一任宣政院使。由于其专横跋扈,被《元史》列入《奸臣传》,但藏族古文献《汉藏史集》却对其赞美有加,称之为"有功绩的贤能大臣"。

来自别失八里,出身畏兀儿名门的大乘都,"中统中自其国来觐天光,世祖知其家世甚盛,又知其学问有源,随问随对,上大器之,即命通籍禁门,恒侍左右,诵说经典,益久益亲,赐侍宴衣冠,貂裘帽,金带银器,白玉佛像、银钞等"。[3]

来自高昌的"畏吾儿僧间间,尝为会福院提举,乃国朝沙津爱护赤南的沙之子。世习二十弦,悉以铜为弦。余每叩乐工,皆不能用也"。[4]

这里还应特别注意元代畏兀儿航海家亦黑迷失的佛事活动。作为元政府的使者,他曾于至元二十一年(1284)奉使僧伽刺国(斯里兰卡),"观佛钵舍利"。至元二十四年(1287),他又出使马八儿国(今印度半岛南端),"取佛钵舍利"。[5] 作为元政府的地方官员,他大力扶持当地的佛教活动,并向大都、泉州、河西等地的 100 所大寺看经施钞,[6]影响很大。

与西域回鹘大多皈依佛教的情况相同,迁入河西地区的回鹘人也在当地久盛不衰的佛教文化的影响下皈依了佛门。宋人洪皓《松漠纪闻》记曰:"[甘、凉、瓜、沙回鹘]奉释氏最甚,共为一堂,塑佛像其中,每斋必刲羊或

---

[1] 《元史》卷一三四《迦鲁纳答思传》,第 3260 页。
[2] 《元史》卷二〇五《桑哥传》,第 4570 页。
[3] (元)程钜夫:《程雪楼文集》卷八《秦国先墓碑》,湖北先正遗书本。
[4] (元)杨瑀:《山居新话》,知不足斋丛书本。
[5] 《元史》卷一三一《亦黑迷失传》,北京:中华书局,1976 年,第 3199 页。
[6] 事见元延祐三年(1316)亦黑迷失所立《一百大寺看经记》,碑载陈启仁辑:《闽中金石略》卷十一,《石刻史料新编》17,台北:新文丰出版公司,第 13030~13032 页。

第十九章 佛教与回鹘印刷术

酒,醋,以指染血涂佛口,或捧其足而鸣之,谓为亲敬。诵经则衣袈裟,作西竺语。"[1]所谓的西竺语,即印度梵语。

在河西回鹘中,以甘州回鹘势力最为雄强,并于10世纪初称汗立国,至1028年亡于西夏,前后历百余年。在此期间,佛僧深为甘州回鹘可汗所倚重,经常被派遣出使周边国家。敦煌遗书P.3633《沙州百姓致甘州回鹘可汗一万人状》也说到甘州回鹘"天可汗信敬神佛,更为延年,具足百岁"。[2] 此卷写于911年,这里的神佛似应理解为佛陀,而不是摩尼,尽管二者都被称作"佛"。如此说不误,则可证甘州回鹘统治者在五代梁时即已尊崇佛教了(但还不敢说此可汗已放弃了摩尼教而皈依了佛教)。

如同高昌回鹘、甘州回鹘一样,沙州回鹘也是十分推崇佛教的。尽管史书少见记载,但莫高窟、榆林窟、西千佛洞等石窟保留的23个沙州回鹘开凿的洞窟却证实了那个时代回鹘佛教的繁荣。这些石窟有莫高窟第97、148(甬道及后室局部)、207、237(前室、甬道)、244(甬道)、245、306、307、308、309、310、330、363、399、409、418窟;榆林窟第21(前室甬道)、39窟;西千佛洞第4、9(甬道)、10(甬道)、12、13窟。洞窟中常可见到回鹘王、王妃、王子与贵族官僚的画像,如榆林窟第39窟的回鹘王室人物列像、莫高窟第409、237和148窟中的回鹘可汗像都清晰可辨。[3] 若再仔细甄别,我觉得还可以找到新的回鹘洞窟,如莫高窟第65、430等窟也颇具回鹘画风。

敦煌出土的回鹘文佛经写本也甚多,著名的有回鹘文《善恶两王子的故事》《天地八阳神咒经》《阿毗达磨俱舍论》《阿含经》等约数十种。

这些史实说明,从10世纪直到元代,敦煌就一直是河西回鹘佛教和佛教文化的一个中心。瓜沙归义军统治时期如此,沙州回鹘国时代更是如此。在西夏统一河西后,回鹘佛僧又受到了西夏统治者的倚重,之后又得到河西蒙古贵族的支持,使回鹘佛教在河西,尤其在敦煌一带久盛不衰。在西

---

[1] (宋)洪皓著,翟立伟标注:《松漠纪闻》(长白丛书),第15页。
[2] 王重民:《金山国坠事零拾》,《国立北平图书馆馆刊》第9卷第6号,1936年,第20页。
[3] 刘玉权:《关于沙州回鹘洞窟的划分》,《1987年敦煌石窟研究国际讨论会文集·石窟考古编》,沈阳:辽宁美术出版社,1990年,第1~29页。但文中对石窟的断代尚有可供商榷之处,参见拙作 On the Sha-chou Uighur Kingdom, *Central Asiatic Journal* 38-1, 1994, pp.94-95.

域回鹘佛教徒于15世纪始相继皈依伊斯兰教后,河西回鹘之佛教一脉未绝,丝丝缕缕,一直传承到清代康熙年间,成为回鹘佛教的最后止息地。

西域、敦煌及中原地区回鹘佛教的繁荣,为回鹘佛经印刷业的发展提供了必要的前提。

二、回鹘文佛经印刷

今天所知的回鹘文印本佛典数量众多,举其荦荦大端者有《圆觉经》《八十华严》《金刚经》《大般若经》《佛说大白伞盖总持陀罗尼经》《佛顶尊胜陀罗尼经》《入菩提行疏》《文殊所说最胜名义经》《须大拏本生故事》《佛说天地八阳神咒经》《圣救度佛母二十一种礼赞经》《北斗七星经》《法华经》《普贤行愿》《观世音本尊修法》《慈悲道场忏法》《佛顶心大陀罗尼》《佛说无量寿经》《观无量寿经》《阿毗达磨俱舍论》《佛说胞胎经》等。[1]遗憾的是,在这为数众多的印本中,可确定年份的寥寥无几,仅有7件,故显得弥足珍贵。兹依其题记所述,简略标举如下。

1. 布颜啜厄博士印经题记

题记(编号U 4971 TM 36,未刊)描述了布颜啜厄博士(Buyančoɣ Baqšï)于戊申年(1248)六月十八日(uu šipqanlïɣ bičin yïl altïnč ay säkiz ygmi)印经的过程,印经地点在中都(Čungdu)弘法寺(Xungwasi),[2]其发愿印行的佛经合集包括了六种经典,即《大般若经》《华严经》《法华经》《金刚经》《慈悲道场忏法》和至今尚难确定的佛经Sosingki。[3] 值得注意的是施主的名字与流行的世俗回鹘人名迥然有别。其印经动机在发愿文中是这样表述的:

首先要弘扬佛陀尊贵的思想,其次要将这一功德归于我尊敬的父亲和母亲,第三要满足我所有的现世愿望,并使我在以后能乘上佛祖慈悲之舟,

---

[1] 杨富学:《西域敦煌文献所见回鹘之佛经翻译》,《敦煌研究》1995年第4期,第1~36页;杨富学:《回鹘之佛教》,第72~143页。

[2] 中都,亦即元大都(今北京)。弘法寺是元大都著名的寺院和佛教中心,自辽、金时代起,这里就以刊刻佛经闻名于世。

[3] P. Zieme, Bekerkungen zur Datierung uigurischer Blockdrucke, *Journal Asiatique* 269, 1981, S.386; P. Zieme, Donor and Colophon of an Uigur Blockprint, *Silk Road Art and Archaeology* 4, 1995/96, pp.409–419.

第十九章　佛教与回鹘印刷术

驶出轮回之苦而得到救度,因此,我印刷了……[1]

布颜啜厄博士印经一事,有一点值得特别关注,即其所印经,除上面提到者外,还有一幅保存完好的木刻画。画中一佛坐莲花宝座,面部稍侧。面前的供桌呈斜线摆放,与佛的视线相平行。佛的周围只有少数几位胁侍,左右各有一位年轻的弟子和凶猛的护法神。桌前一年迈弟子呈跪姿,双手合十,两侧各站着三位形象较小的人物,根据他们上方书写的回鹘文花体字可以证明他们是功德主布颜啜厄博士及其双亲妥因啜厄都统(Toyïnčoγ Tutung)和斡毋尔伊特迷失(Oγul Yitmiš)夫人,二人在这件印刷品制成之日都早已亡故。[2] 这一页被多次校正过。很显然这是当时的印刷清样,也是古代印刷史上少见的物证。

2. 大都大白塔寺印《文殊所说最胜名义经》

密藏经典《文殊所说最胜名义经(Mañjuśrīnāmasaṃgīti)》回鹘文译本残片在吐鲁番出土的很多,均为木刻本。现存柏林,近年已由卡拉和茨默刊布出版了其中的35件。[3] 1981年,卡拉又撰文刊布了关于该经的另外4件新残片,[4] 在这些残卷中,有一则题记(编号为U 4759 M 14)记录了该经的翻译过程:

神圣的法宝《文殊所说最胜名义经》由司徒Karunadaz总监翻译,在大都白塔寺内于十干的壬寅年七月将其全部译出,未加任何删节,工作进行得完满细致。善哉!善哉![5]

---

[1] 回鹘文文献TM 36 (U 4791), z.2-6。参见P. Zieme, Bekerkungen zur Datierung uigurischer Blockdrucke, *Journal Asiatique* 269, 1981, S.386-387.

[2] A. von Gabain, Kollektiv und Individualkunst in der mittel-alterlichen Malerei des Tarim-Beckens, *Central Asiatica Journal* 27, 1983, S.42-44.

[3] G. Kara und P. Zieme, *Die uigurischen übersetzungen der Guruyogas «Tiefer weg» von Sa-skya Pandita und der Mañjuśrīnāmasaṃgīti* (Berliner Turfantexte VIII), Berlin, 1977, S.81-121, Taf. xx VII-L.

[4] G. Kara, Weiteres über die uigurische Nāmasamgīti, *Altorientalische Forschungen* 8, 1981, S.227-236; ders, Uiguro-Tibetica, *Proceedings of the csoma de Körös Memorial Sympo-Sium*, held at Matrafüred, Hungary 24-30 September 1976, Budapest, 1978, S.164-167.

[5] P. Zieme, Zur buddhistische Stabreimdichtung der alten Uiguren, *Acta Orientalia Academiae Scientiarum Hungaricae* XXIX-2, 1975, S.198-199.

学者们的研究证实,此十干的壬寅年(šim šipqan-lï bars yï)为1302年,司徒Karunadaz实即《元史》卷一三四中的回鹘著名学者、翻译家迦鲁纳答思。

3. 佚名氏印《北斗七星经》题记

据一份藏文题记可知,回鹘人阿邻铁木耳(Alïn Tämür)完成了《北斗七星经(Yitikan sudur)》的回鹘文翻译工作,由施主思立特勤(Sïlïɣ Tegin)于癸丑年(1313)六月一日(kui šipqan-lïɣ ud yïl altïnč ay bir yangïqa)捐印了千部。[1]

4. 沙拉奇印《观世音经》题记

庚午年(1330)八月初一(king šipqanlïɣ yont yïl säkizïnč ay bir yangïqa),驻守云南的回鹘高级官员跃里帖木儿(Yol Tämür)之妻沙拉奇(Šaraki)使人印制了《观世音经(Avalokiteśvara-sūtra)》(即鸠摩罗什译《妙法莲华经》第二十五品《观世音菩萨普门品》)千部,以求丈夫出征大捷,早日平安归来。遗憾的是,所印经典本身未能保存下来,相反有一篇写于经文与题记之间的赞美诗却保留了很多抄本。发愿人希望她的丈夫跃里帖木儿能够安全返回家园。[2]

跃里帖木儿在该年以云南行省右丞的身份出兵镇压罗罗人发动的起义。就在跃里帖木儿夫人印经的那年六月,跃里帖木儿于建昌顶住了蛮兵万人的进攻,并斩首四百余级。[3] 八月,又擒获罗罗的一个小头目曹通并斩之。[4] 当时跃里帖木儿的夫人很可能就居于都城(即大都,今北京),故她所施经典亦应印制于那里。

5. 大都普庆寺和尚印《观世音本尊修法》题记

癸酉年(1333)五月十五日(kui šipqanlïɣ taqïɣu yïl bišinč ay biš ygmika),大都普庆寺(Puking si wrxar)和尚接受了一项任务,需把藏族佛教大师噶玛拔希(Karmapa, 1203~1282)撰写,由回鹘人本雅失里(Punyaśrī,13世纪末至14世纪中叶)翻译的回鹘文《观世音本尊修法

---

[1] B. Laufer, Zur buddhistischen Literatur der Uiguren, *T'oung Pao* 7, 1907, S.391-409.

[2] G. Hazai, Ein buddhistisches Gedicht aus der Berliner Turfan-Sammlung, *Acta Orientalia Academiae Scientiarum Hungaricae* 23, 1970, S.1-21.

[3] 《元史》卷三十四《文宗纪》,第759页。

[4] 《元史》卷三十四《文宗纪》,第764页。

（Avalokiteśvara-Sādhana)》印制成册。全寺和尚齐心协力，终于顺利地完成了印制任务。他们在题记中说，通过这一活动，自己不仅得到了锻炼，而且也为传播佛法做了功德。[1]

6. 勃里不花印《观世音本尊修法》题记

此《观世音本尊修法》是一位名叫勃里不花（Böri Buqa）的施主在丙子年十一月一日（bing šipqanlïɣ küškü yïl bir ygrminč ay bir yangïqa）印制的。[2] 此年估计是1336年。有一木刻印本小残片提到两位施主，一为嚂嚂（Kki-kki），另一人为 Sävinä Vušin（其中 Vuušin 当借自汉语夫人）。[3]

7. 唐古楚克都统印佚名佛经

吐鲁番出土编号为 U 4753（TM 10）的文献系一木刻本的跋文，内容为尚待甄别的佛教典籍，其中署明日期为至正丁亥年（1347）正月（či čing ting toquz yïl aram ay），施主是唐古楚克都统（Tangučuq Tutung）。[4]

8. 菩提瓦迦西拉印经题记

至正丁亥年（1347）正月，僧侣菩提瓦伽西拉（Bodi-tuvača Šïla）委托印刷了大批的经文，大约有十二部经，其中几部也许只是一些章节或简短的文稿。[5]

9. 佚名氏印佛经

在编号为 T I α 的回鹘文印本历书残片中，可见有至正八年（1348）的题款。其内容与佛教有关。[6]

10. 甘州某人印经题记

在日本京都有邻馆藏有一件非常残破的回鹘文佛经（编号为 No.24），现仅存4行，文曰："愿成就圆满。至正二十一牛年（1361）三月一日于甘州

---

[1] G. Kara‐P. Zieme, *Fragmente tantrischer Werke in uigurischer Übersetzung*, Berlin, 1976, S.66.

[2] G. Kara‐P. Zieme, *Fragmente tantrischer Werke in uigurischer Übersetzung*, Berlin, 1976, S.66.

[3] P. Zieme, *Buddhistische Stabreimdichtungen der Uiguren*, Berlin, 1985, Nr.53.

[4] G. Kara‐P. Zieme, *Fragmente tantrischer Werke in uigurischer Übersetzung*, Berlin, 1976, Text B, anm. 76‐77.

[5] G. Hazai, Fragmente eines uigurischen Blockdruck-Faltbuches, *Altorientalische Forschungen* 3, 1975, S.91‐108.

[6] G. R. Rachmati, *Türkische Turfan-texte*. VII, Berlin, 1937, Nr.18.

（Qamču）印制。善哉,善哉。"[1]

上述所引的 10 份文献,其时代都比较确定,其中最早的为 1248 年,最晚者为 1361 年,都属蒙元时期。

吾人固知,回鹘文文献一般都是采用十二生肖来纪年的,因其周期过短,一般无法确定具体年份。直到蒙元时期,才有少部分回鹘文文献采用了年号纪年法,文献日期遂得明了。还有一些文献采用干支纪年法,以 60 年为一周期,结合其他因素,也可确定年份。但仍有大部分文献无法确定具体日期。从敦煌、吐鲁番出土的回鹘文写本、刻本、壁画题记及甘肃张掖、永昌、北京居庸关等地发现的回鹘文碑刻看,大凡纪年明确的文献都属于蒙元时期,而此时也正是回鹘佛教在西域、河西及中原地区最为繁荣昌盛的阶段。佛教的流行及经典需求量的扩大,应是回鹘印刷术得到发展的直接动因。元末,在全国此起彼伏的农民战争的打击下,蒙古统治风雨飘摇。于是,因依附于蒙古统治而得繁荣的回鹘佛教也深受影响,在元亡以后很快衰退下去,此后再也见不到回鹘文佛经印本问世,即为这一历史现象的如实反映。

在具体年代不明的回鹘文佛经印本中,有一些题记对回鹘印刷术的研究也极有价值。我们先看北京国家图书馆收藏的回鹘文印本《佛说天地八阳神咒经》。该印本是 1929 年由西北科学考察团于吐鲁番一带获得的,经折装,残存三张半七面。[2] 值得注意的是,该文献的页码是用汉文标注的,在第一、二大张所绘《如来说教图》的下面标有"陈宁刊"三字。按,陈宁是元代中叶杭州著名的刻工,他的名字在元刊《碛砂藏》《至大重修宣和博物图》《菩提场庄严陀罗尼经》等处均可见到。[3] 杭州在元代是著名的刊刻中心之一,除了刻印汉文图籍外,也刻印西夏、藏、回鹘等多种少数民族图籍。推而论之,北京藏《八阳经》的刊刻亦应在此时,刻版地点亦应在杭

---

[1] ペーター・ツイーメ、百濟康義:《ウイグル語の觀無量壽經》,京都:永田文昌堂,1985 年,第 31 页。

[2] 黄文弼:《吐鲁番考古记》(中国科学院《考古学专刊》丁种第 5 号),北京:科学出版社,1954 年,第 112~113 页;冯家昇:《刻本回鹘文〈佛说天地八阳神咒经〉研究——兼论回鹘人对于〈大藏经〉的贡献》,《考古学报》第 9 册,1955 年,第 183~192 页(收入氏著:《冯家昇论著辑粹》,北京:中华书局,1987 年,第 433~444 页)。

[3] 张新鹰:《陈宁其人及回鹘文〈八阳经〉版刻地——读冯家昇先生一篇旧作赘言》,《世界宗教研究》1988 年第 1 期,第 128~130 页。

第十九章 佛教与回鹘印刷术

州。值得注意的是,吐鲁番柏孜克里克石窟近年出土有杭州泰和楼大街某金箔店的包装纸,上有木刻墨色印记一方。[1] 那么,其用途何在呢? 我认为不外乎两种可能,要么是包装已印刷好的佛经,要么是包装塑像用或印经用的金箔,反映了高昌回鹘与杭州印刷业间存在的密切关系。

这里再看阿拉特刊布的木刻本《观无量寿经》残卷。[2]

《观无量寿经》汉文本原为散文,后由回鹘学者巎巎将其变为回鹘文诗歌体。因为诗人用流行的分段式头韵法来撰写,故不得不把有些段落缩短,进行调整或写上一些符合头韵条件的词句。在诗体作品的尾题中,出现有 Činaširi 一名,此人当为该印本的施主或印制者。[3] 该文献的翻译与刻印时间,很可能在 14 世纪上半叶,印制地点似在大都。

回鹘文印本残卷《普贤行愿》亦应引起重视。由题记可知,这是一部由蒙古皇帝授意印刷的回鹘佛教典籍。该著作由 62 则偈语组成,在大乘佛教流行地区都有相当广泛的传播,故受到蒙古皇帝及回鹘佛教信徒的敬重。[4]

在布颜海涯沙尔(Buyan Haya Sal)施资印制 110 部 amita-ayuši 经(很可能即《阿弥陀经》)的题记中,[5] 发愿人自称其姐姐妥莱恪·奇孜殿下(Töläk Qïz Tängrim)是亦都护昆乔科的夫人。

在上述诸多印本中,有 7 件在题跋中记录了印刷品的印数,分别为:

100 部(茨默《回鹘佛文教头韵诗》,第 51 号文献,第 25 行)
108 部(同上第 47 号文献,第 10 行、第 49 号文献,第 37 行)
110 部(同上第 40 号文献,第 14 行)
500 部(同上第 42 号文献,第 3 行)
1 000 部(同上第 20 号文献,第 66 行、第 43 号文献,第 4 行)

说明当时回鹘文印本的印数是相当有限的。

如同中原佛教徒一样,回鹘供养人也喜欢在佛教文献的尾跋中对所施

---

[1] 吐鲁番博物馆编:《吐鲁番博物馆》,乌鲁木齐:新疆美术摄影出版社,1992 年,第 110 页,图 238。
[2] R. R. Arat, *Eski Türk Şiiri*, Ankara, 1965, Nr.19 - 20.
[3] ペーター・ツイーメ、百済康義:《ウイグル語の觀無量壽經》,第 138 页。
[4] K. Watanabe, Die Bhadracarī. Eine Probe buddhistisch-religiöser Lyrik, *Inaugural-Dissertation*, Leipzig, 1912.
[5] R. R. Arat, *Eski Türk Şiiri*, Ankara, 1965, Nr. 22; P. Zieme, *Buddhistische Stabreimdichtungen der Uiguren*, Berlin, 1985, Nr.40.

佛典情况进行介绍(只有少数在前言中叙述)。幸亏这些尾跋,才给我们提供了有关作者、翻译者(或改写人)、抄写人、印刷功德主、雕刻工等方面的信息。

回鹘佛教徒在施资修建功德窟时,也步汉人后尘,常把自己的肖像绘于窟内。这在吐鲁番的柏孜克里克石窟、库车的库木吐拉等石窟中都非常多见。同样,回鹘施主的画像在回鹘文写本和木刻印刷品中屡有出现。葛玛丽曾发表过一些非常精美的绘画残片,其中既有神祇,也有凡人肖像,刻成于蒙元时代。[1] 有一些画像头部一侧有榜题框,内书名号,部分是用汉字书写的。其中,回鹘人孟速斯(1206~1267)及其家属的木版绘画尤为引人兴趣。[2]

孟速斯,别失八里(今新疆吉木萨尔)人,曾为拖雷后唆人鲁禾帖尼管理份地租赋,后依附忽必烈,出任过断事官等职。忽必烈有意任命他为丞相,但他坚辞不就。尽管如此,孟速斯还是得到了如同丞相一样的待遇,[3]这就是在木版画中孟速斯具丞相头衔的缘由。这幅木版画的制作地点应在大都,只是后来才流入其故土西域地区。

在吐鲁番发现的回鹘文印本中,存在着不少版画,大致可分为单面活叶本、书籍卷首插画、文中插图三种类型。前者多见于藏传佛教流行区,用以印刷咒语、祈愿文之类;第二类多用于印刷汉风折子本式整叶印本;后者多见于回鹘式书籍。它们是中亚地区最古老的版画,从中不难看出中原汉族以及蒙古艺术风格对回鹘的影响,成为研究回鹘乃至整个中国古代版画的珍贵资料。[4]

古代回鹘文印经题记不少,但涉及具体印刷过程者却极为稀见,仅见一则题跋对此有所叙述,兹引录其中与印刷术有关的一段内容于下:

---

[1] A. von Gabain, Ein chinesisch-uigurischer Blockdruck, *Tradata Altaica*, Wiesbaden, 1976, S.203–210.

[2] H. Franke, A Sino-Uighur Family Portrait: Notes on a Woodcut from Turfan, *The Canada-Mongolia Review* 4, 1978, S.33–40;北村高:《关于孟速斯家族供养图》,《元史论丛》第5辑,北京:中华书局,1993年,第9~12页。

[3] 《元史》卷一二四《孟速斯传》,第3059页。

[4] P. Zieme, Jātaka-Illustrationen in uigurischen Block-drucken, *Kulturhistorische Probleme Südasiens und Zentralasiens*, Halle, 1984, S.157–170; P. Zieme, Zeugnisse alter Buchdruckkunst in der Berliner Turfansammlung, *Das Altertum* 35, 1989, S.185–190.

第十九章　佛教与回鹘印刷术

因为这个世界(?)已堕落并已被摧毁,且已进入(?)消亡和毁灭的阶段(?)。我,这个最底层的奴仆,即万户布颜对此深感忧虑。我的愿望是在永恒的时间里,使佛法得到传播和流传,为了这永不枯竭的、坚实的法义,在这段困难、艰苦的日子里,把这项重要的、伟大的印刷佛经之事尽快地完成,根据兄弟及嫂嫂与弟媳(以下约为十五个人名)的劝告,以及被称为阿难吉祥的和尚[的建议],为把经文写于印版上,需要各种程序,均需由人一一作完,然后裁剪印版,之后用其印制108部经文,并以无比崇敬的感情捐献给神圣的僧伽和村社。[1]

从跋文看,施主为万户(Tümänbägi)布颜(buyan),他曾主持印刷了多种佛经。这则题记的重要意义不仅在于它记录了印经的缘起,更重要的是,对佛经的印刷工序作了较详尽的说明:第一步是在印版上书写文字,第二步则为刻字及其他相应工作,第三步是裁修印版,第四步是印刷,最后一道工序则是发行。类似记载极为罕见,对研究当时回鹘的印刷事业具有重要的参考价值。从中不难看出,其采用的办法无疑是雕版印刷。

众所周知,中国是世界上最早发明印刷术的国家。不管是雕版印刷或是活字印刷,都是我国古代汉族人民首先发明的。

雕版印刷术的发明,大约始于唐初,盛行于晚唐以后。9世纪中叶,回鹘由漠北西迁至西域及河西等地,受当地盛行佛教的影响,回鹘民众大多放弃原来尊崇的摩尼教而皈依了佛教。随着民众对佛经需求量的日益增多和宗教徒刻经布道的需要,当时单靠手工抄写佛经或用捶拓石经的方法复制书籍,已经不能满足社会的需要,因此,他们便从汉人那里借鉴了雕版印刷的办法。

三、回鹘文木活字

我国印刷术对世界文化的又一大贡献,是北宋庆历年间(1041~1048)毕昇首创的泥活字印刷术。沈括《梦溪笔谈》卷十八记载说:

庆历中,有布衣毕昇,又为活版。其法用胶泥刻字,薄如钱唇,每字为一印,火烧令坚。先设一铁版,其上以松脂腊和纸灰之类冒之。欲印则以

---

[1] P. Zieme, *Buddhistische Stabreimdichtungen der Uiguren*, Berlin, 1985, Nr. 49, z. 15-39.

一铁范置铁板上,乃密布字印,满铁范为一板,持就火炀之,药稍熔,则以一平板按其面,则字平如砥……不以木为之者,木理有疏密,沾水则高下不平,兼与药相粘,不可取。[1]

说明当时毕昇曾尝试性地用木头刻制过活字,但木沾水后易变形,又容易粘药,故未为毕昇所取。毕昇的泥活字究竟印制过哪些书籍,由于史书中没有记载,更没有任何印刷品实物流传而无法得知。有幸的是,在现已确认的十几种早期西夏文活字印刷品中竟有泥活字印刷品存在,那就是内蒙古额济纳旗黑城遗址和甘肃武威都有出土的西夏文《维摩诘所说经》。[2] 其时当在12世纪。后来,人们又推陈出新,先后创造出木活字、锡活字、铜活字、铁活字、铅活字、铅锡合金活字等。

按照一般的说法,木活字是由山东人王祯在13世纪末发明的。据载,王祯在作旌德县尹时,曾作《农书》,因字数甚多,难以刻印,故独出心裁,请工匠制木活字三万枚左右,历两年乃成。他本想用活字来印《农书》,但因调官江西,江西方面将其书仍整版刊印。他的这套活字仅在大德二年(1298)试印过自己纂修的《大德旌德县志》。[3] 此后,该法未见再用,直到20余年后的1322年左右,才由浙江奉化地方的知州马称德再次使用,以刊印《大学衍义》等书。[4] 这要比西夏人用活字印书的时代晚得多。通过对黑城及河西走廊诸地发现的西夏文木活字印本的研究,不难看出,其实在毕昇发明活字印刷仅一百年左右,西夏地区就已经在熟练地应用木活字印刷书籍了,比王祯使用木活字要早一百多年。宁夏发现的西夏文佛经《吉祥遍至口和本续》就是可确认的目前世上最古老的木活字印本实物。在经文的部分页面上,尚可鉴定出隔行竹片印痕。[5] 回鹘文木活字的出

---

[1] (宋)沈括著,刘尚荣校点:《梦溪笔谈》(新世纪万有文库本),沈阳:辽宁教育出版社,1997年,第102页。
[2] 史金波、雅森·吾守尔:《中国活字印刷术的发明和早期传播》,北京:社会科学文献出版社,2000年,第57~58页。
[3] 张秀民:《中国印刷术的发明及其影响》,北京:人民出版社,1978年,第80页。
[4] (元)李洧孙:《知州马称德去思碑记》,《(乾隆)奉化县志》卷十二《艺文志》。
[5] 牛达生:《西夏文佛经〈吉祥遍至口和本续〉的学术价值》,《文物》1994年第9期,第58~62页;牛达生:《人类印刷史上的重大发现——西夏文佛经〈本续〉认定是现存世界最早的木活字版印本及其价值》,《中华印刷科技年报》(台北),1997年,第391~403页。

现亦应与西夏使用木活字的时代大致相当。

1908年,法国探险家伯希和(Paul Pelliot)于敦煌莫高窟北区第181窟(今敦煌研究院编号第464窟)发现了一桶回鹘文木活字,计有968枚之多,悉数携往法国,现有960枚藏于巴黎吉美博物馆(Musée Guimet),馆藏号为MG25507。当初这些活字上都沾满了泥土,一直存放在博物馆的储藏室里。经清洗后,现安放于依木活字尺寸制成的木盒子内。[1] 另8枚由伯希和作为样品,分赠日本东京的东洋文库和美国纽约的大都会图书馆(各4枚)。

继其后,俄国探险家奥登堡(S. F. Oldenburg)又于莫高窟北区发现回鹘文木活字130枚,现藏于圣彼得堡。

1944~1949年间,敦煌艺术研究所(今甘肃省敦煌研究院的前身)收集到回鹘文木活字6枚。从1988年到1995年,敦煌研究院考古专业人员曾断断续续对开凿于北区的248个洞窟分六次进行了发掘,又发现了许多重要遗迹和大批珍贵遗物。在出土文献中,除汉文外,还有西夏文、回鹘文、藏文、回鹘式蒙文、八思巴文、梵文、叙利亚文、婆罗谜文等多种文字文献,还发现了48枚回鹘文木活字(图42)。这些活字发现于北区B56窟(1枚)、B160窟(16枚)、B162窟(2枚)、B163窟(10枚)、464窟(17枚)等6个窟内。宽均为1.3厘米,高均为1.1厘米,长则依木活字所表示的意义的

图42 敦煌研究院收藏的回鹘文木活字

[1] Francis Macouin, A propos de caraetères d'imprimerie ouïgours, *Le livre et l'imprimerie en extreme-orienteten asie du sud*, Bordeaux, 1986, pp.147-156.

不同而不一。这批活字大多为单个活字，另有动词词干、词缀、字母、不表示词义或语法的语言组合、标点符号、版框线和夹条等。[1] 与当年伯希和、奥登堡等劫往法国、俄国的回鹘文木活字大小、性质、质地、构成完全相同。

今天可见到的回鹘文木活字共计1 152枚。这是世上仅有的古代活字实物样品。

早在1925年，美国印刷史专家卡特就敏锐地认识到回鹘文木活字在印刷史上的价值，指出：

> 回鹘文是字母文字，来源于阿拉美文字。当回鹘人开始使用活字时，会立即看到表示单个字母的活字的优点，这种系统要比中国的活字方便多了。在敦煌发现的活字完全由以词为单位的活字组成，其完全模仿中国活字。也许他们事实上有过字母活字，但我们没有关于这一事实的记载，迄今也没有发现过字母活字的物证。敦煌发现的活字仍然仿照中国的办法，不是字母，而是一个个拼成了的字。[2]

由于卡特本人不识回鹘语文，而得到的用作样品的4枚回鹘文木活字又都是单个的词，致使其误认为回鹘文木活字如同王祯活字以字为单位相仿，是以单个词为单位的。卡特之说影响甚巨，一直影响学术界数十年，如我国著名的回鹘研究专家程溯洛先生即谓：

> 这些古维文木活字有一奇怪的地方，即他们不用字母体而采草体单字。[3]

---

[1] 雅森·吾守尔：《敦煌出土回鹘文木活字及其在印刷术西传中的意义》，《出版史研究》第6辑，北京：中国书籍出版社，1998年，第1~12页；史金波、雅森·吾守尔：《中国活字印刷术的发明和早期传播》，第91~110页；彭金章、王建军：《敦煌莫高窟北区洞窟所出多种民族文字文献和回鹘文木活字综述》，《敦煌研究》2000年第2期，第154~159页。

[2] T. F. Carter, *The Invention of Printing in China and Its Spread Westward*, New York, 1925, pp.167-168.

[3] 程溯洛：《论敦煌、吐鲁番发现的蒙元时代古维文木刻活字和雕版印刷品与我国印刷术西传的关系》，《中国科学技术发明和科学人物论集》，北京：生活·读书·新知三联书店，1955年，第256页（收入氏著：《唐宋回鹘史论集》，北京：人民出版社，1993年，第412页）。

第十九章 佛教与回鹘印刷术

笔者通过对敦煌研究院旧藏 6 枚回鹘文木活字的研究,发现这一结论是完全靠不住的。因为在这 6 枚木活字中,既有单个字(2 枚),也有词根(2 枚),还有词缀(1 枚)和标点符号(1 枚),而且非为草体。[1]

这些回鹘文木活字的时代,依其存放的地点和其他因素,伯希和将其考订为 1300 年左右的遗物。[2] 事实上,这只能是活字因被弃用而封存的年限,而制作和使用它的年代自然比之更早。因为目前还没有可资证实回鹘文活字创制与应用时代之类的证据,对其年代的判断还只能依据间接的材料和有关的历史背景来推测。考虑到回鹘在敦煌的活动情况及莫高窟兴衰的历史,我们或可将回鹘文木活字的时代推定在 12 世纪末到 13 世纪上半叶之间。这个时代正是西夏印刷术蓬勃发展的时代,而回鹘与西夏佛教关系密切,经济、文化交流频繁,在印刷技术上互相有所影响当为情理中事。13 世纪末,敦煌地区回鹘势力已经衰落,全然不见于史书的记载,所以,这些木活字的创制早于 1300 年的可能性要比晚于它的可能性更大。考虑到回鹘文印本既然全部是佛教典籍,那么,我们推定回鹘文木活字的创制同样亦出自印刷回鹘文佛经的需要,当非孟浪。

上面的论述说明,敦煌的回鹘人在接受了中原活字印刷技术之后,推陈出新,创造出或者说是进一步发展了木活字印刷技术。不仅如此,他们还把自己所掌握的印刷技术进一步传向西方。

在古代回鹘语乃至今天的维吾尔语中,有这么一个词:bas,意为"印刷",此外又有"复制""刊登""盖章""压制"等多种含义。究其来源,当来自古代汉语的"复"。复,《广韵》"方六切"音福。《集韵》"芳六切"音蝠。拟音为 *pjuk,古读重唇音,屋韵收-k,维吾尔语收-s 当系辅音弱化演变的结果。在 bas 后加-ma,表示"印刷、印本、版本"之意。-ma 者,布也,相当于后世的纸张。[3]

有意思的是,在今天的波斯语中,与印刷术有关的语词,大多都借自维吾尔语的 basma。如 bāsme 表示名词"印刷";bāsme kardan 表示动词"印

---

[1] 杨富学:《敦煌研究院藏回鹘文木活字——兼谈木活字的发明》,《敦煌研究》1990 年第 2 期,第 34~37 页。
[2] T. F. Carter, *The Invention of Printing in China and Its Spread Westward*, New York, 1925, p.167.
[3] 赵相如:《中国印刷术西传刍议——维吾尔语"bas"(印刷)一词源流考》,《民族研究》1987 年第 2 期,第 71 页。

刷";bāsme-che 表示"印刷者";bāsme-kari 表示的是活字印刷。[1]

那么,这个词是何时被借入波斯语中的呢?我们于史无征。但我们可以知道,波斯第一次采用印刷技术始于 1294 年。这一年,波斯的蒙古统治者仿照忽必烈发行的纸币,上书阿拉伯文字,但同时写有汉文的"钞"字。由于这种纸币不为民众所接受,仅流行了三天便宣告终止。这一记载说明,波斯的印刷术比回鹘要晚得多,可以推定,波斯语对回鹘语 basma 的借用当在 1294 年以后。此后,再经波斯人的传扬,中国古代印刷术进一步沿着丝绸之路向西传播至埃及、阿拉伯世界乃至欧洲地区。

综上所述,我们可以得出如下结论:

1. 今天存世的回鹘文印本数以千计,几乎全部为佛教典籍,说明回鹘印刷业的兴起与发展是与回鹘佛教的繁荣昌盛密不可分的;

2. 在蒙元时代,随着回鹘佛教的繁荣和印刷业的发展,在西域与河西地区形成了吐鲁番、敦煌、甘州等回鹘文佛经印刷中心,而杭州和中都—大都(今北京)也都曾印制过回鹘文佛典;

3. 数以千计的回鹘文木活字实物在敦煌莫高窟发现,其时可推定在 12 世纪末到 13 世纪上半叶之间,说明如同西夏佛教徒一样,在王祯使用木活字印刷之前,回鹘佛教徒也已经开始了活字印刷业,主要印制佛经,在中国印刷史上占有一席重要之地;

4. 回鹘佛教徒以地理之便,通过丝绸之路,将汉人发明的印刷术加以改进,并通过波斯、阿拉伯向更远的西方传播,为中国及世界文明的交流与发展做出了重要贡献。

原刊《觉群·学术论文集》(2005 年号),北京:宗教文化出版社,2005 年,第 457~471 页。

---

[1] 北京大学东方语言文学系波斯语教研室编:《波斯语汉语词典》,北京:商务印书馆,1981 年,第 227 页。

第二十章　佛教与甘州回鹘之外交

甘州回鹘是9世纪晚期至1028年间由河西地区的回鹘人以甘州(今甘肃省张掖市)为中心建立的民族政权,虽地狭人少,但因其扼控丝绸之路的咽喉要地而一度在河西走廊的历史上扮演了重要角色。

甘州回鹘立国之际,正是我国历史上的大动荡、大分裂时期。先是五代十国的对峙,继之又是辽、北宋、西夏的争锋。中原是如此,丝绸之路沿线亦复如是,各藩镇、民族,乃至州县自有政权,俨然独立王国,互不相统。甘州回鹘四面为各大强势所绕,东有中原王朝(五代、北宋、辽),西有于阗、高昌回鹘,南北两面有吐蕃与鞑靼等,西有沙州归义军——金山国政权,东北有迅速崛起的西夏,后两者为吞并河西走廊,进而控制中西交通要道——丝绸之路,对甘州回鹘虎视眈眈,故而长期是甘州回鹘防御的主要对象。在这种形势下,如何处理好与周边民族、政权的关系,以便在众强势的包围中求得生存,一直是甘州回鹘外交活动所面临的迫切问题。

甘州回鹘的外交活动相当频繁,其中有一种现象比较突出,即在甘州回鹘的对外关系中,佛教或摩尼教曾扮演过相当重要的角色。关于摩尼教高僧充任使者的情况,已有学者进行过专门论述,[1]但对佛教在甘州回鹘外交史上的作用问题,学界虽有论及,但都非常简略。[2] 有鉴于此,特撰此文,以期引起学界对这一问题的重视。

众所周知,河西走廊一带自魏晋以来即一直盛行佛教,形成了甘、凉、瓜、沙等众多佛教中心。9世纪中叶,回鹘西迁到这里后,因受当地久盛不衰的佛教的影响,大约自10世纪初开始,已有相当数量的回鹘民众,放弃

---

[1] 钟进文:《甘州回鹘和摩尼教的关系——兼述东西贸易中的宗教因素》,《西北史地》1992年第1期,第13~15页。
[2] 如杨富学、杜斗城:《河西回鹘之佛教》,《世界宗教研究》1997年第3期,第39~44页;冯培红、姚桂兰:《归义军时期敦煌与周边地区之间的僧使往来》,《敦煌佛教艺术文化论文集》,兰州:兰州大学出版社,2002年,第450~466页;徐晓丽:《回鹘天公主与敦煌佛教》,《敦煌佛教艺术文化论文集》,兰州:兰州大学出版社,2002年,第416~428页。

原来信奉的摩尼教而皈依了佛教。[1] 河西地区回鹘佛教之盛,在宋人洪皓《松漠纪闻》中有着明确的记载:

> 回鹘自唐末浸微……甘、凉、瓜、沙旧皆有族帐,后悉羁縻于西夏,唯居外郡者,颇自为国,有君长……奉释氏最甚,共为一堂,塑佛像其中,每斋必刲羊或酒,酹,以指染血涂佛口,或捧其足而鸣之,谓为亲敬。诵经则衣袈裟,作西竺语。[2]

从文中"奉释氏最甚"一语,不难看出,在河西回鹘中,佛教的势力已远远超过了由漠北继承下来的回鹘国教——摩尼教。从回鹘人拜佛时所奉行的刲羊、饮酒并以血涂佛口等习俗看,显然受到了藏传佛教的影响。这种状况的形成,庶几乎与吐蕃帝国自8世纪中叶以来对河西地区百余年的统治不无关系。

甘州回鹘与佛教的发源地——印度也存在着联系。《宋会要》载:

> 乾德四年(966),知凉[州]府折逋葛支上言,有回鹘二百余人、汉僧六十余人,自朔方来,为部落劫略。僧云欲往天竺取经,并送达甘州讫。[3]

由是以观,时至乾德四年(966),尚有回鹘200人、汉僧60人结伴,经由朔方、凉州、甘州等地赴印度取经。反过来,同时又有印度僧侣经由河西走廊赴中原传道布法。敦煌写本P.2703背面存有三封书信的草稿或录副,其中第一件为《舅归义军节度使特进检校太师兼中书令曹元忠状》,文曰:

1. 早者安山胡去后,倍切
2. 攀思,其于衷肠,莫尽披寻。在此远近
3. 亲情眷属,并总如常,不用忧心。今西天
4. 大师等去,辄附音书。其西天大师到日,

---

[1] 杨富学:《回鹘之佛教》,第47~54页。
[2] (宋)洪皓著,翟立伟标注:《松漠纪闻》(长白丛书),第15页。
[3] (清)徐松辑:《宋会要辑稿》方域二十一之十四,第7668页。

5. 希望重送津置,疾速发送。谨奉状
6. 起居,伏惟
7. 照察。谨状。
8. 　　　舅归义军节度使特进检校太师兼中书令敦煌王曹状。[1]

这里的"西天大师",当为来自印度的佛教高僧。书信的书写者为归义军节度使曹元忠。考虑到曹元忠称敦煌王的时间在964年至974年之间,可将该文献的时代确定在这一时段之内。至于收信人,学界则有不同的说法。藤枝晃认为是给甘州回鹘可汗的;[2]最近,张广达、荣新江则撰文指出收信人其实应是于阗王尉迟输逻(Viśa Śūra),书写年代在967年以后。[3] 信中希望收信人能给予西天大师以关照与方便,使其顺利通过辖地东行。

上述记载说明,直到10世纪时,中印之间的僧侣往来仍在继续,甘州成为联结中印佛教交流的枢纽之一。从前引宋人洪皓《松漠纪闻》所谓"诵经则衣袈裟,作西竺语"[4]看,印度梵语在甘、凉、瓜、沙之回鹘佛教寺院中曾得到广泛应用。

佛教在甘州回鹘中的流行,对后世形成了一定的影响,以至于在元朝时甘州仍有回鹘文佛经印制。在日本京都有邻馆藏有一件非常残破的回鹘文佛经印本,现仅存4行,文曰:

愿成就圆满。至正二十一牛年(1361)三月一日于甘州(Qamču)印制。善哉!善哉![5]

从上述诸因素看,佛教在甘州回鹘国中已成为相当有影响的宗教。

佛教势力的迅猛发展,直接影响到回鹘王室的宗教信仰及宗教政策。敦煌遗书P.3633《辛未年(911)七月沙州百姓致甘州回鹘可汗一万人状》称

---

[1] 张广达、荣新江:《十世纪于阗国的天寿年号及其相关问题》,《欧亚学刊》第1辑,北京:中华书局,1999年,第186页。
[2] 藤枝晃:《沙州歸義軍節度使始末》(四),《東方學報》(京都)第13册第2分册,1943年,第65~67页。
[3] 张广达、荣新江:《十世纪于阗国的天寿年号及其相关问题》,《欧亚学刊》第1辑,北京:中华书局,1999年,第186页。
[4] (宋)洪皓著,翟立伟标注:《松漠纪闻》(长白丛书),第15页。
[5] ペーター・ツイーメ、百濟康義:《ウイグル語の觀無量壽經》,第31页。

甘州回鹘"天可汗信敬神佛,更得延年,具足百岁"。[1] 此卷写于辛未年(911)七月,这里的神佛似应理解为佛陀,而不是摩尼,尽管二者都被称作"佛"。如此说不误,则可证甘州回鹘统治者在后梁时即已尊崇佛教了,尽管当时回鹘王室仍奉传统的摩尼教为国教。

摩尼教是公元3世纪中叶波斯人摩尼(Mani,216~277?)所创立的一种宗教,它融摄了早已在中亚流行的祆教、诺思替(Gnostic)教、景教和佛教的各种因素,主要思想则为世上光明与黑暗斗争的二元论。摩尼教在波斯曾盛极一时,后来因受到波斯王瓦拉姆一世(Vahrām I,274~277)的残酷迫害,教徒流徙四方。[2] 其中向东的一支进入河中地区,以后逐渐东传至中国内地,再于763年辗转传入回鹘国中,在回鹘取得了长足的进展,迅速替代了原来盛行的萨满教,一跃成为漠北回鹘汗国的国教。直到9世纪中叶,汗国崩溃,其民众大部被迫西迁后,这种宗教在回鹘中仍然拥有相当高的地位。[3]

在甘州回鹘中,摩尼教是颇受尊崇的,其法师被奉为"回鹘之佛师":

〔后唐明宗天成四年(929)〕八月……癸亥,北京奏,葬摩尼和尚。摩尼,回鹘之佛师也。先自本国来太原。少尹李彦图者,武宗时怀化郡王李思忠之孙也。思忠本回鹘王子嗢没斯也,归国赐姓名。关中大乱之后,彦图挈其族归太祖(李国昌)。赐宅一区,宅边置摩尼院以居之,至是卒。[4]

这里的北京,即今山西省太原市。后唐以洛阳为都,以太原为北京。唐代,太原已有摩尼寺之设,据载:"元和二年(807)正月,庚子,回纥请于河南府、太原府置摩尼寺,许之。"[5] 后唐时,太原府又有"摩尼院"设立,位

---

[1] 王重民:《金山国坠事零拾》,《国立北平图书馆馆刊》第9卷第6号,1936年,第20页。
[2] P. R. L. Brown, The Diffusion of Manichaeism in the Roman Empire, Religion and Society in the Age of St. Augustine, London, 1972, pp.104 – 105.
[3] 关于摩尼教在回鹘中的传播,可参见森安孝夫:《ウイグル=マニ教史の研究》(=《大阪大学文学部纪要》第31~32卷合并号),大阪:大阪大学文学部,1991年,第127~174页;杨富学:《回鹘文献与回鹘文化》,第178~197页。
[4] (北宋)王钦若等编:《册府元龟》卷九七六,北京:中华书局,1960年,第11468~11469页。
[5] (宋)王溥:《五代会要》卷四九《摩尼寺》,上海:上海古籍出版社,1978年,第1012页。

第二十章 佛教与甘州回鹘之外交

处回鹘王子嗢没斯后裔李彦图之邸第。

甘州回鹘统治者也常遣摩尼教高僧出使中原王朝。如：

〔闵帝应顺元年(934)〕正月,赐回鹘入朝摩尼八人物有差。[1]
〔后周太祖〕广顺元年(951)二月,〔回鹘〕遣使并摩尼贡玉团七十有七,白氎、貂皮、牦牛尾、药物等。[2]

由上述记载知,不管在甘州回鹘国还是在五代的后唐,摩尼教在回鹘王室及达官贵族中都具有相当高的地位。故而摩尼和尚的去世与殡葬,都曾引起后唐最高统治者的关注。正是在这样的背景下,摩尼教的高僧常被甘州回鹘统治者作为国使出使中原王朝。

透过上文标举的有关记载,我们似乎可得出这么一种印象,即在后周太祖广顺元年(951)之前,甘州回鹘可汗多利用摩尼教高僧出使中原,但同时也派遣佛教僧侣为使,如天福三年(938)向后晋朝贡的使者中,就有来自甘州的回鹘僧。《册府元龟》载：

天福三年五月,回鹘朝贡使都督翟全福,并肃州、甘州专使、僧等归国,赐鞍马、银器、缯帛有差。[3]

这次朝贡活动又见于《新五代史·晋高祖纪》：

〔天福三年〕三月,壬戌,回鹘可汗王仁美使翟全福来。

综合两文献的记载,可以看出,甘州回鹘使者抵达晋京汴(今河南开封市)的时间是天福三年三月,逗留至五月而归。同行者有可汗的贡使"都督翟全福并肃州、甘州专使、僧"。说明甘州回鹘可汗在派遣摩尼教使者的同时,亦曾派遣佛僧出使中原。

然而,自乾德三年(965)以后,情况似有变化,不再见有摩尼教徒向中

---

[1] （北宋）王钦若等编：《册府元龟》卷九七六,第11469页。
[2] 《旧五代史》卷一三八《回鹘》,北京：中华书局,1976年,第1843页。又见《新五代史》卷一一《周太祖纪》,北京：中华书局,1974年,第112页。
[3] （北宋）王钦若等编：《册府元龟》卷九七六,第11470页。

原王朝入贡的事例,而多有以佛教高僧充任使节的记录。如:

> 〔乾德三年(965)〕十一月,丙子,甘州回鹘可汗遣僧献佛牙、宝器。[1]
> 〔咸平元年(998)〕四月九日,甘州回鹘可汗王遣僧法胜来贡。[2]
> 景德元年(1004)九月,甘州回鹘夜落纥遣进奉大使、宣教大师宝藏……百二十九人来贡。[3]
> 景德四年(1007),〔甘州〕夜落纥遣僧翟大秦来献马十五匹,欲于京师建佛寺。[4]
> 〔景德四年(1007)〕十月,戊午,甘州回鹘可汗夜落纥遣尼法仙等来朝,献马十匹,寻又遣僧翟大秦来贡马十五匹。[5]

这些记载说明,甘州回鹘国中的佛教高僧,如同境内的摩尼教徒一样,也颇受最高统治者的敬重。尤其是在汗国的后半期,他们逐步取代了摩尼教徒的地位而被任命为使者,出使中原。之所以会有如此巨大的变化,愚以为应有以下两个方面的原因:其一,与甘州回鹘境内摩尼教地位的衰微与佛教地位的迅速增长息息相关;其二,回鹘统治者通过与中原王朝的交往,逐步认识到佛教在中原地区的特殊地位及重要性,故而改弦更张,派遣佛教高僧出使中原。由于宗教信仰相同,回鹘佛教僧使在中原地区的活动空间会比摩尼教僧大得多,更便于与崇奉佛教的中原王朝的封建统治者进行沟通与交流。

同时,甘州回鹘也常以佛僧为使,出使沙州。S.2474《归义军衙内油粮破历》在叙述于阗僧、肃州僧、瓜州僧在沙州得到供养的同时,亦提到来自甘州的回鹘僧人:

> 甘州僧四人,各人月面七斗,各油二升,共面两石八斗,共油八升。[6]

---

[1] 《宋史》卷二《太祖本纪》,第23页。
[2] (清)徐松辑:《宋会要辑稿·蕃夷七》之十三,第7846页。又见同书《蕃夷四》之二,北京:中华书局,1957年,第7714页。
[3] (清)徐松辑:《宋会要辑稿·蕃夷四》之三,第7715页。
[4] (清)徐松辑:《宋会要辑稿·蕃夷四》之三,第7715页。
[5] (宋)章如愚:《群书考索后集》卷六四《四夷方贡》,台北:商务印书馆,1986年,第900页。
[6] 唐耕耦、陆宏基编:《敦煌社会经济文书真迹释录》(三),北京:全国图书馆文献缩微复制中心,1990年,第278~280页。

第二十章　佛教与甘州回鹘之外交

所谓破历,有时又作"破用历""用历""使用历"等,系支出账目。敦煌写本中有官衙、寺院、僧人的三种,其中又以寺院的最多,记载支出日期、货物品名、数量与用途。在S.2474所列账目之前,抄录有《己卯、庚申年驼官邓富通、张憨儿牒》。法国学者艾丽白根据牒末之鸟形画押,将其推断为979~980年之遗物。[1] 而在此账目第18~19行间有小字"于时太平兴国七年(982)壬午岁二月五日立契,莫高乡百姓张再富记"之语,内容虽与油粮账无干,但可为该文献的断代提供参考依据。考虑到这一因素,结合文中出现有"闰三月五日"字样,日本学者藤枝晃将其考订为太平兴国五年(980)之物。[2] 二位敦煌文献专家从不同角度进行论证,却得出了相同的结论,都认为其时为太平兴国五年(980),可从。

甘州回鹘派往沙州的使者,不少都在佛教胜地——敦煌莫高窟从事佛事活动。敦煌文书中的破用历记载了节度使府衙经常设酒、支油面来招待甘州回鹘的使节及使节赴莫高窟礼佛等事。如,前引S.1366《归义军宴设司面、破油历》即记录了龙德年间(921~923)或稍后有"甘州使""狄寅及使"来沙州并巡礼莫高窟之事,其中有"窟上迎甘州使细供","支于阗使用,迎甘州使、肃州使细供、汉僧、于阗僧、婆罗门僧、凉州僧"等语。[3] 在敦研001+敦研369+P.2629《归义军衙府酒破历》中,对此也有反映:

〔四月〕九日,甘州使迎令公支酒壹瓮……十四日……甘州使偏次酒壹瓮。同日夜,衙内看甘州使酒五斗。十七日支甘州使酒壹瓮……〔五月九日〕,甘州使上窟迎顿酒半瓮。

该文献的时代,据考,或可推定在964年(?)。[4]

沙州归义军—金山国政权也常派遣佛教高僧大德出使甘州,如在前已引用过的P.3633《辛未年七月沙州耆寿百姓一万人上回鹘天可汗状》中,我

---

[1] [法]艾丽白著,耿昇译:《敦煌汉文写本的鸟形押》,《敦煌译丛》第1辑,兰州:甘肃人民出版社,1985年,第194~195页。
[2] 藤枝晃:《敦煌曆日譜》,《東方学報》(京都)第45册,1973年,第427页。
[3] 唐耕耦、陆宏基编:《敦煌社会经济文书真迹释录》(三),第281~285页。
[4] 施萍亭:《本所藏〈酒帐〉研究》,《敦煌研究》创刊号,1983年,第146~150页;Shi Pingting, Description générale des manuscripts conservés à Dunhuang, Les peintures murales et les manuscrits de Dunhuang, Paris, 1984, pp.123-125.

们就可看到这类内容：

> 兵戈抄劫,相续不断。今月廿六日,狄银领兵又到管内,两刃交锋,各有伤损,□云索和,此亦切要。遂令宰相、大德、僧人兼将顿递,迎接跪拜,言语却总□□。狄银令天子出拜,即与言约。城隍耆寿百姓再三商量,可汗是父,天子是子,和断若定,此即差大宰相、僧中大德、敦煌贵族耆寿,赍持国信,设盟文状,便到甘州。函书发日,天子面东拜跪,固是本事,不敢虚诳。岂有未拜其耶,先拜其子,恰似不顺公格。罗通达所入南蕃,只为方便打叠(点)吐蕃。甘州今已和了,请不□来,各守疆界,亦是百姓实情。[1]

从状文可以看出,佛教僧徒在甘、沙州的政治交往中起着重要的作用。沙州西汉金山国所遣使者中有高僧大德与官府宰相、贵族耆寿同往,而且,在状文中希望甘州回鹘之回报使应为"大臣僧俗"。

P.2992(1)《后晋天福八年(943)曹元深致甘州回鹘众宰相书》亦记载说：

> 众宰相念以两地社稷无二,途路一家,人使到日,允许西回,即是恩幸。伏且朝庭〔天使〕,路次甘州,两地岂不是此件行使,久后亦要往来？其天使般次,希垂放过西来,近见远闻,岂不是痛热之名幸矣？今遣释门僧政庆福、都头王通信等一行,结欢通好。众宰相各附：白花绵绫壹拾疋、白绁壹疋,以充父大王留念,到日检领。况众宰相先以(与)大王结为父子之分,今者纵然大王奄世,痛热情义,不可断绝。善咨申可汗天子,所有世界之事,并令允就,即是众宰相周旋之力。不宣,谨状。
>
> 二月 日,归义军节度兵马留后使检校司徒兼御史大夫曹。[2]

文中提到归义军节度使曹元深派遣僧政庆福和都头王通信携带礼物,

---

[1] 王重民：《金山国坠事零拾》,《国立北平图书馆馆刊》第 9 卷第 6 号,1935 年,第 18~21 页;池田温：《中國古代籍帳研究》,東京：東京大学出版会,1979 年,第 613~614 页;唐耕耦、陆宏基编：《敦煌社会经济文书真迹释录》(四),北京：全国图书馆文献缩微复制中心,1990 年,第 395~396 页。

[2] 荣新江：《归义军史研究——唐宋时代敦煌历史考索》,上海：上海古籍出版社,1996 年,第 334 页。

第二十章　佛教与甘州回鹘之外交

出使甘州,以求"结欢通好"。庆福其人,又见于敦煌莫高窟第98窟供养人题记:"释门法律临坛供奉大德沙门庆福一心供养。"[1]这些记载,充分证明了佛教僧侣在二地政权中地位的特殊与重要。

此外,S.8681v+S.8702《法律惠德请缓还欠练状》也记载了沙州高僧惠德出使甘州之事。文献虽残缺已甚,但仍可看出"释门法律惠德。右惠德去载甘州出□□来□到本乡"等字样。而且还曾充使西州。[2]

在派往甘州的沙州使者中,也有不少佛教信徒与施主。如北京大学藏敦煌文献102《佛说八阳神咒经残卷》末尾题:

> 甲戌年七月三日,清信佛弟子兵马使李吉顺、兵马使康奴子,二人奉命充使甘州。久坐多时,发心写此《八阳神咒经》一卷。一为先父母神生净土,二为吉顺等一行无之灾障,病患得差,愿早回戈,流传信士。[3]

据考,该文献当写于914年。[4] 其中谈到,曹议金上任伊始,即派"清信佛弟子兵马使李吉顺、兵马使康奴子"二人出使甘州回鹘。他们在甘州逗留多时,并在那里发心抄写了《佛说天地八阳神咒经》一卷,以求福报。

沙州政权在张议潮叔侄的统治时期(851~906),势力比较强大,社会稳定,经济繁荣。唐末,朱温擅权,引起了忠实于唐朝的张议潮之孙张承奉的不满,遂于天祐三年(906)改归义军政权为西汉金山国,与朱温所把持的朝廷分庭抗礼。第二年,朱温灭唐建后梁,自立为帝,更激化了与张承奉的矛盾。这一历史背景,无疑在客观上促成了朱梁王朝与甘州回鹘的结盟。在朱梁王朝的支持下,甘州回鹘于乾化四年(911)出兵进攻沙州,重创张承奉,迫使其签订城下之盟。张承奉承认甘州回鹘可汗是父,自己是子,双方结为父子之国。[5] 乾化四年(914),曹议金取代张承奉掌瓜沙政权,鉴于

---

[1] 敦煌研究院编:《敦煌莫高窟供养人题记》,北京:文物出版社,1986年,第39页。
[2] 《英藏敦煌文献(汉文佛经以外部分)》第12卷,成都:四川人民出版社,1995年,第193页。
[3] 张玉范:《北京大学图书馆藏敦煌遗书目》,《敦煌吐鲁番文献研究论集》第5辑,北京:北京大学出版社,1990年,第537页。
[4] 池田温:《中國古代寫本識語集錄》,東京:東京大學東洋文化研究所,1990年,第457页。
[5] 王重民:《金山国坠事零拾》,《国立北平图书馆馆刊》第9卷第6号,1936年,第21~22页;荣新江:《归义军史研究——唐宋时代敦煌历史考索》,第222~227页。

甘州回鹘的强大和张承奉失败的惨痛教训,曹议金积极谋求新的途径,以尽快缓和与甘州回鹘的紧张关系,其中,被历史证实行之有效的措施之一,就是他所采取的和亲之策。

曹议金一方面娶甘州回鹘天公主为夫人,[1]和英义可汗结为翁婿,另一方面又嫁女给英义可汗之孙仁裕,成为仁裕名正言顺的岳父,这样一来,便将原来复杂而难解的敌对关系转化为亲上加亲的关系了。在敦煌莫高窟、西千佛洞和瓜州榆林窟的供养人题记和佛教文献中,常可见到和亲的回鹘公主与曹议金之女的题名,表明她们在莫高窟佛事活动的频繁。

这里先说甘州回鹘天公主。在曹议金施资开凿的功德窟(第98窟)中,主室东壁北侧画有题名为"敕授汧国公主是北方大回鹘国圣天可汗(下缺)"[2]的女供养人,头戴桃形式凤冠,身着圆领窄袖式长衣,下摆落地,项饰瑟瑟珠,为典型的回鹘人装束。在曹议金之子、归义军节度使曹元德所开洞窟(第100窟)甬道北壁,画有回鹘装女供养人,题名为"……郡……人汧……圣天可汗的子陇西李氏一心供养"。[3] 主室南北壁的下方,还分别绘有曹议金与此公主的出行图。在曹元忠及夫人浔阳翟氏所开"功德窟"(第61窟)主室东壁南侧,亦绘有回鹘女供养人,题名结衔为:"故母北方大回鹘国圣天的子敕授秦国天公主陇西李(下缺)。"[4]第55窟甬道北壁底层第一身供养人题名为"故北方大回鹘国圣天的子敕受秦国公主陇西李氏一心供养"。[5] 第108窟南壁有题名曰:"故侄女第十四小娘子是北方大回〔鹘〕国圣天可汗的孙一心供养"。[6] 瓜州榆林窟第16窟主室甬道北壁第一身题名为"北方大回鹘国圣天公主一心供养"。[7] 除这些题名外,我们在曹议金书写的发愿文(如S.663、S.1137、P.2058、P.3326、P.3758、P.3800、P.3800、P.3804)中,常可见到其回鹘夫人,一般都写作"天公主",偶尔亦称作"公主"或"天皇后"。反观摩尼教,在与回鹘天公主有关的文献与考

---

[1] 关于曹议金与回鹘公主结亲的时间,有一种意见认为其时当在906年之前(徐晓丽:《曹议金与甘州回鹘天公主结亲时间考》,《敦煌研究》2000年第4期,第112~118页),恐难成立,故不取。
[2] 敦煌研究院编:《敦煌莫高窟供养人题记》,第32页。
[3] 敦煌研究院编:《敦煌莫高窟供养人题记》,第49页。
[4] 敦煌研究院编:《敦煌莫高窟供养人题记》,第21页。
[5] 敦煌研究院编:《敦煌莫高窟供养人题记》,第18页。
[6] 敦煌研究院编:《敦煌莫高窟供养人题记》,第52页。
[7] 张伯元:《安西榆林窟》,成都:四川教育出版社,1995年,第42页。

古资料中,都毫无蛛丝马迹可循。看来,该回鹘天公主有可能已放弃摩尼教而皈依了佛门。

而嫁予甘州回鹘可汗的曹议金女在敦煌莫高窟的佛事活动亦不在少数。在曹元德以其母回鹘夫人天公主为窟主而开凿的洞窟(第100窟)中,甬道北壁有供养人题名"女甘州回鹘国可汗天公主一心供养";[1]在61窟主室东壁供养人像中,有题名"姊甘州圣天可汗天公主一心供养"者;[2]在55窟甬道北壁,亦有"大回鹘圣天可汗天公主一心供养"的题名。[3] 以其题名、造像位置及与窟主的关系等因素,可证该女供养人当为出适甘州回鹘的曹议金之女,系由甘州回鹘天公主所生。关于曹议金这个女儿的出适对象,学界有不同的说法,一种认为有可能是阿咄欲,[4]另一种意见认为是仁裕(顺化可汗、奉化可汗,?～960年在位)。[5] 考虑到甘州回鹘可汗与曹议金的姻娅辈分关系,我认为当以后说为确。在S.4245《功德记》中,出现有"两国皇后义安,比贞松莫变"之语,其中之一即为嫁予甘州回鹘可汗的曹议金之女,此时已由"天公主"改称"皇后"了,另一位指的应是于阗皇后。

通过甘州回鹘与沙州归义军的和亲,双方的敌对关系得到了有效的调整。二位和亲公主频繁出现于曹氏家族开凿的石窟与施经中,体现了她们身份的重要与地位的显赫,她们身兼甘州回鹘汗室和沙州归义军曹氏家族成员的双重身份,在甘州回鹘的外交史上占有不可忽视的一页。

总之,佛教在沟通甘州回鹘与中原王朝及沙州归义军、金山国政权的关系方面起到了非常重要的作用,促进了古代丝绸之路沿线地区及周边国家、地区、民族间的宗教与文化交流。

原刊《敦煌研究》2007年第3期,第38~43页,与赵学东合撰。

---

[1] 敦煌研究院编:《敦煌莫高窟供养人题记》,第49页。
[2] 敦煌研究院编:《敦煌莫高窟供养人题记》,第21页。
[3] 敦煌研究院编:《敦煌莫高窟供养人题记》,第18页。
[4] 荣新江:《归义军史研究——唐宋时代敦煌历史考索》,第327页。
[5] 孙修身:《五代时期甘州回鹘可汗世系考》,《敦煌研究》1990年第3期,第44页。

第二十一章　藏传佛教对回鹘的影响

　　回鹘佛教是在汉传佛教、藏传佛教及中亚、印度佛教的交互影响下形成、发展的。其中以前两者影响较大,因笔者已就汉传佛教对回鹘的影响作过专论,[1]这里仅就藏传佛教对回鹘的影响略作考述。

　　回鹘与藏传佛教的最早接触,汉籍史料无载。巴卧·祖拉陈瓦于藏历阴木鼠年(1564)撰写的《贤者喜宴》称,藏族人在初修桑鸢寺即曾迎请"Hor 的木雀神像及菩提天神神像作护法神"。由于 Hor 一词在藏族文献中常用于指代回鹘人,故学界多将上述记载作为藏族与回鹘佛教早期接触的证据。[2] 其实,这一记载是不可信的。首先,Hor 一词不一定指代回鹘人,除了回鹘之外,也常用以指代西域诸族,到蒙古帝国兴起以后,该词又专指蒙古人。其次,桑鸢寺始建于 779 年,地处今西藏扎囊县雅鲁藏布江的北岸,与漠北回鹘地域遥远,况且当时回鹘虽对佛教有所了解,但信佛者甚罕,摩尼教依然是回鹘的国教。所以,将文中的 Hor 解释为西域地区似乎更为合适一些。因为当时西域佛教发达,素有"佛国"之称,地域又与吐蕃相属,在历史上就有着密切的文化联系。更何况在桑鸢寺兴建之时,吐蕃势力早已渗透到西域地区,并为争夺安西四镇而与唐朝多次交兵。其三,《贤者喜宴》成书于 16 世纪,其中藏族迎请 Hor 神像之记载神怪味道颇浓,当取自民间传说,难以凭信。以史实观之,回鹘与藏传佛教发生大规模接触应始于 840 年回鹘西迁之后。是年,由于受到来自叶尼塞河流域的黠戛斯人的进攻,雄强一时的漠北回鹘汗国灭亡,其民众四散外逃,其中有不少逃至西域和河西走廊一带,而这里当时基本上为吐蕃控制区,所以,藏传佛教于此时对回鹘产生影响当是情理中事。

---

[1] 高士荣、杨富学:《汉传佛教对回鹘的影响》,《民族研究》2000 年第 5 期,第 71~76 页;杨富学:《汉传佛教影响回鹘三证》,《觉群·学术论文集》第 3 期,北京:宗教文化出版社,2004 年,第 382~393 页。
[2] 格勒:《论藏族文化的起源形成与周边民族的关系》,广州:中山大学出版社,1988 年,第 500 页;尹伟先:《维吾尔族与藏族历史关系研究》(《中国西北文献丛书续编·别卷》1),兰州:甘肃文化出版社,1999 年,第 336 页。

第二十一章 藏传佛教对回鹘的影响

蒙古国至元朝时期,统治者出于巩固政权的需要,大力推崇佛教。1246年,蒙古阔端太子代表蒙古汗廷与西藏萨迦派四祖萨班在凉州会晤,确认了萨班在西藏各地僧俗中的领袖地位。[1] 元世祖忽必烈又敕封萨迦派五祖八思巴为国师、帝师,统领全国佛教,而且他本人和许多皇室贵族都纷纷皈依帝师。上行下效,信仰藏传佛教之风迅速形成,于是,包括回鹘贵族在内的诸色人等也都随之皈依藏传佛教。

忽必烈和蒙古贵族虽崇拜藏传佛教,但谙熟藏族语文者甚少,藏族高僧中懂蒙古语的也是凤毛麟角,势必严重妨碍双方的交流。为了适应形势的需要,那些早已熟悉蒙古语文,具有较高文化素养且受到蒙古统治者器重的一批回鹘知识分子开始学习藏语,以充当皇室贵族与帝师之间的翻译。他们本来就信仰佛教,故学习藏传佛教轻车熟路,很多人因受其影响而皈依之。[2] 于是,回鹘中出现了一批以信仰与弘传藏传佛教而闻名的高僧大德,如阿鲁浑萨理、迦鲁纳答思、舍蓝蓝、必兰纳识里等都是著称于史的喇嘛。

阿鲁浑萨理,《元史》有传,称其出自回鹘王族,在忽必烈时官至尚书右丞、中书平章政事,位高权重,死后被追封为赵国公。"幼聪慧,受业于国师八哈思巴,即通其学,且解诸国语。"[3] 这里的八哈思巴即八思巴。阿鲁浑萨理从其学佛法,成为虔诚的喇嘛,很受忽必烈器重。阿鲁浑萨理家族对佛教的信仰是有传统的,史载其祖阿台萨理"精佛氏学",其父"乞台萨理,袭先业,通经、律、论。业既成,师名之曰万全。至元十二年(1275),入为释教都总统,拜正议大夫、同知总制院事"。[4]

我们知道,总制院是宣政院的前身,系忽必烈执政初所设,"掌浮图氏之教,兼治吐蕃之事"。[5] 当初是由帝师八思巴兼领的。在八思巴于至元十一年(1274)返回吐蕃后,其职掌继由萨迦派喇嘛所领管。乞台萨理能在这个时候出任总制院辖下的释教都总统和同知总制院事,说明他在西藏佛教界有着较大的影响,深为八思巴所赏识。因为按惯例,这两个职务一般

---

[1] 樊保良、水天长主编:《阔端与萨班凉州会谈》,兰州:甘肃人民出版社,1997年,第84页。
[2] 张羽新:《元代的维吾尔族喇嘛僧》,《中国藏学》1996年第2期,第50~59页。
[3] 《元史》卷一三〇《阿鲁浑萨理传》,第3175页。
[4] 《元史》卷一三〇《阿鲁浑萨理传》,第3174页。
[5] 《元史》卷二〇五《桑哥传》,第4570页。

都是由帝师提名、推荐的。其子阿鲁浑萨理有缘师从八思巴大师,也从一个侧面反映了该家族与西藏佛教萨迦派的关系非同寻常。

迦鲁纳答思也很有语言天分,"通天竺教及诸国语",曾"以畏兀字译西天、西番经论。既成,进其书。帝命锓版,赐诸王大臣"。[1]

舍蓝蓝曾在元朝宫廷为后妃们讲经说法,而且还将多种佛教典籍译为回鹘语。其事迹见于《佛祖历代通载》卷二二:

舍蓝蓝,高昌人,其地隶北庭。其地好佛,故为苾刍者多……海都之叛,国人南徙。师始八岁,从其亲至京师。入侍中宫真懿顺圣皇后……诏礼帝师迦罗斯巴斡即儿为师。薙染为尼,服用之物,皆取给于官……内而妃主,外而王公,皆敬以师礼,称曰八哈石。北人之称八哈石,犹汉人之称师也……诏居妙善寺……以黄金缮写番字藏经《般若八千颂》、《五护陀罗尼》十余部及汉字《华严》、《楞严》,畏兀字《法华》、《金光明》等经二部。又于西山重修龙泉寺,建层阁于莲池。于吐蕃五大寺、高昌国旃檀佛寺、京师万安等,皆贮钞币,以给燃灯续明之费。又制僧伽黎文数百,施番汉诸国之僧。其书写佛经,用金数万两,并寺施舍所用币数以万计。[2]

这是我们所知的唯一的回鹘女喇嘛。

必兰纳识里也很值得注意,他是《元史》卷二〇二《释老传》中的唯一立有专传的回鹘喇嘛:"初名只剌瓦弥的理,北庭感木鲁国人。幼熟畏兀儿及西天书,长能贯通三藏暨诸国语。大德六年(1302),奉旨从帝师受戒于广寒殿,代帝出家,更赐今名。皇庆(1312~1313)中,命翻译诸梵经典……至治三年(1323)改赐金印,特受沙津爱护持,且命为诸国引进使。至顺二年(1331),又赐玉印,加号普觉圆明广弘辩三藏国师……其所译经,汉字则有《楞严经》,西天字则有《大乘庄严宝度经》、《干陀般若经》、《大涅盘经》、《称赞大乘功德经》,西番字则有《不思议禅观经》,通若干经。"曾作为替僧,代元成宗出家,得到成宗重用,擢升为开府仪同三司,仍赐三台银印,兼领功德使司事和诸国引进使。又被任命为"国师",地位仅次于"帝师"。而且通晓回鹘、吐蕃、汉、蒙古等多种语文,翻译了多种佛教经典。惜大多已

---

[1] 《元史》卷一三四《迦鲁纳答思传》,第3260页。
[2] (元)念常:《佛祖历代通载》卷二十二,《大正藏》第49册,No.2036,页734c。

第二十一章 藏传佛教对回鹘的影响

无存,仅有他根据汉文佛典创作的回鹘文诗歌《普贤行愿赞》因保存于敦煌石窟而得行世。

除了上述之外,回鹘中大喇嘛僧当还有不少。他们有的先出家后还俗,成为元政府统治阶级的一员;有的代帝出家,成为皇帝的替僧;也有的作为高级僧官,参与对全国佛教的管理;更多的则是充当翻译人员,以沟通皇帝与蒙古贵族与西藏喇嘛间的联系与交流。

这里还应提到安藏。他虽然不是喇嘛,但佛学造诣也是相当深厚的,而且精通藏语,曾据藏文将《圣救度佛母二十一种礼赞经》译为汉语,这在汉文《大藏经》中是绝无仅有的。同时,他又据藏文将该经译入回鹘文。

回鹘喇嘛僧随着藏传佛教在回鹘中的传播,回鹘僧徒对学习藏语、藏文的热情必然会随之大增,回鹘人中兼通回鹘语文、藏语文者似乎不在少数,瓜州榆林窟第25窟有哈密回鹘人新村巴(Yangï Tsunpa)题记,先以回鹘语文书写,再书以藏语文。[1] 回鹘中似乎也有不少人精通八思巴文,如敦煌莫高窟第217窟有回鹘人布颜海牙(Buyan Qaya)的题记,先用回鹘文书写,再书以八思巴文。[2] 同样的情况也见于瓜州榆林窟第2窟(图43)。特别值得述及的是敦煌发现的用藏文拼写的古代回鹘语文献《佛教教理问答》。文献原卷现藏巴黎法国国立图书馆,编号为P. Chinois 5542 / P. tibetain 1292,系伯希和于莫高窟藏经洞所

图43 瓜州榆林窟第2窟八思巴文—回鹘文合璧题记

---

[1] [法]哈密顿、杨富学、牛汝极:《榆林窟回鹘文题记译释》,《敦煌研究》1998年第2期,第50页。

[2] G. Kara, Petites inscriptions ouigoures de Touen-houang, Gy. Kaldy-nagy (ed.), *Hungaro-Turcica. Studies in Honour of Julius Németh*, Budapest, 1976, pp.55-59.

发现，共存44行。首尾为三归依文句，中间用问答形式阐述"四生（dyor dod mag）""五道（bēs yol）""十戒（on chig šra bud）""六波罗蜜（al ti pa ra mid）"及"三毒"（贪、欲、嗔）等佛教基本教义。[1] 回鹘语佛经不用回鹘文书写，而书以藏文字母，从一个侧面反映了藏传佛教对回鹘影响的深度。

藏语对回鹘语的影响，从敦煌、吐鲁番出土的回鹘文文献也可看得出来。如回鹘文《转轮王曼荼罗》中的čäk"句号、点"一词，显然就借自藏语；čanto"温暖的地方"一词，很可能就是梵语借词的藏语拼写形式。[2] 在该经中，常用藏语数字"1"来代替回鹘语数字bir。如411行出现的1 yüüz-lüg iki qol-luγ"一面二臂"、315行的1-singa"一朵莲花"等都属这种情况。

为适应广大信徒学习西藏佛法的需要，不少回鹘喇嘛僧都致力于藏文经典的翻译。根据史书记载，从藏文译入回鹘文的佛经数量不少，惜由于回鹘人后来大都改信了伊斯兰教，出于宗教热情而有意毁坏佛教文献，回鹘文也逐步为阿拉伯文所取代而逐渐成了无人知晓的"死文字"，致使回鹘文佛经相继失传。幸赖敦煌、吐鲁番等地的考古发现，才使部分文献得以重见天日，其中译自藏文的经典为数不少。

1. 尊者阿阇黎译《死亡之书》

回鹘文密宗文献《死亡之书》，系1907年由英国探险家斯坦因于敦煌发现，共计63叶（126面），有文字1 430行，现存伦敦大英图书馆，编号Or. 8212-109。[3] 关于其内容、作者、译者和写本年代，有题跋如是记载："四种次第成就法，此为纳若巴大师讲说之真义（kirtü）……由萨迦僧人大法师法幢（Dharma Tvačï）大师制成……哈密尊者阿阇黎（Ārya Āčari）遵佟巴（Istonpa）大师之令翻译……至正十年（1350）虎年六月初四日我三鲁克沁（Üč Lükčük）城之后学萨里都统（Sarïγ Tutung）奉阿速

---

[1] 森安孝夫：《チベット文字ご書かおたウイグル文佛教教理問答（P. t. 1292）の研究》，《大阪大学文学部紀要》第XXV卷，1985年，第1~85页；D. Maue und K. Röhrborn, "Ein Buddhistischer Katachismus' in alttürkischer sprache und tibetischar Schrift"（Ⅰ-Ⅱ）, Zeitschrift der Deutschen Morgenländischen Gesellschaft 134-2, 1984, S.286~313; 135-1, 1985, S.69-91.

[2] G. Kara und P. Zieme, Fragmente tantrischer Werke in uigurischer Übersetzung (Berliner Turfan-Texte Ⅶ), Berlin, 1976, S.78.

[3] 《死亡之书》，耿世民先生译作《吉祥轮律仪》（见耿世民：《敦煌突厥回鹘文书导论》，台北：新文丰出版公司，1994年，第134~135页），本人曾接受之（见杨富学：《回鹘之佛教》，第123~124页）。今遵藏学专家沈卫荣先生之意见改。

歹王子之令写。"[1]这里的阿速歹必非与之同名的蒙哥汗之子阿速歹,当为至顺元年(1330)三月受封为西宁王的速来蛮(Sulaiman)之子,其名不见于《元史》,但见于《莫高窟六字真言碣》(1348年立,碣石今存敦煌研究院)和《重修皇庆寺记》(1351年立,碑石今存敦煌研究院)。看来此经当缮写于敦煌,写成时代为元至正十年(1350)。从写本中多出现藏文术语来看,应译自藏文。内容为印度著名密教大师纳若巴(Nāropa,1016~1100)所传的《死亡之书》。

2. 安藏译《圣救度佛母二十一种礼赞经》

《圣救度佛母二十一种礼赞经》属密藏经典。该经的藏文标题有两种写法：一作 Bcom-ldan 'das-ma sgrol-ma yang-dag-par rdzogs-pa'i sangs-rgyas bstod-pa gsungs-pa,另一作 Sgrol-ma-la phyag-'tshal nyi-shu-rtsa gcig-gis bstod-pa phan-yon dang bcas-pa。回鹘文译本残卷在吐鲁番等地有所发现,现藏柏林,编号为 T III 281 (U 3883)。另有册子式木刻本残卷存于北京。从文中多用藏文词汇这一点看,该经当译自藏文,译者为元代著名回鹘学者、翻译家安藏。

3. 佚名氏译《秘密集会怛特罗》

《秘密集会怛特罗》为藏密基础著作之一,在柏林藏有译自该经的回鹘文写本一件,编号为 T II T 646 und Tiμ (U 4235)。内容为该经末尾之一段,存18行,叶首正面有藏文2行,背面存1行。

4. 萨迦班智达著,佚名氏译《甚深道上师瑜伽》

《甚深道上师瑜伽》,[2]藏文原作 Lam zab-mo bla-ma'i rnal-'byor,为藏传佛教萨迦派第四代祖师萨迦班智达(Sa-Skya Paṇḍita,1182~1251)所著19种著作之一。后被译入回鹘文,其写本今存柏林,出自吐鲁番,编号为 T III M 193 (U 5333),存52叶,497行。

5. 括鲁迪·桑伽失里译《文殊师利成就法》

吐鲁番出土回鹘文《文殊师利成就法(Mañjuśrīsādhana)》存残片1叶,现存日本龙谷大学图书馆,编号为2695。从写本的跋文看,该经系由一位

---

[1] 庄垣内正弘：《ウイグル語寫本・大英博物館藏 Or. 8212 (109) について》,《東洋学報》第56卷第1号,1974年,第45页。
[2] 《甚深道上师瑜伽》,本人此前曾据其文意译作《师事瑜伽》。今蒙沈卫荣先生赐教,知该书今有汉译本传世,应遵从之。

名叫括鲁迪·桑伽失里(Qoludï Sanggä-Sïrï)的回鹘人由吐蕃语译成回鹘语的。[1]

6. 佚名氏译《无量寿宗要经》

一般认为,《无量寿宗要经》系汉人撰述,但托名唐代藏族大法师法成所译,一卷。此经在吐蕃统治敦煌时期极为流行,既有大量的藏文本,也有相当多的汉文本。现存回鹘文本是一部附有婆罗谜字母陀罗尼的比较特别的经典。折叠式,刻本,很可能译自藏文。

7. 佚名氏译《十方平安经》

用婆罗谜文回鹘语写成的佛教经典《十方平安经》,现存圣彼得堡,系20世纪初俄国探险家科洛特科夫(N. N. Krotkov)于乌鲁木齐所获,现存残卷43叶,回鹘文题作 Tišastvustik,似译自藏文,不见于汉文大藏经。以之与藏文本相较,可以看出,它的内容不无变更,饶有兴趣地收入了一些为人熟知的故事,即佛同商人提谓和波利相会的内容,但行文有大幅度变动。

8. 本雅失里译《观世音本尊修法》

回鹘文《观世音本尊修法(Avalokiteśvara Sādhana)》文献残卷在吐鲁番有所出土,其中4件为木刻本,1件为写本,存文字152行。其中编号为 T III M 192b(U 4710)的印本在跋文中称其译者为本雅失里(Puṇyaśri),底本为藏文,译成时间在 qutluɣ bing šipqan-lïɣ küskü yïl birygrminč ay bir yangï aɣïr uluɣ posat bačaɣ kün(吉祥的十干的丙鼠年十一月初一大斋日)。笔者认为,是年应为1273年。[2]

9. 本雅失里译《吉祥胜乐轮曼陀罗》

《吉祥胜乐轮曼陀罗》是佛教密宗经典,梵文作 Śrīcakrasaṃvara Maṇḍala-Abhisamaya,藏文译本称之为 Cakrasamvara-mandala。内容可分为两大部分:第一部分为曼陀罗仪轨修持法的筑路现观,依次叙述了观想曼陀罗、赫庐迦肉身二十四部位、观想自性成就、十六位金刚天女、生起次第、完成次第以及陀罗尼修持法,第二部分主要讲述了供养修持法。《转轮王曼荼罗》,回鹘文译本是八思巴弟子回鹘学者本雅失里(Puṇyaśri)依据藏文本翻

---

[1] 小田壽典:《ウイグル文文殊師利成就法の斷片一葉》,《東洋史研究》第33卷第1号,1974年,第86~109页。

[2] 王红梅、杨富学:《回鹘文〈吉祥轮律曼陀罗〉所见十六金刚天女研究》,《敦煌研究》2005年第2期,第75页。

译而成的。[1] 文献残卷于20世纪初由德国吐鲁番考察队在吐鲁番获得，册子本，现藏柏林，编号为U 557（原编号为T 1 Tantra）。

《吉祥胜乐轮曼陀罗》是藏传密教中非常重要的一部本续，早在西夏时代就被传入汉地。黑水城出土文献中有一些西夏文和汉文文献是有关这部本续的。特别是《吉祥胜乐轮曼陀罗》之Lu-yi-pa传轨，于西夏文文献中亦有多种译文留存。

10. 本雅失里译《身轮因明经》

《身轮因明经》，梵文作Kāyacakra Sādhana，藏文作Lus-dkyil-gyi bdag-'jug，本为某佚名氏献给萨迦五祖八思巴的著作，见载于《萨迦五祖全集》卷六，内容与上述《吉祥胜乐轮曼陀罗》有关，意在阐述吉祥轮律之法旨，与《吉祥胜乐轮曼陀罗》同书于吐鲁番出土U 557（原编号为T 1 Tantra）文献中，其开首即记载说系由八思巴弟子本雅失里（Puṇyaśri）翻译。

11. 括鲁迪·桑伽失里译《胜军王问经》

回鹘文《胜军王问经（Ārya Rājavavādaka）》写本，现存圣彼得堡，编号为2Kr.3，系科洛特科夫于乌鲁木齐所获，2叶，现存文字40行。内容包括佛陀向憍萨罗国王波斯匿王布道的情节。其跋文记载说："奉菩萨后裔合罕皇帝之命，括鲁迪·桑伽失里再据藏语译为回鹘语。"[2] 其译者与前文述及的回鹘文《文殊师利成就法》同。

此外，译自藏文的回鹘文佛经尚有《大乘大悲南无圣观音陀罗尼聚颂经》《佛顶尊胜陀罗尼经》《佛说大白伞盖总持陀罗尼经》《金刚手菩萨赞》《千眼千臂观世音菩萨大圆满无碍大悲心陀罗尼经》等，都有回鹘文写本发现，兹不一一赘述。

从以上译自藏文的回鹘文经典看，大多都属于密教著作，说明回鹘学者、僧侣对藏传佛教的接受是以密教为主的。

在后弘期，尤其是元代以来的藏传佛教中，六字真言——唵、嘛、呢、叭、咪、吽——极为流行，这是一种极为简单易行的修持方法，只要常念这神奇的咒语，即可获得现报。《西藏王统记（Gyalrab Salwai Melong）》记载说：

---

[1] G. Kara und P. Zieme, *Fragmente tantrischer Werke in Uigurische Übersetzung* (= Berliner Turfan-Texte VII), Berlin, 1976, S.46.

[2] W. Radloff, *Kuan-ši-im Pusar. Beilage 1, Bruchstück des Ārya Rājavavādaka genannten Mahāyāna sūtra*. St. Petersburg, 1911, S.69–86.

此六字咒,摄诸佛密意为其体性,摄八万四千法门为其心髓,摄五部如来及诸秘密主心咒之每一字为其总持陀罗尼。此咒是一切福善功德之本源,一切利乐悉地之基础。即此便是上界生及大解脱道也。[1]

可以看出,六字真言在藏传佛教中差不多成了佛法的象征,几乎涵盖了佛教的众多精义。

从敦煌出土文献看,至迟在8~9世纪时,六字真言在吐蕃即已出现了。后来随着藏传佛教的迅猛发展,六字真言也开始逐步流行全国。那么,在回鹘中有无流传呢?史书、出土文献均未见记载,有幸的是,河南浚县大伾山存留的为数众多的六字真言题刻中,除汉、梵、八思巴文外,尚有回鹘文,题作 oom ma ni bad mi qung。这一发现确证了六字真言在回鹘中的流行。[2]

通过以上的论述可以看出,藏传佛教对回鹘的影响是相当大的。但从总体上说,藏传佛教对回鹘的影响还远远比不上汉传佛教。汉传佛教早在7世纪就已为回鹘民族所认识,通过汉—回鹘民族之间数百年的宗教文化交流,汉传佛教逐步渗透入回鹘民心,而藏传佛教却不然,主要局限于元代入居内地的回鹘上层。这大概就是为什么我们能在史书中看到元代回鹘喇嘛僧的活动,在出土文献中能看到译自藏文的回鹘文经典,却在回鹘文学、艺术、哲学诸方面很难找到藏传佛教影子的原因。

原刊《西藏研究》2005年增刊(西藏自治区建立三十周年纪念专号),第60~63页。

---

[1] 索南坚赞著,刘立千译:《西藏王统记》,北京:民族出版社,2000年,第20页。
[2] 杨富学:《浚县大伾山六字真言题刻研究》,李四龙、周学农主编:《哲学、宗教与人文》,北京:商务印书馆,2004年,第627~637页。

第二十二章 论裕固族藏传佛教信仰的形成

裕固族是甘肃特有的少数民族之一,由两部分构成,即东部裕固和西部裕固,前者为蒙古成吉思汗的后裔,后者则为古代回鹘遗民。直到今天,东部裕固操恩格尔语,属于蒙古语族;西部裕固操尧乎尔语,为古代回鹘语的一支,属于突厥语族。二者尽管都来自蒙古草原,文化上有近似之处,但毕竟族属不同,文化差异甚大。那么两个语言不同、文化各异的民族,为什么能够融二为一,成为同一个民族?颇值得探究。

今天,藏传佛教是裕固族的全民信仰,属于格鲁派。藏传佛教对于裕固族的形成及发展发挥着重要作用,被视为裕固族形成过程中的关键要素。[1] 但目前学术界对裕固族宗教的研究主要以其民族的宗教变迁、宗教信仰的普及与特点,以及藏传佛教文化等问题为重点,[2] 对于裕固族藏传佛教信仰的形成过程鲜有系统而深入的论述,即使偶或有之,也主要围绕着裕固族先民主源——回鹘人的佛教信仰展开。[3] 而对于今天裕固族民族信仰形成过程中发挥着关键作用的蒙古豳王家族的作用,则几无涉及,于是也就无从谈起对这一问题的深入探讨与研究了。这里拟利用前人研究中未能引起关注的吐鲁番、敦煌、酒泉等地发现的文献、考古资料,同时结合传统史料之记载,对裕固族藏传佛教的形成过程与历史缘由做一探讨。

---

[1] 贺卫光:《论藏文化对裕固族及其文化形成的影响》,《西北民族学院学报》1999年第4期,第27页。

[2] 钟进文:《裕固族宗教的历史演变》,《西北民族研究》1991年第1期,第141~156页;贺卫光、钟福祖:《裕固族与藏族关系述论》,《西北民族学院学报》1998年第3期,第16~20页;贺卫光、钟福祖:《裕固族民俗文化研究》,北京:民族出版社,2000年,第36~51页;白建灵:《论宗教对裕固族形成的作用》,《西北宗教论丛》第3辑,兰州:甘肃人民出版社,2013年,第126~134页。

[3] 唐景福:《藏传佛教在土族和裕固族中的传播与发展》,《西北民族研究》1996年第1期,第133~142页;贾学锋:《裕固族东迁以前藏传佛教传播情况考略》,《河西学院学报》2010年第3期,第59~63页;阿布都外力·克热木:《从藏族对裕固族的影响看吐蕃与回鹘的文化交流》,《西北民族大学学报》2011年第2期,第28~33页。

一、回鹘与吐蕃的早期接触

目前,关于裕固族之族源,学界普遍的观点是裕固族源于古回鹘与蒙古,前者为主流,后者为支流。其中,回鹘支系较为清楚,尤以古代回鹘汗室氏族"药罗葛""夜落纥"后裔的一部分为主体。因而在探讨裕固族藏传佛教信仰的形成过程时,需溯源至古代回鹘之佛教。

回鹘与佛教的接触在漠北时期即已开始。据《旧唐书·回纥传》记载:"初,有特健俟斤。死,其子曰菩萨,部落以为贤而立之。"[1]时当唐武德至贞观年间(618~646)。这里的"菩萨"即为佛教中上求菩提、下化众生的仁人。这说明早在7世纪上半叶,佛教即对回鹘产生了一定影响。而勒立于840年左右的《九姓回鹘可汗碑》虽主要记述的是摩尼教在回鹘帝国初兴时的情况,但亦从侧面透露出,在此之前回鹘人已与佛教有所接触。碑文道:

> 往者无识,谓鬼为佛;今已悟真,不可复事……应有刻画魔形,悉令焚爇,祈神拜鬼,并摈斥而受明教。[2]

此处所提到的"往者无识,谓鬼为佛"之语,说明牟羽可汗之先世确曾信仰过佛教,至少应和佛教有所接触。

另外,回鹘西迁之前,部分回鹘部落已长期活动于佛教繁荣昌盛的天山东部地区,必然或多或少地会受到佛教的濡染。这从20世纪初以来,吐鲁番、哈密等地发现的9世纪左右的北庭回鹘人所译佛典及其较高的翻译水平即可窥见一斑。易言之,早在回鹘西徙前,天山东部的回鹘人中已有了佛教徒的存在。

关于回鹘与吐蕃的最早接触,汉籍史料无载。藏族史籍《贤者喜宴》记载,墀松德赞于8世纪70年代初修桑鸢寺时,即欲迎请"霍尔(Hor)之木雀神像及菩提天神神像供作护法神"。[3] 近似的记载又见于松巴堪布的《如意宝树史》,其中言:"从跋达霍尔请来琼玉释迦牟尼佛像之后,又从裕国

---

[1]《旧唐书》卷一九五《回纥传》,第5195页。
[2] 程溯洛:《释汉文〈九姓回鹘毗伽可汗碑〉中有关回鹘和唐朝的关系》,《中央民族学院学报》1978年第2期,第21页;林梅村、陈凌、王海诚:《九姓回鹘可汗碑研究》,余太山主编:《欧亚学刊》第1辑,北京:中华书局,1999年,第160~161页。
[3] 巴卧·祖拉陈瓦著,黄颢、周润年译注:《贤者喜宴——吐蕃史译注》,北京:中央民族大学出版社,2010年,第147页。

第二十二章 论裕固族藏传佛教信仰的形成

(Yu-gur)请来白、黑、黄三部鬼王之一,委为[桑耶寺]宝库主。"[1] Hor 一词在藏族文献中常指代回鹘人,[2]甚至有人认为该词"七世纪以后到宋代为止又专指回鹘人"。[3] 新疆和田麻札塔格发现的古藏文简牍多次出现 Hor 一词,其中,M. Tāgh. b. i. 002(100)、M. Tāgh. c. ii. 0046(255)、M. Tāgh. 0345 中有 bzang-hor-gyi-sde 之谓,托马斯释作"'Good' Hor Regiment",即"优秀霍尔部落"。[4] 王尧先生释作"驯化回纥部落"或"已归化回纥部落"。[5] 后来,王先生又将其中的"回纥"改译作"回鹘"。[6] 是故,有人便将《贤者喜宴》的有关记载视作吐蕃与回鹘佛教早期接触的证据。[7] 虑及当时的历史背景,我认为很难在霍尔(Hor)与回鹘之间画等号。

首先,吐蕃势力在西域的存在,始自龙朔二年(662),结束于咸通三年(862),计有近两百年。而回鹘势力之西倾则始自顿莫贺统治时期(780~789),当时,回鹘大相颉于伽思率军从漠北出发到天山一带与吐蕃大战,双方互有胜负,相持不下,直到保义可汗时(808~821),才将吐蕃势力清除出北庭。[8] 根

---

[1] 松巴堪布·益西班觉著,蒲文成、才让译:《如意宝树史》,兰州:甘肃民族出版社,1994年,第293页。

[2] 尹伟先:《藏文史料中的"维吾尔"》,《敦煌研究》1996年第4期,第126~127页;霍尔·努木:《试释藏文"霍尔"一词》,《西藏研究》1998年第1期,第69页。

[3] 马林:《白哈尔王考略——兼论萨霍尔、巴达霍尔等》,《西藏研究》1994年第4期,第123页。

[4] F. W. Thomas, *Tibetan Literary Texts and Documents concerning Chinese Turkestan* Part II, London: Royal Asiatic Society, 1951, pp.292-293([英]F. W. 托马斯编著,刘忠译注:《敦煌西域古藏文社会历史文献》,北京:民族出版社,2003年,第253页)。

[5] 王尧、陈践:《吐蕃简牍综录》,北京:文物出版社,1986年,第43、58页。

[6] 王尧:《王尧藏学文集》第3卷《吐蕃简牍综录·藏语文研究》,北京:中国藏学出版社,2012年,第193、219页。

[7] 格勒:《论藏族文化的起源形成与周边民族的关系》,广州:中山大学出版社,1988年,第500页;马林:《白哈尔王考略——兼论萨霍尔、巴达霍尔等》,《西藏研究》1994年第4期,第124~125页;尹伟先:《维吾尔族与藏族历史关系研究》(《中国西北文献丛书续编·别卷》1),兰州:甘肃文化出版社,1999年,第336页。

[8] 森安孝夫:《増補:ウィグルと吐蕃の北庭争奪戦及びその後の西域情勢について》,流沙海西奨学学会編:《アジア文化史論叢》3,東京:山川出版社,1979年,第201~226頁;Takao Moriyasu, Qui des Ouïgours ou des Tibétains ont gagné en 789-792 à Beš-balïq?, *Journal Asiatique* 269, 1981, pp.193-205([日]森安孝夫著,耿昇摘译:《回鹘吐蕃789~792年的北庭之争》,《敦煌译丛》第1辑,兰州:甘肃人民出版社,1985年,第247~257页);荣新江:《敦煌逸真赞所见(转下页)

据《九姓回鹘可汗碑》记载,"天可汗亲统大军,讨灭元凶,却复城邑",首先攻克了北庭。接着他又率军南下,赶走了吐蕃在天山以南的势力,碑载"后吐蕃大军围攻龟兹,天可汗领兵救援。吐蕃落荒,奔入于术。四面合围,一时扑灭"。[1] 840 年回鹘西迁,于咸通七年(866)攻取西州。《资治通鉴》卷二五〇咸通七年春二月条载:"[咸通]七年春二月,归义军节度使张义潮奏北庭回鹘什固俊克西州、北庭、轮台、清镇等城。"可见,回鹘在西域一直是吐蕃的敌对势力,正是回鹘把吐蕃势力赶出西域的。言回鹘归化于吐蕃,恐难成立。

其次,这些简牍的下限为 866 年,而这一时期回鹘的势力尚局限于塔里木盆地北缘以北地区,未及于塔里木盆地北缘的和田一带,何谈归化问题。

其三,从 Hor 一词的使用范围看,所指区域极为广袤,包括河曲、河湟、西域、河西等地的非汉人,川西也有被吐蕃人称为 Hor 的。诚如日本学者森安孝夫所言:"Hor 是位处吐蕃以北的汉民族以外的异族,其地域与吐蕃本土接壤。"[2]

其四,763 年以后,回鹘已将摩尼教定为国教,势力炽盛。佛教尽管在回鹘中有所接触或传播,但影响甚微,尚不足以弘法至辽远而足迹难至的青藏高原。

职是之故,笔者认为,与其将 Hor 释作"回鹘",不若像托马斯[3]、霍夫曼[4]那样释之为"胡人"显得更确切一些,尽管回鹘也为"胡人"的一种。以唐代新疆和田的民族分布情况观之,麻札塔格简牍中的 Hor 应指吐谷浑,所以,将《贤者喜宴》所见 Hor 解释作"回鹘"不足为信。Hor 者,抑或为汉语"胡"的假借,用以指代吐蕃、汉人以外的少数民族,得无可乎?

回鹘与吐蕃发生大规模接触应始于 840 年回鹘西迁之后。当时,徙至

(接上页)归义军与东西回鹘的关系》,《敦煌邈真赞校录并研究》,台北:新文丰出版公司,1994 年,第 72~79 页;田卫疆:《高昌回鹘历史分期刍议》,殷晴主编:《吐鲁番学新论》,乌鲁木齐:新疆人民出版社,2006 年,第 702~706 页。

[1] 林梅村、陈凌、王海诚:《九姓回鹘可汗碑研究》,余太山主编:《欧亚学刊》第 1 辑,北京:中华书局,1999 年,第 161 页。

[2] 森安孝夫:《チベット語史料中に現れる北方民族—DRU-GU と HOR—》,《アジア・アフリカ言語文化研究》No.14,1977 年,第 45 页。

[3] F. W. Thomas, *Tibetan Literary Texts and Documents concerning Chinese Turkestan* Part I, London: Royal Asiatic Society, 1935, p.157.

[4] H. Hoffmann, Die Qarluq in der tibetischen Literatur, *Oriens* III, 1950, S.195.

第二十二章 论裕固族藏传佛教信仰的形成

河西走廊一带的回鹘部众甚多,形成河西回鹘集团,后相继建立了甘州回鹘王国和沙州回鹘王国。其遗裔后来演变为今日甘肃裕固族。河西回鹘所处之地自魏晋以来即盛行佛教,形成了甘、凉、肃、瓜、沙等众多佛教中心。唐宋时期,其地长期为吐蕃、西夏所控,佛教文化氛围浓郁,回鹘长期活跃于此,其思想文化、宗教习俗等诸多方面自然受到佛教的浸染与熏陶。宋人洪皓《松漠纪闻》记载:甘、凉、瓜、沙之回鹘"奉释氏最甚"。[1] 说明斯时河西回鹘对于佛教的崇奉已超过摩尼教。北宋景德四年(1007),甘州"夜落纥"可汗曾遣尼法仙等二人入贡北京(今山西太原),献马十匹,并游历五台山;[2] 同年又遣僧翟大秦向北宋献马十五匹,有意于京城建佛寺,并求赐寺额。[3] 至于是否遂愿,史书未载,不得而知。敦煌遗书P.3633《沙州百姓致甘州回鹘可汗一万人状》也有甘州回鹘"天可汗信敬神佛,更得延年,具足百岁"之语。[4] 此卷书写于911年,是知,五代后梁时,甘州回鹘统治者已接受了佛教。

从历史记载看,河西回鹘的佛教颇受吐蕃宗教的濡染。洪皓《松漠纪闻》曾言:

> [河西回鹘]奉释氏最甚,共为一堂,塑佛像其中,每斋必刲羊,或酒酣,以指染血涂佛口,或捧其足而鸣之,谓为亲敬。诵经则衣袈裟,作西竺语。[5]

从洪皓的记载看,河西回鹘崇奉佛教,其祭祀仪式颇有讲究:先塑造佛像于堂中,每奉斋戒,必刲羊以奉,有时还饮酒以庆,酒酣后,以血涂佛口,有时甚至抱着佛足而呼叫,以表示亲敬。这种习俗,可能的来源有二:

其一,有可能来自古代藏族本教祭祀仪式。本教在祭祀时常以动物为

---

[1] (宋)洪皓著,翟立伟标注:《松漠纪闻》,第15页。
[2] (宋)章如愚:《群书考索后集》卷六十四《四夷方贡》,台北:商务印书馆,1986年,第900页。
[3] (清)徐松辑:《宋会要辑稿·蕃夷四·回鹘》,第7715页。
[4] 唐耕耦、陆宏基编:《敦煌社会经济文献真迹释录》(四),第380页;上海:上海古籍出版社、法国国家图书馆编:《法藏敦煌西域文献》第26册,上海:上海古籍出版社,2002年,第158页。
[5] (宋)洪皓著,翟立伟标注:《松漠纪闻》,第15页。

牺牲。《旧唐书》载,在吐蕃每年一次的盟誓仪式上,要宰杀羊、狗和猕猴,"先折其足而杀之,继裂其肠而屠之,令巫者告于天地、山川、日月、星辰之神"。[1] 在每三年一次的大祭祀活动中,要宰杀犬、马、牛、驴为祭品。长庆三年(822),唐蕃于拉萨会盟,吐蕃方面的主持人钵阐布是佛教僧人,会盟根据传统习惯要歃血,即将所杀牲口的血抹在嘴上表示信守誓言,但因为血祭有违藏传佛教的教义,故钵阐布作为佛教僧人拒绝参加这个仪式。后来,西藏佛教在祭祀形式上虽有受本教影响的因子存在,但已不再屠杀活的牲口,而是用牛、羊的模型或者用酥油捏制成供品,或者用木刻鹿头之类来代替杀牲献祭。[2]

其二,有可能受祆教血祭仪式影响所致。祆教即琐罗亚斯德教,又称火祆教、拜火教,为波斯本土宗教之一,大概于北魏时期传入中原地区。据目前大量的考古发现及文献资料记载,祆教曾于九姓胡,即中亚粟特人中广为流行。血祭则为祆教的重要仪式之一,主要于哈吉的年度朝拜、死后仪式以及专门的感恩仪式时举行。[3] 据英国学者玛丽·博伊斯在伊朗琐罗亚斯德教村落沙里发巴特所做的调查研究,沙里发巴特人在前往皮尔·赫里什特朝圣时,通常宰杀绵羊及山羊作为献牲,敬献给神明。[4] 粟特人长期活跃于丝绸之路沿线,住居、行商者甚多,其宗教、文化对河西及西域诸民族之影响颇为深远,回鹘人中即多有尊奉拜火教的。敦煌文献 S.6551 讲经文明确记载回鹘王国境内有佛教、摩尼教、景教、祆教与萨满教的共存,其中以佛教势力最大,摩尼教与景教次之,祆教与萨满教则又次之。而波斯文史籍、阿拉伯文献对回鹘尊奉祆教情况的记载可与之相互印证。从历史记载来看,祆教在回鹘中有所流行,产生影响的时代大致在 9~12 世纪间。[5]

是知,河西回鹘之血祭仪式,既有可能是受吐蕃本教祭祀仪式的影响

---

[1] 《旧唐书》卷一九六《吐蕃传》,第 5220 页。
[2] 此前笔者曾笼统地将之归入藏传佛教,认为这是藏传佛教受本教影响的结果,藏族学者认为藏传佛教并未接受之一习俗,故此修改旧说。
[3] 张小贵:《唐代九姓胡奉火祆教"诣波斯受法"考》,林中泽主编:《华夏文明与西方世界——蔡鸿生教授七十华诞祝寿论文集》,香港:香港博士苑出版社,2003 年,第 65~66 页。
[4] Mary Boyce, *A Persian Stronghold of Zoroastrianism*, Oxford University Press, 1977, p.61.
[5] 杨富学:《回鹘文献与回鹘文化》,第 252~257 页。

第二十二章 论裕固族藏传佛教信仰的形成

所致,也有可能来自祆教。但就当时的历史情况看,祆教主要流行于高昌回鹘,河西回鹘罕见;加上吐蕃本教有以牲口血抹口以示守信之俗,与河西回鹘"以指染血涂佛口"之俗极为相近。是故,笔者认为,相较而言,河西回鹘之血祭仪式受吐蕃本教影响的可能性更大。

吐蕃本教对回鹘佛教造成影响,庶几与自8世纪中叶以来吐蕃对河西地区的长期统治有关,在吐蕃统治河西时期,在古代藏族中原本流行的本教也被带到了那里。

本教又称"本波教",俗称"黑教",在吐蕃王朝建立之前即已存在,崇奉天地、山林、水泽等自然物,重祭祀、跳神、占卜和禳解,希望通过祭祀取悦于神,并得到神的旨意和护持。[1] 7世纪以来,随着吐蕃王朝的建立及其势力的扩张,通过中原和印度两地传入的佛教逐渐受到了吐蕃上层的亲宠和扶植。从此本佛之间开始了持续数百年的斗争。为了争取信徒,佛教大量吸收了本教的神灵作为佛教的护法神,吸收本教的教规和仪式以达到通俗化和地方化的目的。到了赤松德赞时期,虽然这位崇佛的君主为佛教确立了主导的地位,抑制本教势力,但本教的力量是无法在一夜之间彻底消灭的。此时敦煌的发愿文中出现了部分佛教徒采用本教仪轨的情况,其中包括对"身帐"的发愿;对"母亲亲属"的发愿;对"洁净粮食"的发愿;对圈中绵羊的发愿;对马匹及对亲属所尊重的牦牛的发愿。"身帐"被认为是旗幡,具有生命力,是死者的象征;而马匹、牦牛、绵羊是本教徒用来引导亡灵去阴司的牲畜。这些做法在当时虽然受到一些佛教徒的抨击,但同样证明本教对敦煌有影响的事实。[2] 后来本教也接受了佛教的一些理论,如敦煌藏文写本P. T. 239和P. T. 1042等文献描写了一种较为古老的本教丧葬仪轨,即灵魂回向。不难看出,其中融摄了不少佛教义理,如六道轮回的观念,有的甚至站在藏传佛教的立场上对本教丧葬仪

---

[1] 王尧、陈践:《吐蕃简牍综录》,第72~73页。

[2] R. A. Stein, Du récit au rituel clans les manuscrits tibétains de Touen-houang, *Études Tibetaines. Dédiées à la Mémoire de Marcelle Lalou*. éd. Ariane Macdonald, Paris: Librairie D'Amérique et D'Orient, 1971, pp.479-547([法]石泰安著,岳岩译:《敦煌吐蕃文书中的苯教仪轨故事》,《国外藏学研究译文集》第4辑,西藏人民出版社,1988年,第195~262页);褚俊杰:《吐蕃本教丧葬仪轨研究——敦煌古藏文写卷P. T. 1042解读》,《中国藏学》1989年第3期,第15~34页;《中国藏学》1989年第4期,第118~134页。

轨进行评说。[1] 这体现了河西地区吐蕃佛教与本教的融摄与合流。

斯时,藏传佛教在包括敦煌在内的河西地区也得到了很大的发展,敦煌成为吐蕃佛教弘传的一大中心。吐蕃统治敦煌初期,当地有僧寺九所、尼寺四所、僧尼三百一十人。至吐蕃统治敦煌末期,寺院增加到十七所,僧尼猛增到数千人。[2]

藉此,吐蕃本教与佛教对河西诸族产生影响自不待言。回鹘与吐蕃自古文化关系密切,其宗教受到吐蕃的影响,故而在一定程度上浸染了吐蕃文化的某些色彩。

质言之,唐宋时代,回鹘尽管与吐蕃多有接触,但藏传佛教对回鹘似乎并没有产生太大的影响,至少,从历史记载中没有得到明确的反映。

二、藏传佛教在豳王辖区的兴盛及回鹘的皈依

藏传佛教与回鹘发生密切联系,应自蒙古帝国时代始。在忽必烈建立元朝并奉藏传佛教为国教后,这种联系就更为密切了。

蒙古崛起朔漠,草昧初开,文化落后,自成吉思汗开始,许多回鹘知识分子即受到重用,以至于形成凡"有一材一艺者,毕效于朝"的局面。[3] 这种情况,在西北蒙古诸王统辖区内同样存在。

在蒙古入居河西走廊之初,回鹘僧人即有担任蒙古统治者与藏传佛教高僧之交流中介者。《萨迦世系史》载,萨班与阔端谈论佛法时,担任翻译的就是回鹘僧人;萨班于凉州讲经时,有"金国、蕃、回鹘、西夏等地的善知识大德……前来闻法"。[4] 可见,河西地区的回鹘人与蒙古统治者早有接触,其中已有不少人谙熟藏传佛教了。

及至元朝建立,尤其是13世纪80年代以后,蒙古察合台汗第四代孙出伯、哈班兄弟受命镇守河西走廊西端,其家族成员于14世纪初开始,先后受封为豳王、肃王、西宁王和威武西宁王,分别驻守于肃州(甘肃酒泉市)、

---

[1] 褚俊杰:《论苯教丧葬仪轨的佛教化——敦煌古藏文写卷P.T.239解读》,《西藏研究》1990年第1期,第45~69页。
[2] 藤枝晃:《敦煌の僧尼籍》,《東方学報》(京都)第29册,1959年,第285~338页。
[3] (元)念常:《佛祖历代通载》卷二十二《敕赐乞台萨理神道碑》,《大正藏》第49册,No.2036,页727c。
[4] 才让:《蒙元统治者选择藏传佛教信仰的历史背景及内在原因》,《西北民族大学学报》2004年第1期,第50页。

第二十二章 论裕固族藏传佛教信仰的形成

瓜州(甘肃瓜州县)、沙州(甘肃敦煌市)和哈密力(新疆哈密市),与河西回鹘水乳交融。他们尊奉藏传佛教,大力倡导,对促进藏传佛教在河西地区的弘传发挥了重要作用。

蒙元时期,出于巩固政权的需要,统治者大力推崇佛教,尤以藏传佛教为重。1246年,蒙古阔端太子代表蒙古汗廷与西藏萨迦派四祖萨班于凉州会晤,被视为西藏纳入蒙古帝国版图及藏传佛教正式进入蒙古社会的标志。[1] 元世祖忽必烈时又敕封萨迦派五祖八思巴为国师、帝师,统领全国佛教,而他本人及诸多皇室贵族则皆皈依了佛教。上行下效,信仰藏传佛教之风迅速形成,藏传佛教成为名副其实的"国教"。但对回鹘来说,在忽必烈推行藏传佛教之时,信奉者主要为入居中原地区与蒙古高原的僧徒,而西域地区的回鹘人则主要信奉汉传佛教。

介于两者之间的河西回鹘,其佛教信仰有别于两地:早期以汉传佛教为主,至13世纪80年代以后,尤其在14世纪上半叶,转为以藏传佛教为主。这一现象的形成,当与这一时期蒙古豳王家族对河西的镇守和对藏传佛教的推崇息息相关。

关于豳王家族的宗教信仰,史书了无记载,但敦煌、酒泉等地发现的古代文献、碑刻、回鹘文题记,却对此多有反映。

先看敦煌莫高窟现存的《莫高窟六字真言碣》和《重修皇庆寺记》。前者勒立于1348年,后者勒立于1451年,碑主皆为蒙古豳王家族的西宁王速来蛮。其余功德主尚有脱花赤大王,太子养阿沙、速丹沙、阿速歹、结来歹,妃子屈术、卜鲁合真、陈氏妙因等。[2] 其中,速来蛮为阿拉伯语 Sulaimān 之音译,即今日所谓的苏莱曼,为穆斯林常用名。养阿沙,即 Yaghan Shāh 之音译。养阿(Yaghan)为突厥语,意为"象";沙(Shāh)为波斯语对统治者的称谓。速丹沙为 Sultān Shāh 之音译,苏丹(Sultān)为阿拉伯语,古译"速丹"或"速檀",今译"苏丹",原意为"力量"或"权柄",用以称呼穆斯林国家的统治者。这些都说明,速来蛮、养阿沙、速丹沙之取名皆受到伊斯兰教的影响。在13世纪七八十年代出伯东归之前,西域察合台汗国即已逐步伊

---

[1] 樊保良、水天长主编:《阔端与萨班凉州会谈》,兰州:甘肃人民出版社,1997年,第84页。

[2] 李永宁:《敦煌莫高窟碑文录及有关问题》(二),《敦煌研究》(试刊)第2期,1982年,第110~116页。

斯兰化了。[1] 至其后代,即速来蛮之孙子辈,取名多来自梵文,表现出佛教的强烈影响。说明这一家族在居于西域期间,其宗教信仰受到了伊斯兰教的强烈影响,但在迁居河西后,他们放弃了伊斯兰教信仰而皈依了藏传佛教。[2]

  蒙古豳王家族尊奉藏传佛教的证据俯拾皆是。20世纪初,英人斯坦因(A. Stein)曾从敦煌携归回鹘文写本一件,内容为《吉祥胜乐轮曼陀罗》(编号 Or. 8212 – 109,旧编号 Ch. xix.003),有题记曰:"哈密尊者阿阇黎(Ārya Ācar)遵佟巴(Istonpa)大师之令翻译……至正十年(1350)虎年六月初四日我三鲁克沁(Üč Lükčüng)城之后学萨里都统(Sarïɣ Tutung)奉阿速歹(Asuday)王子之令写。善哉!善哉!"[3] 继之,又有文字曰:"vzir-lïɣ baxšï-nïng adaq-lïɣ qooš linxu-a-sïnga oɣul yükünürmn(我,阿速歹,怀着虔诚之心,命法师恭敬抄写)。"[4] 这里的蒙古王子 Asuday 即豳王家族成员第二代西宁王速来蛮(Sulaiman)之子阿速歹,其名不见于《元史》,却载于速来蛮勒立的《莫高窟六字真言碣》(1348年勒立)及《重修皇庆寺记》(1451年勒立)。该文献出自敦煌莫高窟元代洞窟,从诸多藏文术语来看,应译自藏文,内容属于印度著名密教大师纳若巴(Nāropa,1016~1100)所传度亡之书。依题记知,该写本正是来自今新疆鄯善西南鲁克沁之回鹘法师萨里都统奉王子阿速歹之命而于至正十年(1350)在沙州缮写的。这反映出了阿速歹对佛教,尤其是藏传佛教的虔诚,同时也反映了西域回鹘僧徒与豳王家族的密切关系。

  另一件重要文献为1989年出土于敦煌莫高窟北区的编号为 B163:42

---

[1] 李进新:《新疆伊斯兰汗朝史略》,北京:宗教文化出版社,1999年,第142~148页;刘迎胜:《察合台汗国史研究》,上海:上海古籍出版社,2006年,第267~268页。

[2] 张海娟、杨富学:《蒙古豳王家族与河西西域佛教》,《敦煌学辑刊》2011年第4期,第92~93页。

[3] P. Zieme und G. Kara, *Ein uigurisches Totenbuch. Nāropas lehre in uigurischer Übersetzung von vier tibetischen Traktaten nach der Samelhandschrift aus Dunhuang British Museum Or. 8212(109)*, Budapest, 1970, S.160 – 162;杨富学:《回鹘之佛教》,第123~124页。

[4] P. Zieme und G. Kara, *Ein uigurisches Totenbuch. Nāropas lehre in uigurischer Übersetzung von vier tibetischen Traktaten nach der Samelhandschrift aus Dunhuang British Museum Or. 8212(109)*, Budapest, 1970, S.162。

第二十二章　论裕固族藏传佛教信仰的形成

的蒙古文文献,其为新疆地方长官克德门巴特尔(Kedmen Baγatur)下达的令旨,旨在确保新疆至敦煌佛教香客之安全,其中有言:"因为灌顶国师朵儿只怯烈失思巴藏卜喇嘛与其徒弟们,穿梭于八儿思阔、别失八里及高昌其他[地方],旅途应做事虔诚(即佛教的宗教仪式)并祈福众生,谁也不得阻其旅程,不许征用他们的川资、车辆、骆驼和马匹。"[1]令旨的颁布者克德门巴特尔应为吐鲁番当地的蒙古统治者,时当豳王家族统辖河西时期。该令旨颁发于高昌,出土于敦煌,说明当时自吐鲁番至敦煌间,尽管统治者不同,但藏传佛教却受到了沿途统治者的格外优待,其僧众得以通行顺畅。[2]

此外,豳王家族致力于石窟的营建与修复,如酒泉文殊山石窟发现的汉文—回鹘文合璧《重修文殊寺碑》记录了第三代豳王喃答失重新修复文殊寺的事迹;[3]敦煌莫高窟发现的《重修皇庆寺记》记录了西宁王速来蛮重修皇庆寺的经过;著名的《莫高窟六字真言碣》同样由西宁王速来蛮家族勒立,使用藏、梵、回鹘、八思巴、西夏和汉文六种文字镌刻六字真言。莫高窟464窟的修复,是回鹘佛教徒在蒙古豳王家族的支持下完成的,[4]窟内出土的回鹘文诗歌,对速来蛮王捐施佛教的功德予以颂扬,体现了二者间的密切关系。[5] 豳王家族对藏传佛教的崇信与支持,对河西地区藏传佛教发展大有推动。

豳王家族镇守河西及西域东部地区期间,大力弘传佛教以抵御伊斯兰教势力的东侵,无论是藏传佛教还是汉传佛教,皆于此期间获得了进一步的发展。尤其值得注意的是,元代河西地区盛行既久的回鹘佛教,在豳王家族的优抚之下,得到了持续的发展,尤其是藏传佛教,在河西回鹘中逐步

---

[1] Dai Matsui, A Mongolian Decree from the Chaghataid Khanate Discovered at Dunhuang, Peter Zieme (ed.), *Aspects of Research into Central Asian Buddhism: In Memoriam Kōgi Kudara*, Turnhout, 2008, p.160;松井太:《東西チャガタイ系諸王家とウイゲルチベット仏教徒》,《内陸アジア史研究》第23号,2008年,第26~27页。

[2] 张海娟、杨富学:《蒙古豳王家族与河西西域佛教》,《敦煌学辑刊》2011年第4期,第90页。

[3] 耿世民、张宝玺:《元回鹘文〈重修文殊寺碑〉初释》,《考古学报》1986年第2期,第253~263页。

[4] 杨富学:《敦煌莫高窟第464窟的断代及其与回鹘之关系》,《敦煌研究》2012年第6期,第1~18页。

[5] 阿布都热西提·亚库甫:《北京大学图书馆藏回鹘文〈西宁王速来蛮赞〉新探》,朱玉麒主编:《西域文史》第6辑,北京:科学出版社,2011年,第61~77页。

走向兴盛,形成了敦煌、酒泉两大回鹘佛教中心。著名的回鹘文《金光明最胜王经》就是在酒泉文殊山发现的,卷四有题跋(IV.74a—b)称:"我从康熙二十六年六月初八辛鼠日开始写,至八月十五日满月时写竟。"[1] 抄经人为 Bilgä Talui Šabï、Ratna Vijra Šabï 和 Čaxsapat Manggal Toyin 等人,抄经地点却在沙州(敦煌),说明直到康熙二十六年(1687)敦煌当地尚存在有信奉佛教的回鹘集团。这一文献过去一直被定性为时代最晚的回鹘文文献。然而,最新的研究成果却证明,酒泉文殊山万佛洞发现的回鹘文题名,其时代有的比酒泉文殊沟本回鹘文《金光明最胜王经》的时代更为靠后。

在万佛洞回鹘文题记中,有纪年者13则,除两则使用生肖纪年外,余均记以年号,时代最早者为明嘉靖三十年(1551)题记,最晚者则是康熙五十二年(1713)题记。[2] 在康熙五十二年题记有僧人 Bilgä Talui 一名,与文殊沟所出康熙二十六年回鹘文写本《金光名最胜王经》之书手 Bilgä Talui Šabï 同名。考虑到这一时期回鹘佛教僧人数量不会很多,加上二者同为康熙年间人,庶几乎可定二者当为同一个人。这一事实说明,至少到康熙五十二年(1713)止,河西西部酒泉至敦煌一带地区仍存在着回鹘佛教集团,继续行用回鹘文。[3] 回鹘佛教与佛教文化的保留则为后来裕固族的形成与发展奠定了坚实的文化基础,这与蒙古豳王家族及其后裔对佛教的支持同样也是分不开的。

在明万历年间成书的《肃镇华夷志·属夷内附略》中,曾提到文殊山的青牛和尚,有关记载尽管很简略,但见证了回鹘僧人对藏传佛教的皈依。据载:

时有青牛和尚,曰哥哥把失者乃巫师臧之番僧,牵青牛一只,念经乞化为生游至沙州地界,投元之达卧耳交王部下,娶达女为妻。[4]

---

[1] В. В. Радлов - С. Е. Малов, *Suvarṇaprabhāsa. Сутра золотого Блеска*, Текст уйгурской редакции (= Bibliotheca Buddhica XVII), Delhi, 1992, стр. 344; C. Kaya, Uygurca Altun Yaruk Giriş, Metin ve Dizin. Ankara, 1994, S.207.

[2] 伊斯拉菲尔·玉素甫、张宝玺:《文殊山万佛洞回鹘文题记》,吐鲁番学研究院编:《语言背后的历史——西域古典语言学高峰论坛论文集》,上海:上海古籍出版社,2012年,第94~106页。

[3] 杨富学:《酒泉文殊山:回鹘佛教文化的最后一方净土》,《河西学院学报》2012年第6期,第1~6页。

[4] (明)李应魁著,高启安、邰惠莉点校:《肃镇华夷志校注》,兰州:甘肃人民出版社,2006年,第275~276页。

第二十二章　论裕固族藏传佛教信仰的形成

这段记载内容混乱,大致意思为:嘉靖年间酒泉文殊山有青牛和尚者,名曰哥哥把失,系来自乌斯藏(原文作巫师藏)的番僧,平时手牵青牛一只,靠念经乞化为生。其名"哥哥把失"别有一番意味。"把失",为突厥/回鹘语 baqšı 之音译,意为"法师",当无疑义。[1]"哥哥"文意不明,或为突厥语/回鹘 kök(蓝色)的音译。[2] 回鹘尚蓝,取以为名完全符合常理,如吐鲁番出土回鹘文买卖文书 U 5236(TM 99)第 11 行有人名 kök buqa。[3] 另一件同出吐鲁番的回鹘文 U 5245(TM 220)《借贷、换工与免税书》第 3 行有人名 kök t(ä)mür。[4]"哥哥"也有可能为 kiki 的音译,如甘肃武威出土的回鹘文《亦都护高昌王世勋碑》文末有碑铭撰写者 kiki(巎巎)之题名。[5] 果若是,不管"哥哥"为 kök 还是 kiki 的音译,都可推定青牛和尚为回鹘僧人。该僧由青海而来,活动于明嘉靖年间,这与裕固族被安置在酒泉南山的时间一致。上述诸因素促使笔者做出如下大胆推测:青牛和尚本为河西瓜、沙某地回鹘僧人,明正德四年(1509),东蒙古酋长亦不剌、阿尔秃斯起兵反抗蒙古达延汗,兵败后,率残部万余人流入青海湖及海西一带驻牧,纵掠邻境,河西走廊西部诸卫残破,不克立。青牛和尚被掳掠或流落到青海一带。嘉靖七年(1528),总督王琼移罕东部指挥板丹部落于甘州之南山,至是,历时 80 年的关外诸卫东迁遂告结束,东迁者均被安置在肃州附近及甘州之南山一带。[6] 这一带本为蒙古豳王家族大本营之所在,当时豳王家族大力支持藏传佛教,回鹘皈依之。于是,待形势稍安,青牛和尚

---

[1] G. Clauson, *An Etymological Dictionary of Pre-Thirteenth-Century Turkish*, Oxford, 1972, p.321.

[2] G. Clauson, *An Etymological Dictionary of Pre-Thirteenth-Century Turkish*, Oxford, 1972, p.708.

[3] 山田信夫著,小田壽典、P.ツィーメ、梅村坦、森安孝夫编:《ウイゲル文契约文書集成》第 2 卷,大阪:大阪大学出版会,1993 年,第 347 页;耿世民:《回鹘文社会经济文书研究》,北京:中央民族大学出版社,2006 年,第 168~169 页,惜汉译部分漏写 kök buqa。

[4] 山田信夫著,小田壽典、P.ツィーメ、梅村坦、森安孝夫编:《ウイゲル文契约文書集成》第 2 卷,第 165~167 页;耿世民:《回鹘文社会经济文书研究》,北京:中央民族大学出版社,2006 年,第 238~240 页。

[5] 耿世民:《回鹘文亦都护高昌王世勋碑研究》,《考古学报》1980 年第 4 期,第 515~529 页。

[6] 《裕固族简史》编写组:《裕固族简史》,兰州:甘肃人民出版社,1983 年,第 43~44 页。

便于嘉靖年间由青海经沙州而来到文殊山,投安定王,[1]并娶安定王达卧之女为妻。从娶妻这一情节看,青牛和尚显然应为藏传佛教僧人。

三、蒙古豳王家族与裕固族藏传佛教信仰的形成

今日裕固族之得名来自宋代的"黄头回纥"。在汉文史籍中,最早的记载见于《宋史》卷四九〇《外国传六·于阗国》、《宋会要辑稿·蕃夷四》之一七、一九。根据这些记载,学术界一致的意见将当时黄头回纥的主要活动区域界定于包括今河西走廊西端在内的甘、青、新三省区交界地带。与之大致相同的记载又见于16世纪中期成书的《中亚蒙兀儿史——拉失德史》,其中有言:

在西藏的北方和东方有叶尔羌(Yárkand)、于阗(Khotan)、车尔成(Chárchán)、罗布(Lob)、怯台(Katak)和撒里维吾尔(Sárigh Uighur),其余一片沙漠(rigistan),其边缘与中国的甘州(Kanju)和肃州(Sakju)接壤。[2]

易言之,河西走廊最西端的沙州、瓜州,也都是黄头回纥/撒里维吾尔之游牧区。16世纪,裕固族东迁至酒泉一带,反映其东迁过程的口述传说称:"尧乎尔人先前来自千佛洞(Чембудун,今莫高窟)和万佛峡(Ванфуса,又称榆林窟)这是汉人的叫法,尧乎尔语称作西至哈至(Сиджо-Хаджо)。"[3] 1963年甘肃少数民族社会历史调查组征集到的比较原始的裕固族东迁之歌是这样的:

唱着说着才知道了

---

[1] 安定王,原文作"耳交王",明代文献多作"阿骄"或"阿真""安定",同音异写。参见高启安:《安定卫的残破与部众迁徙觅踪——兼论安定卫与裕固族形成的关系》,《西北民族大学学报》2004年第4期,第1~7页。洪武八年(1375),朱元璋改封蒙古豳王为安定王。

[2] N. Elias - E. D. Ross, *A History of the Monguls of Central Asia. Being the Tarikh-i-Rashidi of Mirza Muhammad Haidar, Dughlat.* London, 1972, p.406. 汉译文见米儿咱·马黑麻·海答儿著,新疆社会科学院民族研究所译,王治来校注:《中亚蒙兀儿史——拉失德史》第2编,乌鲁木齐:新疆人民出版社,1983年,第374页。

[3] С. Е. Малов, *Язык Желтых Уйгуров. Тексты и переводы*, Москва, 1967, No.206, стр. 211.

第二十二章 论裕固族藏传佛教信仰的形成

> 我们是从西至—哈至来的人
> 西至—哈至迷失了方向来的
> 千佛洞万佛峡来的
> 青头山底下住下了
> 祁连山可爱的山
> 我们从远处迎着太阳光而来。[1]

其中的西至哈至实为沙州—瓜州之音转。[2] 笔者认为,宋代所谓的"黄头回纥",其实本身就是河西回鹘的一部分。

有元一代,新疆西部地区逐步伊斯兰化,由于蒙古豳王家族尊奉藏传佛教,在驻守新疆东部与河西走廊西端之时,全力抵御伊斯兰教的东进,保障了藏传佛教在这一地区的持续发展。前已述及的回鹘文《吉祥胜乐轮曼陀罗》由哈密回鹘僧据藏文译为回鹘文,再由来自新疆鄯善鲁克沁的回鹘僧抄写,施主却为蒙古豳王家族成员阿速歹。[3] 说明西域东部地区与河西回鹘的佛教是连为一体的。

藏传佛教在高昌地区的流行,在吐鲁番大桃儿沟和小桃儿沟石窟可得到实证。在两处石窟中都发现有藏传佛教绘画,其中,大桃儿沟石窟开凿于宋元时期,壁画保存较好的第9窟壁画带有浓厚的藏传佛教风格,小桃儿沟石窟第5窟和第6窟尚存壁画,同属藏传佛教风格,二者均为高昌地区晚期的石窟。[4]

不过,藏传佛教在高昌回鹘中的流行只是昙花一现,不久,便随着回鹘势力的逐步衰落而消失。1241年,窝阔台汗去世,蒙古大汗之位由窝阔台

---

[1] 中国科学院民族研究所甘肃少数民族社会历史调查组编:《裕固族简史简志合编》(初稿),1963年内部铅印,第12~13页。
[2] 杨富学:《裕固族东迁地西至哈至为沙瓜二州考》,阿不都热西提·亚库甫主编:《西域—中亚语文学研究》,上海:上海古籍出版社,2015年,第379—390页。
[3] P. Zieme und G. Kara, *Ein uigurisches Totenbuch. Nāropas lehre in uigurischer Übersetzung von vier tibetischen Traktaten nach der Samelhandschrift aus Dunhuang British Museum Or. 8212(109)*, Budapest, 1970, S.160‑162;杨富学:《回鹘之佛教》,第123~124页。
[4] 吐鲁番地区文物局、吐鲁番学研究院:《吐鲁番大桃儿沟石窟调查简报》,《吐鲁番学研究》2012年第1期,第7~12页;吐鲁番地区文物局、吐鲁番学研究院:《吐鲁番小桃儿沟石窟调查简报》,《吐鲁番学研究》2012年第1期,第22~25页。

系转入拖雷系之手,引起窝阔台系诸王的极大不满。于是,以窝阔台孙海都为首的一派于至元年间(1264~1294)与察合台后王都哇联手,倡乱西北,迅速在西域扩展势力范围,并不断对高昌回鹘亦都护的辖区进行侵扰。回鹘亦都护不能自存,在元政府的庇护下迁居河西永昌,哈剌火州一带成为元政府与察合台汗国争夺西域控制权的主战场,拉锯战持续了数十年。迄14世纪上半期大部分时间,该地都在元朝中央政府控制之下。[1] 元顺帝至正七年(1347),"西蕃盗起,凡二百余所,陷哈剌火州,劫供御蒲萄酒,杀使臣"。[2] 火州由此陷入察合台汗国之手。原本住居西域的回鹘人或随元军移居哈密、河西等地,与当地蒙古、吐蕃诸族混居一处,继续崇奉佛教;或留居当地,最终改奉伊斯兰教。

及至明初,察合台后王的势力发展仍然局限于火州,火州之东的哈密力则一直为中央政府所有,由出伯后裔,即明朝所册封的忠顺王和忠义王驻守。

元代藏传佛教各派中以萨迦派在畏兀儿/回鹘中的传播最广、影响最大,萨班曾前往凉州(今甘肃武威)、[3] 肃州(今甘肃酒泉)文殊山等地弘传佛法,[4] 八思巴则为畏兀儿/回鹘等民族培养了大批僧人,[5] 极大地促进了藏传佛教于畏兀儿/回鹘中的传播。此外,噶举派于畏兀儿/回鹘人中也有一定的传播。元代,在藏传佛教的影响下,畏兀儿/回鹘中涌现了许多高僧大德,他们将大量藏文佛经翻译为回鹘文,代表人物主要有必兰纳识里、阿鲁浑萨理、迦鲁纳达思、舍蓝蓝等。[6] 是时,藏传佛教已成为沟通畏兀儿/回鹘、藏及蒙古诸族的津梁。

1368年,元朝灭亡,蒙古贵族退回北方草原,但仍据有岭北、甘肃、辽阳、云南四省之地,史称"北元"。其中甘肃行省瓜、沙、肃等州及哈密一带

---

[1] 田卫疆主编:《吐鲁番史》,乌鲁木齐:新疆人民出版社,2004年,第363页。
[2] 《元史》卷四十一《顺帝纪四》,北京:中华书局,1976年,第879页。
[3] 阿旺贡噶索南著,陈庆英、高禾福、周润年译注:《萨迦世系史》,拉萨:西藏人民出版社,1989年,第94页。
[4] 智观巴·贡却呼丹巴绕吉著,吴均、毛继祖、马世林译:《安多政教史》,兰州:甘肃民族出版社,1989年,第145页。
[5] 达仓宗巴·班觉桑布著,陈庆英译:《汉藏史集》,拉萨:西藏人民出版社,1986年,第181页。
[6] 杨富学:《藏传佛教对回鹘的影响》,《西藏研究》2005年增刊(西藏自治区建立三十周年纪念专号),第61页。

第二十二章 论裕固族藏传佛教信仰的形成

地区仍处于出伯家族的掌控下。嗣后,蒙古豳王家族于明朝的武力征伐与政治招抚下相继投诚。明廷于西北诸地封王置卫,关西七卫,即安定、阿端、曲先、罕东、赤斤蒙古、沙州、哈密,由是次第设置。后沙州卫于正统十一年(1446)内迁,在其故地又设罕东左卫。[1] 诸卫中除原来游牧于青海湖北部的罕东卫与新设的罕东左卫外,分布于河西西部、哈密等地的安定、阿端、沙州、哈密诸卫均由察合台后王豳王出伯集团转化而来,尤其是哈密的威武王、肃王、忠顺王、忠义王,对明代早期西域形势影响较大,他们皆为出伯家族之遗裔。哈密王始祖兀纳失里(Unashiri)一直跟随北元脱古思帖木儿汗与明军作战,直到1388年脱古思帖木儿汗被阿里不哥后裔也速迭儿所杀。[2]

明代中叶,关西各卫相互掠夺攻杀,加上西域伊斯兰化政权吐鲁番的不断侵袭,诸卫相继崩溃,不能自立,纷纷于15世纪下半叶和16世纪初内迁至肃州、甘州等地。[3] 由是,瓜沙等地回鹘人集中迁居于肃州境内。是时,蒙古豳王后裔依旧辖制沙州、瓜州、肃州等河西西部诸地。

明代,统治者出于维护政权的需要,大力弘扬藏传佛教格鲁派,进一步推动了藏传佛教于河西蒙古人、回鹘人中的传播。今天仍在传唱的裕固族民歌《尧熬尔来自西至哈至》就含有这方面的历史记忆。唱词曰:东迁前"大寺院常年香火缭绕,大活佛每日里闭目合掌。部落里到处是经幡,奴隶们却为自己的双手歌唱"。[4] "许多年前那里灾害降临,狂风卷走牲畜,沙山吞没帐房……寻不见寺院,找不到黄金筑起的经堂"。[5] "祈祷拜佛的

---

[1] 《明史》卷三三〇《西域传二·沙州卫》,北京:中华书局,1974年,第8561~8562页。

[2] 永元壽典:《明初の哈密王家について——成祖のコムル經營》,《東洋史研究》第22卷第1号,1963年,第1~38页;Hogong Kim, The Early History of the Moghul Nomads: the Legacy of the Chaghatal Khanate, Reuven Amital-Press and David O. Morgan (ed.), *The Mongol Empire and Its Legacy*, Leiden/Boston/Köln: Brill, 1999, pp.291-318; Oda Juten, *Uighuristan*, The Institute of Eastern Culture of Bulletin 34, 1978, pp.22-44.

[3] 高自厚:《明代的关西七卫及其东迁》,《兰州大学学报》1986年第1期,第42~48页;高启安:《明代哈密东迁与裕固族的形成》,《[甘肃]社会科学》1989年第4期,第99~102页;李天雪:《裕固族民族过程研究》,北京:民族出版社,2009年,第97~103页。

[4] 才让丹珍:《裕固族风俗志》,天津:天津古籍出版社,1993年,第250页。

[5] 裕固族简史编写组:《裕固族简史》,兰州:甘肃人民出版社,1982年,第45页。

经堂被黄沙埋了,我们无奈才从西至哈至走来"。[1] 民歌还讲到,裕固族东迁是由西至哈至(沙州、瓜州)出发的,迁入豳王家族的大本营——肃州,传说还特别强调是从千佛洞(莫高窟)和万佛峡(榆林窟)出发。从这些历史记忆中不难发现,裕固族先民在东迁之前即崇奉佛教,拥有寺院及大活佛,藏传佛教色彩浓厚。

学界一般将裕固族东迁推定在 15 世纪后半叶至 16 世纪初,将出发地西至哈至推定为吐鲁番。设若此说成立,那么,裕固族的宗教信仰将是另外一种状况。

如前所言,出伯兄弟是于 13 世纪后半叶由西域察合台汗国东归忽必烈的,从其儿子取名速来蛮、养阿沙、速丹沙之伊斯兰风格,即可看出当时该家族已经伊斯兰化了。学界有言,察合台汗国的伊斯兰化始于 14 世纪初,明显有误。而吐鲁番完全陷于伊斯兰化王朝察合台汗国之手则始自 1347 年。早此一年,秃黑鲁帖木儿(Tughluk Timur Khān)继察合台汗位后,强行在高昌、别失八里诸地推行伊斯兰教,并将高昌更名为"Dár al islam(伊斯兰之座)"。[2] 西域佛教受到致命打击。及至明永乐十二年(1414)陈诚奉使西行,途次吐鲁番时,虽见当地佛教烟火尚存,但已经呈现出"梵宫零落留金像,神道荒凉卧古碑"[3] 的衰落景象。成化五年(1469),吐鲁番国酋阿力自称速檀。十四年(1478),阿力死,其子阿黑麻嗣为"速檀"。[4] 说明到 15 世纪后期,吐鲁番差不多已完全成了伊斯兰教的天下。

伊斯兰教对佛教的征服始终是与战争相伴的。1392 年,黑的儿火者汗率军攻破吐鲁番,狂热的伊斯兰士兵对佛教教徒进行了血腥屠杀,对佛教文化进行了大肆破坏。近代以来,国内外探险家、学者对吐鲁番、库车等地古代佛寺遗址进行考古发掘,时常可见无数被撕得粉碎的古代文献浸泡在被屠杀僧侣的血泊中,尸骨断头缺足,其状甚惨。历经数百年后,写本、尸

---

[1] 裕固族自治县裕固族文化研究室编:《裕固族民间文学作品选》,兰州:甘肃民族出版社,2013 年,第 392 页。

[2] N. Elias & E. Denison Ross, *A History of the Monguls of Central Asia / Being the Tarikh-i-Rashidi of Mirza Muhammad Haidar*, *Dughlat*, London, 1972, p.52.

[3] (明)陈诚:《竹山先生文集》内篇卷二《哈密火城》。嘉庆乙卯刻本。参见王继光校注:《陈诚西域资料校注》,乌鲁木齐:新疆人民出版社,2012 年,第 32~33 页。

[4] 《明史》卷三二九《西域传一·土鲁番》,第 8530 页。

骨与泥块混在了一起,烟熏火燎的痕迹尚十分明显。[1] 直到今天,仍可从高昌故城西北角的一些墙壁上依稀看出当年的火焚痕迹。

15世纪下半叶至16世纪初,佛教在吐鲁番不复存在,何来"大寺院常年香火缭绕,大活佛每日里闭目合掌"的景象?综观裕固族东迁至所有民歌,看不到任何伊斯兰教征服佛教的场面。这种宗教和谐景象,当时仅存在于西域察合台汗国以外的河西走廊地区。说明,裕固族东迁自吐鲁番之说完全不能成立。

元明时期,蒙古豳王家族始终与回鹘保持着密切的联系,就居地而言,两者长期共处河西之地,政治、经济、文化、宗教交往甚密,特别是回鹘文化对河西地区的蒙古人产生了重大的影响,使得蒙古贵族在文化上逐步回鹘化,[2]进而为二者的同化与融合提供了条件。历经数百年的水乳交融及发展演进,活跃于河西地区的回鹘人及蒙古人形成了你中有我、我中有你的不可分离的关系,为豳王家族辖下蒙古人与回鹘人的融合和继之而来的裕固族的形成奠定了基础。[3] 蒙古豳王家族对于回鹘文化的向心力,及对回鹘佛教文化的保护与支持,则为裕固族文化特点得以形成提供了最基本的保障,使其形成了有别于新疆维吾尔族伊斯兰文化的独特的民族文化——裕固族藏传佛教文化。

四、结论

综上所见,元朝后期,以出伯为首的蒙古豳王家族成员,奉元政府之命镇守河西,不仅有效抵御了西域窝阔台后王和察合台后王的东侵,捍卫了河西地区的稳定,而且对当地经济文化的发展做出了贡献,影响及于明代。一方面,蒙古豳王统辖区内,回鹘势力比较强大,文化发达,对蒙古豳王家族影响甚大,以至于蒙古贵族在文化上自觉或不自觉地逐步向回鹘趋近,且逐步回鹘化,恰如漠北与中原地区之蒙古文化深受回鹘文化

---

[1] A. von Le Coq, *Buried Treasures of Chinese Turkestan. An Account of the Activities and Adventures of the Second and Third German Turfan Expeditions*, London, 1928, pp.61-62([德]勒库克著,郑宝善译:《新疆之文化宝库》,南京:蒙藏委员会,1934年,第46~47页);L. Sander, *Paläographisher zu der Sanskrithandschrift der Berliner Turfansammlung*, Wiesbaden, 1968, S.13-14.

[2] 杨富学:《榆林窟回鹘文威武西宁王题记研究》,《庆贺饶宗颐先生95华诞敦煌学国际学术研讨会论文集》,北京:中华书局,2012年,第218页。

[3] 杨富学、张海娟:《蒙古豳王家族与裕固族的形成》,《内蒙古社会科学》2015年第3期,第37~43页。

影响那样；[1]另一方面，回鹘佛教文化于河西西部地区持续繁荣，又得力于蒙古豳王家族的崇奉与扶持。明朝初年，西域回鹘佛教势力逐渐衰退，最终于15、16世纪之交完全让位于伊斯兰教。[2] 只有河西西部地区，在蒙古豳王家族的庇护下，回鹘佛教势力得以独存，且有所发展。加之，镇守河西地区的蒙古豳王家族崇奉藏传佛教，给藏传佛教以种种优待与支持，为裕固族藏传佛教文化的兴盛奠定了基础。就宗教信仰而言，作为裕固族主源的回鹘人长期信奉佛教，与藏传佛教有一定接触；后来融入其中的蒙古人同样崇奉佛教，如同元朝中央政府一样，极其推崇藏传佛教，对回鹘藏传佛教的进一步发展起到了推波助澜的作用。

河西回鹘后裔因坚持信仰佛教，尤其是受蒙古豳王家族的影响而皈依藏传佛教，从而与新疆地区伊斯兰化的回鹘后裔维吾尔族走向了不同的发展道路；而蒙古豳王家族，虽为成吉思汗的直系后代，在政治上居于支配地位，但在文化上却深受回鹘的影响而逐步回鹘化，久而久之，便与其他蒙古族后裔形成了越来越大的差别。两个原本来源不同，文化颇有差异的民族，因为在宗教信仰上的水乳交融，合二为一，从而促成了文化上的逐步趋近和同化，最终造就了一个新的民族共同体——裕固族的诞生。质言之，藏传佛教是促成二者融为一体的最为重要的黏合剂。

这个民族共同体以藏传佛教为共同信仰，这无疑可被视作今日甘肃裕固族最重要的文化特征之一，并使这一民族共同体有别于全民信仰伊斯兰教的新疆维吾尔族，同时，这个民族共同体又以回鹘文化为基石，与今天的蒙古族文化迥然有别。这些因素的交互作用，使这个民族共同体成为一个既具维吾尔、蒙古文化因子而又与二者迥然有别的具有独立个性的新民族。

本文曾提交"汉藏密教国际学术研讨会(International Conference on Chinese and Tibetan Tantric Buddhism)"，耶路撒冷，2014年6月15日至19日，与张海娟合撰。

---

[1] 李符桐：《回鹘与元朝建国之关系》，《李符桐论著全集》第3册，台北：台湾学生书局，1992年，第163~265页；萧启庆：《西域人与元初政治》，台北：台湾大学文学院，1966年。
[2] 杨富学：《回鹘之佛教》，第39~47页。

第二十三章 综论汉传佛教对回鹘的影响

一、前言

佛教产生于印度,入华后得到了广泛的传播,经过与中国旧有的儒、道思想的融合与同化,形成了自己的独特结构和颇具民族特色的宗教体系——汉传佛教。自4世纪始,随着中国文化向周边地区的扩散,汉传佛教也随之传到了日本、朝鲜、越南等地,并回传于中亚乃至印度。与此同时,我国四裔古代少数民族大多也都受到了汉传佛教不同程度的影响。其中,在历史上曾对我国北方诸族(如党项、契丹、女真、蒙古)产生过重要影响的回鹘佛教,就是在汉传佛教的直接影响下产生的。

回鹘本为游牧于我国北方的古代少数民族,俗信萨满教。至于她与佛教的接触,最早可追溯到7世纪上半叶,这可从唐武德至贞观年间(618~646)漠北回鹘酋长号为"菩萨"、河西回鹘别部——契苾部酋长名为"沙门"这一史实中得到佐证。[1] 不过当时佛教的影响似乎不大。佛教在回鹘中的大发展,当在840年回鹘西迁以后,并形成了高昌、北庭、龟兹、哈密、敦煌、张掖等回鹘佛教中心。

高昌对佛教的接触为时甚早,大约可追溯至公元前1世纪车师前国时期。[2] 北凉至高昌国时期,佛教在这里得到了空前的发展。

北凉是十六国时期由临松(今甘肃张掖南)卢水胡人沮渠蒙逊在张掖、武威一带建立的一个地方政权。439年,该政权为北魏所灭,部众遂在皇族沮渠安周等人的率领下西奔,占领高昌。北凉统治者素敬佛教,在其余部占领高昌之后,亦以大兴佛教为务,高昌遂成为北凉佛教的中心。460年,北凉为柔然灭亡后,继之兴起了汉人政权——高昌国。其统治者不管是卢

---

[1] 杨富学:《回鹘之佛教》,第19页。
[2] 陈世良:《从车师佛教到高昌佛教》,敦煌吐鲁番学新疆研究所编:《吐鲁番学研究专辑》,乌鲁木齐:敦煌吐鲁番学新疆研究资料中心编印,1990年,第144页。

水胡还是汉人,其文化尽管各有自己的特色,但基本属于汉文化的范畴,以儒、释、道合流为特色的汉传佛教因素,在高昌出土《凉王大且渠安周功德碑》和阿斯塔那—哈拉和卓古墓出土的随葬衣物疏中可明显地看得出来。唐朝初年,玄奘西行途次高昌,其王闻报竟"喜忘寝食","令一国人皆为师弟子"。[1] 高昌国小民寡,但僧众却有数千。贞观十四年(640)唐灭高昌国,建西州,汉传佛教于此得到进一步发展。

高昌以北的北庭,在唐代亦发展成为西域汉传佛教的一大中心。贞观十四年建成的应运太宁之寺后来成了高昌回鹘的王家寺院。这里的龙兴寺在历史上也颇负盛名。其寺主法海"学识人风,不殊华夏"。[2] 其曾于长安三年(703)以"北庭龙兴寺都维那"的身份参与义净于长安所设译场,勘定译经。[3]

至于河西走廊地区,则更是汉传佛教的一统天下,自魏晋以来即形成了甘(张掖)、凉(武威)、肃(酒泉)、瓜(瓜州)、沙(敦煌)等佛教中心。质言之,在9世纪中叶回鹘西迁之际,西域、河西诸地都已有了近千年的汉传佛教发展历史,僧徒众多,香火旺盛。这些都为后来回鹘佛教的形成与发展奠定了基础。从今天所能见到的回鹘文佛经、回鹘佛教石窟艺术诸因素看,汉传佛教对回鹘佛教的影响是既深且巨的。

二、回鹘文佛经多译自汉本

9至15世纪间,众多的佛教经典被译为回鹘文。从吐鲁番、敦煌、哈密等地发现的回鹘文文献看,纵然不是全部大藏经,至少也是大藏经中的经、论两部分的主要著作都已先后被译成了回鹘文。[4] 其中,有的译自梵文,如《八大圣地制多赞》《佛说无量寿经》;有的译自龟兹文,如《阿烂弥王本生》;有的译自焉耆文,如《弥勒会见记》。元朝统治时期,随着藏传佛教的传播,回鹘佛教受其濡染,有一些经典遂依藏文本译出,如《佛说胜军王问

---

[1] (唐)慧立、彦悰:《大慈恩寺三藏法师传》卷一,北京:中华书局,1983年,第19页。
[2] 桑山正进编:《慧超往五天竺國傳研究》,京都:京都大学人文科学研究所,1992年,第26页;(唐)慧超著,张毅笺释:《往五天竺国传笺释》,北京:中华书局,1994年,第176页。
[3] 国家图书馆藏敦煌写本雨字39号《金光明最胜王经》卷五尾跋。参见方广锠、许培玲:《敦煌遗书中的佛教文献及其价值》,《西域研究》1996年第1期,第41~42页。
[4] 杨富学:《回鹘之佛教》,第72~150页。

第二十三章　综论汉传佛教对回鹘的影响

经》《文殊师利成就法》《吉祥胜乐轮曼陀罗》《金刚手菩萨赞》《观世音本尊修法》《十方平安经》《四天王赞》《转轮王曼陀罗》和《身轮因明经》等,数量也不是很大。这说明印度佛教、藏传佛教和龟兹、焉耆佛教尽管也曾对回鹘佛教产生过影响,但都不是决定性的。真正决定回鹘佛教之形成与发展方向的乃汉传佛教。就现已刊布的有关写本及少量印本看,回鹘文佛经大都译自汉文,以大乘系统为主。其中的大乘经典有《金光明最胜王经》《观身心经》《妙法莲华经》《观无量寿经》《阿弥陀经》《华严经》《佛说温室洗浴众僧经》《地藏菩萨本愿经》《大般涅槃经》《佛名经》《金刚经》《说心性经》《大般若波罗蜜多经》《圆觉经》《佛说受新岁经》《首楞严经》等,毗昙部著作有《阿毗达磨俱舍论》《俱舍论实义疏》《阿毗达磨顺正理论》《入阿毗达磨论注》《俱舍论颂疏》《入菩提行疏》等。还有一些中土高僧编撰的典籍也被译入回鹘文,如《大慈恩寺三藏法师传》《慧远传》《佛祖历代通载》等。译自汉文的密教部著作不多,主要有《圣妙吉祥真实名经》(回鹘文注音本)、《千手千眼观世音菩萨广大圆满无碍大悲心陀罗尼经》等。小乘部经典较少,可见者有《长阿含经》《中阿含经》《杂阿含经》《增一阿含经》及尚待甄别的《Insadi 经》等。

汉僧所撰伪经在回鹘中的传播最为广泛。《法华经》《华严经》《金刚经》《大般若波罗蜜多经》和净土三部经等都是印度佛教和汉传佛教中特别重要的经典,但存世的回鹘文献却不多或完全没有,与其应有的地位极不相称。如《金刚经》存世的文献仅有 10 件,《法华经》写本稍多一些,也仅有 15 件。至于《华严经》和净土三部经那就更少了,一般都只有两三件而已,《大般涅槃经》写本仅存三件,《地藏菩萨本愿经》仅存一件,《大般若波罗蜜多经》《首楞严经》等在回鹘文文献中更是只见其名,而未见一件文献留存。相反,本不为历代大藏经所收的一些由中土汉僧伪撰的佛经,却在回鹘中广泛流传,如《父母恩重经》是在中国编撰成的一部佛教经典,一般被视作伪经,从未入过正规的大藏经。但这并未妨碍它在民间的流传,该经以其劝人行孝且通俗易懂而深受欢迎。此经也传入回鹘社会,并被译为回鹘文广为流布。北宋初"成都府大圣慈寺沙门藏川"撰写的《十王经》[1]

---

[1] 该经亡佚已久,幸有写本发现于敦煌,计有编号 19 件,可分为甲乙二种本子。名目各异,有《佛说阎罗王授记四众逆修生七斋往生净土经》(S.3147)、《佛说阎罗王授记令四众逆修生七斋往生净土经》(S.5544)、《阎罗王授记经》(S.2815、S.4530、S.6230)、《佛说十王经》(S.3961、P.2870、P.2003)、《佛说阎罗王经》(S.4805)等。参见杜斗城:《敦煌本佛说十王经校录研究》,兰州:甘肃教育出版社,1989 年。

在回鹘中流传更广,现存回鹘文写本很多,在敦煌发现的残片即达40件,吐鲁番出土的也有10余件,图文并茂,制作非常考究。汉文伪经《佛顶心大陀罗尼》在回鹘中也相当流行,现知回鹘文写本已达27件。伪经《佛说天地八阳神咒经》的回鹘文写本、刻本更是多达186种。

这里特别值得一提的是吐鲁番与敦煌等地都有出土的回鹘文《大白莲社经》残卷。20世纪30年代前后,该文献写卷在吐鲁番出土后被人分别卖给法国(详情不知)、土耳其(11页)等国,另有2页现藏于北京国家图书馆。[1] 在这一文献之某些页的背面左方,用回鹘文小字写有abitaki某卷某页的字样,故被学界称为《阿弥陀经》残卷。但审其内容却与该经无关,而且该经之汉译本仅一卷,而回鹘文所示却有四卷之多,说明称其为《阿弥陀经》之回鹘文译本是不妥的。那么它应是什么文献呢?耿世民在查阅甘肃敦煌研究院收藏的一小片回鹘文写卷时,发现其左方除用回鹘文写有小字abitaki外,旁边尚有朱书"大白莲社经"五个汉字。据此推定其为《大白莲社经》之回鹘文译本。[2] 众所周知,白莲社为净土宗创始人慧远于4世纪所创,又称莲宗,主要崇奉阿弥陀佛。此处的《大白莲社经》应为该宗所崇奉的经典之一,长达四卷,惜不见传本,亦不见史书记载,故书此存疑。

质言之,为数众多的译自汉文的各种回鹘文写、刻本的存在与发现,昭示着古代汉传佛教对回鹘佛教信仰的强大影响力。

三、中土佛籍及灵应冥报故事在回鹘中的传译

回鹘人不仅翻译汉文佛经,而且还翻译过中土僧人所编撰的佛籍,如慧立、彦悰所撰《大慈恩寺三藏法师传》就被古代维吾尔族著名翻译家胜光法师(Sïngqu Säli Tutung)译入回鹘文。现知写本共有3件,分藏于北京、圣彼得堡、柏林等地。有题跋云:

---

[1] O. Sertkaya-K. Röhrborn, Bruchstücke der alttürkischen Amitābha-Literatur aus Istanbul, *Ural-Altaische Jahrbücher* N. F. 4, 1984, S. 97 – 117; A. Temir-K. Kudara-K. Röhrborn, Die alttürkischen Abitaki-Fragmente des Etnografya Müzesi, Ankara, *Turcica* 16, 1984, S.13 – 28; 耿世民:《回鹘文〈大白莲社经〉残卷(二叶)研究》,《民族语文》2003年第5期,第1~5页。

[2] 耿世民:《回鹘文〈大白莲社经〉残卷(二叶)研究》,《民族语文》2003年第5期,第1~5页。

第二十三章 综论汉传佛教对回鹘的影响

  y(ä)mä qutluɣ öngdün uluɣ tabɣač ilinčä tayšing siwšing alɣu šasatarlarïɣ nomlarïɣ qalïsïz ötkürmiš bodisataw gitso samtso atlïɣ ačarï änätkät tilintin tawɣač tilinčä äwirmištä yana bu biš čöbik käbik kälyük bulɣanyuq yawaz ötdä qoluta kinki boš-ɣutluɣ biš-balïqlïɣ sïngqu säli tutung tawɣač tilintin türk uyɣur tilinčä ikiläwirmis altun önglüg yaruq yaltrïqlïɣ qopta kötrulmiš nom iligi atlïɣ nom bitig bitiyü oquyu yätildi sadu ädgü ymä qutluɣ bolz-un!

  时幸福的东方之伟大的桃花石国(即中国——引者)中洞彻大乘[与]小乘一切经的菩萨义净三藏从印度语译为汉语。时此五浊恶世之中别失八里后学胜光法师(Sïngqu Säli Tutung)又从汉语译为突厥—回鹘语,定名为《金光明最胜王经》,写讫。善哉!善哉!祝福![1]

  从题记知,《玄奘传》是由回鹘著名翻译家胜光法师译入回鹘文的,其译成的时代大致在10世纪左右。耿世民先生认为:"根据回鹘文《玄奘传》写本的字体(为一种早期的回鹘文写经体)以及写本中绝不见元代回鹘文文献中常见的t和d、s和z字母替换使用的情况,认为该书翻译的年代应在元代以前,即九~十二世纪之间。"[2]该文献共计十卷,部头不小,它的译成体现了回鹘僧徒对玄奘的崇拜之情。

  在《玄奘传》之外,净土宗创始人慧远之传记也被译入回鹘文。其写本在鄯善七克台有出土,现存一页,梵夹式,高21厘米,长53厘米,双面书写,共存文字52行。似属10世纪左右之遗物,内容述及慧远及其弟子僧济的情况,但在汉籍中找不到对应内容,当为汉文典籍之改编。[3]

  玄奘所撰《大唐西域记》也有可能被译入回鹘文。写本中出现有这样的话头:"此语在名为《西域记》(siüki)的书中有载。"[4]可见,该书的回鹘

---

[1] F. W. K. Müller, *Uigurica*, Abhandlungen der Preussischen Akademie der Wissenschaften 1908, 2, Berlin, 1908, S.13-14;耿世民:《回鹘文〈玄奘传〉第七卷研究》,《民族语文》1979年第4期,第250页。

[2] 耿世民:《回鹘文〈玄奘传〉及其译者胜光法师》,《中央民族学院学报》1990年第6期,第67页。

[3] 卡哈尔·巴拉提:《回鹘文写本〈慧远传〉残页》,《文物》1987年第5期,第92~94页。

[4] P. Zieme, Xuanzangs Biographie und das Xiyuji in alttürkischer Überlieferung, J. P. Laut-K. Röhrborn (ed.), *Buddhistische Erzählliteratur und Hagiographie in türkische Überlieferung*, Wiesbaden, 1990, S.76.

文译名为 Siüki,译者可能同为胜光法师。茨默经研究后认为,该书的翻译,似曾参考过前引《玄奘传》。可备一说。

最近,研究人员从敦煌莫高窟北区 B59 窟出土的写本残片中又甄别出一件令人注目的文献——《佛祖历代通载》回鹘文译本。吾人固知,《佛祖历代通载》系元末嘉兴祥符禅寺住持念常于顺帝元统元年(1333)编撰的佛教通史,记载了上起七佛、下迄元统元年的佛教历史,全书共计二十二卷。敦煌发现的回鹘文写本残片为卷五的一个片段。[1] 这是我们所知翻译时代最迟的回鹘文佛教著作,不仅确证了元末回鹘佛教的流行,而且从一个侧面反映了回鹘佛教徒对汉籍佛典的重视。

另外,特别值得关注的是中土流行的灵验故事(如《荀居士抄〈金刚经〉灵验记》)及冥报故事(如《忏悔灭罪金光明经冥报传》)也被译为回鹘文。回鹘文《荀居士抄〈金刚经〉灵验记》写本是近期德国学者茨默于柏林收藏的吐鲁番出土物中发现的,1 页,编号 T Ⅱ Y 22(U 3107),正背面各书文字 7 行(图 44),内容如下:

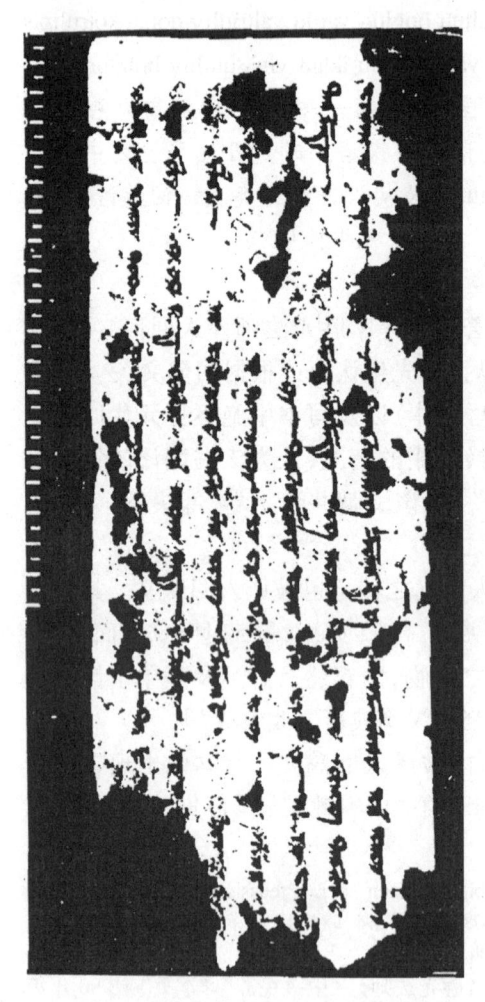

图 44 回鹘文《荀居士抄〈金刚经〉灵验记》残片

1. ... atlɣbalïq-nïng [ki] din yïngaq-dïn litsun atlɣ orun-ta ornaɣ tutup

---

[1] 张铁山:《莫高窟北区出土两件回鹘文佛经残片研究》,《敦煌学辑刊》2003 年第 2 期,第 83~86 页。

第二十三章 综论汉传佛教对回鹘的影响

2. titsi-lar turɣurup bošyut bošurur ärdi∶antaɣ ädgü- lüg iš-lär-tä
3. qatïɣlanur ärkän yana küntämäk užik bitigü piir alïp-p
4. üst ünki qamaɣ tngri-lär üčün kimqoki nomuɣ bitiyür-mn
5. tip∶kök qalïɣ qovuqïnta kimqoki-taqï užiklarïɣ∶käzigčä
6. tükäl bitiyür ärdi∶muntaɣ qïlu üküš kün ay öd qolu-lar [ ]
7. inčip ol antaɣišin küdükin blgürtdäči tangïrqadačï [ ]nč[ ]
8. ol baxšï ät, öt, öz qotdï∶ötrü anta kin bir uɣur-da tngri-din y[ ]
9. yiti kün titrüm qad boltï∶ol antaɣ qad boltuqda qayu ol [ ]
10. atlɣ bilgä är üstünki tngri-lär üčün kimqoki [nomuɣ] bitiyür-mn
11. [tip] kök [qälïɣ] qovuqïnta užik bitimiš orun ärdi ärsär∶[ol]
12. orun üzä-sintä tägirmiläyü onar čïɣyir-dä arïtï yaɣmur
13. tägmädin [öl ödü] š ymä bolmadïn qup quruɣ turdï anï körüp tägräki
14. yïlqïčï oɣlan-qya-lar tangïrqanïp mungadïp ašunmaqlašu ol orun-qa [ ]

[新繁县]城西有李村,一书生教学于此。在致力于这一善举的同时,他日日对空书写《金刚经》,曰:"此经拟由诸天读诵。"数日、数月和很多时间过去了,他仍然书写不辍。神通力终于显现了,一次,大雨倾盆,连下七日。但在书生对空写经的地方,十尺周围内却滴雨不见。睹此情景,牧牛儿既奇且喜,遇雨便于此躲避。[1]

《荀居士抄金刚经灵验记》在历史上流传甚广,可见于多种文献的记载,如道宣《集神州三宝感通录》卷三(A)、李昉《太平广记》卷一〇二(B)、道世《法苑珠林》卷十八(C)、《金刚般若经集验记》(D)、《金刚经感应传》(E)、《金刚经纂要刊定记》卷五(F)、《大唐内典录》卷十(G)及敦煌本《持诵金刚经灵验功德记》(H)。其中,时代最早者应推道宣(596~667)《集神州三宝感通录》卷三的记载,后世诸本多本乎此。与以上诸汉文本相比,回鹘文本有不少改动,如:回鹘文本未写书生姓氏,A、C、D、E 诸本作"荀

---

[1] P. Zieme, The Scholar Mr. Xun of the District Xinfan∶A Chinese Tale in an Old Turkish Translation,《耿世民先生 70 寿辰纪念文集》,北京:民族出版社,1999 年,pp.276 - 288.

氏",B、F、G、H本作"苟氏";回鹘文本中的李村,A、B、C、D、E、G本均作"王李村",F本作"王者村",H本未写村名;回鹘文本中的"书生",与A、B、C、D、F、G本同,但E、H本作居士;各本均标明其地在益州(今四川成都市)西南或西北,但回鹘文文本无之,观其残片,当系破损所致。通过这一比较可以看出,回鹘文本之底本当为A、B、C、D、G诸本中的一种,而与E、F、H本关系甚微。[1]

《忏悔灭罪金光明经冥报传》见于敦煌发现的回鹘文《金光明最胜王经》写本之中。该经是由别失八里著名回鹘佛教翻译家胜光法师依义净汉译本转译的。值得注意的是,与义净本相较,回鹘文本卷一多出了两个故事:沧州人张居道在温州做治中时因女儿婚事而屈杀牛、羊、猪、鸡、鹅、鸭之类牲畜而被阎王追索,后发愿抄写《金光明经》而被放还;又有温州安固县某县丞妻,久病不愈,张居道闻之,劝其发愿抄写《金光明经》,此县丞遵之,雇人抄写,果然妇人疾病得除。[2] 这两个故事,虽不见于义净译本,但可见于北凉昙无谶翻译的四卷本《金光明经》卷首所录《忏悔灭罪金光明经冥报传》,又名《金光明经传》。此故事之单行本在敦煌也多有发现。[3] 回鹘文本之内容当系胜光法师据昙无谶补译。[4]

四、回鹘佛教艺术多取法汉风

从敦煌、吐鲁番、北庭乃至龟兹诸地所能见到的回鹘壁画来看,大多数也都取材于汉传佛教的大乘经典,就其艺术表现形式而言,无不体现出受中原文化濡染的因素。

敦煌的回鹘壁画,早期者差不多完全沿袭了五代、北宋的艺术风格,有自身特点的内容甚少,如莫高窟第306、307、308、363窟及榆林窟第39窟者莫不如此;后期者民族特色较浓,在构图上讲究简洁疏朗,在色调上追求热烈明快,装饰图案新颖别致,人物造型健康丰满,只是其表现手法显得不够

---

[1] 杨富学:《回鹘文〈苟居士抄金刚经灵验记〉研究》,《吐鲁番学研究》2004年第2期,第56~61页。

[2] S. Çagatay, *Altun Yaruk'tan iki parça*, Ankara, 1945; P. Zieme, Zu den Legenden im uigurischen Goldglanzsūtra, *Turkluk Bilgisi Araştimalari* 1, 1977, S.149–156.

[3] 参见杨宝玉:《〈忏悔灭罪金光明经冥报传〉校考》,宋家钰、刘忠编:《英国收藏敦煌汉藏文献研究》,北京:中国社会科学出版社,2000年,第328~338页。

[4] 杨富学:《回鹘文〈忏悔灭罪金光明经冥报传〉研究》,《甘肃省博物馆学术论文集》,西安:三秦出版社,2006年,第262~284页。

细腻。若从主体上看,其画风仍未脱离中原佛教艺术的影响,较典型的有莫高窟第 207、245 窟及西千佛洞的第 4、13 窟等。

吐鲁番的佛教壁画自北凉、高昌国到唐西州时期都是以汉人为主体创作的,曾受到以敦煌莫高窟为代表的中原佛教艺术的强烈影响。回鹘进驻高昌皈依佛教后,其佛教与佛教艺术又是在唐西州的基础上发展起来的,而北庭回鹘佛寺的壁画又直接导源于吐鲁番的回鹘佛画,继承的是唐、宋佛教画风,其题材与粉本有许多即来自中原地区。人物造型丰肌秀骨,线条刚劲,色彩鲜丽,画面生动,与敦煌莫高窟唐代壁画的风格十分接近。尤其是这里发现的为纪念高僧而修建的影窟,更是中原地区埋葬僧尸习俗的照搬。从北庭佛寺遗址残存的情况看,不但有一定数量的汉文题记,而且在壁面光胎和塑像的泥胎上还留下了汉族工匠的手迹。[1]

龟兹库木吐拉石窟的回鹘佛教绘画更具有鲜明的中原汉族佛教艺术风格,如早期的第 75、99 诸窟有着浓郁的唐代风格,甚至供养人的服装都是唐代官服。中期的回鹘洞窟,如第 10、12、42、45 等窟,虽已形成了回鹘独特的风格特点,但其线条却为西域汉风的铁线描和兰叶描,以至于有人径将这些洞窟称作"汉风洞窟"。[2]

五、汉地佛教观念对回鹘的影响

汉传佛教中的宗派也直接影响到回鹘社会。汉传佛教自隋唐以来形成了天台宗、三论宗、唯识宗、华严宗、禅宗、密宗、净土宗、律宗、三阶教等多种派系,在回鹘中影响较大的有禅宗和天台宗。从西域、敦煌发现的回鹘壁画和回鹘文文献看,净土思想似乎在回鹘中也有不小影响,尽管目前尚无确凿证据以证明之。

净土宗为唐人善导所创,以三经一论为依据。三经中的《无量寿经》述阿弥陀佛述因位的愿行和果上的功德;《观无量寿经》示往生净土的行业;《阿弥陀经》阐释净土的庄严与执持名号与正诚护念的利益。一论则为世

---

[1] 贾应逸:《高昌回鹘壁画艺术特色》,《新疆艺术》1989 年第 1 期,第 43~48 页;孟凡人:《北庭高昌回鹘佛寺壁画》,中国社会科学院考古研究所编著:《北庭高昌回鹘佛寺壁画》,沈阳:辽宁美术出版社,1990 年,第 10~11 页。
[2] 马世长:《库木吐喇的汉风洞窟》,《中国石窟·库木吐喇石窟》,北京:文物出版社,1992 年,第 203~224 页;王嵘:《论库木土拉石窟汉风壁画》,《新疆大学学报》1998 年第 4 期,第 71~77 页。

亲造《往生论》，总摄上三部经正明往生净土的义旨。从吐鲁番出土汉文文献看，隋唐之际，吐鲁番诸地的净土信仰即已相当流行。[1] 回鹘入居这里后，自然地受到了这一信仰的影响，"净土三经"都被译成了回鹘文，唯无《往生论》回鹘文本留世。在回鹘的石窟艺术中，我们亦可见到大量的诸佛净土壁画，如柏孜克里克第20窟的以阿弥陀佛坐像为中心的壁画和第18窟的药师净土变等。该药师净土变位于窟门左侧壁，主尊药师如来坐于多角束腰形莲座上，右手结三界印，左手置于膝前。如来左右为日光、月光菩萨侍坐，并有侍立的诸菩萨、弟子等。前面右下侧有十二天宫，左下侧立九曜。中台下缘左半部绘"大愿"图，右半部绘"九横死"图。其构图形式与敦煌莫高窟中的药师净土变不无相同之处，但"大愿"、"九横死"图、药叉的配置、装束却迥然有异，其九曜图不见于敦煌莫高窟，是回鹘净土变绘画的一个特例。在敦煌莫高窟的回鹘壁画中，具有相当规模的净土变也比较多，可见于第306、307、308、363、399、418等窟中。到了后期，这种比较复杂的净土变逐渐消失，仅余下那些构图简单、风格粗放的说法图、药师尊像、七佛药师、供养菩萨等图像。

与西方净土相关的十殿阎王崇拜在回鹘民间也相当流行。十殿阎王概念是汉传佛教所特有的，十王之名在敦煌本《佛说十王经》和大足宝顶石刻第20龛的《地狱变相》中均可见到。五代、两宋以来，十王崇拜在中原地区逐渐普及开来。吐鲁番出土的回鹘文《佛说十王经》为数甚多，惜均为残卷，从中已无法得知一殿秦广王、六殿变成王（又作卞城王）和七殿泰山王在回鹘文中的具体写法。在幸存的七个王名中，五殿阎罗王译自梵音，八殿平正王（又作平等王）采用的是意译，其余五殿均采用汉语之对音：

二殿：čoqong wang——初江王（又作楚江王）
三殿：tsungti wang——宋帝王
四殿：qoqan wang——五官王
九殿：tuši wang——都市王

---

[1] 小笠原宣秀：《唐代西州における净土教》，《龍谷史壇》第50号，1962年，第12~23页；王素：《吐鲁番出土〈功德疏〉所见西州庶民的净土信仰》，《唐研究》第1卷，北京：北京大学出版社，1995年，第11~35页。

第二十三章 综论汉传佛教对回鹘的影响

十殿：[　　]luin wang——转轮王[1]

其中的阎罗王、转轮王概念源自印度，其他都应来自中国本土，如"泰山"显然即今山东泰山，"卞城"应为今河南开封，"宋帝"指的应为宋朝皇帝，"楚江"指代不详，窃以为很可能为陕西商县南之楚水（又作乳水）。这些因素说明该《佛说十王经》是中印文化融合的产物，最终形成于中国，形成时间当在宋朝初年。

除了西方净土外，回鹘对弥勒净土的崇拜也相当流行，回鹘人的这种意识在哈密、吐鲁番等地出土的回鹘文《弥勒会见记》一书中有着集中的反映。该经序章中的施主发愿文就表露了这一思想：

koyn yïl žun üčünč ay iki otuzγa m(ä)n üč ärdinkä kirtqünč [köng]ül[1]üg upasï čü taš y[i]gän tutuγ [kiš]im tüzün birlä kin kältä-či maytri burhan-γa tosalïm täp bir maytri sü bäzätdimiz .. bir [maytri sim]it nomin y[ä]mä

羊年闰三月二十二日，我对三宝虔诚的优婆塞曲·塔什依甘都统和我的夫人托孜娜一起，为了能与未来佛弥勒相会，特造弥勒尊像一躯，并使人书写《弥勒会见记》一部。[2]

有一件回鹘文经幢题记写道：

ayaγuluq ïduq üč ärdini-lär-ning adištit-ïnta ögüm qangïm örü uluγ-larïm [üz] äliksiz nom bošγurmïš baxšï-larïm ülgülänčsiz özlüg yaš-[lïγ yirtinčü-]tä üstün tužit-ta öz öz t[i]lämiš tap-lar- ïnča tuγmaq-larï bolzun

愿以此三宝胜因使我的母亲、父亲和我所尊敬的长者及无量间之众生

---

[1] A. von Gabain, Kṣitigarbha-Kult in Zentralasien. Buchillustrationen aus den Turfan-Funden, *Indologen-Tagung* 1971, Wiesbaden, 1973, S.47–71; Peter Zieme, Old Turkish Versions of the "Scripture on the Ten Kings", *Proceedings of the 38th Permanent International Altaistic Conference. Kawasaki, Japan: August 7–12, 1995*, Wiesbaden, 1996, pp.401–425.

[2] 伊斯拉菲尔·玉素甫、多鲁坤·阚白尔、阿不都克尤木·霍加研究整理：《回鹘文弥勒会见记》Ⅰ，第18页。

永离尘缘,遂其心愿,再生兜率天宫。[1]

诸如此类的发愿文在回鹘文文献中极为常见。这种乞求与弥勒佛相会、在兜率天宫再生及回向功德的思想在4至8世纪的中原极为盛行,9世纪以后便渐趋衰微,但在回鹘中却一直盛行不衰,直至15世纪佛教在回鹘中消亡为止。

弥勒,梵文作Maitreya,意译慈氏,曾经由佛陀授记(预言),将在五十六亿万年后继释迦于此土成佛,仍号弥勒菩萨,以其具有未来佛的地位,所以又称弥勒佛。在印度佛教中,他一般都是以菩萨身份出现的,与金刚手、文殊、虚空藏、观音、地藏、除盖障和普贤一样,同为佛陀的护卫菩萨,其地位并不很高。但在汉传佛教中,情况就大不一样了。金刚手、虚空藏、除盖障菩萨几乎被中国僧俗遗忘,文殊、观音、地藏、普贤成了护卫佛陀的四大菩萨,弥勒则因其具有未来佛的特殊地位而常以佛的身份出现。佛经称其下生的世界将是一个政通人和、社会进步的人间乐园,故特受人们崇拜和向往。这一思想在北朝至隋唐时期常被某些怀有政治野心的人改造利用,以期达到改朝换代的目的,最典型的例证就是武则天改唐为周时对弥勒下生思想的宣扬、改造与利用。他们的大力提倡,使弥勒佛信仰在中国逐步流行开来,于武则天时臻至极盛,远迈印度之上。在回鹘文佛典中,弥勒一般都以未来佛(回鹘文写作Maitri Burxan)而非菩萨的身份出现,与印度所见情况不同。故笔者认为,回鹘佛教之弥勒佛观念应借自汉传佛教。

六、元代回鹘与禅宗、天台宗之关系

回鹘佛教初兴于唐,发展于宋,盛行于元,大致走过了一条与汉地佛教不同的道路。汉地流行的大乘佛教八宗(天台宗、华严宗、三论宗、唯识宗、禅宗、净土宗、律宗、密宗)对回鹘也少有影响。19世纪末20世纪初以来西域、敦煌诸地相继发现的数以万计的回鹘文文献对此了无反映,故前人在论述回鹘佛教时概不及此。近来阅读元人文集和佛典,陆续发现了多则回鹘僧徒修习禅宗的资料,堪称可贵。今略加整理公布,以期对回鹘佛教史和中国禅宗史的研究有所补益。

---

[1] P. Zieme, *Buddhistische Stabreimdichtungen der Uiguren* (= Berliner Turfantexte XIII), Berlin, 1985, Nr. 20, S.169.

第二十三章 综论汉传佛教对回鹘的影响

吾人固知,禅宗兴起于唐末五代,因主张用禅定概括佛教的全部修习而得名。元代,蒙古统治者推崇藏传佛教,并实行尊教抑禅政策,使禅宗的发展受到抑制,致使禅宗在北方影响日衰,唯南方江浙一带保持着持续发展的势头。涌现出明本、惟则两大著名临济宗师。

明本(1263～1323),号中峰,晚年自称幻庵、幻住等,俗姓孙,钱塘人。自幼求佛法,24 岁时参天目山高峰原妙和尚,大彻大悟,说法无碍。因不酱当时流行的"只尚言通,不求实悟"以及机锋、棒喝之风气,强调实参实悟,做本分道人,主张儒释调和,教禅一致,禅净融合,并经常云游四方,讲经弘法,著有《天目中峰和尚广录》和《天目明本禅师杂录》。当其在浙江天目山弘法时,"从之者如云,北极龙漠,东涉三韩,西域、南诏之人,远出万里之外,莫不至焉"。[1] 其中来自西域的回鹘僧不少,《天目中峰和尚广录》有数篇文字即专为回鹘禅僧而作。其一为《示伊吾显月长老》。[2] 显月,梵名乌钵剌室利,伊吾(即今新疆哈密)人,亦有谓其为高昌人者。其二为《示萨的迷的理长老》。[3] 萨的迷的理在他处又写作善达密的里,北庭人,字慈寂,号照堂。其三为《示慈护长老》。[4] 慈护,高昌人,"乃高昌三藏喜庵妙公之母氏也"。

其中,照堂长老(?～1337)是明本门下最为著名的回鹘禅僧,曾著有《照堂长老义感集》,惜已不传,但其同门师兄弟、好友天如和尚为之撰写的序言得以留存至今,对其事迹多有记述,兹节录于下:

> 照堂,高昌名族之裔……其俗尚佛教好施与,又好引援进取以相荣,盖去国已远,见乡人虽疏亦亲,故彼氏之为沙门者往往得厚施,或得厚名位。而照堂一无取焉,惟道是嗜。凡显密二宗,大声实之士悉从事之,尽其学,未厌其志。延祐间南来天目叩直指之学于幻住先师,日有深造,遂眷眷不忘弃去……殆先师告寂,始北归。[5]

---

[1] (元)虞集:《道园学古录》卷四十八《智觉禅师塔铭》,《四部丛刊》本。
[2] (元)明本撰,慈寂编:《天目中峰和尚广录》卷四上,蓝吉富主编:《大藏经补编》第 25 册,台北:华宇出版社,1981 年,第 735 页。
[3] (元)明本撰,慈寂编:《天目中峰和尚广录》卷四上,《大藏经补编》第 25 册,第 735～736 页。
[4] (元)明本撰,慈寂编:《天目中峰和尚广录》卷四上,《大藏经补编》第 25 册,第 736～737 页。
[5] (元)天如:《天如惟则禅师语录》卷六《照堂长老义感集序》,见《大日本续藏经》第 1 辑第 2 编第 27 套第 5 册。

他北归后将明本遗著《天目中峰和尚广录》呈献给元顺帝。此举得到回鹘人沙剌班的支持，[1] "奉表以闻……得赐入藏"。顺帝于元统二年（1337）命将其书刊入藏经，并赐其号"普应国师"。[2] 当时，藏传佛教被尊为国教，赐号国师者一般都是藏传佛教大喇嘛，明本以禅师身份受封，实属"旷世恩典"。[3] 回鹘人慈寂也因编纂其遗著《天目中峰和尚广录》而得以在中国禅宗史上留有一席之地。

据载，元代著名的回鹘文学家、诗人、史学家和散曲家贯云石（1286～1324）也颇受天目中峰和尚的影响。在贯云石隐退钱塘后，每逢暑期，便入天目山随其修禅：

入天目山，见本中峰禅师，剧谈大道，箭锋相当。每夏，坐禅包山，暑退，始入城。自是为学日博，为文日邃，诗亦冲澹简远，书法稍取法古人而变化，自成一家。其论世务，精核平实。识者喜公，谓将复为世用，而公之踪迹与世接渐疏。日过午，拥被坚卧，宾客多不得见，童仆化之，以昼为夜，道味日浓，世味日淡。[4]

这一记载说明，贯云石禅学修养不浅，竟可与中峰禅师幻住"剧谈大道，箭锋相当"。中峰禅师还曾撰《筇篛引》，云："钱唐月夜凤凰山，曾听酸斋吹铁笛。"[5] 表达了他和贯云石之间的深厚友谊。贯云石英年早逝，去世时年仅39岁，在去世前他一直闭门谢客，过着与世隔绝的生活。其友张可久说他"学会神仙，参透诗禅，厌尘嚣，绝名利，近林泉"，[6] 真实地反映了道教与禅宗思想对他的深刻影响。

尤有进者，元代之回鹘官员还大兴土木，为禅宗修建寺庙，如时任云南

---

[1] （元）揭傒斯：《天目中峰和尚广录序》，《大藏经补编》第25册，第689页。
[2] （元）慈寂：《进天目中峰和尚广录表》《降赐天目中峰和尚广录入藏院札》，《大藏经补编》第25册，第687~689页。
[3] 吴立民主编：《禅宗宗派源流》，北京：中国社会科学出版社，1998年，第511页。
[4] （元）欧阳玄：《圭斋文集》卷九《元故翰林学士中奉大夫知制诰同修国史贯公神道碑》，《四部丛刊》本。
[5] （元）天如：《天如惟则禅师语录》卷五《筇篛引》，见《大日本续藏经》第1辑第2编第27套第5册。
[6] （元）张可久：《骂玉郎过感皇恩采茶歌》（为酸斋解嘲），隋树森编：《全元散曲》，北京：中华书局，1964年，第830页。

第二十三章 综论汉传佛教对回鹘的影响

行省左丞的回鹘人阿昔思即曾于昆明修建圆通寺。据载：

滇城之北陬一里许……有寺曰圆通，资善大夫、云南行中书省左丞阿昔思之所新也……皇庆元年壬子，天子赐玺书，嘉乃用心。延祐六年（1319），岁在己未，工始落成，住持僧佛日圆照普觉大师、大休大禅师、弘觉大师、普圆讲主、广慧大师普政，轨行高洁，宗风振焉……公，高昌人，恭慎慈戒，盖本之天性云。[1]

我们知道，圆通寺是云南禅宗史上著名的寺院之一。初建于南诏，名补陀罗寺，后逐渐衰微，仅剩下残垣断壁。元大德五年（1301），在当地回鹘官员阿昔思的主持下重建圆通寺。寺有大殿三间和钟楼、鼓楼，两侧建宝塔各一，方丈、云堂、僧舍应有尽有。殿与殿之间广种竹木花卉，还辟出了菜园，拨有田地，作为寺院常住之资。皇庆元年（1312），阿昔思受到元仁宗赐书嘉勉。延祐六年（1319）全寺落成，延纳禅僧大休及其弟子佛日圆照普觉、弘觉、普圆、广慧共五人均住于此寺，弘扬禅法。一时声名鹊起，信徒云集，圆通寺遂成当地最著名的禅寺。其后历久不衰，以至绵延于今。可以说，在云南禅宗史上，回鹘人阿昔思还是值得一书的。

此外，元代著名的回鹘喇嘛僧"三藏法师沙津爱护持必纳雅实理（即必兰纳识理）游方时，常从师参诘"。[2]

尤其值得注意的是《天目中峰和尚广录》对一位来自高昌的禅僧言论的记录：

一长者生高昌，素有向道之志。虽致身贵宦，未尝见其有暴怒之容。一日谓余曰："佛法有二途，曰浅，曰深。其深者固非俗子所能造诣；浅者尝博闻而熟解之，惟此心不能与所闻所见相应耳，于此未尝不自责也，因叩之。"

[明本]曰：佛法广大遍入寰区，虽佛祖不能正视尔，何人辄以深浅议之哉？乃曰：心识之蕴奥，境观之差殊，悟理之是非，乘戒之宽急，此皆佛法

---

[1]（元）李源道：《创建圆通寺记》，载《[民国]新纂云南通志》卷九三《金石考》，1949年铅印本。
[2]（元）虞集：《道园学古录》卷四十八《智觉禅师塔铭》，《四部丛刊》本。

之深者。如云世间财货甚于毒蛇,能损善根,能滋苦本,此佛法之浅者。自最初入道,历涉诸师之门,未有一人不如是。[1]

尽管这位长者未留下姓名,但知其生于高昌,以元代西域的民族形势论,自应为回鹘人。若这一推测不误,那么这则资料就堪称无价之宝了。尽管其内容非常简单,仅阐述了自己对佛法所谓"深""浅"的看法,且不为明本所认可。因为我们在众多的回鹘佛教文献中,除回鹘文《说心性经》及慈寂《进天目中峰和尚广录表》曾对佛教哲学与禅学略有涉及外,这就是唯一的记载了。况且,慈寂所论仅及其师明本的思想与贡献,而《说心性经》呢,到底是回鹘人的原作还是翻译至今尚难定论。土耳其学者认为是古代维吾尔人的原作,[2]但德国学者茨默却不以为然,认为应译自汉语,只是来源尚未找到而已。[3]

上文提到的天如和尚,又称惟则(1286～1354),是继明本之后元代禅宗之另一巨匠,与回鹘高僧照堂同为明本法嗣,关系友善。元顺帝至元年间(1335～1340),他主持了苏州狮子林正宗禅寺,发扬明本以来临济宗风,同时兼通天台教理和净土宗,影响很大,故有许多回鹘僧徒随其修禅,如回鹘著名文学家贯云石和阿里西瑛都与之过从甚密。其他执弟子礼的回鹘人就更多了,如官至江浙行省平章政事、江西行省平章政事的道童(号石岩)、行省平章的图鲁(法号妙空居士);行宣政院使若岳权术(又名石木);江浙行省平章阿台脱因及其子荣禄大夫、中书省平章政事买住(字简斋)、孙江西行中书省左右司郎中普达实立(字仲温)等。其中,普达实立(1304～1347)曾先后官至西台御史、浙东廉访副使、江西行省郎中,其佛事活动在郑元祐撰《立雪堂记》中有如是记载:

荣禄大夫、江西等处行中书省平章政事高昌简斋公……曰:"昔普应国

---

[1] (元)明本撰,慈寂编:《天目中峰和尚广录》卷十八《东语西话》上,蓝吉富主编:《大藏经补编》第25册,第893页。
[2] S. Tekin, *Buddhistische Uigurica aus der Yüan-Zeit*, Teil I: HSIN Tozin oqidtaci Nom, Budapest, 1980, S.24-25.
[3] P. Zieme, The "Sutra of Complete Enlightenment" in Old Turkish Buddhism, *Collection of Essays 1993. Buddhism Across Boundaries - Chinese Buddhism and the Western Regions*, Taipei, 1999, p.471.

第二十三章 综论汉传佛教对回鹘的影响

师(即天目中峰和尚——引者)倡道天目时,予先君秦国公(即阿台脱因——引者)方平章江浙,以其素学参叩于国师,国师之弟子东殚三韩,南极六诏,西穷身毒,北弥龙沙,则其近地既可知已。今中吴师子林主者天如和尚,在国师之门尤为得法上首,颖异秀出者也。余今所寓与师林相密迩,时时叩门瞻礼请益"……名公贵人,向师道风,参拜跪跽,获闻一言,如饮甘露……予胄出高昌,依佛为命,睹兹僧宝,敢同寒蝉,第以学匪房、裴,艰于赞颂,辄为师手书二扁,名说法之堂曰"立雪",禅燕之室曰"卧云",仍命工刻诸梓而揭之,以寓参承之意。[1]

由此可知元代回鹘人江西等处平章政事买住及其父亲阿台脱因都曾因崇尚狮子林天如和尚而投其门下。《天如惟则禅师语录》中录有多篇天如与普达实立(字仲温)的问答之作,如《普说》(卷二,系天如应普达实立副使、脱铁睦尔副使及回鹘人买奴海牙同知等人的请求而讲说的禅法)、《与普达实立副使》(卷八)、《答仲温副使病中疑问》(卷八)等。其中,《答仲温副使病中疑问》对普达实立之宦迹及禅修均有所描述,洵为稀有可贵之史料,兹引录于下:

仲温,达士也……近年笃志闻道……才德粹美,秉清要之权者十余任矣。忠孝两全,朝野交颂……勋业方兴,乃缩缩退避,以究吾宗别传之学。每语人曰:"某之精神梦想,无日不在师子林下。"

此外,《天如惟则禅师语录》中与回鹘禅修有关的还有《跋高昌公子按乐图》(卷七)及诗作《高昌国无敌长老请名胜幢》(卷五)等。

出自高昌的回鹘禅僧可考者还有观法师鉴空:

高昌观师领寺事,道风法器,素为四众依响……观字无相,鉴空其号已(也)。吉安路达鲁花赤忽都海牙公之孙,安陆府同知蛮子海牙公之子,幼即有禅性,不茹荤血。元统元年(1333),授(受)皇太后旨,赐金襕袈裟,落笄发,

---

[1] (元)郑元祐:《侨吴集》卷九《立雪堂记》,《北京图书馆古籍珍本丛刊》95《集部·元别集类》,北京:书目文献出版社影印本,第791页。

受戒具。至正七年(1347),承行院札至本寺法席,嗣于本寺隐岩净显师云。[1]

在敦煌、吐鲁番出土的回鹘文文献中,也有禅宗著作发现。如禅宗重要经典《圆觉经》在吐鲁番等地曾发现回鹘文残片7件,在敦煌发现有回鹘文《圆觉经》注释书。[2] 尤其值得注意的是,在敦煌出土的回鹘文写本Or. 8212-108中还发现了北宗神秀著《绝观论》之节略本,系元代之物。[3] 敦煌出土的回鹘文《说心性经(xin [köngül] tözin uqïttacï nom bitig)》[4]所体现出来的佛学思想,也当与禅宗有一定关系,应译自汉文,但底本却未能找到。

这里还需提一下,在元代回鹘人中还有治天台之学的高僧:

高昌都统有般若儿利者,每谓学兼华梵,出入经论,世无能敌之。用其国语,与师共译《小止观》,文彩焕发,高昌为之赧然自失。[5]

众所周知,天台宗是我国最早出现的佛教宗派,其实际创始人智𫖮著有《小止观》一卷,此书又称《童蒙止观》《修习止观坐禅法要》,讲述如何坐禅,重点讲"三止"(休真止、方便随缘止、息二边分别止)及"三观"(空观、假观、中观),与"天台三大部"之一的《摩诃止观》(即《大止观》)思想一致,故而被称作《摩诃止观》的概要。[6] 这一记载虽简单,但它却反映出回鹘

---

[1] (元)杨维桢:《东维子文集》卷二十《惠安禅寺重兴记》,《四部丛刊》本。
[2] 百济康义:《ウイグル譯〈圓覺經〉とその注譯》,《龍谷紀要》第14卷第1号,1992年,第1~23页;P. Zieme, The "Sutra of Complete Enlightenment" in Old Turkish Buddhism, *Collection of Essays 1993. Buddhism Across Boundaries – Chinese Buddhism and the Western Regions*, Taipei, 1999, pp.449-483.
[3] P. Zieme, The "Sutra of Complete Enlightenment" in Old Turkish Buddhism, *Collection of Essays 1993. Buddhism Across Boundaries – Chinese Buddhism and the Western Regions*, Taipei, 1999, pp.470-474.
[4] 庄垣内正弘:《ウイグル語寫本・大英博物館藏Or. 8212-108について》,《東洋學報》第57卷第1~2号,1976年,第272~254页;S. Tekin, *Buddhistische Uigurica aus der Yüan-Zeit*, Teil I: HSIN Tozin oqidtaci Nom, Budapest, 1980, S.17-142。
[5] (明)宋濂:《宋文宪公全集》卷二十八《普福法师天岸济公塔铭》,《四部备要》本。
[6] 杨曾文:《天台宗的创始人智𫖮及其著述》,《敦煌学与中国史研究论集》,兰州:甘肃人民出版社,2001年,第361页。

第二十三章　综论汉传佛教对回鹘的影响

人中曾有人修天台宗这一史实,弥足珍贵,故不能不略为提及。我相信,元人文集、碑刻、地方史志、宗教典籍中肯定还会有与回鹘禅宗、天台宗相关之资料,惜乎笔者谫陋,见闻未广,难申其志,冀方家有以教焉。

元代是藏传佛教的极盛期。由于元政府的极力扶持,藏传佛教成为当时的主流信仰,回鹘佛教即深受其影响,有不少人皈依之,相继涌现出叶仙鼐、阿鲁浑萨理、迦鲁纳答思、舍蓝蓝、必兰纳识里等著名的喇嘛僧。有意思的是,也正是在这一时期,汉地的禅宗、天台宗开始在迁入内地的回鹘人中产生影响,看来当时回鹘僧徒并未受藏传佛教这一主流信仰的局限。

七、汉语文在回鹘僧徒中的行用

吾人固知,早在8世纪中叶回鹘文创制之前,汉语在回鹘人中即已得到广泛的使用。9世纪中叶,回鹘西迁至西域与河西走廊一带后,随着佛教的流行,与汉语文的接触更加密切。

汉语与回鹘语本属于截然不同的两个语言系属,前者为汉藏语系的汉语族,后者属于阿尔泰语系的突厥语族,但这并未妨碍回鹘人对汉语的吸纳。

汉语文在沙州回鹘佛教徒中应是通用的,比较有说服力的例子可见于瓜州榆林窟第39窟。该窟现一般被定为回鹘洞。其前室甬道南、北壁现存有回鹘装或着汉服的男女供养人近50身。南壁计22身男像,全着回鹘装,其中西数第一、第二身形体最大,为群像中身份和地位最为尊贵者,当为回鹘可汗。第一身头左上方有一榜题框,内书回鹘文榜题,惜字迹漫漶无法辨认。二可汗身后的供身人群像被分作两层,其中现存上层第二身的题名结衔为"内亲知客大都头安隆加奴一心供养";北壁均为女供养人,亦为二层,上层第一身着回鹘装,榜题结衔为"敕受……生一心供养",第三身题名为"敕受……一心供养",亦着回鹘装,当为回鹘可汗之妃或其他眷属。说明回鹘汗室及官僚一般都懂得汉语。敦煌石窟出土的回鹘语佛典中,人们甚至还可以见到有用回鹘语读汉字的情况。[1] 这些明确地反映了汉语文在敦煌回鹘佛教徒中的影响之大。

---

[1] 羽田亨:《西域文明史概論》,京都:弘文堂書房,1931年,第186页。参见 M. Shōgaito, How were Chinese Characters read in Uighur? *Turfan Revisited—The First Century of Research into the Arts and Cultures of the Silk Road*, Berlin, 2004, pp.321-324.

从历史记载看,汉文在西域回鹘中的使用也是相当普遍的。太平兴国六年(981),宋朝使者王延德出使高昌,见此地有"佛寺五十余区,皆唐朝所赐额。寺中有《大藏经》、《唐音》、《玉篇》、《经音》等"。[1] 熙宁元年(1068),回鹘入贡,"求买金字《般若经》,以墨本赐之"。[2] 金宣宗兴定四年至五年(1220~1221),乌古孙仲端出使中亚,在其《北使记》中云:"惟和、沙州寺像,如中国。诵汉字佛书。"[3] 说明和州(即高昌,今新疆吐鲁番市)、沙州(今甘肃省敦煌市)的回鹘僧侣中有很多是精通汉语文的。

回鹘文佛教典籍也大量吸收汉语术语以充实自己的语言,如:baosen<报身、bosar<菩萨、buši/poši<布施、čamqui<忏悔、činzu<真如、diyan<定、guwši<国师、kim-xo-ki<金刚经、koymso<含藏、küšalun<俱舍论、kuan-ši-im<观世音、samtso<三藏、sam-bai-ki<三昧经、šayšing<小乘、sing<僧、taučang<道场、tayči-tulun<大智度论、tayču<大咒、tayši<大师、tayšïng<大乘、tïtsï<弟子、toyïn/toyun<道人、和尚、wapši<法师、wibaki<维摩诘,等等,不胜枚举。

八、汉语佛典对回鹘语语法的影响

汉语文在回鹘佛教徒中的长期使用,直接影响到回鹘语的语法结构等基本语言内核。

当回鹘人依据汉文佛经从事翻译时,有的采用对等直译,如《华严经》《金光明最胜王经》《阿毗达磨俱舍论》等,数量较多,其中一些佛典的翻译完全照搬汉文文体,而不顾回鹘语的语序习惯,如《俱舍论实义疏》的回鹘文译本就是如此。

尽人皆知,古代回鹘语之书面语序是固定的:主语+宾语+谓语,而该《实义疏》中却出现有完全汉语化的主谓宾结构。

sasdr-ta sözläti ärti ämdi
　论上　　说　　　今

oɣraduɣ-ta sastr yaradɣalï uɣïdɣalïr
　需要　　论　作　　　显示

[1]《宋史》卷四九〇《高昌传》,第14112页。
[2]《宋史》卷四九〇《回鹘传》,第14117页。
[3] (金)乌古孙仲端:《北使记》,见(金)刘祁:《归潜志》,北京:中华书局,1983年,第169页。

第二十三章 综论汉传佛教对回鹘的影响

  üčün öz baxšï s ... ning anïng ät'özi-ning
  因为 自己 师 其 形体的
  yig ayaɣuluɣ ärtüki üza artmiš-ï(sic)
  胜 尊 手 超
  asmïs-ïn alɣu tüzün-lar xuvraɣ-ïnta tip[1]
  越 诸 善 众

  汉文原文为："论曰：今欲造论为显本师形体伟岸，超诸圣众。"回鹘文译文中的谓语（如需要、超越）被提到了宾语之前，完全按照汉语的语序进行直译，违背了回鹘语的语法规律。在其他一些译自汉文的回鹘文译经中也不时看到这种按照汉文语序进行翻译的情况，但都没有像《实义疏》那样照搬得如此彻底。于此可见，汉语佛典的翻译给回鹘语言的发展与递嬗产生了多么大的影响！

  有一些佛经采用的是汉—回鹘双语对译，如《佛说温室洗浴众僧经》《佛名经》等，汉文在前，回鹘文附后，使通晓其中任何一种语文者都可阅读，同时又便于对照、学习。将一些不易理解或不好翻译的词句撷取出来，有时先翻译后附汉字；有时只译汉音，其做法颇类玄奘法师所倡"五种不译"[2]理论；在有些情况下连音译都省略了，直接用汉字代替，如敦煌发现的回鹘文《俱舍论颂疏》，在短短13行残文中，就夹写了127个汉字。兹录其中的第1至7行：

  一胜义 ädgü, ol 何 ol 答 nirvan ol, 最极安稳 qamaɣ 苦都寂 inčä qaltï 无病 täg, 一 ädgü 故 二 常故 yig atanur čïn kirtü töz üzä 有故 yorüg atanur. 二者自性 ädgü 惭愧 ol azsïnzta ulatï 三 ädgü 根 lar ol, 如良药 täg, bo 五法自体是善 ol. 三者相应 ädgü ol 何 ol, 答 larnï birlä 相应心心所法 ol, bolar 非自性 ädgü ärmäz azsïzta ulatï 惭愧 ta ulatïlar birlä 相应 ïntïn ädgü

---

[1] 羽田亨：《回鹘譯本安慧の俱舍論實義疏》，《羽田博士史学論文集》下卷，第174页。

[2] 谭松寿：《"唐玄奘法师五种不翻"新探》，林天蔚、黄约瑟主编：《唐宋史研究——中古史研讨会论文集之二》，香港大学亚洲研究中心，1987年，第67~80页；曲军锋：《玄奘法师在翻译事业上的贡献》，黄心川主编：《玄奘研究文集》，郑州：中州古籍出版社，1995年，第116~117页。

tip atanur 杂良 ot 水 täg.[1]

这些汉字与回鹘语词融为一体,直接与别的词语发生语法关系,缀加回鹘语语法附加成分,如无病 tag(第2行)、良药 tag(第7行)、根 lar(第4、9行)、色 li(第7行)。其中的-tag 是附加成分,表示共同、集合等义,-lar 则为名词附属附加成分,-li 为双连附加成分。[2] 准此以观,有很多回鹘僧侣都是可以直接阅读汉文的。尤有进者,甚至有些回鹘文社会经济文书也采用了这种方法,如最近由森安孝夫和茨默联合刊布的5件德、日所藏回鹘文写本残片就是稀见而珍贵的例证。[3] 还有一些汉文佛经,虽未翻译,但却用回鹘文字母为其注了音,如《四分律比丘戒本》《圣妙吉图祥真实名经》,这种做法又与用汉字为梵文佛典注音的情况不无相似之处。更引人深思的一种现象是有些佛经本非译自汉文本,但在遇到难解术语时,也径用汉字注明,说明在当时的回鹘佛教界已形成以汉语为尚的风气。

此外,还有一种情况,就是回鹘人甚至采用汉人的直音或反切法来给汉字注音。日本学者高田时雄经过多年的潜心研究,发现了9种(如德藏《慈悲忏音字》刻本残片和土耳其藏《法华经音》写本残片等)这一类型的文献残片。[4] 这些注音文献有如下几个特点:

1. 字体拙劣,有时很难认出是什么字来,甚至有明显的错字;

2. 音注一般用直音,亦有用反切者,但其反切并非抄袭《切韵》《一切经音义》等现成著述,而是依回鹘字音作出的;

3. 因为回鹘语无法区别汉语的声调,因此,除入声外,平、上、去三种声调几无区别;

4. 在声母、韵母方面,也有不少个性,如:止摄合口字与遇摄字相通、发音部位相同的辅音清与浊、送气与不送气均不加区分等,都是很明显的。

---

[1] 百濟康義:《ウイグル譯〈俱舍論頌注〉一葉》,《印度学佛教学研究》第28卷第1号,1980年,第944页。

[2] 张铁山:《从回鹘文〈俱舍论颂疏〉残叶看汉语对回鹘语的影响》,《西北民族研究》1996年第2期,第267页。

[3] T. Moriyasu - P. Zieme, From Chinese to Uighur Documents,《内陸アジア言語の研究》第14卷,1999年,pp.73-102.

[4] 高田時雄:《ウイグル字音考》,《東方学》第70輯,1985年,第134~150页;高田時雄:《ウイグル字音史大概》,《東方学報》(京都)第62册,1990年,第329~343页。

这一现象的存在,进一步印证了回鹘佛教徒对汉文的精通与重视。

通过上文的论述可以看出,汉传佛教对回鹘佛教的影响是至为巨大的。从某种意义上说,回鹘佛教其实可被视作汉传佛教在西域的一种翻版,为汉传佛教强烈影响我国周边民族的一个典型范例。

原刊《甘肃民族研究》2005年第2期,第52~67页。

第二十四章　回鹘僧与《西夏文大藏经》的翻译

在我国现存的汉、藏、满、蒙、傣和西夏六种文字《大藏经》中，《汉文大藏经》形成的时代最早，始刻于宋太祖开宝四年（971），完成于宋太宗太平兴国八年（983）。《西夏文大藏经》次之，完成于夏崇宗乾顺天祐民安元年（1090），比其余几种文字大藏经的形成都要早两个多世纪，无疑应在中国大藏经史上占有一席之地，惜命运多乖，未及广为流播便随着西夏国的灭亡和西夏文字的失传而归于湮灭。直到19世纪末20世纪初以来随着内蒙古额济纳旗黑城遗址及河西走廊诸地西夏文文献的发现，《西夏文大藏经》才重新回到了人们的视野，尽管现存者已属劫后余孤。

《西夏文大藏经》的翻译始于西夏国的缔造者元昊（1038～1048年在位）。元昊是一位虔诚的佛教徒，一直热心于扶持佛教的发展，并多次向宋朝乞请《大藏经》。1034年，宋刻《开宝藏》传入西夏，元昊遂建高台寺供奉。史载：

> ［天授礼法延祚十年（1047），元昊］于兴庆府（今银川市）东……建高台寺及诸浮图，俱高数十丈，贮"中国"所赐《大藏经》，广延回鹘僧居之，演绎经文，易为蕃字。[1]

从记载知，高台寺建于1047年，当时延纳回鹘僧人讲经说法并译汉文大藏经为西夏文。

元昊殁后，西夏佛教在独揽大权的谅祚（1048～1068年在位）生母没藏氏的支持下继续发展，宋朝于1055年、1058年、1062年又先后三次赐予《大藏经》，故母子动用数万兵民于兴庆府西兴建承天寺，史载：

---

[1] （清）吴广成著，龚世俊等校注：《西夏书事》卷十八引《宋史·夏国传》，兰州：甘肃文化出版社，1995年，第212页。

第二十四章 回鹘僧与《西夏文大藏经》的翻译

没藏氏好佛,因"中国"赐《大藏经》,役兵民数万,相兴庆府西偏起大寺,贮经其中,赐额"承天",延回鹘僧登座演经,没藏氏与谅祚时临听焉。[1]

上述记载表明,元昊、谅祚父子统治时期,西夏佛教发展甚速。宋朝于1031年至1073年间曾先后六次给西夏颁赐《大藏经》,其中四次都发生在元昊、谅祚时期。由于当时仅有《开宝藏》刻印出来,故宋朝六次所颁均为《开宝藏》无疑。为储存这些经藏,西夏统治者先后建立了规模宏大的皇家寺院——高台寺和承天寺,并组织回鹘高僧于寺内展开翻译活动。

回鹘历史悠久,先游牧于蒙古草原,后定居于西域与河西走廊一带,故其文化兼有草原型与农业型的双重属性,在中原农业文明向北方草原文明的传播过程中常常可起到媒介与津梁作用。自唐以来,因受中原文化的强大影响,回鹘文化取得长足发展,佛教昌盛,译经众多(尽管未形成《回鹘文大藏经》),并得其要旨,加上回鹘文化比起汉文化更容易为北方游牧民族所接受,故其高僧受到西夏、契丹乃至以后蒙古统治者的推崇。尤其值得注意的是,回鹘人与汉文大藏经的接触也比西夏人要早得多。宋太宗太平兴国七年(982),北宋使者王延德抵达高昌,见这里有"佛寺五十余区,皆唐朝所赐额,寺中有《大藏经》、《唐韵》、《玉篇》、《经音》等,居民春月多群聚遨乐于其间"。[2] 从这一记载看,当时高昌回鹘的佛教已获蓬勃发展,佛寺遍地开花,仅区区高昌一地就有50余座,而且拥有众多的信徒。寺中除收藏有《唐韵》《玉篇》《经音》等来自中原的典籍外,还藏有卷帙浩繁的《大藏经》。众所周知,世界上第一部《大藏经》是《开宝藏》。该藏初刻于宋太祖开宝四年(971),完工于宋太宗太平兴国八年(983),计480帙,入经1 081部,5 057卷。这种官刻本被称为"开宝藏";又由于这部经藏是在四川雕造的,故也被称作"蜀本大藏经"。[3] 王延德抵高昌是在982年,说明《开宝藏》尚未最终竣工即已在高昌有所流传了。这一事实体现了回鹘僧徒对《大藏经》的珍视,也说明当时西域、中原佛教界之间的关系是相当密切的。

---

[1] (清)吴广成著,龚世俊等校注:《西夏书事》卷十九,兰州:甘肃文化出版社,1995年,第226页。
[2] 《宋史》卷四九〇《高昌传》,第14112页。
[3] 童玮:《北宋〈开宝大藏经〉雕印考释》,《印度宗教与中国佛教》,北京:中国社会科学出版社,1988年,第158~173页。

315

居于西夏的回鹘僧人利用其早已熟悉汉文《大藏经》的优势,一方面为西夏王室讲经说法,一方面积极致力于《西夏文大藏经》的翻译。从西夏统治者皇太后偕皇帝常临寺听回鹘僧人讲经一事看,当时的回鹘高僧在西夏佛教界所拥有的地位当是至高无上的。从西夏文文献看,大凡有皇帝莅临的法事活动,其主持者一般都拥有帝师或国师头衔,而元昊、谅祚时期西夏只有国师而无帝师(帝师在西夏的出现当在夏末仁宗时期)[1]之设,以理度之,这些回鹘僧的首领应具有国师之位。通过对西夏佛教文献的进一步检阅,这些国师的身份乃得更为明了。

首先是北京国家图书馆收藏的西夏文《过去庄严劫千佛名经》印本。文献末尾附有撰写于元皇庆元年(1312)的发愿文。其中首先叙述了佛教在中原地区的初兴与盛行,经典的翻译与流传,以及"三武灭法"对佛教的迫害等一系列史实,继之讲述了佛教在西夏的流布,以及佛经的翻译情况。载曰:

> 夏国风帝起兴礼式德。戊寅年中,国师白法信及后禀德岁臣智光等,先后三十二人为头,令依蕃译。民安元年,五十三岁,国中先后大小三乘半满教及传中不有者,作成三百六十二帙,八百十二部,三千五百七十九卷。[2]

其中的"风帝"即西夏王元昊;[3]戊寅年为1038年(即元昊天授礼法延祚元年),说明元昊在称帝之初便开始了西夏文大藏经的翻译,其时比1047年高台寺的建成尚早9年。从是年至夏崇宗乾顺天祐民安元年(1090),历时53年,终于用西夏文译完了从《开宝藏》中拣选出来的经典820部,3 579卷,分装入362帙中。主持翻译工作的是以国师白法信及其后继者智光等32人为首的一大批人。白法信以国师身份从一开始便参与了译经工作。在他去世后,智光继承了他的国师位及未竟事业。

值得注意的是,在国家图书馆收藏的另一件西夏文《现在贤劫千佛名

---

[1] 史金波:《西夏佛教史略》,银川:宁夏人民出版社,1988年,第140页。
[2] 史金波:《西夏佛教史略》,第66页。参见野村博:《西夏語譯經史研究》(Ⅰ),《仏教史学研究》第19卷第2号,1979年,第73页。
[3] 风帝,文献中多作"风角城皇帝",指元昊。参见李范文:《西夏研究论集》,银川:宁夏人民出版社,1984年,第76~78页。

经》印本中,卷首附有一幅木刻版译经图。图中央绘高僧像一身,为主译人,在整幅画卷中图像最大,头部长方形榜题框内有西夏文题名"都译勾管作者安全国师白智光"。两侧绘助译僧侣十六人,后排绘听法俗人八身。在译经图的下部,又绘比较高大的男女画像各一身,分别用西夏文题"母梁氏皇太后"和"子明盛皇帝"。[1]

同一位被称为"安全国师"的白智光,其名又可见于国家图书馆藏西夏文文献《金光明最胜王经》之序言中:

> 次始奉白上大夏国明盛皇帝(即惠宗秉常)、母梁氏皇太后敕,渡解三藏安全国师沙门白智光,译汉为番。文华明,天上星月闪闪;义妙澄,海中宝光耀耀。[2]

这里出现了"智光"和"白智光"两个名字。考虑到二者的身份均为国师,且都在西夏之佛经翻译事业中充当重要角色,活动时代也主要在1037年至1090年间,可见二者实为同一人。如序言所称,他翻译的经典文字优美,表达准确,如"星月闪闪",光华耀眼,故而在西夏文佛经翻译史上占有重要地位。

那么,上述西夏文文献中出现的白法信、白智光两位国师会不会与上文所述的回鹘高僧有什么关联呢?窃以为这种可能性是大大存在的。从他们所处的时代、从事的法事活动,尤其是白智光与回鹘僧讲经说法时都有皇太后与皇帝亲聆教诲的场景,使人不由地会作出如此联想,而非完全出自孟浪妄测。现在的问题是,我们需要有足够的证据来证明这两位国师的回鹘人身份。

对白法信、白智光民族成分的确认,始于20世纪80年代末。史金波先生在80年代初译释上述文献时未论及族属问题,经过数年的深思熟虑,他得出了这样的结论:"白法信、白智光二位著名的译经大师可能是西夏回鹘僧人的代表人物。"[3]此说对西夏、回鹘佛教关系的研究来说无疑是振聋

---

[1] 史金波:《〈西夏译经图〉解》,《文献》1979年第1期,第219页(收入白滨编:《西夏史论文集》,银川:宁夏人民出版社,1984年,第336~337页)。

[2] 史金波:《西夏文〈金光明最胜王经〉序跋考》,《世界宗教研究》1983年第3期,第52页。

[3] 史金波:《西夏佛教史略》,第149页。

发聩的,故影从者众。只是有人在引用时径直省去了"可能"二字,显得有失谨严。史先生的睿见值得敬服,唯其未对己说进行深入系统的论证,仅停留在假说层面上,使人略感美中不足。下文拟就这一问题略述管见,狗尾续貂,请方家哂正。

从姓氏看,白法信和白智光肯定不是党项人。西夏国时期,党项人无以白为姓者。蒙元时代,西夏遗民散布各地,有许多人改行汉姓,但也未闻有以白为姓者。那么,他们会不会是汉人呢? 答案也是否定的。展开汗牛充栋的中国佛教史册,我们何曾看到有哪一位汉族和尚是俗姓与法号共用? 法号的取用本身就意味着与俗姓的决裂。如果说有例外,那就是三国曹魏时被称为"中国出家人中真正沙门的第一人"的朱士行。[1] 由于当时受戒体例尚未完备,故朱士行没有法号,成为中国佛教史上的特例。东晋道安为增进佛僧的认同意识,首倡以"释"为姓,得到响应,"遂为永式"。[2] 唯来自外国或西域者可有所变通。中原人士为甄别外来僧侣,常以国籍命姓,冠于法号前,如来自印度五天竺者,法号前常冠以"竺",如竺法兰、竺佛念、竺法雅、竺法乘、竺法义、竺佛调等;来自西域安国者,常以"安"为姓,如安玄、安世高等;来自西域康国者则以"康"为姓,如康僧会、康僧渊、康僧铠、康法朗等;来自印度贵霜国者,则以支或竺命姓,前者表示其为月氏(又作月支)人,后者表示来自天竺。[3] 有的仅用支字,如支娄迦谶、支昙籥、支谦等,有的支、竺共用,如支法护又称竺法护,支佛图澄又称竺佛图澄;而来自龟兹者,则常以其王家姓氏白/帛为姓,如帛尸黎蜜多罗、白延(或帛延)、帛法矩等。

其中,龟兹白/帛姓尤当注意。自汉至唐 700 年间,白姓一直是龟兹的大姓。白者,有的史书又写作帛,如《高僧传》及《晋书》之《鸠摩罗什传》中提到的龟兹王白纯,在《晋书·吕光载记》中又被写作帛纯即为明证。据考,白、帛者,均为梵语 puspa 的音译,意为"云华"。[4]

---

[1] 劳政武:《佛教戒律学》,北京:宗教文化出版社,2001 年,第 63 页。
[2] (梁)释慧皎:《高僧传》卷三《义解》,北京:中华书局,1992 年,第 181 页。参见白化文:《僧人姓"释"》,《文史知识》1998 年第 2 期,第 112~113 页。
[3] (梁)释慧皎:《高僧传》卷三《译经下》论曰:"复恨支、竺所译,文制古质,未尽善美。"径以支、竺指代来自月氏、天竺的佛僧。
[4] 冯承钧:《再说龟兹白姓》,《女师大学术季刊》第 2 卷第 2 期,1931 年,第 7 页(收入氏著:《西域南海史地考证论著汇辑》,北京:中华书局,1963 年,第 165 页)。

第二十四章 回鹘僧与《西夏文大藏经》的翻译

还有一点不可忽略,汉人在称呼外僧时,既有以姓氏与法号并称者,也有只呼法号者,如竺/支法护,常略称法护;竺/支佛图澄呢,则更是以法号行,称姓者反而稀见,这又为白智光何以又被略作智光的问题提供了最佳注脚。

这些说明,白法信和白智光都是来自龟兹的高僧。

龟兹地处塔里木盆地的北缘,控中西交通的咽喉,由印度传来的佛教,早在3世纪时即已在此地生根开花。4世纪时龟兹名僧鸠摩罗什住王新寺宣扬大乘教义,龟兹佛教臻至极盛。《晋书·四夷传》称:龟兹"俗有城郭,其城三重,中有佛塔庙千所";僧人也很多,《出三藏记集·鸠摩罗什传》谓"龟兹僧一万余人",可窥佛教兴盛之一斑。9世纪中叶,回鹘西迁,龟兹入于回鹘,成为高昌回鹘境内之大都会之一。但《宋史》在《高昌传》之外另列《龟兹传》,称:"龟兹本回鹘别种……或称西州回鹘,或称西州龟兹,又称龟兹回鹘。"[1]西州回鹘即高昌回鹘,龟兹受其辖,但何以出现如此混乱的称呼,抑或龟兹具有半独立地位所致也? 无从考见。

从汉文史书的记载知,龟兹佛教在高昌回鹘统治时期持续发展,并与中原王朝保持着密切的联系:

1. "太平兴国元年(976)五月,西州龟兹遣使易难与婆罗门、波斯外道来贡。"[2]

2. "咸平六年癸卯(1003)六月六日,龟兹国僧义修来献梵夹、菩提印叶、念珠、舍利,赐紫方袍束带。"[3]

3. "景德元年(1004)十一月,度龟兹国石报进为僧,从其请也。"[4]

4. "大中祥符三年(1010)闰二月,[龟兹]僧智圆贡琥珀四十五斤、输石四十六斤。"[5]

5. "乾兴元年(1022)五月丙申,龟兹国僧华严自西天以佛骨舍利、梵书来献。"[6]

---

[1] 《宋史》卷四九〇《龟兹传》,第14123页。
[2] (清)徐松辑:《宋会要辑稿·蕃夷四》之一三,第7720页。
[3] (清)徐松辑:《宋会要辑稿·蕃夷四》之一四,第7720页。
[4] (清)徐松辑:《宋会要辑稿·蕃夷四》之一四,第7720页。
[5] (清)徐松辑:《宋会要辑稿·蕃夷四》之一四,第7720页。《宋史》卷四九〇《回鹘传》略同。
[6] (宋)李焘:《续资治通鉴长编》卷九八,北京:中华书局,1985年,第2280页。

6."自天圣至景祐四年(1023~1038),龟兹入贡者五,最后赐以佛经一藏。"〔1〕

7."绍圣三年(1096),[龟兹]使大首领阿连撒罗等三人以表章及玉佛至洮西。"〔2〕

龟兹地区诸石窟(如库木吐拉石窟、克孜尔石窟、克孜尔尕哈石窟)和其他佛教遗址中留存的为数众多的回鹘壁画、回鹘佛教遗物和回鹘文题记等,也都向我们昭示着那个时代龟兹回鹘佛教的繁荣。

当然,这里所谓的回鹘,并不一定非指由漠北迁出的回鹘人及其后裔不可。其实,作为游牧民族,漠北回鹘的人口并不是很多的。就目前蒙古高原的人口状况推论,唐代回鹘的人口最多不会超过100万。经过自然灾害的冲击和兵燹的摧残,人口下降在所难免,随后又因南下、西迁而离散。所以,当时由漠北迁入新疆的实际人口最多不会超过30万。在偌大的高昌回鹘王国,其居民大部分应是被征服的当地各族。如昔日繁盛的龟兹国消失后,其居民都哪里去了?答案只有一个,那就是被回鹘同化了,《宋会要辑稿·蕃夷七》中出现的被称作"西州龟兹回纥白万进"的朝贡使者,就是见诸史册的最为明显的例证。"西州"即高昌,亦即高昌回鹘王国;"龟兹回纥"即龟兹的回鹘人;"白万进"为人名,表明龟兹的白姓居民已归化为回鹘人了。故而有理由相信,11世纪的龟兹僧侣白法信和白智光非回鹘莫属。由是,我认为,元昊时期在高台寺主持译经的回鹘僧,其实就是白法信;而谅祚时期在承天寺讲法的回鹘僧,最有可能就是白智光,同时也不排除是白法信的可能,因为我们无法确知白法信去世的年代。

如前文所言,由元昊发起的《西夏文大藏经》的翻译与结集,至1090年时已基本完成,此后,尽管陆续还有所翻译,但已是强弩之末。以后西夏僧侣对《大藏经》的贡献,主要体现在整理、校勘、抄写、刻印等方面。因为《西夏文大藏经》的翻译时间很紧迫,前后仅耗时53年,加上缺乏可供借鉴的经验,故差错较多,后世不能不反复地予以校勘、纠正。从出土文献看,西夏晚期校勘《密咒圆因往生集》时,也有"西域之高僧"参加。结合当时西域的宗教状况,窃以为这些高僧也非回鹘人莫属。

---

〔1〕《宋史》卷四九〇《龟兹传》,第14123页。
〔2〕 同上。

总之,回鹘僧侣对《西夏文大藏经》的翻译与形成起到了十分关键的作用。

本文曾提交"国际敦煌学学术史研讨会"(北京,2002 年 8 月 25 日至 28 日)论文。原刊《敦煌吐鲁番研究》第 7 卷,北京:中华书局,2004 年,第 338~344 页。

第二十五章　佛教"四大"说对回鹘宇宙观及医学的影响

回鹘是今天新疆维吾尔族与甘肃裕固族的共同祖先,历史悠久而文化灿烂,以善于兼容外来文明而著称于世。今天的维吾尔族全民信仰伊斯兰教,但在历史上却并非如此,他们曾信仰过萨满教、摩尼教、佛教、景教和祆教以及东来的中原道教。从10世纪中叶始,伊斯兰教在维吾尔族中逐步得到发展,到15世纪以后,维吾尔族才全部皈依了伊斯兰教。多种宗教的流行,对维吾尔族的历史文化和社会生活带来了极大的影响,尤其是来自印度的佛教,在回鹘中流行了600多年,对古代维吾尔族的文化艺术、哲学思想、语言文字、科学技术都产生了既深且巨的影响。[1] 佛教"四大"学说对回鹘宇宙观及医学的影响就是突出的例证。

古代维吾尔族医学昌盛,有着为世人注目的成就,这在11世纪中叶成书的维吾尔族古典名著《福乐智慧》和《突厥语大辞典》中都有着突出而集中的反映,国内外学术界也已有了深入而全面的研究。但由于这两部名著都产生于伊斯兰教占统治地位的哈喇汗王朝时代,具有浓重的伊斯兰教文化色彩,这种文化色彩直到今天依然如故。然而,当我们审视今天的维吾尔族医学的辨证施治方法时,却不难发现其中隐含有一定成分的印度佛教文化因子,引人兴趣。

一、印度医学在回鹘中的传播与影响

维吾尔族的祖先回鹘人最早游牧于蒙古高原一带,与印度相距非常遥远。9世纪中叶迁入西域地区后,与印度的距离虽拉近了许多,但仍有相当远的距离和重重山水的阻隔。尽管如此,由于宗教信仰上的缘故,印度文化对回鹘文化的影响一直是很大的。

19世纪末20世纪初以来,在吐鲁番的胜金口、高昌故城、木头沟、交河

---

[1] 杨富学:《佛教在回鹘中的传播》,《庆祝潘石禅先生九秩华诞敦煌学特刊》,台北:文津出版社,1996年,第325~351页。

第二十五章 佛教"四大"说对回鹘宇宙观及医学的影响

故城等地先后发现了不少与婆罗谜文有关的回鹘语文献。据甄别,可大致确定这类文献有79件左右。依其语言学属性,大致可分为两种情况:其一是双语的,即回鹘语与梵语同时书写,回鹘语是对梵语的翻译;其二是单语的,即用婆罗谜文字来书写回鹘语。简言之,即可分为有翻译和无翻译两种。[1] 梵语、婆罗谜文在回鹘中的行用,必然会对古代回鹘语文产生相应的影响,以致有大量梵语借词也出现于回鹘语言文献之中,并进一步对回鹘语言的语法,尤其是词法也产生了一定的影响。

来自印度的梵语佛典,如《八大圣地制多赞》《佛说决定毗尼经》等都由梵语直接译为回鹘文,《佛说无量寿经》也有可能是从梵文翻译过来的;印度的民间传说,如著名史诗《罗摩衍那》和童话故事集《五卷书》等,也在回鹘中有所传播,并被翻译或改编为回鹘文字流行于世。印度文化纷至沓来,越过耸入云端的帕米尔高原而落户西域、河西走廊等地,对回鹘文化产生了重要影响。[2] 这里仅举回鹘医学方面的例证。

在吐鲁番木头沟遗址出土的古代回鹘文医学写本(T III M 66)中记载有这样的内容:

rasayan čurnï: piḍpidi biš baqïr, murč tört baqïr, kürbi üč baqïr, qaḍïz iki baqïr, suksumur bir baqïr, bišïɣ singir üč baqïr, bïḍbul tört baqïr, qurnu bir baqïr, arḍun bir baqïr, yangï tana üč baqïr. bu ot-lar-nï yumšaq soqup, mïr bilän yoɣurup, ït bur[nï]-ča yumɣaq-lap, on(?)... qiïn inč bolur. qišamuq önüp, qarïnï öḍmäsär, ingäk yaɣïn säriḍ[ip] ang-a birgü ol, ötär.

长年药散:长胡椒五钱、胡椒四钱、kürbi 三钱、肉桂二钱、小豆蔻一钱、熟筋三钱、长胡椒枝四钱、qurnu 一钱、苋蒿一钱、鲜芝麻三钱。将这些草药捣碎研细,和蜂蜜掺和在一起,做成状如狗鼻子的药丸……疼痛就会止住。若出麻疹或患便秘,炼好牛油用之,即愈。[3]

该文献虽然残破,但明显可以看出系一药方。需引起注意的是,该药

---

[1] D. Maue, *Alttürkische Handschriften*, Teil 1: *Dokumente in Brahmī und Tibetischer Schrift*, Stuttgart, 1996, xxx, 1, 174.

[2] 杨富学:《印度宗教文化与回鹘民间文学》,第28~36页。

[3] G. R. Rachmati, Türkische Turfan-texte. VII, Berlin, 1936, S.33-34;杨富学:《回鹘文献与回鹘文化》,第361~362页。

方中使用的梵语借词相当多,药方首题 rasayan čurnï,应来自梵文 rasāyana cūrṇa,意为"长年药散"。其中,Rasāyana 是生命吠陀的八个分支之一。在《耆婆书》中也有以 rasāyana 直接命名的药方。[1] piḍpidi 借自梵语的 pippali,意为"长胡椒",古代汉语多写作"筚拔";suksumur 借自梵语的 sūksmqilqṃsūksma elā,意为"小豆蔻"。从这些借词及特殊的药方名称"长年药散(rasayan čurnï)"诸因素看,该文献当译自梵语,至少应受到印度医药学的深刻影响。

印度著名医学家日藏(Ravigupta)所著《医理精华(Siddhasāra)》在 13 世纪以前便被译为回鹘文。20 世纪初在吐鲁番交河故城和高昌故城曾出土有回鹘文《医理精华》残片 11 件(编号分别为 T Ⅱ Y 17、T Ⅱ Y 18、T Ⅱ Y 27、T Ⅱ 2、T Ⅱ Y 46、T Ⅱ Y 59、T Ⅱ Y 66、T Ⅱ D 296 等)。[2] 此外,吐鲁番胜金口遗址也有用婆罗谜文回鹘语书写的《医理精华》残片出土,一叶,编号为 T Ⅱ S 49(Mainz 208)。[3] 这些文献体现了印度医学对回鹘医学的影响,这种影响无疑是印度佛教在回鹘中广泛流行的结果。

宋元时代,在印度、中原乃至波斯等多种医学文化的交互影响下,回鹘医学不管在理论上还是施治手段上都取得了较为明显的发展。宋元时代,回鹘医学享有很高的声誉,据载,辽统和十九年(1001)正月"甲申,回鹘进梵僧、名医"。[4] 说明回鹘医生在 11 世纪初即已开始在辽朝宫廷进行医疗活动。元代回鹘药物管理人才答里麻,在大德十一年(1307)被元成宗任命为"御药院达鲁花赤,迁回回药物院"。[5] 江浙行省平章政事铁哥术之子义坚亚礼也颇懂医术,当河南发生瘟疫时,他当即采取有效措施,救军民人等于瘟疫之中。[6] 在药物学方面,"有腽肭脐、硇砂,香有乳香、安

---

[1] 参见陈明:《殊方异药——出土文书与西域医学》,北京:北京大学出版社,2005 年,第 40 页。

[2] G. R. Rachmati, Zur Heilkunde der uiguren. II, *Sitzungsberichte der Preussischen Akademie der Wissenschaften*, *Phil.-hist. Klasse*, Berlin, 1932, S.418 – 431. 参见 H. W. Bailey, Medicinal plant names in Uigur Turkish, *Mélanges Fuad Köprülü*, Istanbul, 1953, S.51 – 56.

[3] D. Maue, *Sanskrit-uigurische Bilinguen aus de Berliner Turfanfunden*, Giessen, 1981 (unpbl.), S. 210 – 227; D. Maue, *Alttürkische Handschriften*, Teil 1: *Dokumente in Brahmī und Tibetischer Schrift*, Stuttgart, 1996, S.128 – 134.

[4] 《辽史》卷十四《圣宗纪》,北京:中华书局,1974 年,第 156 页。

[5] 《元史》卷一四四《答里麻传》,第 3431 页。

[6] 《元史》卷一三五《铁哥术传》,第 3272 页。

息香、笃耨"。[1] 值得特别注意的是,元代杰出的回鹘农学家鲁明善还曾撰成著名的《农桑衣食撮要》一书,该书仿《四民月令》体例,以月令为纲,按月列举应作的农事,以相当的篇幅详细记载了栽培中草药材和灭虫防病的知识。当时回鹘中涌现出许多优秀的医药科学家,如元代著名军医月举连赤海牙,曾在合州(今四川省合川)钓鱼山"奉命修曲药以疗师疫",即采用回鹘医方配药以治疗当时军中流行的传染病。[2] 这些都反映了古代回鹘医学之发达。印度医学,连同中原医学、西藏医学及西域医学一起,共同促进了回鹘医学的发展。

二、佛教宇宙观中的"四大"理论与医学之关系

古代回鹘人认为宇宙间的万事万物都是由"四大",即火、气、水、土四种物质的运动、变化生成的,事物之间存在着相互联系、相互制约的关系,从而维持着动态的平衡,并产生周期性变化,具有朴素唯物主义和朴素辩证法的合理内核。究其来源,可追溯至印度佛教宇宙观——"四大"学说。

佛教所言"四大",指的是地、水、火、风四大元素,是沿用印度固有的思想而再加以深化及佛教化的。这种理论认为地、水、火、风是宇宙物理,是形成一切物质现象的种子。一切的物象,都是通过"四大"的调和与分配而完成的。比如山岳土地属于地大,海洋河川属于水大,阳光炎热属于火大,空间气流属于风大。如把它们化为人体生理的,比如毛发骨肉属于地大,血液分泌属于水大,体温属于火大,呼吸属于风大。若从"四大"的物性上说,坚硬属于地大,湿润属于水大,温暖属于火大,流动属于风大。"四大"和谐,便会欣欣向荣;"四大"矛盾,便会归于毁灭。物理现象是如此,生理现象也是如此。所以佛教把病人生病,称为"四大违和"。

概言之,"四大"学说代表着佛教宇宙观。人既为宇宙万物之一种,人体生理也必然受到"四大"的制约,由是而派生出相应的佛教医学理论,认为人体生病的原因是多种多样的,但其中最重要的原因是地水火风"四大"不调,如三国时代竺律炎共支越译《佛说佛医经》载:

---

[1] (宋)洪皓著,翟立伟标注:《松漠纪闻》(长白丛书),第15页。
[2] 《元史》卷一三五《月举连赤海牙传》,第3279页。

人身中本有四病：一者地，二者水，三者火，四者风。风增气起，火增热起，水增寒起，土增力盛。本从是四病，起四百四病。

北凉昙无谶译《金光明经》卷一亦云：

地火水风，合集成立，随时增减，共相残害，犹如四蛇，同处一箧，四大蚖蛇，其性各异，二上二下，诸方亦二，如是蛇大，悉灭无余，地水二蛇，其性沉下，风火二蛇，性轻上升。

除了印度佛经的记载外，隋代著名佛学家、天台宗开山之祖智𫖮讲述，由其弟子灌顶所笔录的《摩诃止观》卷八对佛教医学"四大"理论也有叙述：

四大不顺者，行役无时强健担负，棠触寒热，外热助火，火强破水，是增火病。外寒助水，水增害火，是为水病。外风助气，气吹火，火动水，是为风病。或三大增害于地，名等分病，或身分增害撒大，亦是等分，属地病。此四既动，众恼竞生。

唐代著名僧人道世在《法苑珠林》卷九五《病苦篇》中更是对这一理论进行了详尽的阐释。他说：

夫三界遐旷，六道繁兴，莫不皆依四大相资、五根成体。聚则为身，散则归空。然风火性殊，地水质异，各称其分，皆欲求适。求适之理既难，所以调和之乖为易。忽一大不调，四大俱损。如地大增则形体黝黑，肌肉青瘀，症瘕结聚，如铁如石；若地大亏则四支损弱，或失半体，或偏枯残戾，或毁明失聪；若水大增则肤肉虚，满体无华色，举身萎黄，神颜常丧，手脚潢肿，膀胱胀急；若水大损则瘦削骨立，筋现脉沉，唇舌干燥，耳鼻焦闭，五藏（脏）内煎，津液外竭，六腑消耗，不能自立；若水大增，则举体烦镬，焦热如烧，痈疖疽肿，疮痍溃澜（烂），脓血流溢，臭秽竞充；若火大损，则四体羸瘠，腑藏（脏）如水，瞧隔凝寒，口若含霜，夏暑重袭，未尝温慰，食不消化，患常呕逆；若风大增则气满胸塞，腑胃否隔。手足缓弱，四体疼痹；若风大损则身形羸瘠，气栽如线，动转疲乏，引息如抽，咳嗽噫哕，咽舌难急，腹厌背偻，心内若水，颈筋喉脉，奋作鼓胀。如是种种，皆是四大乍增乍损，致有屙疾。

326

第二十五章 佛教"四大"说对回鹘宇宙观及医学的影响

随着佛教的东传,佛教"四大"医学理论越过帕米尔高原、新疆、河西走廊而传入中原地区,对中国古代医学的发展产生了直接的影响。大致在隋唐时期,中原地区的古代医籍就已经开始引入佛教医学的"四大"理论了,如唐人王焘在其所著的《外台秘要》卷二一中即曾就西国胡僧授予陇上道人的疗眼方做了如下记载:

> 夫眼者,六神之主也;身者,四大所成也。地、火、水、风阴阳气候,以成人身八尺之体,骨肉肌肤愧然处,是地大也;血泪清津之处,是水土也;生气温暖,是火土也;举动行来,曲伸俯仰,喘息视瞑,是风土也,四种假合。

大致相同的记载,又见于610年巢元方的《诸病源候论》和682年孙思邈的《千金翼方》等古代医学著作中。

三、"四大"理论与回鹘宇宙观

佛教"四大"宇宙观在西域也曾产生过比较大的影响,最突出的例证可见于古代维吾尔族文学名著《福乐智慧(Kutadɣu Bilig)》一书中。该书作者玉素甫·哈斯·哈吉甫(Yusuf Has Hajib,约1019~1080)是喀拉汗王朝时期著名诗人、学者和思想家,其于1070年写成的《福乐智慧》是一部具有浓重伊斯兰教色彩的伟大著作。值得注意的是,书中竟然也有对"四大"理论进行描述的内容:

> 三者属春天,三者属夏时,三者属秋天,三者为冬天所有。三者为火,三者为水,三者为气,三者为土,由此构成了宇宙。它们之间,互相敌对,互为制约,上天以敌制敌,从而了结了怨仇。[1]

以玉素甫·哈斯·哈吉甫所谓的"四大"(即火、水、气、土)与汉族的五行(木、土、火、金、水)说进行比较,不难看出,二者之间虽有一定的联系,但差异却是显而易见的。然以之与佛教宇宙观与佛教医学理论中的"四大"(Mahābhūta)说相比,我们就可发现它们的内容竟几无二致。义净译《金光

---

[1] 尤素甫·哈斯·哈吉甫著,郝关中、张宏超、刘宾译:《福乐智慧》,北京:民族出版社,1986年,第22页。

明最胜王经》卷七云："譬如机关由业转，地水火风共成身，随彼因缘招异果，同在一处相违害，如四毒蛇居一箧，此四大蛇性各异。"卷九又谓："三月是春时，三月名为夏，三月名秋分，三月谓冬时，此据一年中，三三而别说。"回鹘"四大"中的气相当于佛教所谓"四大"中的风，而土则又与地对应，水、火，二者完全一致；它们在《福乐智慧》中被称为"四敌"，《金光明最胜王经》则喻之为"四蛇"，其义一也。古代回鹘人认为，由于"四大"同"居一箧"，"互相敌对，互为制约"，由此而形成了世间万象。

《金光明经》是大乘佛教中一部十分重要的经典，在东亚地区流传广，影响大，有多种译本传世，其中以唐武周长安三年（703）义净译《金光明最胜王经》十卷三十一品最为完备，为后世通行的本子。回鹘文《金光明经》译本就是以义净本为底本的。

回鹘人对《金光明经》是极为崇奉的，此可由西域、河西诸地出土的大量回鹘文写本为证，如仅吐鲁番一带出土的回鹘文《金光明经》写本就多达583件，其中，高昌故城76件；木头沟遗址163件；吐峪沟遗址17件；葡萄沟废寺遗址2件；吐鲁番山前坡地12件；交河故城11件；具体出土地点不详者302件。吐鲁番出土的这些写本、印本大多都已非常残破，唯有甘肃酒泉文殊沟发现的本子保存比较完整，现存399叶，对于研究《金光明经》的翻译与流传具有重要参考价值。[1]

至于该经被译成回鹘文的具体时代，学术界众说纷纭。俄国的拉德洛夫和马洛夫认为该书译于13~14世纪，同时承认该书的用词与语法又与8~9世纪的回鹘语摩尼教文献之语言相似；[2]而德国的茨默则认为该经应译自10世纪。[3]学术界多倾向于10世纪说。文殊沟本《金光明经》在跋尾中明确地记录了它的翻译过程：

y(ä)mä qutluɣ öngdün uluɣ tabɣač ilinčä tayšing siwšing alɣu šasatarlarïɣ

---

[1] В. В. Радлов - С. Е. Малов, *Suvarṇaprabhāsa. Сутра золотого Блеска, Текст уйгурской редакции* (= Bibliotheca Buddhica XVII), Delhi, 1992; Ceval Kaya, *Uygurca Altun Yaruk Giriş, Metin ve Dizin*, Ankara, 1994.

[2] В. В. Радлов - С. Е. Малов, *Suvarṇaprabhāsa. Сутра золотого Блеска, Текст уйгурскойредакии* (= Bibliotheca Buddhica XVII), Delhi, 1992, стр. 14-15.

[3] П. Циме, О Второй щпаве сутры "золто-йблеск", *Turcologica. Festschrift zum 70. Geburtstag von A. N. Kononov*, Leningrad, 1976, стр. 341.

第二十五章 佛教"四大"说对回鹘宇宙观及医学的影响

nomlarïɣ qalïsïz ötkürmiš bodisataw gitso samtso atlïɣ ačarï änätkät tilintin tawɣač tilinčä äwirmištä yana bu biš čöbik käbik kälyük bulɣanyuq yawaz ötdä qoluta kinki boš-ɣutluɣ biš-balïqlïɣ sïngqu säli tutung tawɣač tilintin türk uyɣur tilinčä ikiläwirmis altun önglüg yaruq yaltrïqlïɣ qopta kötrulmiš nom iligi atlïɣ nom bitig bitiyü oquyu yätildi sadu ädgü ymä qutluɣ bolz-un!

时幸福的东方之伟大的桃花石国（即中国——引者）中洞彻大乘[与]小乘一切经的菩萨义净三藏从印度语译为汉语。时此五浊恶世之中别失八里后学胜光法师（Sïngqu Säli Tutung）又从汉语译为突厥—回鹘语，定名为《金光明最胜王经》，写讫。善哉！善哉！祝福！[1]

此跋告诉我们，回鹘文《金光明最胜王经》的译者是别失八里人胜光法师。该经是依大唐三藏义净法师所译《金光明最胜王经》转译的。

此外，在吐鲁番出土的回鹘文文献中，我们还可看到回鹘人颂赞《金光明经》的诗篇与偈语。可以说，《金光明经》是目前所知存留写本最多的回鹘文佛教经典之一，由此可见该经在回鹘中的盛行。故而可以说，《福乐智慧》的作者曾受到《金光明最胜王经》宇宙观的影响自为情理中事。

这里我们不能不提到古希腊哲学家、医学家、经验主义的创始人、西西里医学派的创立者恩培多克勒（Empedocles，约公元前490~前430）所提出的生化万物的四根论。他在《论自然》一书中指出：宇宙万物是由水、火、气、土四元素构成的，而这些元素的结合与分离，其动力来源于元素之外。他把元素的生、克称作"爱"与"恨"。爱使几种元素结合起来，恨使各种元素分离开来。[2] 四元素按相生可分为水、火，因为水生气，火生土。水、火是互不相容的两种要素。石油、煤气、酒精是水的范畴，却能生火，可以说水是本原。科学证明，有水就有生命。水的特性是柔弱，代表女性即母性。因此，万物之母水也。水的沉淀物是土，水的纯净物是气。水、土、气结合产生火。但是，需在时空、数量、度量及质量上得到平衡，才能生长、生存万物。

---

[1] F. W. K. Müller, *Uigurica*, Abhandlungen der Preussischen Akademie der Wissenschaften, Berlin, 1908, Nr.2, S.13-14；耿世民：《回鹘文〈玄奘传〉第七卷研究》，《民族语文》1979年第4期，第250页。

[2] [希腊]恩培多克勒：《论自然》（残篇），见北京大学哲学系编：《古希腊罗马哲学》，北京：商务印书馆，1961年，第74页。

这一理论与印度佛教及回鹘人所说的"四大"有一定相似之处,但差异也是很明显的,如恩培多克勒把四元素的生与克表述为"爱"与"恨",《福乐智慧》则称之为"四敌",佛经喻之为"四蛇"。相较而言,"四敌""四蛇"意义相同,与希腊人恩培多克勒的四根论相去较远。故可以认为,维吾尔族的"四大"理论当直接来源于佛教,而佛教的"四大"理论有可能曾受到恩培多克勒的四根论的影响。

四、"四大"说与回鹘医学

基于上述宇宙观,古代回鹘人把人也视为宇宙万物之一种,认为人体也是由"四大"组成的。"四大"在人体内则表现为寒、热、干、湿四种状态,经常保持或基本保持着平衡,如果关系失调,就会诱发疾病。这种思想在吐鲁番木头沟遗址出土的编号为 T Ⅲ M 190(U 496)的回鹘文佛经《佛说北斗七星延命经》译本之回向文中即有着非常明确的表述:

mn sïlïγ tigin[……]-ig aγrïγ öz-ä bastïqmaq tïltaγ-ï[……] bu yitikän sudurnung yig-in daruq äšitip.

我色利的斤……由于地、水、火、风失调而生病……我想从不同〔地方〕听到此《七星经》的妙音,以摆脱病魔。[1]

由上可见,回鹘医学不仅历史悠久,而且具有鲜明的民族特色和较为完整、独立的医药理论体系,这一理论后来逐步发展成熟,最终形成了今天的维吾尔族医学理论。尽管今天的维吾尔族已全民皈依了伊斯兰教,但佛教医学理论却被维吾尔医学比较完整地保留了下来。依其理论,人的生、老、病、死都和自然界的四大物质(火、气、水、土)和人体自身产生的四要素(血液质、黏液质、胆液质、黑胆质)的盛衰有着密切的关系。以此为基本理论来解释人体与自然环境的关系,创立了一整套诊断和治疗疾病的方法。诊断疾病重视查脉、望诊和问诊。内科疾病以内服药为主,多用糖浆剂和膏剂,并重熏药、坐药、放血、热敷、拔火罐、饮食疗法等十多种疗法。

在今天的维吾尔族医学中,气质失调,可以说是维吾尔族医学的辨证大纲。用于调整失调气质的方法,自然也就成了维吾尔族医学的治疗大

---

[1] 杨富学:《回鹘之佛教》,第 158 页。

法,从整体言,其疗法庶几乎可分为非体液型失调气质调整法和体液型失调气质调整法两种。值得注意的是,二者均与佛教思想、佛教医学存在着密不可分的关系。

非体液型失调气质调整法主要包含以下四种方法:

1. 寒法:采取寒性治疗措施和药物来清除热症,用于治疗因外来热性因素过多而引发的非体液型热性气质失调疾病。

2. 热法:以热性治疗措施和药物来清除寒症,适治受外来寒性因素影响过多而形成的非体液型寒性气质失调疾病。

3. 干法:利用干性治疗措施和药物来清除湿症,可治因外来湿性因素影响而发生的非体液型湿性气质失调疾病。

4. 湿法:用热性治疗措施和药物来清除干症,适用于外来干性因素过多影响而导致的非体液型干性气质失调疾病。

很显然,这一辨证方法讲的是人体内气质失调而形成的寒、热、干、湿四种状态。这种气质失调现象都不是由体液引起的,而是"四大",即火、气、水、土四种物质在人体内运动、变化的结果。

体液型失调气质调整法则包括致病体液成熟法、致病体液排泄法和失调体液平衡法。其中失调体液平衡法包括以下几种疗法:

湿寒法:用湿寒性治疗措施和药物来清除干热性病症,对受热性因素影响而发生的体液型干热性气质失调疾病有效。

干寒法:以干寒性治疗措施和药物来清除湿热性病症,适治于受湿热性因素过多影响所诱发的体液型湿热性气质失调疾病。

干热法:采用干热性治疗措施和药物来消除湿寒性病症,适用于因湿寒因素过多影响而发生的体液型湿寒性气质失调疾病。

湿热法:是用湿热性治疗措施和药物来消除干寒性病症的一种疗法,可治疗因干寒性因素过多而形成的体液性干寒性气质失调疾病。

这一系列辨证施治方法都没有脱离古代回鹘人对寒、热、干、湿四种状态的理解与运用,其理论基础仍然是佛教医学所谓的四大物质运动与互相制约的学说。虽然疾病的变化很多,治疗法相应地也很多,但万变不离其宗,在佛教医学思想支配下形成的寒、热、干、湿医学理论,始终是维吾尔医学辨证施治的基本方法。

综上所述,可以认为,随着佛教与印度文化的传播,佛教"四大"理论与印度医学在古代回鹘人中也得以流行与发扬光大。回鹘人摄取了佛教宇宙观的地、水、火、风理论,吸纳佛教医学之合理内核,结合本民族的医学经验与历史文化传统,逐步形成了独立的医学理论体系。这种理论认为宇宙万物皆由火、气、水、土四种物质构成,这四种物质相互联系、相互制约,从而维持着动态的平衡。人作为宇宙万物之一种,其身体同样也受到这四种物质运动规律的制约,从而维系着平衡。然而,这种平衡一旦出现失调,身体内就会酿成各种疾病,故而在治疗时就必须考虑火、气、水、土所导致的寒、热、干、湿四种状态。这种辨证施治方法代代相传,一直影响至今,构成了今天维吾尔族医学的基石。

原刊唐景福、才让主编:《西北民族宗教研究》第2辑,兰州:甘肃人民出版社,2010年,第26~37页。

第二十六章　回鹘佛教对印度英雄史诗《罗摩衍那》的借用

回鹘是今天维吾尔族、裕固族的共同祖先,文明昌盛,佛教文化发达。由于长期受汉文化影响,回鹘佛教从佛经的翻译与流传到佛教术语的使用,以及信仰特点等,都直接借自中原而非印度,故从总体上说,回鹘佛教属于汉传佛教系统,可谓汉传佛教在西域的一种翻版。但也有例外,如本文所述回鹘教对印度英雄史诗《罗摩衍那》的摄取与借用就是典型例证。

《罗摩衍那》是印度两大英雄史诗之一,在印度乃至世界文学史上都占有非常重要的地位。千百年来,这一史诗被不断地翻译、改写、传唱,不仅以多种形式、多种语言在南亚次大陆得到广泛传播,而且还被译为多种语文在世界各地广为流传。季羡林先生曾撰文论述《罗摩衍那》在中国境内的传播与影响,其中引据极为丰富,涉及梵文、巴利文、汉文、傣文、藏文、蒙古文、于阗文和吐火罗文等多种语文的文献,惟回鹘文阙如。[1] 2002~2004年,笔者在北京大学东方学研究院做博士后研究,季老即鼓励笔者对回鹘文《罗摩衍那》进行研究。今季老驾鹤西去,谨以此狗尾续貂之作,表示对季老深切的怀念。

现知的回鹘文《罗摩衍那》写本有两件:其一,卷子式,存残片1叶,面积30×95厘米^2。正面为回鹘文佛教徒忏悔文,[2]背面卷轴下半部有用草体回鹘文书写的罗摩故事,在文字前(只在背面)划有粗黑线条,正文就写在线条之间。该写卷系德国第二次吐鲁番考察队于吐鲁番西交河故城所获,存文字34行,编号为Mainz 734b(T Ⅱ Y 47)。其二,写本残片1叶,存

---

[1] 季羡林:《〈罗摩衍那〉在中国》,《印度文学研究集刊》第2辑,上海:上海译文出版社,1986年,第1~37页。
[2] 对该忏悔文的研究可见 W. Bang - A. von Gabain, Türkische Turfan-Texte. Ⅳ: Ein Neues uigurisches Sündenbekenntnis, *Sitzungsberichte der Preussischen Akademie der Wissenschaften*, Phil.-hist. Klasse, Nr.24, Berlin, 1930, Text A; 沈利元:《回鹘文〈佛教徒忏悔文〉译释》,《喀什师范学院学报》1994年第3期,第25~33页。

文字14行,编号为 U 1000(T III 86-64),系德国第三次吐鲁番考察队于吐鲁番某地所得。二者现藏柏林德国国家图书馆,均由德国学者茨默刊布。[1] 此外,在敦煌出土的回鹘文佛教诗集中,也有与《罗摩衍那》相关的内容。但这些弥足珍贵的文献,长期未能引起我国学术界的关注。现以保存较好,内容较为丰富的第一件写本为例来探讨回鹘文罗摩故事的特色。

一、原文转写

1. y-a qutluɣ bolzun ymä öng
2. -rä ärtmiš arami tonga-nïng
3. amraq qunčuyï siza xatun-uɣ
4. tašagirvi on bašlïɣ yäk qunup
5. almïš ol uɣurqa ärmi tonga
6. atïɣ-lïɣ bïčïn-lïɣ tük tümän
7. suu-luɣ qurvaɣ-lïɣ birlä barïp
8. taɣaɣ ïšïɣ titrätü ï
9. ïɣačïɣ ïrɣagu säkiz tümän bärä
10. täring otuz iki tümän bärä
11. king yitinč-siz yitiz taluy ögüz ičint
12. -ä nantasuntu atlɣ köprüg yaratïp
13. ïntïn yoɣuč käčip xulumi bïčïn
14. altamaqï üzä lankuri balïq-qaɣ
15. örtäp ärmi to[ng]a-nïng alpaṭmaqï
16. üzä tašagirvi on bašlïɣ yäkig
17. ölülüp amraq qunčuy-ï siza xatunuɣ
18. alïp üstünki uluɣ küč-lüg tngri-lär
19. altïn-qï qutluɣ buyan-lïɣ yalnguq-lar
20. birlä sävišip bo künki kün üzä
21. uluɣ ögrünč sävinč qïlšmïš-lar
22. bo muntaɣ söki qutluɣ-lar osaqï

---

[1] P. Zieme, Ein Uigurisches Fragment der Rāma-Erzählung, *Acta Orientalia Academiae Scientiarum Hungaricae* 32, 1978, S.23-32.

第二十六章　回鹘佛教对印度英雄史诗《罗摩衍那》的借用

23. bilgä-lär yaratu yarlïqmïš yangï yïl
24. bašï ram yangï kün bolsar sizlär-ni
25. täg upasi-lar bizni täg t[inta]r-larï[n]
26. -ga buš'u köşünč tutup inč-kä
27. yükünč yükünmäk bizni täg dintar
28. -lar yänä sizlär-ni täg upasi
29. -larïnga qut buyan ažmaq čoγ
30. yalïn üẓḍämäk at mangal qïlmaq
31. ädgü alqïš alqamaq törü tururu qoṭu
32. yrlïqamiš-lar·: anïn bo yangï künüg
33. ram tip at üzä atam//u yrlïqamïš-lar·: ymä söki qut
34. -luγ-lar asaqï bilgä-lär

二、汉译文

哦！让我们祝福[下列的事情]吧！(1行)

在很久以前,十头魔王劫走了英雄罗摩的妻子悉多可敦(Sītā Xatun); (1～5行)就在那时,英雄罗摩率领由数千只熊黑和猴子组成的大军出发了,(5～7行)它们的行进使群山摇动,高原震颤,树木摇曳;在八万里深,三万二千里宽,碧波万顷的海洋里,他建造了一座大桥,名唤那罗桥(Nantasuntu<梵语 Nalasetu),使之通往天堂的彼岸;(8～13行)圣猴哈奴曼巧用计谋,将楞伽城葬入火海;(13～15行)英雄罗摩以其英勇的行为杀死了十头魔王,夺回了他挚爱的妻子悉多可敦。(15～18行)

上天伟大,至尊无上的众神以及凡间赐福和功德无量的凡人欢乐无比,并在今天带来了无比的愉悦……(18～20行)

与新年伊始以及新的一天 ram 有关的,过去的尊者及年长的智者正是以这一天为起点建立了[如下]法令并将颁布实施;我们这些优婆塞随时做好准备,以宝藏布施僧人,并[恭顺地]赐予我们尊严;僧人如我们者,应赐福优婆塞,使其福祉和功德广泛传播,泽被人间,积德于世,声名远扬,功垂千秋！(22～32行)

因此他们屈驾,将新日命名为"ram"(？)(32～33行)

过去的尊者和年长的智者……(33～34行)

三、罗摩故事在回鹘中的传播与佛教化

这里所述的写本残卷虽仅有34行文字,但涉及的内容却甚广。前18行非常简单地概述了印度传说中的罗摩故事,后16行则为其他一些不同的内容。整个回鹘文罗摩故事写卷,依其内容,大致可划分为以下几个层次:

一、对原先的罗摩故事进行总结。

1. 十头魔王劫走了罗摩所钟爱的妻子悉多;
2. 罗摩率领由猴子与熊罴组成的大军,出征营救悉多;
3. 为了跨越浩瀚的海洋,罗摩下令建造长桥;
4. 圣猴哈奴曼使用计谋,纵火焚毁了楞伽城;
5. 罗摩以其英勇的气魄杀死了十头魔王,夺回悉多。

二、对罗摩的英雄行为,神人同感欣悦。

三、过去的智者为了新年而制定了下列的法令:普通教徒应对僧人进行施舍,僧人应给予普通教徒以精神享受。

四、阐述新年(及第一个月?)为何被称为 ram 的理由。[1]

在尚未刊布的 T Ⅲ 86-64(U 1000)号回鹘文写本中,逐一列举了《罗摩衍那·战斗篇》中出现的正反两方面的主要人物,并简单地描述了罗摩及其弟罗什曼那等英雄杀死敌人——十头魔王及其弟鸠槃羯叻拿、子因陀罗耆、杜姆罗伽耶——的过程。如残卷背部第6~14行对这一内容是这样叙述的:

6. [öl]üm yaɣï bo munï täg yavlaq ol…mängilig
7. [sävi]gligig qarïɣ y[igiti]g küčlügüg küčsüz
8. [üg…]tig yalnguquɣ ärklig bäg-lärig buši
9. [qilt]ɣučï bayïɣ čïɣayïɣ…adïrtlamadïn
10. [bi]r täg alqu tïnlɣlarïɣ ölürdäči oľl
11. ölüm yaɣï rami likšamani-da ulatï tonga
12. [l]arïɣ dašagirvi kumbankrmi intračï dumrakši

---

[1] P. Zieme, Ein Uigurisches Fragment der Rāma-Erzählung, *Acta Orientalia Academiae Scientiarum Hungaricae* 32, 1978, S.30.

第二十六章　回鹘佛教对印度英雄史诗《罗摩衍那》的借用

13. da ulatï küčlüg yäklärig barča ölüm
14. yaɣï qalïsïz ölürdi

这名死敌(指十头魔王——译者按)顽劣至极,荼毒生灵,将那些已故去的可爱的先人,[不管]年老的和年轻的,强壮的和羸弱的,及[那些]……的人们,不管是向善爱施的权贵,还是富人与穷人,所有的生命他都毫无区别地予以毁灭。罗摩(Rami <梵语 Rāma)、罗什曼那(Likšamani <梵语 Laksmana)等英雄,将死敌——强壮的恶魔,如十头魔王(Dašagirvi <梵语 Daśagrī-va)、鸠槃羯叻拿(Kumbankr-mi <梵语 Kumbhakarṇa、因陀罗耆(Intrači<梵语 Indrajit)、杜姆罗伽耶(Dumrakši<梵语 Dhūmrākṣa)等,一个不剩,悉数予以歼灭。[1]

《罗摩衍那》共分为七篇,依次为《童年篇》《阿逾陀篇》《森林篇》《猴国篇》《美妙篇》《战斗篇》及《后篇》。全诗篇幅巨大,旧的本子约有三万四千颂(颂是三十二音的诗节),现在的精校本仍然为七篇,却已经缩短为18 755颂。这里的回鹘文文献,前18行反映的就是罗摩攻取楞伽城解救悉多的这部分内容。

《罗摩衍那》在印度文学史乃至世界文学史上都占有非常重要的地位。遗憾的是,由于各种原因,《罗摩衍那》一直未被译入汉文,唯其名称在中土译经中有所出现,如陈代真谛译《婆薮槃豆法师传》即称:

法师托迹为狂痴人,往罽宾国。恒在大集中听法,而威仪乖失,言笑舛异。有时于集中论毗婆沙义,乃问《罗摩延传》,众人轻之。[2]

马鸣菩萨所造,由后秦鸠摩罗什翻译的《大庄严论经》卷五亦曰:

时聚落中多诸侯罗门,有亲近者为聚落主说《罗摩延书》,又《婆罗他书》,说阵战死者,命终生天。[3]

---

[1] P. Zieme, Ein Uigurisches Fragment der Rāma-Erzählung, *Acta Orientalia Academiae Scientiarum Hungaricae* 32, 1978, S.27.
[2]《大正藏》第50册,No.2049,页189b。
[3]《大正藏》第4册,No.201,页281a。

337

这里的《罗摩延传》《罗摩延书》，无疑指的都是本文所谓的罗摩故事。玄奘译《阿毗达磨大毗婆沙论》卷四六中更进一步标明了该书的主线：

如《逻摩衍拏书》有一万二千颂，唯明二事：一明逻伐拏（罗波那）将私多（悉多）去；二明逻摩将私多还。[1]

如果将《六度集经》中的《国王本生》和《杂宝藏经》中的《十奢王缘》合并起来看，其故事情节即差不多相当于《罗摩衍那》的提要。[2] 所以说，尽管中土无《罗摩衍那》之汉译本，但相关故事在中原地区应有所流传并产生过一定影响。《罗摩衍那》中的圣猴哈奴曼，神变奋迅，威力巨大，与明代吴承恩著《西游记》中能腾云驾雾、变化多端的孙悟空形象颇多近似之处。陈寅恪先生通过对孙悟空故事演变过程的论述，指出孙行者大闹天宫的故事，实出《贤愚经》卷十三《顶生王象品》；猿猴故事则直接受到了《罗摩衍那》第六篇《美妙篇》中工巧神猿那罗造桥渡海故事的影响。[3] 另一种意见则认为，孙悟空的形象其实应"是袭取无支祁的"。[4] 无支祁，又作巫枝祇，即《古岳渎经》卷八中的淮涡水神，"形若猿猴，缩鼻高额，青躯白首，金目雪牙，颈伸百尺，力逾九象，搏击腾踔，疾奔轻利"。[5] 形象相近，但缺乏孙悟空的神变奋迅，故季羡林先生更进一步指出："孙悟空这个人物形象基本上是从印度《罗摩衍那》中借来的，又与无支祁之传说混合，沾染上一些无支祁的色彩。这样恐怕比较接近于事实。"[6] 此说持论较为公允，当是可信的。[7]

与中原地区相比，在新疆及敦煌等地，《罗摩衍那》得到了更为广泛的传播，出现了几种内容或多或少的本子，反映了印度史诗在中国西北地区

---

[1] 《大正藏》第27册，No.1545，页236c。
[2] 孙昌武：《佛教与中国文学》，上海：上海人民出版社，1988年，第16页。
[3] 陈寅恪：《西游记玄奘弟子故事之演变》，《金明馆丛稿二编》，北京：生活·读书·新知三联书店，2001年，第219~220页。
[4] 鲁迅：《唐之传奇文》，《鲁迅全集》第9卷，北京：人民文学出版社，1981年，第317页。
[5] （宋）李昉：《太平广记》卷四六七"李汤条"下引，《笔记小说大观》（二），扬州：江苏广陵古籍刻印社，1983年，第291页。
[6] 季羡林：《罗摩衍那初探》，北京：外国文学出版社，1979年，第137~139页。
[7] 参见蔡国良：《孙悟空的血统》，《学林漫录》第2辑，北京：中华书局，1981年，第193~197页；萧兵：《无支祁哈奴曼孙悟空通考》，《文学评论》1982年第5期，第66~82页。

第二十六章 回鹘佛教对印度英雄史诗《罗摩衍那》的借用

少数民族中的流行与影响。

A. 于阗语写卷。现知的该文献写卷计有 3 件,均出自敦煌莫高窟,编号分别为 P. 2801、P. 2781 和 P. 2783。英国学者贝利最早对其进行了研究,经转写后将之译为英文。[1] 以之为据,榎一雄、季羡林先生分别撰文对这些文献进行了介绍,用以论证《罗摩衍那》在于阗地区的流传。[2] 最近,段晴教授又撰文对其作了进一步的研究,指出其"故事虽然是印度的,但与梵文本《罗摩衍那》存在很大的差异……故事的主干固然源自印度神话,但在被接受的过程中,经过了于阗人的再创造"。[3] 这一见解对认识《罗摩衍那》在回鹘中的传播与演变具有借鉴意义。

B. 吐蕃文写卷。敦煌出土的吐蕃文《罗摩衍那》写卷共有 6 件,其中 4 件藏伦敦印度事务部图书馆(India Office Library),编号分别为 I. O. 737A、I. O. 737B、I. O. 737C、I. O. 737D,由托马斯研究刊布。[4] 另 2 件藏巴黎国立图书馆,编号为 P. T. 981 和 P. T. 983,由拉露、狄庸、柳存仁等进行了研究。[5]

C. 吐火罗文写卷。新疆出土的有关写本是用甲种吐火罗文,即焉耆文书写的。现知的写卷是一个尺寸很小的残片,内容为《福力太子因缘经(Puṇyavanta)》中的一部分,是木师与画师故事中的一段插话,其中提到罗摩为解救悉多而率兵围攻楞伽城的内容。[6]

---

[1] H. W. Bailey, Rāma, *Bulletin of the School of Oriental and African Studies*, X-2, 1939, pp. 365–376 (Text); X-3, 1940, pp. 559–598 (Translation & Commentary).

[2] 榎一雄:《ベイリイ氏〈コータン語のラーマ王物語〉》,《東洋學報》第 27 卷 3 号,1940 年,第 139~150 页;季羡林:《〈罗摩衍那〉在中国》,《印度文学研究集刊》第 2 辑,上海:上海译文出版社,1986 年,第 25~33 页。

[3] 段晴:《于阗语〈罗摩衍那〉的故事》,张玉安、陈岗龙主编:《东方民间文学比较研究》,北京:北京大学出版社,2003 年,第 138~157 页。

[4] F. W. Thomas, A Rāmayana Story in Tibetan from Chinese Turkestan, *Indian Studies in Honor of Charles Rockwell Lanman*, Cambridge, 1929, pp. 193–212.

[5] Marcelle Lalou, L'histoires de Rāma en Tibétain, *Journal Asiatique* 1936, pp. 560–562; J. W. de Jong, An Old Tibetan Version of the Rāmayāna, *T'oung Pao* 68, 1972, pp. 190–202;柳存仁:《藏文本罗摩衍那本事私笺》,郑阿财主编:《庆祝潘石禅先生九秩华诞敦煌学特刊》,台北:文津出版社,1996 年,第 1~36 页。

[6] E. Sieg, *Übersetzungen aus dem Tocharischen*. 1, Abhandlungen der Preussischen Akademie der Wissenschaften, 1943, Nr. 16, Berlin, 1944, S. 13–14;季羡林:《〈罗摩衍那〉在中国》,《印度文学研究集刊》第 2 辑,上海:上海译文出版社,1986 年,第 33~34 页。

339

通过前文论述,可以看出,《罗摩衍那》在新疆、敦煌等地的流播还是较为广泛的,除了梵文本外,尚有于阗、吐蕃、焉耆等多种文字的译本或改编本。那么,回鹘文本依据的是哪一种文字的底本呢?由于回鹘文写本故事情节非常简单,只不过是一个简略的概要,故难以确定其真正来源。但从回鹘文写本中的一些用词看,似乎应溯源于吐火罗文。首先,第 3 行中出现的 siza(悉多),在梵文本中写作 Sītā,而吐火罗文则作 Sisā,[1]于阗文作 Sīysā(ys 替代 z)。[2] 显然,其发音与吐火罗文、于阗文写法接近而与梵文相距较远。再如第 12 行中的 nantasuntu(那罗桥),其中的 nanta(那罗)为该桥的建造者。此人在梵文本中写作 Nala,但在于阗语文献却转化为 Naṇḍa。[3] 显然,回鹘文的书写形式来源于此。考虑到这些因素,笔者认为,回鹘文本《罗摩衍那》至少应是参考了于阗文本或吐火罗文本的。需要予以说明的是,回鹘文本将罗摩所渡海峡描述为"八万里深,三万二千里宽",不知出自何典。吐蕃、于阗、吐火罗文本均不及此,梵文本称那罗桥宽为十由旬,长为一百由旬。[4] "由旬"为度量单位,其长度各说不一,比较流行的说法是:一由旬相当于 40、30 或 16 里。照每由旬 40 里计算,海峡长度应为四千里,远不及回鹘文本之载。除此之外,回鹘文本内容与于阗文本最为接近。

季羡林先生在分析《罗摩衍那》之思想时,曾做过这样的论述:

从印度本国的罗摩故事的两个本子来看:一个是梵文的《罗摩衍那》,一个是巴利文的《十车王本生》,这两个本子代表不同的教派……《罗摩衍那》宣传的是婆罗门教,以后的印度教。《十车王本生》宣传的则是佛教思想。佛教在印度后来消失了,只剩下印度教的一统天下。《罗摩衍那》的影响完全是在印度教方面。然而罗摩的故事传到国外以后,大概是由于都是通过佛教传出去的,所以国外的许多本子毫无例外地宣

---

[1] E. Sieg – E. Siegling, *Tocharische Grammatik*, Göttingen, 1931, S.86, 99, 192.

[2] H. W. Bailey, Rāma II, *Bulletin of the School of Oriental and African Studies*, X-3, 1940, p.560.

[3] H. W. Bailey, Rāma II, *Bulletin of the School of Oriental and African Studies*, X-3, 1940, pp.567, 570.

[4] [印度]蚁垤著,季羡林译:《罗摩衍那》第 6 卷《战斗篇》(上),北京:人民文学出版社,1984 年,第 91 页。

第二十六章 回鹘佛教对印度英雄史诗《罗摩衍那》的借用

传的都是佛教思想。[1]

用这一见解来考量回鹘文写本,就很容易理解为什么在概述完罗摩的故事后,其内容却突然转向佛教了,对佛教僧徒提出了这样的要求:"我们这些优婆塞随时做好准备,以宝藏布施僧人,并[恭顺地]赐予我们尊严;僧人如我们者,应赐福优婆塞,使其福祉和功德广泛传播,泽被人间,积德于世,声名远扬,功垂千秋!"在要求信徒给僧人以施舍的同时,亦要求僧人努力精进。而该写本之外部表征,亦反映了罗摩故事与佛教的关联,因为该写本的另一面就是一篇回鹘文佛教徒忏悔文。

在敦煌出土的回鹘文佛教诗歌集中,也有与罗摩故事有关的内容。该文献现存伦敦大英图书馆,编号为 8212 - 108,为册子形式,存 38 叶(76 面)。其中第 47 面第 1 行至 51 面第 4 行为依字母顺序写成的 21 段八行诗,押头韵,内容涉及《罗摩衍那》中的故事,即罗摩之弟罗什曼那(lakšmani<梵语 Lakṣmaṇa)对楞伽城的占领。该故事见于文献第 18 段,回鹘文这样写道:

langkapur balïq-nï nätäg qïltï
lakšmani tonga-lïγ čärig ::
楞伽城是怎样归顺(?)罗什曼那这位英雄之大军的?[2]

所有这一切都证明,罗摩故事在回鹘佛教徒中是有较广泛传播的。然而以回鹘文罗摩故事与《十车王本生(Dasaratha Jātaka)》相对照,[3] 不难发现,二者内容存在着迥异之处。就整个故事情节言,回鹘文罗摩故事应出自印度教《罗摩衍那》系统。不惟回鹘文,前文所述的于阗文、吐蕃文、吐火罗文罗摩故事其实都出自该系统,而非巴利文《十车王本生》系统。

---

[1] 季羡林:《〈罗摩衍那〉在中国》,《印度文学研究集刊》第 2 辑,上海:上海译文出版社,1986 年,第 35 页。
[2] R. R. Arat, *Eski Türk Şiiri*, Ankara, 1965, Nr. 11, z. 141 - 142.
[3] *Pāli-Jātaka*, No.461, E. B. Cowell (ed.), *The Jātaka or Stories of the Buddha's Former Births*, Vol.4, Delhi, 1994, pp.78 - 82. 参见郭良鋆、黄宝生译:《佛本生故事选》,北京:人民文学出版社,2001 年,第 282~287 页。

四、回鹘佛教借用罗摩故事的原因

《罗摩衍那》本为民间史诗,古代回鹘人何以借用之以传播佛教呢?这里不妨引用于阗文《罗摩衍那》写本末尾的一段内容以为旁证:

> 谁是罗摩和罗什曼[那]？一个是现在的弥勒,[另一个]是我,全知的释迦牟尼。罗刹十颈(即回鹘文中的十头魔王——引者)在佛面前稽首鞠躬,向他请求道:"请这样对待我,兜率天的佛啊,您曾作为罗摩用箭射杀我,现在救度我吧,好让我知道生的毁灭。"他的寿命长久,活了很多朝代。你们应体验的是厌世,愿你们下决心成正觉。[1]

经过古代于阗佛教信徒的加工改造,一部流传已久的英雄史诗也便转换成活生生的佛本生故事,而故事的主角罗摩和罗什曼那,分别成了弥勒和释迦牟尼佛的前生。《罗摩衍那》脍炙人口,在印度家喻户晓,在印度以外也得到了广泛的传播,佛教假借之以传播佛教,自然会收事半功倍之效。古代回鹘僧徒改造、利用这一史诗来达到弘扬佛法的目的,自然亦应出自同样的道理。

无独有偶,印度神话故事《五卷书(Pañcatantra)》也曾被回鹘佛教所利用,借以达到弘传佛法之目的。现知的回鹘文《五卷书》写本今存残片9件,均出自吐鲁番盆地,系德国第二、三次吐鲁番考察队所发现,其中8件均藏柏林德国国家图书馆(Staatsbibliothek Preussischer Kulkurbesitz),唯有1件现藏柏林印度艺术博物馆(Museum für Indische Kunst)。这些写本共存文字272行。值得注意的是,U 1802(T II S 89 K2)和MIK III 6324(T II Y 31)两件写本都书写于纸背。前者正面有一幅菩萨画像,后者正面亦有佛教内容的绘画。[2] 尤当注意的是,在后者画像之侧还可看到 namo but n[a]mo s[a]ng bo avadanta……(南无佛,南无僧,南无 avadanta……)等文字。其中的 avadanta,当为 Avadāna 之异写,音译"阿波陀那",意为"譬

---

[1] 段晴:《于阗语〈罗摩衍那〉的故事》,张玉安、陈岗龙主编:《东方民间文学比较研究》,第157页。
[2] A. von Le Coq, *Chotscho: Facsimile-wiedergaben der wichtigeren Funde der ersten Königlich preussischen Expedition nach Turfan in Ost-Turkistan*, Berlin, 1913, Tafel. 47–48.

喻"。针对这种情况,沃尔麦兹(M. Ölmez)推测说:

这段文字是否与我们手中的文字(即 F 文献——引者)有所关联?回鹘人是否就相信,该《五卷书》故事就是阿波陀那(Avadāna)的一个种类?这个问题目前仍难以回答。在这种情况下,这段正面的文字很可能就是整个框架故事的剩余部分。[1]

这个推测不无道理。在前文所述的回鹘文《罗摩衍那》写卷中,同样也可看到佛教内容,而且与罗摩故事杂糅于一起。考虑到这些因素,笔者以为,不管是《五卷书》,还是《罗摩衍那》,他们之所以能在回鹘中流传,其实都在一定程度上借用了佛教的影响力。

本文曾提交"跨文化的佛教神话学研究"国际学术会议(2010 年 7 月 30 日至 31 日),原刊王邦维、陈金华、陈明编:《佛教神话研究:文本、图像、传说与历史》,上海:中西书局,2013 年,第 103~113 页。

---

[1] M. Ölmez, Ein weiteres alttürkischen Pañcatantra-Fragment, *Ural-Altaische Jahrbücher* N. F. 12, 1993, S.179 - 191.

第二十七章　论回鹘佛教与摩尼教的激荡

摩尼教(Manichaeism)是公元3世纪中叶波斯人摩尼(Mani,216~277?)所创立的一种宗教,它摄融了早已在中亚流行的祆教(Zoraasterism)、诺思替教(Gnostic)、景教(Nestorianism)和佛教(Buddhism)的各种因素,主要思想则是世上光明与黑暗斗争的二元论。摩尼教在波斯(Persia)曾盛极一时,后来因受到波斯王瓦拉姆一世(Vahrām I,274~277)的残酷迫害,教徒流徙四方,[1]其中向东的一支进入河中地区,以后逐渐东传至中国,再辗转传入回鹘,于8、9世纪时在回鹘取得了长足的进展,迅速替代了原来盛行的萨满教(Samanism),一跃成为回鹘的国教,其势力发展极速,渗透到汗国社会、经济、外交及文化的各个方面。

从吐鲁番、敦煌等地出土的考古材料及回鹘语文献看,回鹘摩尼教与佛教的关系是非常融洽的。

在吐鲁番地区的回鹘佛教石窟中,我们经常可以看到摩尼教绘画遗迹的存在。早在20世纪初,德国探险家格伦威德尔(A. Grünwedel)就详细记录了柏孜克里克石窟第38窟(格伦威德尔编号第25窟)的摩尼教壁画。经俄国学者奥登堡(F. Oldenburg)的仔细研究,此洞始被确认为摩尼教洞窟。[2] 在该窟的摩尼教壁画中"摩尼教传教士被一些穿着代表不同等级的白色服装的摩尼师与女弟子围绕着。这些人物,画得较小,胸口书写有美丽的粟特文字,标出各人的波斯语姓名"。[3]

日本学者森安孝夫对柏孜克里克石窟的这一文化现象进行了更为细致的研究,认为第38窟原为佛教洞窟,当回鹘人西迁后才被改造成摩尼教窟,后来,随着摩尼教的衰落,该窟再改回佛教窟。情况与此相类的摩尼教

---

[1] P. R. L. Brown, *The Diffusion of Manichaeism in the Roman Empire*, Religion and Society in the Age of St. Augustine, London, 1972, pp.104 – 105.

[2] С. Ф. Ольденбург, *Русская туркестанская Экспединция 1909 – 1910гг.*, СПб, 1914, стр. 44 – 46.

[3] A. von Le Coq, *Buried Treasures of Chinese Turkestan*, London, 1928, p.58.

洞窟尚有第27窟（格伦威德尔编号第17窟）。另外，第35窟（格伦威德尔编号第22窟）及第2窟也可能为摩尼教洞窟。其中，第38窟壁画中的生命树象征摩尼教所称光明王国，它有三杆，分别代表着三个方位：东部、西部和北部，窟中的其他壁画如寺宇图也属于摩尼教的内容。[1] 近年，我国学者晁华山在前人研究的基础上，进一步细致地探讨了吐鲁番地区各石窟中的摩尼教因素，他指出：除了柏孜克里克石窟之外，在吐峪沟和胜金口诸石窟中也有摩尼教壁画存在，现已觅出数十个摩尼教洞窟，其中39个大体上可以被论证确认，另有30多个需再考察取证。[2] 他的调查结果引起了学界的高度重视，但持异议者也大有人在。[3] 目前对摩尼教壁画的寻找，主要集中于吐鲁番诸石窟中。笔者认为，由于回鹘摩尼教深受佛教的影响，其艺术风格接近，而且摩尼教洞窟又与佛教洞窟混杂在一起，要准确区分

图45 柏孜克里克石窟摩尼教三杆树

[1] 森安孝夫：《ウイグル＝マニ教史の研究》（=《大阪大学文学部紀要》第31~32卷合并号），大阪：大阪大学文学部，1991年，第6~34页。
[2] 晁华山：《火焰山下无名的摩尼古寺》，《文物天地》1992年第5期，第26~29页；晁华山：《初寻高昌摩尼寺的踪迹》，《考古与文物》1993年第1期，第84~93页；晁华山：《寻觅湮没千年的东方摩尼寺》，《中国文化》1993年第1期，第1~20页。
[3] 参见贾应逸：《新疆吐峪沟石窟佛教壁画泛论》，《佛学研究》第4期，1995年，第240~249页；贾应逸：《印度到中国新疆的佛教艺术》，兰州：甘肃教育出版社，2002年，第424~431页；柳洪亮：《吐鲁番胜金口北区寺院是摩尼寺吗?》，新疆吐鲁番地区文物局编：《吐鲁番新出摩尼教文献研究》，北京：文物出版社，2000年，第231~249页。

出来,非为易事。除第 38、27 窟较为确定外,对其他摩尼教石窟的最终定性尚需进一步细致的工作。

在高昌(Qočo)故城,摩尼寺亦与佛寺比肩而立。在故城内 K 遗址正厅西侧的废墟中曾发现有一幅摩尼教女神像:头戴精致的白色摩尼教扇形帽,头后有日光光轮,细眉柳目,腴面小口,佩有耳环。她左手举起,作施无畏说法印(图 46),[1]与龟兹佛画中的天女、菩萨几无二致。若非帽子上的标识,我们很难说这不是一幅佛教绘画。在同一遗址北部西南角,还出土有另一幅摩尼教众神像,上有三个女性头像,佩戴王冠似的头饰和包头布。她们圆盘大脸,与富有装饰性的龟兹、高昌佛教绘画中的菩萨极其类似,形象地反映了回鹘佛教艺术对摩尼教绘画的强烈影响。

图 46　高昌故城 K 遗址出土摩尼教女神像

还有一幅出自高昌故城 α 遗址的摩尼教绘画也颇值得重视,画中人物均为印度教诸神(图 47),如梵天(Brahmā)、毗湿奴(Viṣṇu)、湿婆(Śiva)以

---

[1] H. J. Klimkeit, *Manichaean Art and Calligraphy* (= Iconography of Religions. Section XX: Manichaeism), Leiden, 1982, p. 30, pl.14; Zsuzsanna Gulács, *Manichaean Art in Berlin Collections. A Comprehensive Catalogue of Manichaean Artifacts Belong to the Berlin State Museums of the Prussian Cultural Foundation, Museum of Indian Art, and the Berlin-Brandenburg Academy of Sciences. Deposited in the Berlin State Library of the Prussian Cultural Foundation*, Turnhout: Brepols, 2001, p.205, fig. 94.

第二十七章　论回鹘佛教与摩尼教的激荡

图47　吐鲁番高昌故城α遗址出土四梵天王像

及讹尼沙(Gaṇeśa)。[1]尽管这些画像的具体内容尚待进一步探讨,但有一点是毋庸置疑的,即摩尼教在汲取佛教营养的同时,也吸纳了印度教艺术的成分。

除了这些艺术品之外,敦煌、吐鲁番等地出土的回鹘语摩尼教文献对回鹘摩尼教与佛教杂糅的现象有着更深刻的反映。

早期回鹘佛教对摩尼教的吸收明显地表现在其译经上常带有摩尼教影响的痕迹,如伦敦所藏敦煌本回鹘文《天地八阳神咒经》就带有十足的摩尼教烙印。比如在第四品中将汉文本原有的阴阳学说改译成善恶说,进而

---

[1] A. von Le Coq, *Die buddhistische Spätantike in Mittelasien. II. Die Manichaeischen Maniaturen*, Berlin, 1923, Tafel 8a; H. J. Klimkeit, Hindu Deities in Manichaean Art, *Zentralasiatische Studien* 14, 1980, pp. 179 – 199; Zsuzsanna Gulács, *Manichaean Art in Berlin Collections. A Comprehensive Catalogue of Manichaean Artifacts Belong to the Berlin State Museums of the Prussian Cultural Foundation, Museum of Indian Art, and the Berlin-Brandenburg Academy of Sciences. Deposited in the Berlin State Library of the Prussian Cultural Foundation*, Turnhout: Brepols, 2001, pp.70 – 75, fig. 32.

347

论述以天地为主体,以善恶为创造天地之法。以善代表阳,代表光明;以恶代表阴,代表黑暗,于是便形成了天—善—光明、地—恶—黑暗的二元论思想。而此善恶二元论正是摩尼教宇宙观的核心。将汉文本中阴阳五行说的诸神改译为风和灵魂的消伏,这又与摩尼教的风神与灵魂说密切相关。将汉文本"八者分别也,阳者明解也"改译成"八种光明智",后又将"光明智"作为贯彻唯识学的理念。[1] 而"光明"在摩尼教中被作为信仰的标志,"智"则为"选民"的标志。可见,回鹘文《天地八阳神咒经》的"光明智"与摩尼教的"光明智"的理念是基本一致的。

关于回鹘佛教与摩尼教之间的关系,我们还可以从其对诸天的称呼上观察出来。在回鹘语佛典中,"梵天"(梵文作 Brahmā)被写作"埃孜卢亚"(Äzrua),"帝释"(Indra)被称为"奥尔穆斯德"(Khormuzta)。吾人固知 Äzrua 乃伊兰神佐尔文(Zervan,意为"永恒的时间")之转讹;Khormuzta 则为希腊文 Ormuzd 之转讹,二者后来都是摩尼教中有名的神祇。称恶魔为 Samnū,实由摩尼教恶行魔鬼 Šmnū 转化而来。这些都说明,译经者是先奉摩尼教而后才改信佛教的,故将其已知的诸天及恶魔名称移置于新信奉的佛教的诸天及恶魔之上。[2]

同时,回鹘的摩尼教也无时不浸透着佛教的影响。如敦煌出土的 P. 3071 号摩尼教文献中就有 "namo but namo dram namo sang 南无佛、南无法、南无僧"[3] 之语,这是典型的佛教用语。又如敦煌本回鹘文《天地八阳神咒经》的开首就是:

namo but namo dram namo sang tängri tängrisi burqan yarlïqamïš tängrili yirlidä säkiz yükmäk yarumïš yaltrïmïš ïduq darnï täk wip atilï sudur nom bitig bir tägzinč

南无佛、南无法、南无僧,《佛说天地八阳神咒经》一卷。[4]

---

[1] 孟凡人:《略论高昌回鹘的佛教》,《新疆社会科学》1982年第1期,第68~69页。
[2] 羽田亨:《西域文明史概論》,京都:弘文堂書房,1931年,第173~174页。
[3] J. Hamilton, *Manuscrits ouïgours du IXe-X siècle de Touen-houang*, Tome I, Paris, 1986, p.58;杨富学、牛汝极:《沙州回鹘及其文献》,第73页。
[4] W. Bang - A. von Gabain - G. R. Rachmati, Türkische Turfan-texte, VI:Das buddhistische Sūtra Säkiz yükmäk, *Sitzungsberichte der Preussischen Akademie der Wissenschaften*, Phil.-hist. Klasse, Nr.10, Berlin, 1934, S.14.

第二十七章 论回鹘佛教与摩尼教的激荡

又如在吐鲁番本回鹘文《妙法莲华经·普门品》第 1 行也有 namo but namo dr(a)m namo sang[1]一语,可见摩尼教中这一用语当来自佛教,甚至摩尼教教徒在称呼其教主摩尼时,竟有将其称为 Mani Burxan(摩尼佛)者,如敦煌发现的摩尼教文献 P.3049 的第 1 行即称:

alqatmïš bulzun · yaruq tängri mani burxan
请颂扬光明神摩尼佛。[2]

这一现象说明,佛(回鹘文 Burxan)已被摩尼教借用,以指代摩尼本人。在吐鲁番出土回鹘语摩尼教文献 T II D 171《二宗经》中,摩尼和其他先知被称作"摩尼佛和其他佛陀使徒"(Mani burxan amarï burxanlar brištilär)。[3]这里所谓的"其他佛陀使徒",也包括了基督耶稣(Jesus)。

佛的法身卢舍那(梵语 Vairocana)以其"光明遍照"之意而被崇尚光明的回鹘摩尼教徒所借用,以"卢舍那身"来表示摩尼教教义中经常出现的神祇——光耀柱(回鹘语作 lušyanta burxan öz)。吐鲁番出土回鹘语摩尼教文献 T I D 200 (Mainz 744)第 15~22 行载:

ol lušyanta burxan öz-i bar qamɣ yir taɣ taš qum · ögän ögüz suwï qamɣ toš bašï yulat suwlar · qamɣï ïɣač barča tïnlïɣ yalnguq · näng antaɣ yir yoq kim lušyanta öz-i tolu yoq ärsär · qltï toyïn kiši äligi qanyuɣaru kötürsär · az-u qanyuɣaru sunsar · antaɣ lušyanta burxan öz-i-ngä yaz-ïnmïš bolur

卢舍那佛身为万事万物,即土地、山峦、石头、沙砾、海边之水、河水及所有水塘、水道和湖泊、所有的树木、所有的生物和人类。卢舍那身无所不在,遍一切处。如果一个僧侣对某种事物举起或伸出他的手,那么他就对

---

[1] 张铁山:《回鹘文〈妙法莲华经·普门品〉校勘与研究》,《喀什师范学院学报》1990 年第 3 期,第 57 页。

[2] J. Hamilton, *Manuscrits ouïgours du IXe-X siècle de Touen-houang*, Tome I, Paris, 1986, p.38;杨富学、牛汝极:《沙州回鹘及其文献》,第 219 页。

[3] A. von Le Coq, *Türkische Manichäica aus Chotscho*. I, Abhandlungen der Preussischen Akademie der Wissenschaften, Berlin, 1911, Nr.6, S.24.

卢舍那身犯下了罪孽。[1]

回鹘摩尼教对佛经的吸收不仅仅表现在形式上，更重要的是对佛教思想的吸收。如吐鲁番出土的摩尼文回鹘语文献 T II D 178b 180 为一则摩尼教故事，但其思想核心却完全是佛教的：贪欲导致人的恶行，嗔怒造成人生痛苦，"生灵们如果不能克制自己的嗔怒，就会在无尽的轮回中如草一般被吞食，像粉一样被碾碎和转动"。[2] 这种现象颇值得重视。

那么，为什么会有这种情形呢？笔者认为应从摩尼教与佛教的关系中去探寻原因。

吾人固知，摩尼教本身就是吸收了包括佛教在内的多种宗教因素而形成的。[3] 当摩尼教传入中国后，为了适应中原地区佛教流行这一特定的历史环境，摩尼教更是大量吸收佛教成分，甚至不惜披上佛教的外衣。《通典》卷四〇所载"开元二十年（739）七月敕，末摩尼法，本是邪见，妄称佛教，诳惑黎元，宜严加禁断"[4]之语，反映的正是这种情况。宝应二年（763），回鹘从唐朝引入的摩尼教，已是一种佛化程度很深的改变了原有形式的宗教。敦煌发现的摩尼教经典《摩尼光佛教法仪略》写于开元十九年（731），对此有着集中的反映：

> 佛夷瑟德乌卢诜者，本国梵音也，译云光明使者，又号具智法王，亦谓摩尼光佛，即我光明大慧无上医王应化法身之异号也。当欲出世，二耀降灵，分光三体；大慈愍故，应敌魔军。亲受明尊清净教命，然后化诞，故云光

---

[1] W. Bang und A. von Gabain, Türkische Turfan-Texte. V: Aus buddhistischen Schriften, *Sitzungsberichte der Preussischen Akademie der Wissenschaften*, Phil.-hist. Klasse Nr.14, Berlin, 1931, S.335；马小鹤：《摩尼教的"光耀柱"和"卢舍那身"》，《世界宗教研究》2000年第4期，第109页。

[2] W. Bang – A. von Gabain, Türkische Turfan-texte. II, *Sitzungsberichte der Preussischen Akademie der Wissenschaften*, Phil.-hist. Klasse, Berlin, 1929, S.423–425.

[3] David A. Scott, Manichaean Views of Buddhism, *History of Religions* Vol. 25, No. 2, 1985, pp. 99–115；H. J. Klimkeit, Jesus' Entry into Parinirvāṇa: Manichaean Identity in Buddhist Central Asia, *Numen* Vol. 33, Fasc. 2, 1986, pp.225–240.

[4] （唐）杜佑撰，王文锦等点校：《通典》卷四十，北京：中华书局，1988年，第1103页。

明使者;精真洞慧,坚疑克辩,故曰具智法王;虚应灵圣,觉观究竟,故号摩尼光佛。光明所以彻内外,大慧所以极人天,无上所以位高尊,医王所以布法药。则老君托孕,太阳流其晶;释迦受胎,日轮叶为象。资灵本本,三圣亦何殊?成性存存,一贯皆悟道。[1]

经中把摩尼、释迦牟尼、老子并称,认为他们本是同源,根本没有本质的区别,于是,摩尼就被附会成释迦牟尼的化身而称为"摩尼光佛"。更有甚者,《摩尼光佛教法仪略》还公然引证佛经(如《摩诃摩耶经》《观佛三昧海经》等)内容,俨然以佛教之一宗的面目出现,这是摩尼教入华前所未曾有的。[2] 所以我以为,回鹘从唐朝引入的摩尼教实际上已经是摩尼教、佛教乃至道教的混合物。这正是回鹘摩尼教徒不排斥佛教,而回鹘佛教徒也不排斥摩尼教的重要原因,这种宗教意识促进了回鹘佛教与摩尼教的互相激荡与共同发展。

本文原刊《吐鲁番学研究》2008年第1期(创刊号),第120~124页。

---

[1] 中国社会科学院历史研究所等编:《英藏敦煌文献(汉文佛经以外部分)》第5卷,成都:四川人民出版社,1992年,第223页;林悟殊:《摩尼教及其东渐·附录》,北京:中华书局,1987年,第230页;芮传明:《东方摩尼教研究·附录 摩尼教汉语典籍校注》,上海:上海人民出版社,2009年,第378~379页。
[2] 林悟殊:《摩尼教及其东渐》,第173~174页。

第二十八章　突厥佛教杂考

突厥是6~8世纪间活跃于漠北地区的古代民族之一，鄂尔浑突厥碑铭作Türk，意为"勇士""成熟""热烈"。曾先后建立过强大的游牧帝国——突厥汗国(552~599)、东突厥汗国(599~630)、西突厥汗国(562~658)和后东突厥汗国(682~745)。其中，势力最强大的为突厥汗国，全盛时其疆域东起辽海，西抵里海，南至阿姆河南，北越贝加尔湖，控制了中西交通的孔道——"丝绸之路"，对沟通中西关系及文化交流曾起过重要作用，奠定了后世突厥诸汗国的地域基础。

佛教之初传漠北，最早而可信的记载当推梁释慧皎撰《高僧传》。据载，南齐僧法瑗之兄"法爱亦为沙门，解经论兼数术，为芮芮国师，俸以三千户"。[1] 芮芮，在我国史书上又作"蠕蠕"，指5~6世纪间称雄漠北的柔然汗国。法瑗卒于南齐永明七年(489)，以常理度之，法爱任国师的时间似可推定在5世纪。如果这一推测不误，则可知早在5世纪佛教在漠北地区即已有所传播，且被柔然可汗所敬重。《魏书》又载："永平四年(511)九月，丑奴(即柔然可汗——引者)遣沙门洪宣奉献珠像。"[2] 此沙门与佛像都是柔然事佛的确证。当时，突厥受柔然辖属，其部众对佛教有所接触应属情理中事，但无任何迹象表明那时突厥人有皈依佛教者。唐释道宣撰《续高僧传》卷二《那连提黎耶舍传》载北印度僧人那连提黎耶舍(Narendrayaśas)于北齐"天保七年(556)届于京邺，文宣皇帝极见殊礼……又往突厥客馆，劝持六斋，羊料放生，受行素食"。[3] 可知在突厥汗国第三代君主木杆可汗时代(553~571)突厥人尚不信佛教，当时那连提黎耶舍由北齐转往突厥，弘扬佛法，其旨就在于使突厥人"持六斋"，不杀生，"受行素食"。但这些戒条与突厥古来的游牧习俗相抵触，故而其弘法事业不能指望一蹴而就，必须要有一个相当的过程，故从史料记载看，木杆可汗尊崇的

---

[1] （梁）释慧皎撰，汤用彤校注：《高僧传》卷八《法瑗传》，第312页。
[2] 《魏书》卷一〇三《蠕蠕传》，北京：中华书局，1974年，第2297页。
[3] 《大正藏》第50册，No.2060，页432c。

第二十八章 突厥佛教杂考

似乎一直是突厥人的传统信仰——萨满教。佛教真正对突厥人产生影响，应是自第四代君主佗钵可汗时代（572~581）开始的。

我们先看《隋书》的记载：

> 齐有沙门惠琳，被掠入突厥中，因谓佗钵曰："齐国富强者，为有佛法耳。"遂说以因缘果报之事，佗钵闻而信之，建一伽蓝，遣使聘于齐氏，求《净名》、《涅槃》、《华严》等经，并《十诵律》。佗钵亦躬自斋戒，绕塔行道，恨不生内地。[1]

这一记载明确告诉我们，佗钵可汗因得北齐沙门惠琳之游说而始皈依佛教，并修建佛寺，继而向北齐求取佛经。

关于佗钵可汗在境内建寺事，1956年于蒙古人民共和国后杭爱省呼尼河流域布古特（Bugut）西10公里处发现的粟特文《布古特碑》也有清楚的记载。现依苏联学者的释读和林梅村之汉译文，摘录其部分内容如下（略有更动）：

> 此碑为突厥（Tr'wkt）与中国君主库头（Kwts'tt）而建，［遵从］突厥圣天尔伏可汗［旨意］。自摩诃（Mahan）特勤即可汗位以来，圣天木杆可汗与圣天摩诃特勤［此］后在很长一个时期成为全世界的救世主……然而，后来，圣天木［杆可汗亡故……因此，摩诃特勤］乞灵于天神，诸Šadapits[2]、诸达干、诸贵人（Qurqapins）、诸吐屯、诸将军、［诸贵戚与国民亦同意］，然后，［致言于他：］"你的兄长木杆可汗已逝世。他公平分配钱财，善待国民。而今，你，圣天摩诃特勤［成为国］君。即便与他不同，［你仍需公平分配钱财，善］待国民。"圣天摩诃特勤听取这些意见后即于兔年（应为571年——引者）继位。他执政六年……［佗钵］可汗（Taspar）又向诸天神乞灵。诸设、诸达干、诸贵人、诸将军、诸吐屯和诸贵戚赞同。然后，他向圣天布民可汗之陵祈祷：［"显灵吧！"］于是，圣天布民可汗下诏曰："噢！圣天佗钵可

---

[1]《隋书》卷八四《突厥传》，第1865页。
[2] Šadapits，该词在突厥碑文中不多见，应为突厥官号Šad"设"的伊朗语写法。对该词的讨论，可参见 P. Aalto, Iranian Contacts of the Turks in Pre-Islamic Times, *Studia Turcica*, Budapest, 1971, pp.34–35; A Bombaci, On the Ancient Turkish Title Šadapït, *Ural-Altaische Jahrbücher* 48, 1976, pp.32–41.

353

汗！你须建造一座大的新寺院。"［他于是传旨：］"建造一座大的新寺院！"[1]

其中的库头（kwts'tt），为木杆可汗阿史那燕都大伊尼温之弟，汉文史书又写作地头可汗或控地头可汗。木杆可汗在位为大汗时，他是其属下的东面小可汗。显然，库头是佗钵居藩为小可汗时之名号。[2] 文中所谓的摩诃（Mahan）特勤，其实指代的就是该可汗。Mahan，似应为梵语 Mahā 的音变。如此推测不误，则可证佗钵可汗应是一位虔诚的佛教徒。

碑文最后一句"建造一座大的新寺院"，粟特文写作 RBkw nw(h) snk''wst，法国学者巴赞译之为"建立崭新宏大的佛教伽蓝"。他进一步指出，该碑铭是用与古突厥人联系密切的粟特人的语文写成的，其字体属于"佛教草书体"。[3] 由此可以推定，当时向突厥传授佛教的除了来自北齐的汉僧之外，还有粟特佛教徒，且具有不小的影响。德国突厥佛教研究的先驱葛玛丽在研究了突厥—回鹘语文中的粟特语借词后，指出：

在基础性的回鹘佛教中，有如此之多的中古伊朗语要素，可见在突厥人改信佛教之初，起引导作用的既不是印度人，也不是中国人，而是粟特人。[4]

除了汉人、粟特人之外，印度僧侣对突厥佛教的产生也起到了不小的作用。在《布古特碑》的背面刻有 20 多行用直体婆罗谜文书写的梵语铭

---

[1] S. G. Kljaštornyi - V. A. Livšic, The Sogdian Inscription of Bugut Revised, *Acta Orientalia Academiae Scientiarum Hungaricae* 26-1, 1972, p.86；［苏］S. J. 克略希托内、V. A. 列夫斯基著，龚方震译：《布古特粟特文碑铭补证》，《中外关系史译丛》第 3 辑，上海：上海译文出版社，1986 年，第 48~49 页；林梅村：《西域文明》，北京：东方出版社，1995 年，第 356 页。

[2] 薛宗正：《突厥史》，北京：中国社会科学出版社，1992 年，第 134~135 页；林梅村：《西域文明》，北京：东方出版社，1995 年，第 348 页。

[3] L. Bazin, Turc et Sogdiens: Les enseignements de l'inscription de Bugut (Mongolie), *Mélanges linguistiques offerts à Émile Benveniste*, Paris, 1975, pp.37-45.

[4] A. von Gabain, Irano-Turkish Relation in the Late Sasanian Period, *The Cambridge History of Iran*, Vol.3-1, Cambridge &c., 1983, p.618.

文,遗憾的是由于这些铭文字体很小,刻痕又浅,加上腐蚀严重,今已难以释读。据研究,学者多认为这些梵语铭文很可能出自印度僧人阇那崛多（Jñānagupta）之手。

关于阇那崛多在突厥中的活动,《大唐内典录》卷五有载：

> 北天竺犍达国三藏法师阇那崛多……建德三年(574)逢毁二教……秉古志节,迄求返邦,国家依听,以礼放遣……还向北天,路经突厥。遇值中面他钵可汗,殷重请留。因往复曰："周有成坏,劳师去还。此无废兴,幸安意住。资给供养,当使称心。"遂尔并停十有余载。师及同学,悉彼先殂,惟多独在。[1]

这里的犍达国,即印度旁遮普西北部之犍陀罗（Gandhāra）,为印度古代十六大国之一。古代大乘佛教流行,对西域乃至中原佛教与佛教艺术都曾经产生过重大影响,阇那崛多即为来自该国的高僧。北周武帝在位之初,行废佛灭道之策,冀求由此而走上富国强兵之路。在此情况下,阇那崛多遂于建德三年(574)请求返回印度,得到允准。在返国途经突厥国时,"遇值中面他钵可汗,殷重请留",遂滞留突厥十载。在这里讲经说法,对突厥佛教的发展产生了重要影响。585年,阇那崛多又受隋文帝之邀,重返中土,以其精通梵语而与达摩笈多合力于601年译出《添品妙法莲花经》七卷廿七品,流播至今。[2]

关于阿史那库头（佗钵可汗）之敬佛,《北齐书》亦有较详细的记载。文称：

> 代人刘世清,祖拔,魏燕州刺史。父巍,金紫光禄大夫。世清,武平末侍中、开府仪同三司,任遇与孝卿相亚。情性甚整,周慎谨密,在孝卿之右。能通四夷语,为当时第一。后主命世清作突厥语翻《涅槃经》,以遗突厥可汗,敕中书侍郎李德林为其序。[3]

---

[1]《大正藏》第55册,No.2149,页276b~276c。
[2] 杨富学：《〈法华经〉胡汉诸本的传译》,《敦煌吐鲁番研究》第3卷,北京：北京大学出版社,1998年,第28~29页。
[3]《北齐书》卷二十《斛律羌举传》,北京：中华书局,1972年,第267页。

这里的"突厥可汗",就当时的历史背景看,只能是亲齐反周的东面小可汗阿史那库头,而绝不会是亲周反齐的大可汗木杆。否则,以木杆可汗之非佛态度,很难想象齐后主会命刘世清翻译《涅槃经》以赠送之。这些记载说明,当时不仅有中原佛教输入突厥,而且还有汉文经典《涅槃经》被译入突厥语。据《隋书·李德林传》记载,德林"除中书侍郎"在武平三年(572),由此可以推定,刘世清译《涅槃经》为突厥语的时间必在572年以前。

但从近世学者的研究看,572年时突厥卢尼文尚未创制,其真正形成并得到使用,应是7世纪后半叶以后的事了。当时,突厥贵族专以征伐为事,内典机要等多交由汉人和粟特人处置。其中,"最受信用的是粟特人,因为在和唐帝国交战的情况下并不能保证汉人忠贞如一"。[1] 史书所谓"颉利可汗疏其突厥,亲委诸胡"[2] 正是这一现象的准确反映。久而久之,粟特语文便成为流行的书面语文,前文所述《布古特碑》即以粟特语文写成。故而可以推测,刘世清所译突厥语《涅槃经》所使用的文字应为粟特文。由于粟特人所奉宗教主要为佛教和摩尼教,故而我们有理由进一步推定早在北齐沙门惠琳和北天竺犍达国三藏法师阇那崛多入突厥弘法前,粟特人就已经在突厥中播撒下了佛教的种子。这一结论又可与前述葛玛丽的说法互相印证。

由于阿史那库头(佗钵可汗)的大力提倡,上行下效,佛教在突厥中迅速蔓延开来,以致有不少佛教高僧都驻锡于此,以弘扬佛法。除上文提到的阇那崛多外,见于史册记载的还有宝暹、道邃、僧昙等多人,他们于577年由印度返回时也到达了突厥汗国。唐释道宣《续高僧传》卷二《阇那崛多传》记载:

有齐僧宝暹、道邃、僧昙等十人,以武平六年相结同行,采经西域。往返七载,将事东归。凡获梵本二百六十部。行至突厥,俄属齐亡,亦投彼国。因与[阇那崛多]同处,讲道相娱。所赍新经,请翻名题,勘旧录目,转觉巧便,有异前人。暹等内诚各私庆幸获宝遇匠,德无虚行,同誓焚香,共契宣布。[3]

---

[1] [苏]克利亚什托尔内著,李佩娟译:《古代突厥鲁尼文碑铭——中亚细亚原始文献》,哈尔滨:黑龙江教育出版社,1991年,第119页。
[2] 《旧唐书》卷六十八《张公瑾传》,第2507页。
[3] 《大正藏》第50册,No.2060,页434a。

北齐亡于承光元年(577)。传文称宝暹、道邃、僧昙等人曾赴西域取经,往返七年。他们原打算取道突厥回国,途中听说北齐已被北周所灭亡,于是接阇那崛多之踵也留在了突厥。由此前推,其启程西行之年当为武平元年(570),故文中之武平六年应为武平元年之误,以此后推七年,他们抵达突厥的时间应为577年,而非学界一般认定的575年。[1] 因为575年北齐尚存,被灭是两年以后之事,遑论齐亡消息之外传了。

从上述所引文献记载看,突厥佛教主要受汉传佛教,尤其是北齐佛教的影响,同时亦不无印度佛教(如阇那崛多的活动)和粟特佛教的影响。

尽人皆知,阇那崛多信受奉行大乘佛教,当宝暹、道邃、僧昙等人入突厥后,他又常与他们"同处,讲道相娱",并一道对其携归的佛经进行编目。以理度之,宝暹等僧所信奉的亦应为大乘佛教。再从突厥流行的经典看,有《净名》《涅槃》《华严》诸经,这些都来自中原,均为大乘经典,由此可以认为,当时突厥境内流行的佛教自应为大乘系统。

佛教的流行,必然引发佛像需求量的加大。《太平广记》中收录有这么一个因果报应故事:

> 并州有人解画,曾陷北虏,突厥可汗遣画佛像。此人时偷颜色,恐被搜获,纸裹塞鼻中,鼻出血数升。此人后为僧。唐贞观中,于山东住持,渐渐患鼻。二三年后,鼻中生肉甚大,如此脓血狼藉,酸痛不已。后请僧灵颛忏悔,病亦不愈,十年始亡。[2]

此故事宣扬的是因果报应,曲折地反映出当时突厥汗国中已有专门的佛像制作业,且得到了最高统治者的支持。其事发生在唐太宗贞观年间(627~649),似又可说明至少在唐初,漠北突厥地区尚有寺院存在。1985年,在塔吉克斯坦库尔干焦比斯基州伊利切夫斯基遗址距地表1~1.5米处发现两尊用灰碳岩刻成的佛像,被认定为突厥人的遗物。[3] 其头像如真

---

[1] 如薛宗正:《突厥史》,北京:中国社会科学出版社,1992年,第732页;项英杰等著:《中亚:马背上的文化》,杭州:浙江人民出版社,1993年,第187页。
[2] (宋)李昉:《太平广记》卷一一六引《广古今五行记》,《笔记小说大观》(二),扬州:江苏广陵古籍刻印社,1983年,第253页。
[3] [苏]索拉维耶夫著,吴妍春译:《塔吉克斯坦南部新发现的古代突厥雕像》,《新疆文物》1987年第1期,第93~94页。

人大小,鬓发呈平分式,以细线条勾勒,脑后似有发辫,耳戴球形坠饰耳环。双肩以下以至膝部,均以粗线条造型,凸痕,衣服左衽。

佛教的流行,也影响到突厥的社会习俗,这从突厥人的丧葬方式上可得到反映。20世纪以来的考古发掘证明,突厥人行土葬,但方式不一,有掩尸葬,亦有焚尸葬。其中后者多见于叶尼塞河上游流域。考古人员发现了不少被焚的尸骨。证诸史书,亦不难求其证。如隋开皇二年(582),隋将达奚长儒大败突厥于秦、陇一带,突厥败兵"于战处焚尸,恸哭而去"。[1] 再如唐贞观八年(634),突厥颉利可汗以反叛被擒,献于京师,郁郁而亡。唐太宗遂"令其国人葬之,从其俗礼,焚尸灞桥之东"。[2] 火葬之俗的流行,据考其实就是受佛教影响的结果。[3]

突厥佛教的输入曾对传统的萨满教发生重大冲击,但在漠北并未真正扎根,而是在佗钵去世以后便很快又衰落下去了。及后东突厥汗国时期(682~745),毗伽可汗一度有意重兴佛法,修建寺院,但遭到了以暾欲谷为首的突厥贵族的强烈反对:

[毗伽可汗]又欲修筑城壁,造立寺观。暾欲谷曰:"不可!突厥人户寡少,不及中国百分之一,所以常能抗拒者,正以随逐水草,居处无常,射猎为业,人皆习武,强则进兵抄掠,弱则窜伏山林,唐兵虽多,无所施用。若筑城而改变更旧俗,一朝失利,必将唐所并。且寺观之法,教人仁弱,本非用武争强之道,不可置也。"[4]

暾欲谷反对复兴佛教的理由在于佛教"教人仁弱",不利于突厥的发展,直陈其弊,但就其深层背景看,当亦与佛教戒杀生、戒争斗的教义与突厥游牧射猎、尚勇好武的习俗多有牴牾不无关联。这些因素使东突厥之佛教始终处于传统宗教——萨满教的阴影之下,不仅不能取而代之,而且最后还不得不让出其位。

与漠北地区佛教在佗钵可汗以后便一蹶不振的情况比,在突厥汗国的

---

[1]《隋书》卷五十三《达奚长儒传》,第1350页。
[2] (唐)杜佑:《通典》卷一九七《突厥》,第1070页。
[3] [日]江上波夫著,张承志译:《骑马民族国家》,北京:光明日报出版社,1988年,第63页。
[4] (唐)杜佑:《通典》卷一九八《突厥》,第1075页。

西部地区,尤其是独立后的西突厥汗国(562~658)境内,佛教却一直相当盛行。吾人固知,新疆、中亚及北印度一带在佛教发展及东传中国的过程中起过非常重要的作用,故被誉作佛教的第二故乡。贵霜帝国统治时期如此,后贵霜时代亦复如是。尤其在魏晋南北朝之粟特时代,佛教得到了更大的发展,不仅成为粟特人的主要信仰,而且得以更为广泛地向周边地区传播。这些都为突厥及西突厥汗国时期中亚突厥佛教的形成、发展与繁荣奠定了基础。

在突厥汗国统治时期,室点密、达头父子世袭西面小可汗。关于他们与佛教的关系,《续高僧传》卷十二《道判传》有如下记载:

> 释道判以周保定二年达于京邑……逾两载,上表乞循先志,又蒙开许,敕给国书并资行调,西度石碛……至西面可汗所(此云天子治也——原注)。彼土不识众僧,将欲加害,增人防卫,不给粮食,又不许出拾掇薪菜,但令饿死。有周国使人谏云:"此佛弟子也。本国天子、大臣敬重供养,所行之处,能令羊马滋多。"可汗欢喜,日给羊四口,以充恒食。判等放之,而自煮菜进啖。既不见杀众生,不食酒肉,所行既殊,不令西过,乃给其马乘遣人送还。[1]

而在同书之卷三《波颇传》中,又可看到这样的描述:

> 波罗颇迦罗蜜多罗,唐言作明知识,或一云波颇,此云光智,中天竺人也……北狄贪勇,未识义方,法藉人弘,敢欲传化。乃与道俗十人展转北行,达西面可汗叶护衙所,以法训勖,曾未浃旬,特为戎主深所信伏,日给二十人料,旦夕祗奉。同侣道俗咸被珍遇。生福增敬,日倍于前。[2]

以上两事同发生在达头可汗在位时代,但对佛教的态度却判若隔世。对道判一行先是"不给粮食","但令饿死"。在得知佛弟子具有"能令羊马滋多"后,态度虽有所变化,但仍"不令西过",将其遣返。恰成鲜明对照的是,他对来自天竺的僧侣波罗颇迦罗蜜多罗(Prabhākaramitra)等却优礼有加。何以如此?达头可汗对佛教的认识逐步增多渐生敬意故也。这一转变使我们不

---

[1]《大正藏》第 50 册,No.2060,页 516c~517a。
[2]《大正藏》第 50 册,No.2060,页 439c~440a。

难推想突厥西部贵族对佛教的接触当自该可汗始。对佛教由无知到了解,由排斥到尊崇,从他身上几乎可以了解到突厥人对佛教的接受过程。

在达头可汗之后,佛教在突厥汗国西部地区继续得到发展。西突厥汗国建立以后,特别在室点密系的射匮可汗、统叶护可汗成为西突厥大汗以后,极力向西、向南扩张,同信仰佛教的民族接触更加密切,出于政治的需要,开始保护和优礼佛教。唐初玄奘赴西天取经,途次碎叶城,于那里拜会了统叶护可汗(Ton-yabghu),受到了上宾待遇:

> 法师去帐三十余步,可汗出帐拜迎,传语慰问讫,入座。突厥事火不施床,以木含火,故敬而不居,但地敷重茵而已。仍为法师设一铁交床,敷褥请坐。须臾,更引汉使及高昌使人入,通国书及信物,可汗自目之甚悦,令使者坐。命陈酒设乐,可汗共诸臣使人饮,别索蒲萄浆奉法师。[1]

其接待规格之高,几与室点密、达头迎迓东罗马聘使之举相比肩。

统叶护死后,西突厥统治集团中之佛教信仰似有所逆转,其情形在玄奘《大唐西域记》卷一《缚喝国》条中隐约可见:

> 突厥叶护可汗子肆叶护可汗倾其部落,率其戎旅,奄袭伽蓝,欲图珍宝。去此不远,屯军野次。其夜梦见毗沙门天曰:"汝有何力,敢坏伽蓝?"因以长戟贯彻胸背。可汗惊悟,便苦心痛。遂告群属所梦咎征,驰请众僧,方伸忏谢。未及返命,已从殒没。[2]

据此可知,后世西突厥汗国的某些君主,如肆叶护可汗事佛并不虔诚,见缚喝国(Bactra)那缚(Nava,意为"新")寺建筑富丽堂皇,"佛像则莹以名珍,堂宇乃饰以珍奇"而弃劫夺之心。只因在行军途中肆叶护可汗在梦中被毗沙门天王以长戟刺穿胸背,一病不起,乃得作罢,寺院由是得存。这则故事曲折地反映了佛教在突厥中的艰难历程和佛教在缚喝国最终得以保留的史实。故至玄奘西行时缚喝国仍然保持着"小王舍城"的地位,这里有

---

[1] (唐)慧立、彦悰著,孙毓棠、谢方点校:《大慈恩寺三藏法师传》,北京:中华书局,1983年,第28页。
[2] (唐)玄奘、辩机著,季羡林等校注:《大唐西域记校注》,第117页。

"伽蓝百所,僧徒三千余人,皆小乘学",并拥有众多的佛教名胜。[1]

在西突厥汗国境内,佛教最盛之地当推南面可汗部。西突厥汗国本是突厥汗国的一部分,独立为国后继承了旧有的大小可汗分部制度。刚开初仅分出咄陆、弩失毕两厢,在统叶护盛世版图空前扩大后,又在石国(Shāsh)、活国(Valvālij,今 Qunduz 附近)两地分别建置了北面小可汗部与南面小可汗部。

初任之南面小可汗乃统叶护之子呾度设(Tardu Šad),其后裔世君活国,并承袭该国传统,称王为叶护,故知名号唤"吐火罗王"者应皆出突厥汗族血统。如阿史那乌湿波、阿史那都泥利、阿史那失里忙伽罗等。继统叶护之后,西突厥汗国进一步南向拓地,乌浒水流域27国遂皆隶其版图。这里的土著居民大都信仰佛教,受其熏染,入主其邦的突厥贵族与民众也纷纷敬信三宝,皈依佛教。[2] 慧超《往五天竺国传》对此有较详尽的记载。如建驮罗国:

> 此王虽是突厥,甚敬信三宝,王、王妃、王子、首领等,各各造寺,供养三宝。此王每年两回设无遮大斋,但是缘身所受用之物、妻及象、马等,并皆舍施,唯妻及象,令僧断价,王还自赎,自余驼、马、金、银、衣物、家俱,听僧货卖,自分利养,此王不同余已北突厥也。儿女亦然,各各造寺,设斋舍施。[3]

说明该地在突厥王室与贵族、官僚中已形成佞佛之风。其王施舍至于王妻及镇国之象,先令僧断价,然后再由王赎出,深刻地反映了该王事佛至诚的心理。与建驮罗国毗邻的乌苌国佛教之盛亦不稍亚:

> 此王大敬三宝。百姓村庄,多分施入寺家供养,少分自留,以供养衣食。设斋供养,每日是常,足寺足僧,僧稍多于俗人也。专行大乘法也。[4]

---

[1] (唐)慧立、彦悰著,孙毓棠、谢方点校:《大慈恩寺三藏法师传》,第31~32页。
[2] 薛宗正:《突厥史》,第735~736页。
[3] 桑山正进编:《慧超往五天竺國傳研究》,京都:京都大学人文科学研究所,1992年,第21页;[新罗]慧超著,张毅笺释:《往五天竺国传笺释》,北京:中华书局,1994年,第78页。
[4] 桑山正进编:《慧超往五天竺國傳研究》,第22页;[新罗]慧超著,张毅笺释:《往五天竺国传笺释》,第84页。

其王事佛之诚，不在建驮罗王难分之下，宫中之物，除少数自留外，大多都布施给寺院了，"足寺足僧"，无以为怪。更北一些的拘卫国（又作奢摩褐罗阇国，Śamarājā）、览波国（Lampāka）等，亦皆突厥属邦，佛教也极隆盛。至于罽宾（Kapisa）、谢䫻（Jāguṇa）、骨咄（Khuttal）等国，其民虽非突厥部族，但突厥人监领其国已经数世，其间国主者为突厥贵族，故佛化程度都已相当高。如罽宾国：

此国土人是胡，王及兵马突厥……国人大敬信三宝，足寺足僧，百姓家各丝（疑为"並"之讹——引者）并造寺，供养三宝。大城中有一寺，名沙糸寺，寺中见佛螺髻骨舍利。见在王官百姓每日供养。此国行小乘。[1]

又如谢䫻国（自呼社护罗萨他那）：

土人是胡，王及兵马即是突厥……此王及首领虽是突厥，极敬三宝，足寺足僧，行大乘法。有一大突厥首领名娑铎干，每年一回设[无遮大会]，金银无数，多于彼王。[2]

再如骨咄国：

此王元是突厥种族，当土百姓，半胡，半突厥……王及首领、百姓等，敬信三宝，有寺有僧，行小乘法。[3]

值得注意的是这些记载中常提到"足寺足僧"，说明突厥地区佛寺不少，寺中僧侣为数众多，这一现象可以视作这一地区佛教隆盛和制度完善化的标志。

唐朝僧人悟空曾于 759~764 年间西行求法，途经加湿弥罗和乾陀罗

---

[1] 桑山正進编：《慧超往五天竺國傳研究》，第 22 页；[新罗] 慧超著，张毅笺释：《往五天竺国传笺释》，第 91~92 页。
[2] 桑山正進编：《慧超往五天竺國傳研究》，京都：京都大学人文科学研究所，1992 年，第 22~23 页；[新罗] 慧超著，张毅笺释：《往五天竺国传笺释》，第 93 页。
[3] 桑山正進编：《慧超往五天竺國傳研究》，第 24 页；[新罗] 慧超著，张毅笺释：《往五天竺国传笺释》，第 133 页。

城,所见当地佛教在突厥王室的支持下其香火也是鼎盛的:

> 于迦湿弥罗国进受近圆……次有也里特勒(勤)寺,突厥王子置也;次有可敦寺,突厥皇后置也。此国伽蓝三百余所,灵塔瑞像其数颇多……入乾陀罗城……次有特勤洒寺,突厥王子造也;可敦寺,突厥皇后造也。[1]

文中提到多处于 630 年之前西突厥统治时期所建立的王家寺院,如特勤寺、可敦寺、特勤洒(即设,Šad)寺。这一记载恰好可同唐代新罗僧人慧超撰《往五天竺国传》所载相勘证。

《往五天竺国传》,原书分上、中、下三卷,大约在五代时即已亡佚,所幸敦煌莫高窟藏经洞保存有其节略本(P.3532)。慧超生平不详,因写卷内有"开元十五年(727)十一月上旬至安西"之语,故知慧超之西行应在 727 年左右。推而论之,其书当写成于唐玄宗时期,即 8 世纪上半叶。此僧西行求法时曾遍历突厥所属中亚诸邦,故其所述均为亲眼所见,亲耳所闻,比较可信,他的记述无疑是中亚突厥佛教盛衰的确切记录。从其记载可以看出,当时突厥境内佛教隆盛,"足寺足僧",大乘、小乘兼行并举。但同时我们又要看到,西突厥的佛教显然远盛于漠北的东突厥,因受当地民族的影响,加上政治上的需要,西突厥显贵中虔信佛法者当不在少数,民众中一心向佛的也不少。但同时与之并存的还有突厥的传统宗教——萨满教,有大量的突厥显贵与百姓仍尊崇萨满教,[2]不信佛法。这在慧超的行记中也不无反映:

> 又从此胡国已北,北至北海,西至西海,东至汉国以北,总是突厥所住境界。此等突厥不识佛法,无寺无僧,衣著皮毯毡衫,以虫为食,亦无城郭住处,毡帐为屋,行住随身,随逐水草。男人并剪须发,女人在头,言音与诸

---

[1] (唐)圆照撰:《悟空入竺记》,《大正藏》第 51 册,No.2089,页 979c~980a。
[2] 关于突厥人之崇信萨满教,史书中多有记载。如《周书》卷五十《突厥传》称:突厥可汗"牙帐东开,盖敬日之所出也。每岁率诸贵人,祭其先窟。又以五月中旬,集他人水,拜祭天神。于都斤四五百里,有高山迥出,上无草树,谓其为'勃登凝黎',夏言地神也"。《新唐书》卷二一五《突厥传》载:唐初,突厥处罗可汗谋攻并州,"卜之,不吉,左右谏止"。大概突厥人中不仅有很多人相信占卜,而且在上层统治人物中还有自己懂得占卜之术的,例如阿史那思摩就是其中一个,史书即称"思摩善占对"。

国不同。国人爱煞(杀),不识善恶。土地足驼、骡、羊、马之属。[1]

西突厥汗国的统治中心碎叶,佛教在统叶护可汗后便告衰退,慧超于727年左右到达这里时其景况已大不如昔。至8世纪中叶杜环经行此地时,碎叶的佛教又进一步衰落:

碎叶城,天宝七年(748)北庭节度使王正见薄伐,城壁摧毁,邑居零落,昔交河公主所居止之处建大云寺犹存。[2]

由是以观,当时,这里基本上已无佛教可言,仅有西突厥十姓可汗阿史那昕妻交河公主所建的大云寺尚在那里孤零零地屹立着,让人去追忆其昔日的壮美。

除了萨满教之外,与佛教并行的还有景教和祆教。尤其是河中地区,自古以来就是祆教的盛行之地。各宗教并存的局面一直维持到8世纪中叶以后。8世纪初,白衣大食呼罗珊总督屈底波(Qutayba,? ~715)开始东征,征服了药杀水流域诸国,所到之处,每每大肆毁坏佛寺,据说屈底波本人即曾亲自动手焚毁过佛像。伊斯兰教东浸之后,中亚佛教便渐趋衰落。

通过上文的论述,我们可以得出如下结论:1. 佛教在突厥中的传播始于6世纪下半叶佗钵可汗统治时期;2. 漠北突厥佛教流行时间不长,在佗钵之后便趋于衰亡;3. 西突厥汗国佛教隆盛,其流行的时间基本与汗国相始终;4. 突厥佛教早期以大乘为主,后来,尤其在西突厥地区,大、小乘兼行并举;5. 佛教在突厥中始终未取得独尊地位,与突厥传统宗——萨满教(东西突厥)及景教(西突厥)、祆教(西突厥)长期共存,8世纪中叶以后随着伊斯兰教势力的东浸而衰亡。

本文原刊《中华佛学学报》第16期,台北:中华佛学研究所,2003年,第401~415页。

---

[1] 桑山正進编:《慧超往五天竺國傳研究》,第24~25页;[新罗]慧超著,张毅笺释:《往五天竺国传笺释》,第134~135页。
[2] (唐)杜佑:《通典》卷一九三引杜环《经行记》,第1043页。

第二十九章　茨默著《佛教与回鹘社会》述评

《佛教与回鹘社会》为德国著名回鹘文研究专家茨默（Peter Zieme）博士于近年推出的研究回鹘文佛教文献与历史的重要著作之一，原用德语写成，题作《高昌回鹘王国的宗教与社会——中亚出土古回鹘语佛教文献之尾跋与施主》（*Religion und Gesellschaft im Uigurischen Königreich von Qočo. Kolophone und Stifter des alttürkischen buddhistischen Schrifttums aus Zentralasien*），作为"莱茵-威斯特法伦科学院论文"（Rheinisch-Westfälischen Akademie der Wissenschaften）之第88种刊行（克雷弗，1992年）。大标题虽如此，但主要内容却如副标题所言仅涉及佛教，而且也并不局限于高昌回鹘王国，循名而责其实，简译之为《佛教与回鹘社会》当更为合乎本书之要旨。[1]

全书篇幅不大，共分为五章：第一章为绪论，以简明的语言较为全面地概述了回鹘历史、宗教（主要是佛教）与文化的发展历程。第二章为"回鹘之佛教写经"，以西域、敦煌诸地发现的回鹘文文献（大多为写本，少数为刻本）为依据，分别就回鹘译经所依据的底本进行论述，认为回鹘佛教译经之来源可大致归纳为四个系统，即中亚系统、汉传系统、藏传系统和印度系统。第三章为本书的重点，通过回鹘文题跋以研究各经典之时代，指出回鹘功德主涉及社会各个阶层，有蒙古皇帝、回鹘亦都护，有各级官僚、贵族，有僧侣，有俗人，并仔细探讨了回鹘功德主布施的动机、愿望与目的，还对回鹘文写本跋尾所使用的套语进行了研究。第四章专题探讨了敦煌莫高窟出土的元代回鹘文写本《观音经相应譬喻》（编号为Or.8212－75A）之长篇跋尾。第五章为简短的结论，进一步指出回鹘文佛教文献题跋对研究回鹘社会、历史、文化的重要意义。

本书是继德国第二代回鹘文献研究专家葛玛丽（A. von Gabain,1901~1993）教授1973年出版的专著《高昌回鹘王国的生活》（*Das Leben im*

---

[1] 拙译已由民族出版社于2007年出版。

uigurischen Königreich von Qočo. 850－1250) 之后的又一部专题研究回鹘文化的著作。二者相较,前者是从艺术入手的,并辅之以丰富的回鹘文文献,而茨默的著作则是以回鹘文佛教文献中的跋尾作为着眼点的。

那么,茨默何以作此选择呢？我认为应该是由回鹘文题跋之独特价值决定的。众所周知,汉文史乘虽浩如烟海,但对回鹘佛教的记载却非常稀少,相反,回鹘文佛教文献的题跋却包含有大量的回鹘佛教史料。回鹘施主在抄写或印制完佛典后,按照惯例,常会在跋尾中或详或略地留下相关的记录,一般都署明自己的姓名、身份和官衔,通常对其布施的缘起、动机与目的都有所表述,是回鹘佛教史与社会文化史研究的第一手资料。如该书第81页所引吐鲁番出土的一件回鹘文印刷品(编号为 TM 16 U4761)题记称：

因为这个世界(？)已堕落并已被摧毁,且已进入(？)消亡和毁灭的阶段(？)。我,这个最底层的奴仆,即万户长(Tümänbägi)布颜(Buyan)对此深感忧虑。我的愿望是在永恒的时间里,使佛法得到传播和流传,为了这永不枯竭的、坚实的法义,在这段困难、艰苦的日子里,把这项重要的、伟大的印刷佛经之事尽快地完成,根据兄弟及嫂嫂与弟媳的劝告,(以下约十五个人名)以及被称为阿难吉祥(Ānandaśrī)的和尚[的建议],为把写有经文的刻版裁开,为此所需要的工具,要人全部制造完成,并以此来裁剪刻版,之后用其印制108册经文,并以无比崇敬的感情捐献给神圣的僧伽(Āryasamgha)和村镇。

从跋尾不难看出,施主是一位名叫布颜的万户长,他在全家人的支持下,为"使佛法得到传播和流传"而印刷了108册佛经,施给僧团与村民。尤其值得注意的是,这份题记不仅记录了布颜及其家族成员和家庭事务,而且还对佛经的印刷过程有较详细的说明,成为研究古代回鹘家族史和探讨回鹘印刷史的珍贵参考资料。

再如该书第47页引用的回鹘文题跋称：

为了对博大精深的波罗蜜多表示尊敬,我,必兰纳识里(Prajñāśrī),把龙树(Nāgārjuna)大师用圣语(Āryabhāṣā,即梵语)撰写的被称为《无分别》(*Nirvikalpa*)的颂歌改写成诗歌。

第二十九章 茨默著《佛教与回鹘社会》述评

其中的必兰纳识里,在《元史》卷二〇二《释老传》中立有专传。据载,他精通回鹘、汉、梵等多种语文,先后翻译过不少佛经,但未言及他曾翻译印度龙树菩萨的《般若波罗蜜多赞》,该题记恰可填补这一空白。必兰纳识里采用回鹘人传统的押头韵诗体形式写成,格律协调,语言优美,为元代回鹘文学的研究提供了新资料。

从施主的身份看,大致可分为以下几类:蒙古皇帝与显贵、回鹘亦都护与皇室成员、亦都护政府与地方官吏、各级军士、寺院僧侣、庶民百姓等;民族成分多种多样,有回鹘人,有蒙古人,也有汉人及其他民族。

这些题跋是当时真人真事的记录,且多为史书所不载,其补史证史的意义是不言而喻的,对回鹘政治、宗教、文化及其与周边民族的文化交流的研究,都是最直接、最可信的难得资料,故早已为引起学界的瞩目。

茨默作为德国第三代著名的回鹘文专家和柏林科学院吐鲁番研究中心的主任,对接触与研究回鹘文原卷具有得天独厚的优势,现已成为当今世界上最主要的回鹘文文献刊布者。他先后发表过众多回鹘文文献研究著作,荦荦大端者有《突厥语摩尼教文献》(*Manichäisch-türkische Texte*)、《回鹘文〈梁朝傅大士颂金刚经〉残卷》(*Fragmente der uigurschen Version des 'Jin' gangjing mit den Gāthās des Meister Fu'*)(与 G. Hazai 合著)、《回鹘文度亡书——大英博物馆藏敦煌本 Or.8212-109 所见译自藏文的回鹘文纳若巴撰〈吉祥胜乐轮曼陀罗〉》(*Ein uigurisches Totenbuch. Nāropas Lehre in uigurische Übersetzung von vier tibetischen Traktaten nach der Sammelhandschrift aus Dunhuang British Museum Or.8212-109*)(与 G. Kara 合著)、《回鹘语〈观无量寿经〉》(《ウイルグ语の观无量寿经》)(与百济康义合著)、《回鹘文佛教头韵诗》(*Buddhistische Stabreimdichtungen der Uiguren*)和《吐鲁番敦煌出土的回鹘文佛教头韵文书——兼论古突厥语诗歌》(*Die Stabreimtexte der Uiguren von Turfan und Dunhuang. Studien zur alttürkischen Dichtung*)等,并用德、英、俄、土耳其等文字发表论文百余篇,在国际学术界有着广泛的影响。

吾人固知,今天维吾尔族与裕固族的共同祖先——回鹘古来是个多信仰的民族,在 15 世纪下半叶全面皈依伊斯兰教之前,萨满教、摩尼教、佛教、景教、拜火教及道教等都先后或同时流行过。宗教在回鹘人的社会生活和历史文化进程中曾起过至关重要的作用:著名的回鹘文系由来自波斯的传教士创制,并因佛教与摩尼教的流行而得到发展,成为宋元时代河西、新疆、中亚乃至西亚诸多地区通行的文字之一,而摩尼文、福音体文字又因摩尼教与景教的流行而得以广为传播;文学为宣扬宗教教义而创作;艺术成为宗教的图解与形象化,人们为宗教而歌、而舞;来自中原、印度的天文、历法及书籍业亦因宗教需要而广为传播;佛教的"四大"(地、火、水、风)理论成为回鹘医学"四素"(火、气、水、土)学说的基本依据;甚至回鹘的王权也往往与宗教密切相关。在以上诸多宗教中,以佛教流行的时间最长,影响也最大。本书之所以选定以回鹘文佛教文献之题跋作为主要依据来研究回鹘的宗教及相关的社会、文化现象,其原因盖在于此。

被回鹘人用于宗教传播工具的文字品种很多,除上文提到的回鹘文、摩尼文和福音体文外,还有藏文、汉文、粟特文和来自印度的梵文,它们被广泛应用于书写佛教、摩尼教和景教的典籍,其中应用最广的首推回鹘文。遗憾的是,随着回鹘社会历史的发展和宗教信仰的改变,回鹘文也随之遭到废弃,最终成了不为世人所知的"死文字"。尤其是在伊斯兰教传入回鹘佛教的中心——吐鲁番等地区后,那里的回鹘文佛教典籍曾遭到大规模销毁,寺院被破坏,只有那些劫后余孤因被埋藏于地下才得以幸留于今,向人们倾诉着昔日回鹘佛教的繁荣和文化的昌盛。

世界上没有哪个民族的文化能像回鹘文化那样多地受惠于地下发掘材料。20世纪以前,人们对回鹘佛教文献茫然无所知晓,学界对回鹘佛教的了解仅仅局限于汉文史料中一鳞半爪的记载(况且,元人文集和碑刻中与回鹘佛教相关的汉文资料至今尚未引起国内外学术界的关注)。幸赖回鹘文写本的大量出土,才使我们今天有了越来越多的回鹘佛教史知识。可以说,地下出土材料(包括回鹘文文献、佛教艺术品、与回鹘佛教有关的汉文写本和其他文化遗物)是重新架构回鹘佛教历史的基石和最可信、最重要的参考资料。

茨默的这部著作虽然卷帙不大,但作者以其敏锐的眼力,渊博的学识,兼通多种语言的优势和直接占有柏林藏吐鲁番出土回鹘文文书的有利条件,将回鹘文佛教文献的研究推进到新的高度。书中除引用大量已刊布过的敦煌吐鲁番出土文献外,还引用了不少尚未发表过的回鹘文资料,故显得特别重要。以这些由古代回鹘人自己书写的第一手资料,尤其是其中的题跋资料为依据,本书论述了佛教在回鹘中的兴衰,从中窥视那个时代回鹘佛教徒的思想意识与宗教观念,进而探讨佛教与回鹘社会生活、文化状况的密切关系,方法新颖,见解独到,资料翔实丰富,具有极高的学术价值,故而受到了国际学术界的普遍重视,在其出版后的第二年便被日本著名回鹘文与佛教史研究专家小田寿典译为日文发表。

恰如世上少有无瑕美玉一样,本书也同样存在着自己的缺点,其中最为凸显的一点是对汉文材料的"忽略"。如敦煌发现的 S.6551 号讲经文[1]和福建泉州发现的回鹘航海家亦黑迷失的《一百大寺看经记》[2]中就含有丰富的回鹘佛教题跋内容,可与回鹘文跋尾相印证。前者大致为866~966 年间的遗物,后者写成于延祐三年(1316),二者时代明确,可为回鹘佛教的发展进程提供坐标。回鹘文献虽多,但可考其具体时代者却寥寥无几,故而引用文献而不究其时代,正是包括该书在内的回鹘文献研究著作的通病。

再如哈密发现的回鹘文佛教剧本《弥勒会见记》写本,内容丰富,是目前所存篇幅最大、数量最多的回鹘文佛典之一。加上序文,该文献现存的就有 26 幕(全帙应为 28 幕),而差不多每幕后都有题跋,如第一幕后的题跋称:

> 精通一切论书的、饮过毗婆沙论甘露的圣月(Aryačantri)菩萨大师从印度语(Änätkäk)制成吐火罗语(Tohri,即古代焉耆语),智护(Partanrakšit)法师[又从吐火罗语]译为突厥语的《弥勒会见记》(maitrisimit)书中跋多利婆罗门作布施第一幕完。[3]

由跋文可知,该剧本之回鹘文原名作 maitrisimit,先由圣月大师据印度文本改译为古代焉耆语(图48),以后又由智护大师据之转译为突厥语,即回鹘语。据考,圣月大师系三唆里迷国(Üč Solmi,即焉耆)的著名佛教大师。[4] 而智护当系高昌回鹘王国之高僧。[5] 该剧本内容相当丰富,是阐

---

[1] 张广达、荣新江:《有关西州回鹘的一篇敦煌汉文文献——S.6551 讲经文的历史学研究》,《北京大学学报》1989 年第 2 期,第 24~25 页;李正宇:《S.6551 讲经文作于西州回鹘国辨证》,《新疆社会科学》1989 年第 4 期,第 89 页。

[2] (清)陈启仁辑:《闽中金石略》卷十一,《石刻史料新编》17,台北:新文丰出版公司,1985 年,第 13030~13032 页。

[3] 伊斯拉菲尔·玉素甫、多鲁坤·阚白尔、阿不都克尤木·霍加研究整理:《回鹘文弥勒会见记》Ⅰ,第 141 页。

[4] 耿世民:《古代维吾尔语佛教原始剧本〈弥勒会见记〉(哈密写本)研究》,《文史》第 12 辑,北京:中华书局,1981 年,第 214 页。

[5] J. Hamilton, Review of A. von Gabain, Maitrisimit, T'oung Pao 46, 1958, p.443.

述回鹘佛教佛教历史文化与宗教意识的极有价值的文献,我国学者耿世民[1]、李经纬[2]、斯拉菲尔·玉素甫、多鲁坤·阚白尔、阿不都克尤木·霍加[3]等都投入不少精力进行研究,取得了不凡的成绩,但他们的成果在本书中却基本上未得到反映(仅有耿世民先生用西文发表的几种论著例外),是很可惜的。

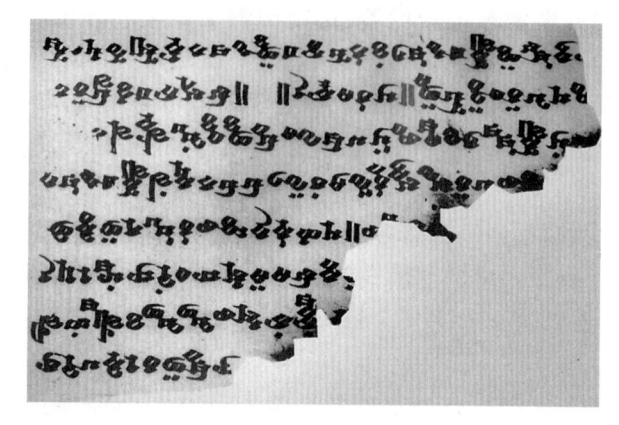

图48 焉耆出土吐火罗文《弥勒会见记》剧本

此外,元人文集和古代碑刻中还含有相当丰富的回鹘佛教资料,如前已提到的《一百大寺看经记》碑刻就记载说:

亦黑迷失自幼年钦奉世祖薛禅皇帝、完者都皇帝、曲律皇帝圣恩,端为祝延今上皇帝圣寿万安,皇太后皇后齐年,太子千秋,诸王文武官僚同增禄

---

[1] 耿世民:《回鹘文佛教原始剧本〈弥勒会见记〉第二幕研究》,《西北民族研究》试刊号,1986年,第129~157页;Geng Shimin & H.-J. Klimkeit, *Das Zusammentreffen mit Maitreya, Die ersten fünf Kapitel der Hami-Version der Maitrisimit*. In Zusammenarbeit mit H. Eimer und J. P. Laut hrsg. 2 Bde, Wiesbaden, 1987 (Asiatische Forschungen 84).

[2] 李经纬:《哈密本回鹘文〈弥勒三弥底经〉第二卷研究》,《民族语文研究论文集》,西宁:青海民族出版社,1982年,第673~704页;李经纬:《哈密本回鹘文〈弥勒三弥底经〉第三卷研究》,《中亚学刊》第1辑,北京:中华书局,1983年,第180~211页。

[3] 斯拉菲尔·玉素甫、多鲁坤·阚白尔、阿不都克尤木·霍加:《哈密本回鹘文〈弥勒会见记〉第三品研究》,《民族语文》1983年第1期,第50~64页;伊斯拉菲尔·玉素甫、多鲁坤·阚白尔、阿不都克尤木·霍加:《回鹘文弥勒会见记》Ⅰ。

第二十九章 茨默著《佛教与回鹘社会》述评

位,风调雨顺,国泰民安,佛日增辉,法轮常转。敬就都城、西京、汴梁、真定、河南府、汝州、刑(邢)州、顺德府、明州补陀山、朝里宁夏路、西凉府、甘州、两淮、江浙、福建诸路一百大寺,各施中统钞一百定(锭),年收息钞,轮月看转三乘圣教一藏。其余寺院庵堂接待,或拾田施钞,看念四大部、《华严》、《法华》等经,及点照供佛长明灯。谨写西天银字经一藏进上,当今皇帝回赐大都普庆寺看读。[1]

该碑系元代维吾尔族航海家亦黑迷失于延祐三年(1316)所立。碑文不仅记述了他布施的目的与功德回向,而且还详列了其所施一百大寺的名称,其范围遍及全国各地。对这些零散的资料妥加搜检与整理,无疑会有助于阐述许多单靠回鹘文资料难以解决的问题。

当然,若以此就简单粗暴地指陈本书作者对汉文资料的少加引用是一种忽略,多少有点冤枉,我们可以看出,作者对汉文史料及相关研究成果的搜求还是尽了力的,只是由于对汉文不够精通而无法自达,乃天之祸也,不可求全责备。

原书是一部高水平的学术专著,但未详何故,在引用既刊文献时,往往只引德译文,而不移录回鹘文原文的转写,这就给阅读造成了诸多困难,尤其是对那些不擅德文的回鹘文研究者和见不到所引原典的绝大多数读者来说,拜读其著作的收获就会因此而大打折扣。私臆度之,可能是出于印刷上的方便不得已而为之,而非作者的本意。因为,这样的处理方法本身也有违于本书作者既往的一贯风格,是不足取的。

原刊华林编辑委员会编:《华林》第 3 卷,北京:中华书局,2004 年,第 445~449 页。

---

[1] (清)陈启仁辑:《闽中金石略》卷十一,《石刻史料新编》17,第 13030~13032 页。

参 考 文 献

一、古籍与古籍整理

《阿毗达磨大毗婆沙论》,(唐)玄奘译,《大正藏》第 27 册,No.1545。

《阿毗达磨俱舍论实义疏》,苏军整理,载方广锠主编:《藏外佛教文献》第 1 辑,北京:宗教文化出版社,1995 年。

《安多政教史》,智观巴·贡却呼丹巴绕吉著,吴均、毛继祖、马世林译,兰州:甘肃民族出版社,1989 年。

《北京大学图书馆藏敦煌文献》,北京大学图书馆、上海古籍出版社编,上海:上海古籍出版社,1995 年。

《北齐书》,(唐)李百药纂,北京:中华书局,1972 年。

《册府元龟》,(北宋)王钦若等编,北京:中华书局,1960 年。

《陈诚西域资料校注》,王继光校注,乌鲁木齐:新疆人民出版社,2012 年。

《成唯识论述记》,(唐)窥基撰,《大正藏》第 43 册,No.1830。

《程雪楼文集》,(元)程钜夫著,湖北先正遗书本。

《创建圆通寺记》,(元)李源道撰,载《[民国]新纂云南通志》,1949 年铅印本。

《大慈恩寺三藏法师传》,(唐)慧立、彦悰著,孙毓棠、谢方点校,北京:中华书局,1983 年。

《大方便佛报恩经》,失译,《大正藏》第 3 册,No.156。

《大方广佛华严经》,(唐)佛驮跋陀罗译,《大正藏》第 9 册,No.278。

《大方广佛华严经》,(唐)实叉难陀译,《大正藏》第 10 册,No.279。

《大方广圆觉修多罗了义经》,(唐)佛陀多罗译,《大正藏》第 17 册,No.842。

《大佛顶如来密因修证了义诸菩萨万行首楞严经》,(唐)般剌蜜帝译,《大正藏》第 19 册,No.945。

《大唐内典录》,(唐)道宣撰,《大正藏》第 55 册,No.2149。

参考文献

《大唐西域求法高僧传校注》,(唐)义净著,王邦维校注,北京:中华书局,1988年。

《大庄严论经》,(后秦)鸠摩罗什译,《大正藏》第4册,No.201。

《[道光]敦煌县志》(中国方志丛书),台北:成文出版社,1970年。

《道园学古录》,(元)虞集撰,四部丛刊本。

《东维子文集》,(元)杨维桢撰,四部丛刊本。

《敦煌社会经济文书真迹释录》(三、四),唐耕耦、陆宏基编,北京:全国图书馆文献缩微复制中心,1990年。

《俄藏黑水城文献》第4册,俄罗斯科学院东方研究所圣彼得堡分所、中国社会科学院民族研究所、上海古籍出版社合编,上海:上海古籍出版社,1997年。

《法藏敦煌西域文献》第25、26、32册,上海古籍出版社、法国国家图书馆编,上海:上海古籍出版社,2002~2003年。

《法华传记》,(唐)僧详撰,《大正藏》第51册,No.2068。

《佛顶尊胜心破地狱转业障出三界秘密三身佛果三种悉地真言仪轨》,(唐)善无畏译,《大正藏》第18册,No.906。

《佛说文殊师利法宝藏陀罗尼经》,(唐)菩提流志译,《大正藏》第20册,No.1185A。

《佛说无量寿经》,(曹魏)康僧铠译,《大正藏》第12册,No.360。

《佛说造像量度经续补》,(清)工布查布译,《大正藏》第21册,No.1914。

《佛为首迦长者说业报差别经》,(隋)瞿昙法智译,《大正藏》第1册,No.80。

《佛祖历代通载》,(元)念常,《大正藏》第49册,No.2036。

《福乐智慧》,尤素甫·哈斯·哈吉甫著,郝关中、张宏超、刘宾译,北京:民族出版社,1986年。

《高僧传》,(梁)慧皎撰,汤用彤校注,北京:中华书局,1992年。

《广清凉传》,(宋)释延一撰,见崔玉卿点校:《清凉山传志选粹》,太原:山西人民出版社,2000年。

《归潜志》,(金)刘祁著,北京:中华书局,1983年。

《国家图书馆藏敦煌遗书》第50册,中国国家图书馆编,北京:北京图书馆出版社,2007年。

《圭斋文集》,(元)欧阳玄著,《四部丛刊》本。
《海屯行纪》,何高济译,北京:中华书局,1981年。
《汉藏史集》,达仓宗巴·班觉桑布著,陈庆英译,拉萨:西藏人民出版社,1986年。
《挥麈录》,(宋)王明清撰,上海:上海书店出版社,2001年。
《降赐天目中峰和尚广录入藏院札》,(元)慈寂撰,《大藏经补编》第25册,台北:华宇出版社,1981年。
《金刚顶瑜伽略述三十七尊心要》,(唐)不空说,《大正藏》第18册,No.871。
《金光明经》,(北凉)昙无谶译,《大正藏》第16册,No.663。
《金光明最胜王经》,(唐)义净译,《大正藏》第16册,No.665。
《进天目中峰和尚广录表》,(元)慈寂撰,《大藏经补编》第25册,台北:华宇出版社,1981年。
《旧唐书》,(后晋)刘昫等纂,北京:中华书局,1975年。
《旧五代史》,(宋)薛居正等纂,北京:中华书局,1976年。
《辽史》,(元)脱脱等纂,北京:中华书局,1974年。
《罗摩衍那》第6卷《战斗篇》,[印度]蚁垤著,季羡林译:北京:人民文学出版社,1984年。
《略述金刚顶瑜伽分别圣位修证法门》,(唐)不空译,《大正藏》第18册,No.870。
《马可·波罗行纪》,冯承钧译本,上海:上海世纪出版集团上海书店出版社,2001年。
《马可·波罗游记》,陈开俊等译,福州:福建科学技术出版社,1981年。
《骂玉郎过感皇恩采茶歌》(为酸斋解嘲),载(元)张可久撰,隋树森编:《全元散曲》,北京:中华书局,1964年。
《蒙兀儿史记》,(民国)屠寄撰,北京:北京市中国书店,1984年。
《妙法莲华经》,(姚秦)鸠摩罗什译,《大正藏》第9册,No.262。
《妙吉祥平等秘密最上观门大教王经》,(宋)慈贤译,《大正藏》第20册,No.1192。
《闽中金石略》,(清)陈启仁辑,《石刻史料新编》17,台北:新文丰出版公司,1985年。

《明史》,(清)张廷玉等纂,北京:中华书局,1974年。

《婆薮槃豆法师传》,(陈)真谛译,《大正藏》第50册,No.2049。

《普曜经》,(西晋)竺法护译,《大正藏》第3册,No.186。

《侨吴集》,(元)郑元祐撰,《北京图书馆古籍珍本丛刊》95集部·元别集类,北京:书目文献出版社影印本。

《群书考索》,(宋)章如愚撰,台北:商务印书馆,1986年。

《如意宝树史》,松巴堪布·益西班觉著,蒲文成、才让译,兰州:甘肃民族出版社,1994年。

《萨迦世系史》,阿旺贡噶索南著,陈庆英、高禾福、周润年译注,拉萨:西藏人民出版社,1989年。

《三国志》,(晋)陈寿撰,(南朝宋)裴松之注,北京:中华书局,1982年。

《山居新话》,(元)杨瑀撰,知不足斋丛书本。

《摄无碍大悲心大陀罗尼经计一法中出无量义南方满愿补陀落海会五部诸尊等弘誓力方位及威仪形色执持三摩耶幖帜曼荼罗仪轨》,(唐)不空译,《大正藏》第20册,No.1067。

《史记》,(汉)司马迁撰,(南朝宋)裴骃集解,(唐)司马贞索引,(唐)张守节正义,北京:中华书局,1992年。

《松漠纪闻》(长白丛书),(宋)洪皓著,翟立伟标注,长春:吉林文史出版社,1986年。

《宋会要辑稿》,(清)徐松辑,北京:中华书局,1957年。

《宋史》,(元)脱脱等纂,北京:中华书局,1977年。

《宋文宪公全集》,(明)宋濂撰,《四部备要》本。

《肃镇华夷志校注》,(明)李应魁著,高启安、邰惠莉点校,兰州:甘肃人民出版社,2006年。

《隋书》,(唐)魏徵、令狐德芬纂,北京:中华书局,1973年。

《太平广记》,(宋)李昉编,南京:江苏广陵古籍刻印社,1983年。

《唐国史补》,(唐)李肇,上海:上海古籍出版社,1979年。

《天目中峰和尚广录》,(元)明本撰,蓝吉富主编:《大藏经补编》第25册,台北:华宇出版社,1981年。

《天如惟则禅师语录》,(元)天如撰,《大日本续藏经》第1辑第2编第27套第5册。

375

《天目中峰和尚广录序》,(元)揭傒斯撰,《大藏经补编》第25册,台北:华宇出版社,1981年。

《通典》,(唐)杜佑撰,北京:中华书局,1984年。

《往五天竺国传笺释》,(新罗)慧超著,张毅笺释,北京:中华书局,1994年。

《魏书》,(北齐)魏收撰,北京:中华书局,1974年。

《五代会要》,(宋)王溥撰,上海:上海古籍出版社,1978年。

《悟空入竺记》,(唐)圆照撰,《大正藏》第51册,No.2089。

《西夏书事》,(清)吴广成著,龚世俊等校注,兰州:甘肃文化出版社,1995年。

《西藏王统记》,索南坚赞著,刘立千译,北京:民族出版社,2000年。

《贤愚经》,(北魏)慧觉等译,《大正藏》第4册,No.202。

《贤者喜宴——吐蕃史译注》,巴卧·祖拉陈瓦著,黄颢、周润年译注,北京:中央民族大学出版社,2010年。

《新唐书》,(宋)欧阳修、宋祁撰,北京:中华书局,1975年。

《新五代史》,(宋)欧阳修撰,(宋)徐无党注,北京:中华书局,1974年。

《新元史》,(民国)柯劭忞修,上海:开明书店,1935年。

《修行本起经》,(东汉)竺大力、康孟祥译,《大正藏》第3册,No.184。

《续高僧传》,(唐)道宣撰,《大正藏》第50册,No.2060。

《续资治通鉴长编》第1~34册,(宋)李焘撰,北京:中华书局,1979~1995年。

《一切经音义》,(唐)慧琳撰,《大正藏》第54册,No.2128。

《英藏敦煌文献(汉文佛经以外部分)》第5、12卷,中国社会科学院历史研究所等编,成都:四川人民出版社,1992、1995年。

《语石》,(民国)叶昌炽著,台北:商务印书馆,1968年。

《元好问全集》,姚奠中主编,太原:山西人民出版社,1990年。

《元史》,(明)宋濂纂,北京:中华书局,1976年。

《乐郊私语》(《历代笔记小说大观》),(元)姚桐寿著,李梦生点校,上海:上海古籍出版社,2012年。

《增壹阿含经》,(东晋)瞿昙僧伽提婆译,《大正藏》第2册,No.125。

《知州马称德去思碑记》,(元)李洧孙撰,《[乾隆]奉化县志》卷十二

《艺文志》。

《中亚蒙兀儿史——拉失德史》,米儿咱·马黑麻·海答儿著,新疆社会科学院民族研究所译,王治来校注,乌鲁木齐:新疆人民出版社,1983年。

《诸佛境界摄真实经》,(唐)般若译,《大正藏》第18册,No.868。

《竹山先生文集》,(明)陈诚撰,嘉庆乙卯刻本。

《资治通鉴》,(宋)司马光著,(元)胡三省注,北京:中华书局,1963年。

《宗镜录》,(宋)释延寿撰,西安:西北大学出版社,2006年。

《祖堂集》,(唐)静筠禅师编,张华点校,《洛浦和尚》,郑州:中州古籍出版社,2001年。

二、研究著述

阿布都热西提·亚库甫:《北京大学图书馆藏回鹘文〈西宁王速来蛮赞〉新探》,朱玉麒主编:《西域文史》第6辑,北京:科学出版社,2011年,第61~77页。

阿布都热西提·亚库甫:《敦煌北区石窟出土回鹘文文献的综合研究》,《敦煌莫高窟北区石窟研究》(下卷),兰州:甘肃教育出版社,2011年,第429~477页。

阿不都热西提·亚库甫:《古代维吾尔语赞美诗和描写性韵文的语文学研究》,上海:上海古籍出版社,2015年。

阿布都外力·克热木:《从藏族对裕固族的影响看吐蕃与回鹘的文化交流》,《西北民族大学学报》2011年第2期,第28~33页。

阿里木·玉苏甫:《论回鹘文〈说心性经〉来源》,张定京、阿不都热西提·亚库甫编:《突厥语文学研究——耿世民教授八十华诞纪念文集》,北京:中央民族大学出版社,2009年,第27~36页。

阿里木·玉苏甫:《敦煌回鹘写本〈说心性经〉研究》,北京:中国社会科学出版社,2014年。

阿依达尔·米尔卡马力:《敦煌莫高窟北区B157窟出土〈阿毗达磨俱舍论实义疏〉残叶研究》,《京都大学言语学研究》第24期,2005年,第1~13页。

阿依达尔·米尔卡马力:《敦煌莫高窟北区出土〈梁朝傅大士颂金刚

经〉残叶研究》,《新疆大学学报》2006年第3期,第55~58页。

阿依达尔·米尔卡马力:《回鹘文诗体注疏和新发现敦煌本韵文研究》,上海:上海古籍出版社,2015年。

阿依达尔·米尔卡马力:《回鹘佛经翻译家 Čisuin Tutung 其人》,《西域研究》2016年第3期,第94~100页。

[法]艾丽白著,耿昇译:《敦煌汉文写本的鸟形押》,《敦煌译丛》第1辑,兰州:甘肃人民出版社,1985年,第189~211页。

白滨编:《西夏史论文集》,银川:宁夏人民出版社,1984年。

白化文:《僧人姓"释"》,《文史知识》1998年第2期,第112~113页。

白建灵:《论宗教对裕固族形成的作用》,《西北宗教论丛》第3辑,兰州:甘肃人民出版社,2013年,第126~134页。

北村高:《关于孟速斯家族供养图》,《元史论丛》第5辑,北京:中华书局,1993年,第9~12页。

北京大学东方语言文学系波斯语教研室编:《波斯语汉语词典》,北京:商务印书馆,1981年。

北京大学哲学系编:《古希腊罗马哲学》,北京:商务印书馆,1961年。

[法]伯希和著,耿昇、唐健宾译:《伯希和敦煌石窟笔记》,兰州:甘肃人民出版社,1993年,第393页。

才让:《蒙元统治者选择藏传佛教信仰的历史背景及内在原因》,《西北民族大学学报》2004年第1期,第49~56页。

才让丹珍:《裕固族风俗志》,天津:天津古籍出版社,1993年。

蔡国良:《孙悟空的血统》,《学林漫录》第2辑,北京:中华书局,1981年,第193~197页。

晁华山:《火焰山下无名的摩尼古寺》,《文物天地》1992年第5期,第26~29页。

晁华山:《初寻高昌摩尼寺的踪迹》,《考古与文物》1993年第1期,第84~93页。

晁华山:《寻觅湮没千年的东方摩尼寺》,《中国文化》1993年第1期,第1~20页。

陈高华:《黑城元代站赤登记簿初探》,《中国社会科学院研究生院学报》2002年第5期,第51~58页。

陈明:《殊方异药——出土文书与西域医学》,北京:北京大学出版社,

2005年。

陈世良：《从车师佛教到高昌佛教》，《吐鲁番学研究专辑》，乌鲁木齐，1990年，第140~153页。

陈寅恪：《西游记玄奘弟子故事之演变》，《金明馆丛稿二编》，北京：生活·读书·新知三联书店，2001年，第219~220页。

程溯洛：《论敦煌、吐鲁番发现的蒙元时代古维文木刻活字和雕版印刷品与我国印刷术西传的关系》，《中国科学技术发明和科学技术人物论集》，北京：生活·读书·新知三联书店，1955年，第225~235页。

程溯洛：《释汉文〈九姓回鹘毗伽可汗碑〉中有关回鹘和唐朝的关系》，《中央民族学院学报》1978年第2期，第20~28页。

程溯洛：《唐宋回鹘史论集》，北京：人民出版社，1993年。

褚俊杰：《吐蕃本教丧葬仪轨研究——敦煌古藏文写卷P.T.1042解读》，《中国藏学》1989年第3期，第15~34页；1989年第4期，第118~134页。

褚俊杰：《论苯教丧葬仪轨的佛教化——敦煌古藏文写卷P.T.239解读》，《西藏研究》1990年第1期，第45~69页。

[德]茨默著，杨富学、朱满良译：《一件敦煌禅文献在吐鲁番回鹘语中的音转与翻译》，《回鹘学译文集新编》，兰州：甘肃教育出版社，2015年，第127~135页。

崔正森：《五台山佛教史》，太原：山西人民出版社，2000年。

杜斗城：《敦煌本佛说十王经校录研究》，兰州：甘肃教育出版社，1989年。

杜斗城：《敦煌所见〈五台山图〉与〈五台山赞〉》，《1987年敦煌石窟研究国际讨论会文集·石窟考古编》，沈阳：辽宁美术出版社，1990年，第508~519页。

杜斗城：《敦煌五台山文献校录研究》，太原：山西人民出版社，1991年。

杜斗城：《北凉译经论》，兰州：甘肃文化出版社，1995年。

杜斗城、党燕妮：《八到十一世纪的五台山文殊信仰》，崔正森主编：《文殊智慧之光》，北京：宗教文化出版社，2004年，第97~114页。

段晴：《于阗语〈罗摩衍那〉的故事》，张玉安、陈岗龙主编：《东方民间文学比较研究》，北京：北京大学出版社，2003年，第138~157页。

敦煌研究院编：《敦煌莫高窟供养人题记》，北京：文物出版社，1986年。

多鲁坤·阚白尔：《〈弥勒会见记〉成书年代新考及剧本形式新探》，曲六乙、李肖冰编：《西域戏剧与戏剧的发生》，乌鲁木齐：新疆人民出版社，1992年，第11~19页。

［瑞典］多桑著，冯承钧译：《多桑蒙古史》，北京：中华书局，1962年。

樊保良、水天长主编：《阔端与萨班凉州会谈》，兰州：甘肃人民出版社，1997年。

方广锠编纂：《般若心经译注集成》，上海：上海古籍出版社，1994年。

方广锠主编：《藏外佛教文献》第1辑，北京：宗教文化出版社，1995年。

方广锠、许培玲：《敦煌遗书中的佛教文献及其价值》，《西域研究》1996年第1期，第40~49页。

冯承钧：《再说龟兹白姓》，《女师大学术季刊》第2卷第2期，1931年，第5~10页。

冯承钧：《西域南海史地考证论著汇辑》，北京：中华书局，1963年。

冯家昇：《回鹘文写本"菩萨大唐三藏法师传"研究报告》，北京：中国科学院考古研究所，1953年。

冯家昇：《1959年哈密新发现的回鹘文佛经》，《文物》第7~8期，1962年，第90~97页。

冯家昇：《刻本回鹘文〈佛说天地八阳神咒经〉研究——兼论回鹘人对于〈大藏经〉的贡献》，《考古学报》第9册，1955年，第183~192页。

冯家昇：《冯家昇论著辑粹》，北京：中华书局，1987年。

冯培红、姚桂兰：《归义军时期敦煌与周边地区之间的僧使往来》，郑炳林主编：《敦煌佛教艺术文化论文集》，兰州：兰州大学出版社，2002年，第450~466页。

高木森：《印度艺术史概论》，台北：渤海堂文化公司，1993年。

高人雄：《漫议文化交融对北曲的影响》，《西北民族学院学报》1999年《迎接建校五十周年语言文学与教学研究专辑》，第51~57页。

高启安：《明代哈密卫东迁与裕固族的形成》，《［甘肃］社会科学》1989年第4期，第99~102页。

高启安：《安定卫的残破与部众迁徙觅踪——兼论安定卫与裕固族形

成的关系》,《西北民族大学学报》2004年第4期,第1~7页。

高士荣、杨富学:《汉传佛教对回鹘的影响》,《民族研究》2000年第5期,第71~76页。

高田时雄:《敦煌·民族·语言》,北京:中华书局,2005年。

高自厚:《明代的关西七卫及其东迁》,《兰州大学学报》1986年第1期,第42~48页。

格勒:《论藏族文化的起源形成与周边民族的关系》,广州:中山大学出版社,1988年。

[美]葛雾莲著,杨富学译:《榆林窟回鹘画像及回鹘萧氏对辽朝佛教艺术的影响》,《1994年敦煌学国际研讨会文集·石窟考古卷》,兰州:甘肃民族出版社,2000年,第288~295页。

耿世民:《回鹘文〈玄奘传〉第七卷研究》,《民族语文》1979年第4期,第249~262页。

耿世民:《回鹘文亦都护高昌王世勋碑研究》,《考古学报》1980年第4期,第515~529页。

耿世民:《古代维吾尔语佛教原始剧本〈弥勒会见记〉(哈密写本)研究》,《文史》第12辑,1981年,第211~226页。

耿世民:《古代维吾尔诗歌选》,乌鲁木齐:新疆人民出版社,1982年。

耿世民:《回鹘文佛教原始剧本〈弥勒会见记〉第二幕研究》,《西北民族研究》试刊号,1986年,第129~157页。

耿世民:《甘肃省博物馆藏回鹘文〈八十华严〉残经研究》(一、二),分别刊《世界宗教研究》1986年第3期,第68~77页;《中央民族学院学报》1986年第2期,第84~89页。

耿世民:《回鹘文〈八十华严〉残经研究》,《民族语文》1986年第3期,第59~65页。

耿世民:《回鹘文〈阿毗达磨俱舍论〉残卷研究》(1~2),《民族语文》1987年第1期,第56~61页;《中央民族学院学报》1987年第4期,第86~90页。

耿世民:《回鹘文〈玄奘传〉及其译者胜光法师》,《中央民族学院学报》1990年第6期,第66~70页。

耿世民:《敦煌突厥回鹘文书导论》,台北:新文丰出版公司,1994年。

耿世民:《新疆文史论集》,北京:中央民族大学出版社,2001年。

耿世民:《回鹘文〈大白莲社经〉残卷(二叶)研究》,《民族语文》2003年第5期,第1~5页。

耿世民:《维吾尔古代文献研究》,北京:中央民族大学出版社,2003年。

耿世民:《回鹘文社会经济文书研究》,北京:中央民族大学出版社,2006年。

耿世民、张宝玺:《元回鹘文〈重修文殊寺碑〉初释》,《考古学报》1986年第2期,第253~263页。

古正美:《贵霜佛教政治传统与大乘佛教》,台北:晨允文化出版公司,1993年。

郭良鋆、黄宝生译:《佛本生故事选》,北京:人民文学出版社,2001年。

[法]哈密顿、杨富学、牛汝极:《榆林窟回鹘文题记译释》,《敦煌研究》1998年第2期,第39~54页。

《哈密文物志》编写组:《哈密文物志》,乌鲁木齐:新疆人民出版社,1993年。

贺卫光:《论藏文化对裕固族及其文化形成的影响》,《西北民族学院学报》1999年第4期,第26~32页。

贺卫光、钟福祖:《裕固族与藏族关系述论》,《西北民族学院学报》1998年第3期,第16~20页。

贺卫光、钟福祖:《裕固族民俗文化研究》,北京:民族出版社,2000年。

胡小鹏:《元代西北历史与民族研究》,兰州:甘肃文化出版社,1995年。

黄卉:《元代戏曲史稿》,天津:天津古籍出版社,1995年。

黄文弼:《吐鲁番考古记》(中国科学院《考古学专刊》丁种第5号),北京:科学出版社,1954年。

黄文弼:《亦都护高昌王世勋碑复原并校记》,《考古》1964年第2期,第34~39页。

霍尔·努木:《试释藏文"霍尔"一词》,《西藏研究》1998年第1期,第69~74页。

季羡林:《罗摩衍那初探》,北京:外国文学出版社,1979年。

季羡林：《〈罗摩衍那〉在中国》，《印度文学研究集刊》第 2 辑，上海：上海译文出版社，1986 年，第 1~37 页。

季羡林：《季羡林学术论著自选集》，北京：北京师范学院出版社，1991 年。

季羡林：《敦煌吐鲁番吐火罗语研究导论》（敦煌学导论丛刊 6），台北：新文丰出版公司，1993 年。

季羡林：《吐火罗文〈弥勒会见记〉译释》（《季羡林文集》第 11 卷），南昌：江西教育出版社，1998 年。

季羡林：《关于巴利文〈佛本生故事〉》，郭良鋆、黄宝生译：《佛本生故事选》，北京：人民文学出版社，2001 年，第 1~4 页。

季羡林主编：《敦煌学大辞典》，上海：上海辞书出版社，1998 年。

贾学锋：《裕固族东迁以前藏传佛教传播情况考略》，《河西学院学报》2010 年第 3 期，第 59~63 页。

贾应逸：《新疆吐峪沟石窟佛教壁画泛论》，《佛学研究》第 4 期，1995 年，第 240~249 页。

贾应逸：《高昌回鹘壁画艺术特色》，《新疆艺术》1989 年第 1 期，第 43~48 页。

贾应逸：《库木吐拉回鹘窟及其反映的历史问题》，《1994 年敦煌学国际研讨会文集·石窟考古卷》，兰州：甘肃民族出版社，2000 年，第 296~315 页。

贾应逸：《印度到中国新疆的佛教艺术》，兰州：甘肃教育出版社，2002 年。

［日］江上波夫著，张承志译：《骑马民族国家》，北京：光明日报出版社，1988 年。

卡哈尔·巴拉提：《回鹘文写本〈惠远传〉残页》，《文物》1987 年第 5 期，第 92~94 页。

卡哈尔·巴拉提、刘迎胜：《亦都护高昌王世勋碑回鹘碑文之校勘与研究》，《元史及北方民族史研究集刊》第 8 期，1984 年，第 57~106 页。

卡哈尔·巴拉提：《回鹘文写本〈慧远传〉残页》，《文物》1987 年第 5 期，第 92~94 页。

［美］卡特里著，杨富学，张艳译：《金色世界：敦煌写本〈五台山圣境赞〉研究》，《五台山研究》2014 年第 1 期，第 11~20 页。

[苏]克利亚什托尔内著,李佩娟译:《古代突厥鲁尼文碑铭——中亚细亚原始文献》,哈尔滨:黑龙江教育出版社,1991年。

[苏]S.J.克略希托内、V.A.列夫斯基著,龚方震译:《布古特粟特文碑铭补证》,《中外关系史译丛》第3辑,上海:上海译文出版社,1986年,第35~53页。

劳政武:《佛教戒律学》,北京:宗教文化出版社,2001年。

[德]勒库克著,郑宝善译:《新疆之文化宝库》,南京:蒙藏委员会,1934年。

李范文:《西夏研究论集》,银川:宁夏人民出版社,1984年。

(宋)李昉:《太平广记》(《笔记小说大观》二),扬州:江苏广陵古籍刻印社,1983年。

李符桐:《回鹘与元朝建国之关系》,《李符桐论著全集》第3册,台北:台湾学生书局,1992年,第163~265页。

李进新:《新疆伊斯兰汗朝史略》,北京:宗教文化出版社,1999年。

李经纬:《哈密本回鹘文〈弥勒三弥底经〉第二卷研究》,《民族语文研究论文集》,西宁:青海民族出版社,1982年,第673~704页。

李经纬:《哈密本回鹘文〈弥勒三弥底经〉第三卷研究》,《中亚学刊》第1辑,北京:中华书局,1983年,第180~211页。

李翎:《佛教造像量度与仪轨》,北京:宗教文化出版社,1998年。

李天雪:《裕固族民族过程研究》,北京:民族出版社,2009年。

李永宁:《敦煌莫高窟碑文录及有关问题》(二),《敦煌研究》1983年试刊第2期,第108~116页。

李正宇:《晚唐敦煌本〈释迦因缘剧本〉试探》,《敦煌研究》1987年第1期,第64~82页。

李正宇:《S.6551讲经文作于西州回鹘国辨证》,《新疆社会科学》1989年第4期,第88~97页。

梁尉英:《元代早期显密融汇的艺术——莫高窟第四六四诸窟的内容和艺术特色》,敦煌研究院、江苏美术出版社编:《敦煌石窟艺术·莫高窟第四六四、三、九五、一九四窟(元)》,南京:江苏美术出版社,1997年,第11页。

林梅村:《西域文明》,北京:东方出版社,1995年,第348页。

林梅村、陈凌、王海诚:《九姓回鹘可汗碑研究》,余太山主编:《欧亚学刊》第 1 辑,北京:中华书局,1999 年,第 160~161 页。

林悟殊:《摩尼教及其东渐》,北京:中华书局,1987 年,第 230 页。

刘迎胜:《察合台汗国史研究》,上海:上海古籍出版社,2006 年。

刘玉权:《关于沙州回鹘洞窟的划分》,《1987 年敦煌石窟研究国际讨论会文集·石窟考古编》,沈阳:辽宁美术出版社,1990 年,第 1~29 页。

柳存仁:《藏文本罗摩衍那本事私笺》,郑阿财主编:《庆祝潘石禅先生九秩华诞敦煌学特刊》,台北:文津出版社,1996 年,第 1~36 页。

柳洪亮:《吐鲁番胜金口北区寺院是摩尼寺吗?》,新疆吐鲁番地区文物局编:《吐鲁番新出摩尼教文献研究》,北京:文物出版社,2000 年,第 231~249 页。

鲁迅:《唐之传奇文》,《鲁迅全集》第 9 卷,北京:人民文学出版社,1981 年,第 317 页。

栾睿:《谈元曲散曲家薛昂夫的作品风格》,《新疆师范大学学报》1984 年第 1 期,第 45~49 页。

罗华庆:《敦煌艺术中的〈观音普门品变〉和〈观音经变〉》,《敦煌研究》1987 年第 3 期,第 49~61 页。

马林:《白哈尔王考略——兼论萨霍尔、巴达霍尔等》,《西藏研究》1994 年第 4 期,第 123 页。

马世长:《库木吐喇的汉风洞窟》,《中国石窟·库木吐喇石窟》,北京:文物出版社,1992 年,第 203~224 页。

马小鹤:《摩尼教的"光耀柱"和"卢舍那身"》,《世界宗教研究》2000 年第 4 期,第 104~113 页。

[日]梅村坦著,杨富学译:《中华人民共和国藏回鹘文写本》,《西北民族研究》1993 年第 2 期,第 151~161 页。

孟凡人:《略论高昌回鹘的佛教》,《新疆社会科学》1982 年第 1 期,第 58~74 页。

孟凡人:《北庭高昌回鹘佛寺壁画》,中国社会科学院考古研究所编著:《北庭高昌回鹘佛寺壁画》,沈阳:辽宁美术出版社,1990 年,第 1~16 页。

牛达生:《西夏文佛经〈吉祥遍至口和本续〉的学术价值》,《文物》1994 年第 9 期,第 58~62 页。

牛达生:《人类印刷史上的重大发现——西夏文佛经〈本续〉认定是现

存世界最早的木活字版印本及其价值》,《中华印刷科技年报》(台北),1997年,第391~403页。

牛汝极:《维吾尔古文字与古文献导论》,乌鲁木齐:新疆人民出版社,1997年。

牛汝极:《回鹘佛教文献——佛典总论及巴黎所藏敦煌回鹘文佛教文献》,乌鲁木齐:新疆大学出版社,2000年。

牛汝极:《敦煌榆林千佛洞第12窟回鹘文题记》,《新疆大学学报》2002年第1期,第120~129页。

牛汝极:《莫高窟北区发现的叙利亚文景教——回鹘文佛教双语写本再研究》,《敦煌研究》2002年第2期,第56~63页。

彭金章、王建军:《敦煌莫高窟北区洞窟所出多种民族文字文献和回鹘文木活字综述》,《敦煌研究》2000年第2期,第154~159页。

彭金章、王建军:《敦煌莫高窟北区石窟》第1~3卷,北京:文物出版社,2000~2004年。

曲军锋:《玄奘法师在翻译事业上的贡献》,黄心川主编:《玄奘研究文集》,郑州:中州古籍出版社,1995年,第114~122页。

荣新江:《敦煌邈真赞所见归义军与东西回鹘的关系》,《敦煌邈真赞校录并研究》,台北:新文丰出版公司,1994年,第57~129页。

荣新江:《归义军史研究——唐宋时代敦煌历史考索》,上海:上海古籍出版社,1996年。

芮传明:《东方摩尼教研究》,上海:上海人民出版社,2009年。

[日]森安孝夫著,耿昇摘译:《回鹘吐蕃789~792年的北庭之争》,《敦煌译丛》第1辑,兰州:甘肃人民出版社,1985年,第247~257页。

[日]森安孝夫著,杨富学、黄建华译:《敦煌出土元代回鹘文佛教徒书简》,《敦煌研究》1991年第2期,第37~48页。

(宋)沈括著,刘尚荣校点:《梦溪笔谈》(新世纪万有文库本),沈阳:辽宁教育出版社,1997年,第102页。

沈利元:《回鹘文〈佛教徒忏悔文〉译释》,《喀什师范学院学报》1994年第3期,第25~33页。

史金波:《〈西夏译经图〉解》,《文献》1979年第1期,第215~229页。

史金波:《西夏文〈金光明最胜王经〉序跋考》,《世界宗教研究》1983年第3期,第45~53页。

史金波:《西夏佛教史略》,银川:宁夏人民出版社,1988年。

史金波、雅森·吾守尔:《中国活字印刷术的发明和早期传播》,北京:社会科学文献出版社,2000年。

施萍亭:《本所藏〈酒帐〉研究》,《敦煌研究》创刊号,1983年,第146~150页。

[法]石泰安著,岳岩译:《敦煌吐蕃文书中的苯教仪轨故事》,《国外藏学研究译文集》第4辑,拉萨:西藏人民出版社,1988年,第195~262页。

斯拉菲尔·玉素甫、多鲁坤·阚白尔、阿不都克尤木·霍加:《哈密本回鹘文〈弥勒会见记〉第三品研究》,《民族语文》1983年第1期,第50~64页。

[英]斯坦因著,巫新华等译:《亚洲腹地考古图记》,桂林:广西师范大学出版社,2004年。

[英]斯坦因著,中国社会科学院考古研究所译:《西域考古图记》,桂林:广西师范大学出版社,1998年。

苏北海:《丝绸之路与龟兹历史文化》,乌鲁木齐:新疆人民出版社,1996年。

苏军:《敦煌本安慧〈阿毗达磨俱舍论实义疏〉发现汉译新本》,《佛学研究》第2期,1992年,第270~286页。

孙昌武:《佛教与中国文学》,上海:上海人民出版社,1988年,第16页。

孙修身:《五代时期甘州回鹘可汗世系考》,《敦煌研究》1990年第3期,第44页。

[苏]索拉维耶夫著,吴妍春译:《塔吉克斯坦南部新发现的古代突厥雕像》,《新疆文物》1987年第1期,第93~94页。

邰惠莉、范军澍:《兰山范氏藏敦煌写经目录》,《敦煌研究》2006年第3期,第79~85页。

谭松寿:《"唐玄奘法师五种不翻"新探》,林天蔚、黄约瑟主编:《唐宋史研究——中古史研讨会论文集之二》,香港大学亚洲研究中心,1987年,第67~80页。

唐长孺:《北朝的弥勒信仰及其衰落》,氏著:《魏晋南北朝隋唐史拾遗》,北京:中华书局,1983年,第196~207页。

唐景福:《藏传佛教在土族和裕固族中的传播与发展》,《西北民族研究》1996年第1期,第133~142页。

田卫疆主编:《吐鲁番史》,乌鲁木齐:新疆人民出版社,2004年。

田卫疆:《高昌回鹘历史分期刍议》,殷晴主编:《吐鲁番学新论》,乌鲁木齐:新疆人民出版社,2006年,第702~706页。

童玮:《北宋〈开宝大藏经〉雕印考释》,《印度宗教与中国佛教》,北京:中国社会科学出版社,1988年,第158~173页。

吐鲁番博物馆编:《吐鲁番博物馆》,乌鲁木齐:新疆美术摄影出版社,1992年。

吐鲁番地区文物局、吐鲁番学研究院:《吐鲁番大桃儿沟石窟调查简报》,《吐鲁番学研究》2012年第1期,第1~17页。

吐鲁番地区文物局、吐鲁番学研究院:《吐鲁番小桃儿沟石窟调查简报》,《吐鲁番学研究》2012年第1期,第18~29页。

[英]F.W.托马斯编著,刘忠译注:《敦煌西域古藏文社会历史文献》,北京:民族出版社,2003年。

王国维:《宋元戏曲史》,北京:东方出版社,1996年。

王红梅:《元代高昌回鹘语概略》,《民族语文》2001年第4期,第55~61页。

王红梅:《元代畏兀儿翻译家安藏考》,《敦煌学辑刊》2008年第4期,第75~83页。

王红梅、杨富学:《回鹘文〈吉祥轮律曼陀罗〉所见十六金刚天女研究》,《敦煌研究》2005年第2期,第74~79页。

王开元:《论薛昂夫散曲的艺术风格》,《民族文学研究》1998年第4期,第86~89页。

王嵘:《论库木土拉石窟汉风壁画》,《新疆大学学报》1998年第4期,第71~77页。

王素:《吐鲁番出土〈功德疏〉所见西州庶民的净土信仰》,《唐研究》第1卷,北京大学出版社,1995年,第11~35页。

王尧:《王尧藏学文集》第3卷《吐蕃简牍综录·藏语文研究》,北京:中国藏学出版社,2012年。

王尧、陈践:《吐蕃简牍综录》,北京:文物出版社,1986年。

王中旭:《吐蕃时期敦煌〈五台山化现图〉与五台山信仰》,《美术研究》2009年第3期,第53~60页。

王重民：《金山国坠事零拾》，《国立北平图书馆馆刊》第9卷第6号，1935年，第5~32页。

汪娟：《唐代弥勒信仰与佛教诸宗派的关系》，《中华佛学学报》第5期，台北：中华佛学研究所，1992年，第193~231页。

吴立民主编：《禅宗宗派源流》，北京：中国社会科学出版社，1998年。

吴言生：《禅宗思想渊源》，北京：中华书局，2001年。

夏广兴：《观世音信仰与唐代文学创作》，《上海师范大学学报》2003年第5期，第100~106页。

项英杰等著：《中亚：马背上的文化》，杭州：浙江人民出版社，1993年。

萧兵：《无支祁哈奴曼孙悟空通考》，《文学评论》1982年第5期，第66~82页。

萧启庆：《西域人与元初政治》，台北：台湾大学文学院，1966年。

胥惠民、张玉生、杨镰：《贯云石作品辑注》，乌鲁木齐：新疆人民出版社，1986年。

徐晓丽：《曹议金与甘州回鹘天公主结亲时间考》，《敦煌研究》2000年第4期，第112~118页。

徐晓丽：《回鹘天公主与敦煌佛教》，《敦煌佛教艺术文化论文集》，兰州：兰州大学出版社，2002年，第416~428页。

许地山：《梵剧体例及其在汉剧上底点点滴滴》，郑振铎编：《中国文学研究》（《小说月报》17卷号外），上海：商务印书馆，1928年，第1~36页。

薛宗正：《突厥史》，北京：中国社会科学出版社，1992年。

雅森·吾守尔：《敦煌出土回鹘文木活字及其在印刷术西传中的意义》，《出版史研究》第6辑，北京：中国书籍出版社，1998年，第1~12页。

雅森·吾守尔：《敦煌莫高窟北区石窟出土部分回鹘文文献概述》，《敦煌莫高窟北区石窟》第1卷，北京：文物出版社，2000年，第352~357页。

杨宝玉：《〈忏悔灭罪金光明经冥报传〉校考》，宋家钰、刘忠编：《英国收藏敦煌汉藏文献研究》，北京：中国社会科学出版社，2000年，第328~338页。

杨镰：《贯云石评传》，乌鲁木齐：新疆人民出版社，1983年。

杨镰、石晓奇、栾睿：《元曲家薛昂夫》，乌鲁木齐：新疆人民出版社，

1992年。

杨曾文：《天台宗的创始人智顗及其著述》，《敦煌学与中国史研究论集》，兰州：甘肃人民出版社，2001年，第355~360页。

杨富学：《敦煌研究院藏回鹘文木活字——兼谈木活字的发明》，《敦煌研究》1990年第2期，第34~37页。

杨富学：《论所谓的"喀什本梵文〈法华经〉写卷"》，《中华佛学学报》第7期，台北：中华佛学研究所，1994年，第273~295页。

杨富学：《敦煌本回鹘文〈阿烂弥王本生故事〉写卷译释》，《西北民族研究》1994年第2期，第89~101页。

杨富学：《西域敦煌文献所见回鹘之佛经翻译》，《敦煌研究》1995年第4期，第1~36页。

杨富学：《佛教在回鹘中的传播》，郑阿财主编：《庆祝潘石禅先生九秩华诞敦煌学特刊》，台北：文津出版社，1996年，第325~351页。

杨富学：《高昌回鹘王国的西部疆域问题》，朱雷主编：《唐代的历史与社会》，武汉：武汉大学出版社，1997年，第568~579页。

杨富学：《回鹘文献所见蒙古"合罕"称号之使用范围》，《内蒙古社会科学》1997年第5期，第44~46页。

杨富学：《回鹘之佛教》，乌鲁木齐：新疆人民出版社，1998年。

杨富学：《吐鲁番出土回鹘文木杵铭文初释》，《甘肃民族研究》1991年第4期，第76~85页（收入氏著《西域敦煌宗教论稿》，兰州：甘肃文化出版社，1998年，第257~276页）。

杨富学：《〈法华经〉胡汉诸本的传译》，《敦煌吐鲁番研究》第3卷，北京：北京大学出版社，1998年，第23~44页。

杨富学：《回鹘弥勒信仰考》，《中华佛学学报》第13期，台北：中华佛学研究所，2000年，第21~32页。

杨富学：《中国北方民族历史文化论稿》，兰州：甘肃人民出版社，2001年。

杨富学：《居庸关回鹘文功德记所见 uday 考》，《民族语文》2003年第2期，第62~64页。

杨富学：《回鹘文献与回鹘文化》，北京：民族出版社，2003年。

杨富学：《回鹘与禅宗》，《曹溪禅研究》第3辑，北京：中国社会科学出版社，2003年，第213~218页。

杨富学：《浚县大伾山六字真言题刻研究》，李四龙、周学农主编：《哲学、宗教与人文》，北京：商务印书馆，2004年，第627~637页。

杨富学：《汉传佛教影响回鹘三证》，《觉群·学术论文集》第3期，北京：宗教文化出版社，2004年，第382~393页。

杨富学：《回鹘宗教史上的萨满巫术》，《世界宗教研究》2004年第3期，第123~132页。

杨富学：《回鹘文〈荀居士抄金刚经灵验记〉研究》，《吐鲁番学研究》2004年第2期，第56~61页。

杨富学：《回鹘文〈忏悔灭罪金光明经冥报传〉研究》，《敦煌学》第26辑，2005年，《敦煌学》第26辑，2005年，第29~44页。

杨富学：《藏传佛教对回鹘的影响》，《西藏研究》2005年增刊（西藏自治区建立三十周年纪念专号），第60~63页。

杨富学：《回鹘文〈忏悔灭罪金光明经冥报传〉研究》，《敦煌学》第26期，台北：南华大学敦煌学研究中心编印，2005年，第29~43页。

杨富学：《印度宗教文化与回鹘民间文学》，北京：民族出版社，2007年。

杨富学：《论汉传佛教对回鹘的影响》，束迪生、李肖、娜仁高娃主编：《高昌社会变迁及宗教演变》，乌鲁木齐：新疆人民出版社，2010年，第191~208页。

杨富学：《〈张淮深变文〉所见"破残回鹘"来源考》，高国祥主编：《文献研究》第1辑，北京：学苑出版社，2010年，第16~29页。

杨富学：《敦煌莫高窟第464窟的断代及其与回鹘之关系》，《敦煌研究》2012年第6期，第1~18页。

杨富学：《酒泉文殊山：回鹘佛教文化的最后一方净土》，《河西学院学报》2012年第6期，第1~6页。

杨富学：《榆林窟回鹘文威武西宁王题记研究》，《庆贺饶宗颐先生95华诞敦煌学国际学术研讨会论文集》，北京：中华书局，2012年，第214~218页。

杨富学：《回鹘改宗摩尼教问题再探》，《文史》2013年第1期，第197~230页。

杨富学：《裕固族东迁地西至哈至为沙瓜二州考》，阿布都热西提·亚库甫主编：《西域-中亚语文学研究》，上海：上海古籍出版社，2015年，第

379~390页。

杨富学、杜斗城:《河西回鹘之佛教》,《世界宗教研究》1997年第3期,第39~44页。

杨富学、牛汝极:《牟羽可汗与摩尼教》,《敦煌学辑刊》1987年第2期,第86~93页。

杨富学、牛汝极:《敦煌研究院藏的一页回鹘文残卷》,《敦煌研究》1991年第2期,第33~36页。

杨富学、牛汝极:《沙州回鹘及其文献》,兰州:甘肃文化出版社,1995年。

杨富学、张海娟:《蒙古豳王家族与裕固族的形成》,《内蒙古社会科学》2015年第3期,第37~43页。

杨富学、张田芳:《回鹘文〈说心性经〉作者身份考》,《中国边疆学》第7辑,北京:社会科学文献出版社,2017年(待刊)。

伊斯拉菲尔·玉素甫、张宝玺:《文殊山万佛洞回鹘文题记》,新疆吐鲁番学研究院编:《语言背后的历史——西域古典语言学高峰论坛论文集》,上海:上海古籍出版社,2012年,第94~106页。

伊斯拉菲尔·玉素甫、多鲁坤·阚白尔、阿不都可由木·霍加研究整理:《回鹘文弥勒会见记》1,乌鲁木齐:新疆人民出版社,1988年。

尹伟先:《藏文史料中的"维吾尔"》,《敦煌研究》1996年第4期,第120~128页。

尹伟先:《维吾尔族与藏族历史关系研究》(《中国西北文献丛书续编·别卷》1),兰州:甘肃文化出版社,1999年。

裕固族简史编写组:《裕固族简史》,兰州:甘肃人民出版社,1982年。

裕固族自治县裕固族文化研究室编:《裕固族民间文学作品选》,兰州:甘肃民族出版社,2013年。

扎洛:《吐蕃求〈五台山图〉史事杂考》,《民族研究》1998年第1期,第95~101页.

张伯元:《安西榆林窟》,成都:四川教育出版社,1995年。

张广达、荣新江:《有关西州回鹘的一篇敦煌汉文文献——S.6551讲经文的历史学研究》,《北京大学学报》1989年第2期,第24~36页。

张广达、荣新江:《十世纪于阗国的天寿年号及其相关问题》,《欧亚学刊》第1辑,北京:中华书局,1999年,第181~192页。

张海娟、杨富学:《蒙古豳王家族与河西西域佛教》,《敦煌学辑刊》2011年第4期,第84~97页。

张田芳、杨富学:《高梁河与元大都畏兀儿佛教》,提交"第二届中国宗教学高峰论坛"(成都,2017年11月9~12日)论文。

张铁山:《回鹘文〈妙法莲华经·普门品〉校勘与研究》,《喀什师范学院学报》1990年第3期,第56~68页。

张铁山、王梅堂:《北京图书馆藏回鹘文〈阿毗达磨俱舍论〉残卷》,《民族语文》1994年第2期,第63~70页。

张铁山:《从回鹘文〈俱舍论颂疏〉残叶看汉语对回鹘语的影响》,《西北民族研究》1996年第2期,第267页。

张铁山:《回鹘文佛教文献〈说心性经〉译释》,《中国少数民族文学与文献论集》,沈阳:辽宁民族出版社,1997年,第341~371页。

张铁山:《叙利亚文文书中回鹘文部分的转写和翻译》,《敦煌莫高窟北区石窟》第1卷,北京:文物出版社,2000年,第391~392页。

张铁山:《莫高窟北区B53窟出土回鹘文〈杂阿含经〉残叶研究》,《敦煌研究》2001年第2期,第101~106页。

张铁山:《敦煌莫高窟北区出土回鹘文〈中阿含经〉残叶研究》,《中央民族大学学报》2001年第4期,第128~131页。

张铁山:《莫高窟北区B159窟出土回鹘文〈别译杂阿含经〉残卷研究》,《民族语文》2001年第6期,第36~46页。

张铁山:《敦煌莫高窟北区B52窟出土回鹘文——〈阿毗达磨俱舍论实义疏〉残叶研究》,《敦煌学辑刊》2002年第1期,第13~11页。

张铁山:《敦煌莫高窟北区B159窟出土回鹘文〈别译杂阿含经〉残卷研究》(二),《民族语文》2003年第1期,第59~67页。

张铁山:《敦煌莫高窟北区出土回鹘文文献过眼记》,《敦煌研究》2003年第1期,第94~99页。

张铁山:《莫高窟北区出土两件回鹘文佛经残片研究》,《敦煌学辑刊》2003年第2期,第79~86页。

张铁山:《莫高窟北区B128出土回鹘文〈八十华严〉残页研究》,《中央民族大学学报》2003年第4期,第112~115页。

张铁山:《敦煌莫高窟北区出土三件回鹘文佛经残片研究》,《民族语文》2003年第6期,第44~52页。

张铁山:《莫高窟北区出土三件珍贵的回鹘文佛经残片研究》,《敦煌研究》2004年第1期,第78~82页。

张铁山:《敦煌莫高窟北区出土回鹘文文献译释研究》(一),《敦煌莫高窟北区石窟》第2卷,北京:文物出版社,2004年,第360~368页。

张铁山:《敦煌莫高窟北区出土回鹘文文献译释研究》(二),《敦煌莫高窟北区石窟》第3卷,北京:文物出版社,2004年,第383~396页。

张铁山:《敦煌出土回鹘文〈大乘无量寿经〉残页研究》,《民族语文》2005年第5期,第64~68页。

张铁山:《莫高窟北区B128窟出土回鹘文〈慈悲道场忏法〉残页研究》,郑炳林、樊锦诗、杨富学主编:《丝绸之路民族古文字与文化学术讨论会文集》,西安:三秦出版社,2007年,第37~48页。

张小贵:《唐代九姓胡奉火祆教"诣波斯受法"考》,林中泽主编:《华夏文明与西方世界——蔡鸿生教授七十华诞祝寿论文集》,香港:香港博士苑出版社,2003年,第65~66页。

张新鹰:《陈宁其人及回鹘文〈八阳经〉版刻地——读冯家昇先生一篇旧作赘言》,《世界宗教研究》1988年第1期,第127~131页。

张秀民:《中国印刷术的发明及其影响》,北京:人民出版社,1978年。

张羽新:《元代的维吾尔族喇嘛僧》,《中国藏学》1996年第2期,第50~59页。

张玉范:《北京大学图书馆藏敦煌遗书目》,《敦煌吐鲁番文献研究论集》第5辑,北京:北京大学出版社,1990年,第503~562页。

赵相如:《中国印刷术西传刍议——维吾尔语"bas"(印刷)一词源流考》,《民族研究》1987年第2期,第70~81页。

赵永红:《回鹘文佛教诗歌〈观音经相应譬喻谭〉研究》,《中国少数民族文学与文献论集》,沈阳:辽宁民族出版社,1997年,第372~396页。

郑阿财:《敦煌写卷〈忏悔灭罪金光明经传〉初探》,郑阿财主编:《庆祝潘石禅先生九秩华诞敦煌学特刊》,台北:文津出版社,1996年,第581~601页。

中国科学院民族研究所甘肃少数民族社会历史调查组编:《裕固族简史简志合编》(初稿),1963年内部铅印。

钟进文:《裕固族宗教的历史演变》,《西北民族研究》1991年第1期,第141~156页。

钟进文:《甘州回鹘和摩尼教的关系——兼述东西贸易中的宗教因素》,《西北史地》1992年第1期,第13~15页。

周育德:《中国戏曲文化》,北京:中国友谊出版公司,1995年。

周祝英编:《五台山诗文撷英》,太原:山西人民出版社,2000年。

百濟康義:《ウイグル譯〈妙法蓮華經玄贊〉》,《佛教学研究》第36号,1980年,第49~65页。

百濟康義:《ウイグル譯〈俱舍論頌注〉一頁》,《印度学佛教学研究》第28卷第2号,1980年,第44~48(940~944)页。

百濟康義:《ウイグル〈阿毗達磨順正理論〉抄本》,《佛教学研究》第38号,1982年,第1~27页。

百濟康義:《〈妙法蓮華經玄贊〉のウイグル譯片段》,護雅夫编:《內陸アジア・西アジアの社会と文化》,東京:山川出版社,1983年,第185~209页。

百濟康義:《ウイグル譯〈阿毗達磨俱舍論〉初探——藤井有鄰館所藏斷片》,《龍谷大学論集》第425号,1984年,第65~90页。

百濟康義:《天理圖書館藏ウイグル語文獻》,《ビブリア》第86号,1986年,第127~180页。

百濟康義:《キメ美術館藏〈妙法蓮華經玄贊〉のウイグル譯片段》,《龍谷紀要》第12卷第1号,1990年,第1~30页。

百濟康義:《ウイグル譯〈圓覺經〉とその注譯》,《龍谷紀要》第14卷第1号,1992年,第1~23页。

百濟康義、小田壽典:《ウイグル譯八十華嚴殘簡》,《佛教文化研究所紀要》第22号,1983年,第176~205页。

池田温:《中國古代籍帳研究》,東京:東京大学出版会,1979年。

池田温:《中國古代寫本識語集錄》,東京:東京大学東洋文化研究所,1990年。

荻原雲來:《漢譯對照梵和大辭典》,台北:新文丰出版公司,1988年。

岡部和雄:《禪僧の注抄と疑偽經典》,《講座敦煌8 敦煌佛典と禪》,東京:大東出版社,1980年,第337~338页。

高田時雄:《ウイグル字音考》,《東方学》第70輯,1985年,第134~150页。

高田時雄:《ウイグル字音史大概》,《東方学報》(京都)第62册,1990年,第329~343页。

護雅夫:《古代トルコ民族と佛教》,《現代思想》第5卷第14号,1977年,第114~124页。

榎一雄:《ベイリイ氏〈コータン語のラーマ王物語〉》,《東洋学報》第27卷第3号,1940年,第139~150页。

桑山正進編:《慧超往五天竺國傳研究》,京都:京都大学人文科学研究所,1992年。

森安孝夫:《チベット語史料中に現われる北方民族——DRU‐GUとHOR——》,《アジア・アフリカ言語文化研究》No.14,1977年,第1~48页。

森安孝夫:《增補:ウィグルと吐蕃の北庭争奪戦及びその后の西域情勢について》,流沙海西奬学学会編:《アジア文化史論叢》3,东京:山川出版社,1979年,第201~226页。

森安孝夫:《ウイグル語文獻》,山口瑞鳳編:《講座敦煌6 敦煌胡語文獻》,東京:大東出版社,1985年,第1~98页。

森安孝夫:《チベット文字ご書かおたウイグル文佛教教理問答(P.t.1292)の研究》,《大阪大学文学部紀要》第XXV卷,1985年,第1~85页。

森安孝夫:《トルコ佛教の源流と古トルコ語佛典の出現》,《史学雜誌》第98編4号,1989年,第1~35页。

森安孝夫:《ウイグル=マニ教史の研究》(=《大阪大学文学部紀要》第31~32卷合并号),大阪:大阪大学文学部,1991年。

杉山正明:《幽王チュベィとその系譜——元明史料と『ムィッズル-ァンサーブ』の比較を通じて——》,《史林》第65卷第1号,1982年,第1~40页。

杉山正明:《ふたつのチャガタイ家》,小野和子編:《明清時代の政治と社会》,京都:京都大学人文科学研究所,1983年,第651~700页。

山田信夫:《ウイジル王國の佛教文化》,《東洋学術研究》第18卷第1期,1979年,第68~89页。

山田信夫著,小田壽典、P.ツィーメ、梅村坦、森安孝夫編:《ウイゲル文契約文書集成》第1~3卷,大阪:大阪大学出版会,1993年。

石濱純太郎:《回鶻文普賢行願品殘卷》,《羽田博士頌壽紀念 東洋史論叢》,東京:東洋史研究会,1950年,第63~73頁。

松井太:《カラホト出土蒙漢合璧税糧納入簿断簡》,《待兼山論叢》(史学篇)第31号,1997年,第25~49頁。

松井太:《東西チャガタイ系諸王家とウイグル人チベット仏教徒——敦煌新発現モンゴル語文書の再検討から——》,《内陸アジア史研究》第23号,2008年,第25~48頁。

松井太:《敦煌諸石窟のウイグル語題記銘文に關する箚記》,《人文社会論叢》(人文科学篇)第30号,弘前市:弘前大学人文学部,2013年,第29~50頁。

藤枝晃:《ウイグル小字刻文》,村田治郎編著:《居庸關》第1卷,京都:京都大学工学部,1957年,第270~278頁。

藤枝晃:《沙州歸義軍節度使始末》(一~四),《東方学報》(京都)第12册第3分,1941年,第58—98頁;第12册第4分,1942年,第42—75頁;第13册第1分,1942年,第63—94頁;第13册第2分,1942年,第46—98頁。

藤枝晃:《敦煌の僧尼籍》,《東方学報》(京都)第29册,1959年,第285~338頁。

藤枝晃:《敦煌册子本〈觀音經〉》,《墨美》第177号,1968年,第3~44頁。

藤枝晃:《敦煌曆日譜》,《東方学報》(京都)第45册,1973年,第337~441頁。

西田龍雄:《パクパ小字刻文》,村田治郎編著:《居庸關》第1卷,京都:京都大学工学部,1957年,第243~269頁。

小笠原宣秀:《唐代西州における淨土教》,《龍谷史壇》第50号,1962年,第12~23頁。

小田壽典:《トル1330年の雲南遠征餘談》,《内陸アジア史研究》創刊号,1984年,第11~24頁。

小田壽典:《トルコ語本八陽經寫本の系譜と宗教思想的問題》,《東方学》第55輯,1978年,第118~104頁。

小田壽典:《ウイグル文文殊師利成就法の斷片一葉》,《東洋史研究》第33卷第1号,1974年,第86~109頁。

野村博:《西夏語譯經史研究》(Ⅰ),《仏教史学研究》第19卷第2号,

1979年,第71~120页。

永元壽典:《明初の哈密王家について——成祖のコムル経營》,《東洋史研究》第22卷第1号,1963年,第1~38页。

羽田亨:《回鶻文法華經普門品の斷片》,《東洋学報》第5卷第3号,1915年,第394~404页。

羽田亨:《回鶻譯本安慧の俱舍論實義疏》,《白鳥博士還曆記念東洋史論叢》,東京:岩波書店,1925年,第745~792页。

羽田亨:《トルコ文華嚴經斷簡》,《關西大學東洋学術研究所論叢》6《石濱先生還曆記念論文集》I,大阪:關西大学東西学術研究所,1953年,第1~29页。

羽田亨:《唐代回鶻史の研究》,《羽田博士史学論文集》上卷《歷史篇》,京都:同朋舍,1975年,第175~324页。

羽田亨:《西域文明史概論》,京都:弘文堂書房,1931年。

羽田亨:《羽田博士史学論文集》,京都:同朋舍,1975年。

照那斯圖:《八思巴字和蒙古語文獻》II《文獻彙集》,東京:東京外國語大学アシア・アフリヵ言語文化研究所,1991年。

中村健太郎:《14世紀前半のウイグル語印刷仏典の奥書に現れる[könčögイドゥククト王家]をめぐって》,《内陸アジア言語の研究》XXIV,2009年,第131~172页。

中村元:《佛教語大辭典》,東京:東京書籍,1981年。

庄垣内正弘:《ウイグル語寫本・大英博物館藏 Or.8212-109について》,《東洋学報》第56卷第1号,1974年,第44~57页。

庄垣内正弘:《"ウイグル語寫本・'觀音經相應'——觀音經に關する'avadāna'》,《東洋学報》第58卷第1~2号,1976年,第01~037(258~222页)。

庄垣内正弘:《ウイグル語寫本・大英博物館藏 Or.8212-108について》,《東洋学報》第57卷第1~2号,1974年,第017~035(272~254)页。

庄垣内正弘:《ウイグル語・ウイグル語文獻研究 I—"觀音經に相應しい三篇のAvadāna"及"阿含經"について—》第1~2卷,神戶,1982~1985年。

庄垣内正弘:《ウイグル文〈阿毗達磨順正理論〉——大英圖書館所藏 Or.8212-75Bかろ》,《内陸アジア言語の研究》III,神戶,1987年,第159~

207 页。

庄垣内正弘:《ウイグル語譯・安慧造〈阿毗達磨俱舍論實義疏〉》(ウイグル語・ウイグル語文献の研究,Ⅲ),神户,1988 年。

庄垣内正弘:《古代ウイグル文阿毗達磨俱舍論實義疏の研究》第 I~Ⅲ 卷,京都: 松香堂,1991~1993 年。

庄垣内正弘:《ウイグル文字音寫された漢語佛典斷片について——ウイグル漢字音の研究——》,《言語学研究》第 14 号,1995 年,第 65~88 页。

庄垣内正弘:《ロシア所蔵ウイグル語文献の研究——ウイグル文字表記漢文とウイグル語仏典テキスト—》,ユーラシア古語文献研究叢書 1,京都: 京都大学大学院研究科,2003 年,第 181~199 页。

庄垣内正弘:《ウイグル語譯〈阿毗達磨俱舍論實義疏〉斷片 1 葉》,*Contribution to the Studies of Eurasian Languges*, Vol. 17, Kobe, 2004, pp.261-270.

ペーター・ツイーメ、百濟康義:《ゥイグル語の觀無量壽經》,京都: 永田文昌堂,1985 年。

Aalto, P., Iranian Contacts of the Turks in Pre-Islamic Times, *Studia Turcica*, Budapest, 1971, pp.29-37.

Arat, R. R., *Eski Türk Siiri*, Ankara, 1965.

Abdurishid Yakup, Uigurica from the Northern Grottoes of Dunhuang, *A Festschrift in Honour of Professor Masahiro Shōgaito's Retirement: Studies on Eurasian Languages*, Kyoto 2006, pp.1-41.

Bailey, H. W., Rāma, *Bulletin of the School of Oriental and African Studies*, X-2, 1939, pp.365-376 (Text); X-3, 1940, pp.559-598 (Translation & Commentary).

Bailey, H. W., Rāma II, *Bulletin of the School of Oriental and African Studies*, X-3, 1940, pp.559-598.

Bailey, H. W., Medicinal plant names in Uigur Turkish, *Mélanges Fuad Köprülü*, Istanbul, 1953, S.51-56.

Bang, W.-A. von Gabain, Türkische Turfan-texte. II, *Sitzungsberichte der Preussischen Akademie der Wissenschaften*, Phil.-hist. Klasse, Berlin,

1929.

Bang, W.-A. von Gabain, Türkische Turfan-Texte. IV: Ein Neues uigurisches Sündenbekenntnis, *Sitzungsberichte der Preussischen Akademie der Wissenschaften*, *Phil.-hist. Klasse*, Nr. 24, Berlin, 1930.

Bang, W.-A. von Gabain, Türkische Turfan-Texte. V: Aus buddhistischen Schriften, *Sitzungsberichte der Preussischen Akademie der Wissenschaften*, *Phil.-hist. Klasse* Nr. 14, Berlin, 1931.

Bang, W.-A. von Gabain-G. R. Rachmati, Türkische Turfan-texte, VI: Das buddhistische Sūtra Säkiz yükmäk, *Sitzungsberichte der Preussischen Akademie der Wissenschaften*, Berlin, 1934.

Barat, Kahar, *The Uygur Biography of Xuanzang. Ninth and Tenth Chapters*, Bloomington: Indiana University, 2000.

Bazin, L., Turc et Sogdiens: Les enseignements de l'inscription de Bugut (Mongolie), *Mélanges linguistiques offerts à Émile Benveniste*, Paris, 1975, pp.37-45.

Bombaci, A., On Ancient Turkish Dramatic Performances, Denis Sinor (ed.), *Aspects of Altaic Civilization*, Bloomington-The Hague, 1963, pp.87-117.

Bombaci, A., On the Ancient Turkish Title Šadapït, *Ural-Altaische Jahrbücher* 48, 1976, pp.32-41.

Boyce, Mary, *A Persian Stronghold of Zoroastrianism*, Oxford University Press, 1977.

Brown, P. R. L., *The Diffusion of Manichaeism in the Roman Empire*, *Religion and Society in the Age of St. Augustine*, London, 1972.

Çagatay, S., *Altun Yaruk'tan iki parča*, Ankara, 1945.

Carter, T. F., *The Invention of Printing in China and Its Spread Westward*, New York, 1925.

Cartelli, Mary Anne, The Gold-Colored World: "Eulogy on the Holy Regions of Mount Wutai", *T'ang Studies*, Vol. 23-24, 2005-2006, pp.1-45.

Clauson, G., *An Etymological Dictionary of Pre-Thirteenth-Century Turkish*, Oxford, 1972.

参考文献

Cowell, E. B. (ed.), *The Jātaka or Stories of the Buddha's Former Births*, *Vol.*4, Delhi, 1994.

Ehlers, G., Ein alttürkisches Fragment zur Erzählung vom Töpfer, *Ural-Altaische Jahrbücher* N. F. 2, 1982, S.175 – 185.

Elias, N.-E. Denison Ross, *A History of the Monguls of Central Asia/Being the Tarikh-i-Rashidi of Mirza Muhammad Haidar, Dughlat*, London, 1972.

Elverkog, Johan, *Uygur Buddhist Literature* (Silk Road Studies I), Turnhout: Brepols, 1997.

Franke, H., A Sino-Uighur Family Portrait: Notes on a Woodcut from Turfan, *The Canada-Mongolia Review* 4, 1978, S.33 – 40.

Franke, H., A 14th Century Mongolian Letter Fragment, *Asia Major* (n. s.) Vol.11, no.2, 1965, pp.120 – 127.

Gabain, A. von, *Alttürkische Grammatik*, Leipzig, 1950.

Gabain, A. von, *Maitrisimit I-II. Faksimile der alttürkischen Version eines Werkes der buddhistischen Vaibhaṣīkāschule* 1, Wiesbaden, 1957, 1961.

Gabain, A. von, Kṣitigarbha-Kult in Zentralasien. Buchillustrationen aus den Turfan-Funden, *Indologen-Tagung* 1971, Wiesbaden, 1973, S.47 – 71.

Gabain, A. von, Die Druke der Turfan-Sammlung, *Sitzungsberichte der Deutschen Akademie der Wissenschaften zu Berlin, Klasse für Sprachen, Literatur und Kunst*, 1976.

Gabain, A. von, Ein chinesisch-uigurischer Blockdruck, *Tradata Altaica*, Wiesbaden, 1976, S.203 – 210.

Gabain, A. von, Kollektiv und Individualkunst in der mittel-alterlichen Malerei des Tarim-Beckens, *Central Asiatica Journal* 27, 1983, S.39 – 45.

Gabain, A. von, Irano-Turkish Relation in the Late Sasanian Period, *The Cambridge History of Iran*, Vol.3 – 1, Cambridge & c., 1983, pp. 613 – 624.

Geng, Shimin-H. J. Klimkeit, Das 16. Kapitel der Hami-Version der Maitrisimit, *Turkluk Bilgisi Arastirmalari* (*Journal of Turkish Studies*) 9, 1985, S.71 – 132.

Geng, Shimin-H.-J. Klimkeit, *Das Zusammentreffen mit Maitreya, Die ersten fünf Kapitel der Hami-Version der Maitrisimit*. In Zusammenarbeit mit H. Eimer und J. P. Laut hrsg. 2 Bde, Wiesbaden, 1987 (Asiatische Forschungen 84).

Geng, Shimin-J. Hamilton, L'inscription ouïgoure de la stèle commémorative des Iduq qut de Qočo, *Turcica* Tome XIII, 1981, pp.10 – 54.

Gulács, Zsuzsanna, *Manichaean Art in Berlin Collections. A Comprehensive Catalogue of Manichaean Artifacts Belong to the Berlin State Museums of the Prussian Cultural Foundation, Museum of Indian Art, and the Berlin-Brandenburg Academy of Sciences. Deposited in the Berlin State Library of the Prussian Cultural Foundation*, Turnhout: Brepols, 2001, pp.70 – 75, fig. 32.

Hamilton, J., Review of A. von Gabain, Maitrisimit, *T'oung Pao* 46, 1958, pp.443 – 445.

Hamilton, J., Les titres šäli et tutung en ouïgour, *Journal Asiatique* 272, 1984, pp.425 – 437.

Hamilton, J., Etude Nouvelle de la Lettre Pelliot ouïgour 16 Bis D'un Bouddhiste D'e poque Mongole, *Turfan and Tun-huang: The Texts*, Firenze, 1990, pp.97 – 121.

Hamilton, J.,-Niu Ruji, Inscriptions ouïgoures des grottes bouddhiques de Yulin, *Journal Asiatique* 286, 1998, pp.127 – 210.

Hamilton, J., *Manuscrits ouïgours du IXe-X siècle de Touen-houang*, Tome I-II, Paris, 1986.

Hazai, G., Ein buddhistisches Gedicht aus der Berliner Turfan-Sammlung, *Acta Orientalia Academiae Scientiarum Hungaricae* 23: 1, 1970, S.1 – 21.

Hazai, G., Fragmente eines uigurischen Blockdruck-Faltbuches, *Altorientalische Forschungen* 3, 1975, S.91 – 108.

Hogong Kim, The Early History of the Moghul Nomads: the Legacy of the Chaghatal Khanate, Reuven Amital-Press and David O. Morgan (ed.), *The Mongol Empire and Its Legacy*, Leiden/Boston/Köln: Brill, 1999, pp.291 – 318.

Hoffmann, H., Die Qarluq in der tibetischen Literatur, *Oriens* III, 1950, S.190 – 208.

Jong, J. W. de, An Old Tibetan Version of the Rāmayāna, *T'oung Pao* 68, 1972, pp.190 – 202.

Jong, J. W. de, Review to S. Tekin, Buddhistische Uigurica aus der Yüan-Zeit, *Indo-Iranian Journal* Vol.25, 1983, pp.225 – 226.

Kara, G., Petites inscriptions ouigoures de Touen-houang, Gy. Kaldynagy (ed.), *Hungaro-Turcica. Studies in Honour of Julius Németh*, Budapest, 1976, pp.55 – 59.

Kara, G., Weiteres über die uigurische Nāmasaṃgīti, *Altorientalische Forschungen* 8, 1981, S.227 – 236.

Kara, G., Uiguro-Tibetica, *Proceedings of the csoma de Körös Memorial Sympo-Sium, held at Matrafüred, Hungary 24 – 30 September 1976*, Budapest, 1978, S.164 – 167.

Kara, G.-P. Zieme, *Fragmente tantrischer Werke in Uigurischer Übersetzung* (Berliner Turfantexte VII), Berlin, 1976.

Kara, G.-P. Zieme, *Die uigurischen übersetzungen der Guruyogas "Tiefer Weg" von Sa-skya Pandita und der Mañjuśrīnāmasaṃgīti* (Berliner Turfantexte VIII), Berlin, 1977.

Kasai, Yukiyo, *Die Uigurischen Buddhistischen Kolophone* (Berliner Turfantexte XXVI), Turnhout: Brepols, 2008.

Kaya, C., *Uygurca Altun Yaruk Giriṣ, Metin ve Dizin*. Ankara, 1994.

Klimkeit, H. J., Hindu Deities in Manichaean Art, *Zentralasiatische Studien* 14, 1980, pp.179 – 199.

Klimkeit, H. J., *Manichaean Art and Calligraphy* (= Iconography of Religions. Section XX: Manichaeism), Leiden, 1982.

Klimkeit, H. J., Jesus' Entry into Parinirvāna: Manichaean Identity in Buddhist Central Asia, *Numen* Vol.33, Fasc. 2, 1986, pp.225 – 240.

Kljaštornyi, S. G.-V. A. Livšic, The Sogdian Inscription of Bugut Revised, *Acta Orientalia Academiae Scientiarum Hungaricae* 26 – 1, 1972, pp.69 – 102.

Koves, Margit, A Prajñāpāramitā Hymn in Uigur, *Papers on the*

Literature of Northern Buddhism, Delhi, 1977, pp.57 – 67.

Kudara, Kōgi, A fragment of an Uighur version of the Abhidharma-kośa-karika, *Journal Asiatique*, 269 – 1/2, 1981, pp.325 – 346.

Kudara, Kōgi, Uigurische Fragmente eines Kommentars zum Saddharmapuṇḍarīka-Sūtra, *Türkische Buddhismus Japanischen Forschung*, Herausgegeben von Jens Peter Laut und Klaus Röhrborn, Wiesbaden: Otto Harrassowitz, 1987, S.34 – 55, Fascimiles 102 – 106.

Kudara, Kōgi-Peter Zieme, Fragmente zweier unbekannter Handschriften der uigurische Xuanzang-Biographie, *Altorientalishe Forshungen* Bd. 11, 1984, S.136 – 148.

Lalou, Marcelle, L'histories de Rāma en Tibétain, *Journal Asiatique* 1936, pp.560 – 562.

Laufer, B., Zur buddhistischen Literatur der Uiguren, *T'oung Pao* 7, 1907, S.391 – 409.

Laut, J. P., Berwetung der buddhisische Uigurica aus der Yüan-Zeit, *Zeitschrift der Deutschen Morgenlandischen Gesellschaft*, Bd. 134, 1984, S.152 – 156.

Le Coq, A. von, *Türkische Manichäica aus Chotscho*. I, Abhandlungen der Preussischen Akademie der Wissenschaften, Berlin, 1911.

Le Coq, A. von, *Chotscho: Facsimile-wiedergaben der wichtigeren Funde der ersten Königlich preussischen Expedition nach Turfan in Ost-Turkistan*, Berlin, 1913.

Le Coq, A. von, *Die buddhistische Spätantike in Mittelasien. II. Die Manichaeischen Maniaturen*, Berlin, 1923.

Le Coq, A. von, *Buried Treasures of Chinese Turkestan. An Account of the Activities and Adventures of the Second and Third German Turfan Expeditions*, London, 1928.

Ligeti, L., Notes sur le colophon du «Yitikän Sudur», *Asiatica. Festschrift Friedrich Weller zum 65. Geburtstag gewidmet von seiden Freunden Kollegen und Schiilern*, Leipzig, 1954, pp.397 – 404.

L. Ligeti, *Monuments Préclassiques I, XIII-XIV Siècles* (Monumenta linguae Mongolicae Collecta II), Budapest, 1972.

Lüders, H., *Bruchstücke buddhistischer Dramen*, *Kleinere Sanskrit-Texte I*, Berlin, 1911.

Macouin, Francis, A propos de caraetères d'imprimerie ouïgours, *Le livre et l'imprimerie en extreme-orienteten asie du sud*, Bordeaux, 1986, pp.147 - 156.

Marco Polo, *The Description of the World*, tr. A. C. Moule & P. Pelliot, London, 1938.

Martinez, A. P., Gardīzī's Two Chapters on the Turks, *Archivum Eurasiae Medii Aevi*, II (1982), 1983, pp.109 - 217.

Matsui, Dai, A Mongolian Decree from the Chaghataid Khanate Discovered at Dunhuang, Peter Zieme (ed.), *Aspects of Research into Central Asian Buddhism: In Memoriam Kōgi Kudara*, Turnhout, 2008, pp.159 - 178.

Matsui, Dai, Revising the Uigur Inscriptions of the Yulin Caves, *Studies on the Inner Asian Languages* XXIII, The Society of Central Eurasian Studies, 2008, pp.17 - 33.

Maue, D., *Sanskrit-uigurische Bilinguen aus de Berliner Turfanfunden*, Giessen, 1981 (unpbl.).

Maue, D., *Alttürkische Handschriften, Teil 1: Dokumente in Brahmī und Tibetischer Schrift*, Stuttgart, 1996.

Maue, D.-K. Röhrborn, Zur Alttürkischen Version des Saddharmapuṇḍarīka-Sutra, *Central Asiatic Journal*, XXLV, no. 3/4, 1980, S.251 - 273.

Maue, D.-K. Röhrborn, Ein Caityastotra aus dem alttürkischen Goldglanz-Sūtra, *Zeitschrift der Deutschen Morgenlandischen Gesellschaft*, 129, 1979, S.282 - 320.

Maue, D.-K. Röhrborn, Ein Buddhistischer Katachismus' in alttürkischer sprache und tibetischar Schrift (I-II), *Zeitschrift der Deutschen Morgenlandischen Gesellschaft* 134 - 2, 1984, S.286 - 313; 135 - 1, 1985, S.69 - 91.

Moriyasu, Takao, An Uigur Buddhist's Letter of the Yüan Dynasty from Tunhuang (Supplement to "Uigurica from Tun-huang"), *Memoirs of the Research Department of the Toyo Bunko* 40, 1982, pp.1 - 18.

Moriyasu, Takao, Qui des Ouïgours ou des Tibétains ont gagné en 789 – 792 à Beš-balïq?, *Journal Asiatique* 269, 1981, pp.193 – 205.

Moriyasu, Takao-P. Zieme, From Chinese to Uighur Documents,《内陆アジア言語の研究》第 14 卷,1999 年,pp.73 – 102.

Müller, F. W. K., *Uigurica*, Abhandlungen der Preussischen Akademie der Wissenschaften 1908, 2, Berlin, 1908.

Müller, F. W. K., *Uigurica II*, Abhandlungen der Preussischen Akademie der Wissenschaften, Berlin, 1910.

Müller, F. W. K., *Zwei pfahlinschriften aus den Trufanfunden*, Abhandlungen der Preussischen Akademie der Wissenschaften, 1915.

Müller, F. W. K., Ein uigurisch-lamaistisches Zauberritual aus den Turfunden, *Sitzungsberichteder Preussischen Akademie der Wissenschaften*, Berlin, 1928, S.31 – 46.

Oda, Juten, *Uighuristan*, T*he Institute of Eastern Culture of Bulletin* 34, 1978, pp.22 – 44.

Oda, Juten, Eski Uygurca bir vesikanin Budizmle ilgili kucuk bir parcasi, *Urkiyat Mecmuasi* 19, 1980, S.183 – 202.

Oda, Juten, Eski Bir Türk Şiirindeki Yol Temür Adli Bir Zat Üzerine, *Turkluk Bilgisi Araştimalari* 3, 1993, S.139 – 146.

Ölmez, M., Ein weiteres alttürkischen Pañcatantra-Fragment, *Ural-Altaische Jahrbücher* N. F. 12, 1993, S.179 – 191.

Pelliot, P., Un catechisme bouddhique ouïgour en écriture tibétaine, *Journal Asiatique*, juil.-sept., 1921, pp.135 – 136.

Poppe, N., The Mongolian Versions of Vessantarajātaka, *Studia Orientalia* 30 – 2, Helsinki, 1964, pp.3 – 92.

Rachmati, G. R., Zur Heilkunde der uiguren. II, *Sitzungsberichte der Preussischen Akademie der Wissenschaften*, Phil.-hist. Klasse, Berlin, 1932.

Rachmati, G. R., *Türkische-Turfan Texte*. VII, Abhandlungen der Preussischen Akademie der Wissenschaften, Berlin, 1936.

Raschmann, S. Ch., *Alttürkische Handschriften*. Teil 5：Berliner Fragmente des Goldglanz-Sūtras. Teil 1：Vorworte und Erstes bis Drittes Buch, Stuttgart, 2000.

Raschmann, S. Ch., *Alttürkische Handschriften*. Teil 6: Berliner Fragmente des Goldglanz-Sūtras. Teil 2: Viertes und Fünftes Buch, Stuttgart, 2002.

Radloff, W., *Kuan-ši-im Pusar. Ein Türkische Übersetzung des XXV. Kapitels de Chinesischen Ausgada des Saddharmapuṇḍarīka* (Bibliotheca Buddhica XIV), St. Petersburg, 1911 (Repr. Delhi: Motilal Banarsidass Publisher, 1992).

Röhrborn, Klaus, *Eine uigurische Totenmesse* (= Berliner Turfantexte II), Berlin, 1971.

Röhrborn, Klaus, Fragmente der uigurischen Version der 'Dhāraṇī Sūtras der grossen Barmherzigkeit', *Zeitschrift der Deutschen Morgenlandischen Gesellschaft* 126, 1976, S.87–100.

Röhrborn, Klaus, *Uigurisches Wörterbuch. Sprachmaterial der Vorislamischen Türkischen Texte aus Zentralasien*, Wiesbaden, 1981.

Röhrborn, Klaus-Osman Sertkaya, Die alttürkische Inschrift am Tor-Stūpa von Chü-yung-kuan, *Zeitschrift der Deutschen Morgenlandischen Gesellschaft* 130, 1980, S.304–339.

Ruben, W., Bir Uygur filozofu hakkinda, III, Turk Tarih Kongresi, Ankara 1948, S.314–337.

Sander, L., *Paläographisher zu der Sanskrithandschrift der Berliner Turfansammlung*, Wiesbaden, 1968.

Scott, David A., Manichaean Views of Buddhism, *History of Religions* Vol.25, No.2, 1985, pp.99–115.

Sertkaya, O.-K. Röhrborn, Bruchstücke der alttürkischen Amitābha-Literatur aus Istanbul, *Ural-Altaische Jahrbücher* N. F. 4, 1984, S.97–117.

Shi, Pingting, Description génералé des manuscripts conservés à Dunhuang, *Les peintures murales et les manuscrits de Dunhuang*, Paris, 1984, pp.123–125.

Shōgaito, M., How were Chinese Characters read in Uighur? *Turfan Revisited—The First Century of Research into the Arts and Cultures of the Silk Road*, Berlin, 2004, pp.321–324.

Siren, D., *Chinese Sculpture from the Fifth to the Fourteenth Century*,

London, 1925.

Stein, R. A., Du récit au rituel clans les manuscrits tibétains de Touen-houang, *Études Tibetaines. Dédiées à la Mémoire de Marcelle Lalou*. éd. Ariane Macdonald, Paris: Librairie D'Amérique et D'Orient, 1971, pp.479 – 547.

Tekin, S., *Uigurcā metinler l: Kuan si im pusar (See listen llah)*, Erzulum, 1960.

Tekin, S., Uygur Bilgini Singku Seli Tutung'un Bilinmeyen Yeni Ceririsi üzerine, *Türk Dili Araştırmalari Yıllgı Belleten* 1965, S.29 – 33.

Tekin, S., Zur Frage der Datierung des Uigurischen Maitrisimit, *Mittellungen des Instituts für Orientforschung* 16, 1970, S.129 – 132.

Tekin, S., *Abhidharma-kośa-bhāṣya-ṭīkā Tattvārthanāma. The Uigur Translation of Sthiramati's Commentary on the Vasubhandu's Abhidharmakośāśtra*, New York, 1970.

Tekin, S., *Maitrisimit nom bitig. Die uigurische Übersetzung eines Werks der buddhistischen Vaibhāsika-Schule*, I-II, Berlin, 1980.

Tekin, S., *Buddhistische Uigurica aus Yüan-Zeit, Teil I: HSIN Tozin oqidtaci Nom*, Budapest, 1980.

Temir, A.-K. Kudara-K. Röhrborn, Die alttürkischen Abitaki-Fragmente des Etnografya Müzesi, Ankara, *Turcica* 16, 1984, S.13 – 28.

Senih Tezcan, *Das uigurische Insadi-sūtra* (= Berliner Turfantexte III), Berlin, 1974.

Sieg, E., *Übersetzungen aus dem Tocharischen*. 1, Abhandlungen der Preussischen Akademie der Wissenschaften,1943, nr.16, Berlin, 1944.

Sieg, E.-E. Siegling, *Tocharische Grammatik*, Göttingen, 1931.

Thomas, F. W., A Rāmayana Story in Tibetan from Chinese Turkestan, *Indian Studies in Honor of Charles Rockwell Lanman*, Cambridge, 1929, pp.193 – 212.

Thomas, F. W., *Tibetan Literary Texts and Documents concerning Chinese Turkestan* Part I-II, London: Royal Asiatic Society, 1935 – 1951.

Tucci, G., *Indo-Tibectica, The temples of western Tibet and their artistic symbolism III. 2: Tsaparang*, New Delhi, 1989.

Umemura, Hiroshi, Uyghur Manuscripts preserved in the People's Republic of China, *Colloque franco-Japonais de documents et archives provent de l'Asie centrale, 4 – 8 Octaber 1988*, Kyoto International Coference Hall, 1990, pp. 175 – 186.

Warnke, I., *Eine buddhistische Lehrschrift über das Bekennen der Sundan. Fragmente der uigurischen Version des Cibei-daochang-chanfa*, Berlin, 1978(unpublished theisis).

Warnke, I., Fragmente des 25. und 26. Kapitels des Kšanti qïlγuluq nom bitig, *Altorientalische Forschungen* 10, 1983, S.243 – 268.

K. Watanabe, Die Bhadracarī. Eine Probe buddhistisch-religiöser Lyrik, *Inaugural-Dissertation*, Leipzig, 1912.

Wilkens, Jens, *Das Buch von der Sündentilgung*. Teil 1 – 2, Edition des alttürkischen Kšanti kılγuluq Nom Bitig (= Berliner Turfantexte XXV), Brepols, 2007.

Yang Fuxue, On the Sha-chou Uighur Kingdom, *Central Asiatic Journal* 38 – 1, 1994, pp.80 – 107.

Yang Fuxue, Uighur Wooden Movable-Types from Dunhuang and Related Problems, 段文杰、茂木雅博主编：《敦煌学与中国史研究论集——纪念孙修身先生逝世一周年》，兰州：甘肃人民出版社，2001年，第346~350页。

Zieme, Peter, *Die Stabreimtexte der Uiguren von Turfan und Dunhuang. Studien zuralttürkischen Dichting*. Budapest, 1991.

Zieme, Peter, Zur buddhistische Stabreimdichtung der alten Uiguren, *Acta Orientalia Academiae Scientiarum Hungaricae* XXIX – 2, 1975, S.198 – 199.

Zieme, Peter, Zu den Legenden im uigurischen Goldglanzsūtra, *Turkluk Bilgisi Araștimalari* 1, 1977, S.149 – 156.

Zieme, Peter, Ein Uigurisches Fragment der Rāma-Erzählung, *Acta Orientalia Academiae Scientiarum Hungaricae* 32, 1978, S.23 – 32.

Zieme, Peter, Bekerkungen zur Datierung uigurischer Blockdrucke, *Journal Asiatique* 269, 1981, S.386.

Zieme, Peter, Zum uigurischen Samantabhadra-caryāpranidhāna, *Studia*

Turcologica Memoriae Alexii Bombaci Dicta. Mapoli, 1982, S.601－604.

Zieme, Peter, Jātaka-Illustrationen in uigurischen Block-drucken, *Kulturhistorische Probleme Südasiens und Zentralasiens*, Halle, 1984, S.157－170.

Zieme, Peter, *Buddhistische Stabreimdichtungen der Uiguren*（Berliner Turfantexte XIII）, Berlin, 1985.

Zieme, Peter, Zwei neue alttürkische Saddhar-mapuṇḍarīka-Fragmente, *Altorientalischen Forshungen* Bd. 16, Nr. 2, 1989, S.371－379, Taf. xx-ixxii.

Zieme, Peter, Zeugnisse alter Buchdruckkunst in der Berliner Turfansammlung, *Das Altertum* 35, 1989, S.185－190.

Zieme, Peter, Xuanzangs Biographie und das Xiyuji in alttürkischer Überlieferung, J. P. Laut-K. Röhrborn (ed.), *Buddhistische Erzählliteratur und Hagiographie in türkische Überlieferung*, Wiesbaden, 1990, S.76.

Zieme, Peter, *Religion und Gesellschaft im Uigurischen Königreich von Qočo. Kolophone und Stifter des alttürkischen Buddhistischen Schrifttums aus Zentralasien*（＝Rheinisch-Westfälischen Akademie der Wissenschaften 88）, Opladen, 1992.

Zieme, Peter, Xuanzang und Maitreya, J. P. Laut und K. Röhrborn (eds.), *Sprach-und Kulturkontakte der türkischen Völker*, Wiebaden, 1993, S.229－230.

Zieme, Peter, Zum Maitreya-kult in uigurischen Kolophonen, *Rocznik Orientalistyczny*, T. xlix－2, 1994, S.223－224.

Zieme, Peter, Donor and Colophon of an Uigur Blockprint, *Silk Road Art and Archaeology* 4, 1995/96, pp.409－419.

Zieme, Peter, Old Turkish Versions of the "Scripture on the Ten Kings", *Proceedings of the 38th Permanent International Altaistic Conference. Kawasaki, Japan: August 7－12, 1995*, Wiesbaden, 1996, pp.401－425.

Zieme, Peter, The Scholar Mr. Xun of the District Xinfan：A Chinese Tale in an Old Turkish Translation,《耿世民先生 70 寿辰纪念文集》,北京：民族出版社,1999 年,pp.276－288.

Zieme, Peter, The "Sutra of Complete Enlightenment" in Old Turkish Buddhism, *Collection of Essays 1993. Buddhism Across Boundaries-Chinese Buddhism and the Western Regions*, Taipei, 1999, pp.449 - 483.

Zieme, Peter, A Fragment of the Chinese Mañjuśrīnāmasamgīti in Uigur Script from Turfan,《内陸アジア言語の研究》第11卷,1996年,pp.1 - 14.

Zieme, Peter, *Vimalakīrtinirdeśasūtra* (= Berliner Turfantexte XX), Brepols, 2000, S.78, 134, 136,140.

Zieme, Peter, Three Old Turkic Wutaishanzan fragments, *Studies on the Inner Asian Languages* XVII, The Society of Central Eurasian Studies, 2002, pp.223 - 239.

Zieme, Peter, *Fragmenta Buddhica Uigurica—Ausgewählte Schriften*, Berlin: Klaus Schwarz Verlag, 2009.

Zieme, Peter, A Chinese Chan text from Dunhuang in Uigur transcription and in translation from Turfan, Irina Popova & Liu Yi (eds.), Dunhuang Studies: Prospects and Problems for the Coming Second Century of Research, St. Petersburg, 2012, pp.361 - 364.

Zieme, Peter-G. Kara, *Ein uigurisches Totenbuch. Nāropas lehre in uigurischer Übersetzung von vier tibetischen Traktaten nach der Samelhandschrift aus Dunhuang British Museum Or. 8212 - 109*, Budapest, 1970.

Древнетюркский Словарь. Ленинград, 1969.

Малов, С. Е., *Язык Желтых Уйгуров. Тексты и переводы*, Москва, 1967.

Радлов, В. В.-С. Е. Малов, *Suvarṇaprabhāsa. Сутра золотого Блеска, Тексть уйгурской редакши* (= Bibliotheca Buddhica XVII), Delhi, 1992.

Циме, П., О Второй щпаве сутры "золто-йблеск", *Turcologica. Festschrift zum 70. Geburtstag von A. N. Kononov*, Leningrad, 1976, стр. 341 - 347.

Ольденбург, С. Ф., *Русская туркестанская Экспединция 1909 - 1910гг.*, СПб, 1914.

索　　引

A

阿拉伯文　76,226,250,266
阿烂弥王本生　55,62,65,292
阿里不哥　4,5,287
阿邻铁木耳　240
阿鲁浑萨理　234,235,263,264,286,309
阿弥陀经　176,243,293,294,299
阿毗达磨俱舍论　65,67,237,293,310
阿毗达磨俱舍论安慧实义疏　32,33,35~40,45,65,66
阿毗达磨顺正理论　68,293
阿速歹　69,267,279,280
阿昔思　305
安国　157,318
安惠　32,67
安西四镇　262
安息　157
安藏　4,5,70,102,175,193,235,236,265,267

B

八大圣地制多赞　71,142,292,323
八思巴　68,132,133,170,235,236,263,264,268,269,286
八思巴文　37,100,247,265,270

八十华严　3,5~9,11,13,15,17,20,22,24,26,28,31,65,193,238
巴利文　55,233,340,341
巴卧·祖拉陈瓦　262
跋多利婆罗门　153,154,369
白法信　316~318,320
白智光（智光）　81,316~320
拜火教　74,98,276,367
保义可汗　273
北斗七星经　238,240
北齐书　355
北庭　155,159,228,232,233,264,272~274,291,292,298,299,303,364
贝格曼（F. Bergman）　128,186
本雅失里　68,132,133,240,268,269
本教　275~278
必兰纳识理　70,170,175,222,234,235,263,286,305,309,366,367
毕昇　245,246
辩机　76
别失八里　4,64,70,71,77,127,128,141,142,212,224,236,244,288,295,298
豳王　75,104,105,116,117~119,

271,278,280~285,287~290
钵阐布 276
波罗颇迦罗蜜多罗 359
波斯教残经 98
波斯人 250,254,344
波斯文 117,276
波斯语 249,250,279,344
般剌密帝 187
般若波罗蜜多心经疏 184,185,191~193
柏孜克里克石窟 228,243,244,300,344,345
不空 171,172
不空罥索观音颂 228,229
不思议禅观经 222,226,264
不颜帖木儿 75,117,118
布古特碑 353,354,356
布颜啜厄 238,239
布颜海牙 265

C

曹议金 259,260,261
曹元忠 253,260
册府元龟 255
察合台 116,278,288
察合台汗国 279,286,288,289
忏悔灭罪金光明经冥报传（金光明经传）71,145,296,298
忏悔诗 146,150,151
禅门十二时 194
禅宗 180,182,184,186~188,191~194,299,302~306,308,309

长阿含经 65,293
长安 76,81,140,292
陈宁 242
称赞大乘功德经 222,226,264
成唯识论述记 32
墀松德赞 272,277
持诵金刚经灵验功德记 297
重修皇庆寺记 69,117,279,280,281
重修文殊寺碑 86,117,119,281
重修圆照寺碑记 90
出伯 75,116,117,119,278,279,286~288
慈悲忏音字 312
慈悲道场忏法 28,64,238

D

达摩笈多 216,217,355
大白莲社经 294
大般涅槃经 7,222,264,293
大般若经 38,42,45,238,293
大悲忏法 225
大乘大悲南无圣观音陀罗尼聚颂经 222,223,269
大乘佛教 65,106,127,140,215,220,222,243,302,328,355,357
大乘庄严宝度经 222,226,264
大慈恩寺三藏法师传 77,212~214,293,294
大德旌德县志 246
大都 68,75,88,102,159,177,178,192,194,223,230,236,239,

索　引

240,243,244,250,266,371
大方便佛报恩经　63
大方广佛华严经（六十华严）　3,
　　101,193,225
大唐内典录　218,297,355
大唐西域记　76,86,98,224,295,
　　360
大智度论　54,55,310,
道教　231,304,322,351,367
道宣　218,297,352,356
党项　291,318
帝释　348
迪雅科夫（A. A. Dyakov）　3,111,
　　112,216
地藏菩萨本愿经　293
东突厥（东突厥汗国）　352,358,
　　363
顿莫贺　273

E

讹尼沙　347
恩培多克勒（Empedocles）　329,
　　330
二宗经　349

F

法成　268
法华经　29,37,106,107,109~114,
　　176,216,217,238,293
法华经音　312
法华传记　218
法苑珠林　297,326

梵天　53,129,145,346,348
佛顶心大陀罗尼　238,294
佛顶尊胜陀罗尼经　238,269
佛教教理问答　65,66,265
佛教与回鹘社会　365
佛说八阳神咒经残卷　259
佛说胞胎经　238
佛说北斗七星延命经　223,330
佛说大白伞盖总持陀罗尼经　238,
　　269
佛说佛医经　325
佛说观弥勒菩萨上生兜率天经
　　212~214
佛说决定毗尼经　323
佛说弥勒下生佛经　208
佛说十王经　65,300,301
佛说天地八阳神咒经　62,63,78,
　　238,259,294,348
佛说温室洗浴众僧经　293,311
佛说无量寿经　73,221,238,292
佛说造像量度经续补　162
佛驮跋陀罗　3,193,225
佛陀多罗　186
佛为首迦长者说业报差别经　144
佛祖历代通载　99,264,293,296
福乐智慧　322,327~330
父母恩重经　293

G

噶玛拔希　222,240
甘州回鹘　99,237,251~261,275
高昌故城　106,143,223,229,289,

415

322,324,328,346,347
高昌回鹘　74,99,120,133,155,228,232,233,237,243,251,277,285,286,292,315,319,320,365,369
高僧传　80,213,318,352
根本说一切有部毗奈耶破僧事　54,56
根本说一切有部毗奈耶药事　56
骨咄国　362
瓜州　104,105,115,256,279,284,285,287,288,292,309
关汉卿　158
观世音本尊修法　132,133,222,223,238,240,241,268
观世音经　216,218,230,240
观身心经　78,224,233,293
观无量寿经　151,238,243,293,299,367
关西七卫　287
观心论　179,180~182,191~193
观音经　33,159,176,219,220,221
观音经相应譬喻谭　32,40~44,65,159,219,221
观音颂　219,229
观音赞　228,229
贯云石　152,159~161,304,306
广韵　28,86,119,249
归义军　232,237,251,253,256~261,274
贵霜王朝　139
贵显世系　116~118

过去庄严劫千佛名经　316

H

哈奴曼　335,336,338
合部金光明经　127,140
河西回鹘　98,104,237,238,252,275~277,279,281,285,290,291
河中地区　254,344,364
贺兰州都督　211,232
黑水城　118,269
洪皓　98,236,252,253,275
忽必烈　4,85,100,116,159,234~236,244,250,263,278,279,288
忽纳失里　117,120
华严经　3,5,16,17,68,176,191~193,226,238,293,310
华严赞　175
黄头回纥　284,285
慧超　361,363,364
回鹘式蒙古文　37,42
回鹘天公主　260,261
慧净　184
慧立　76,77,214,294
惠琳　353,356
惠远传　80,81
Insadi 经　175,205,209,229

J

罽宾国　337,362
吉祥遍至口和本续　246
吉祥胜乐轮曼陀罗　68,69,132,133,136,139,164,170,173,174,

223,268,269,285
吉祥胜乐轮曼陀罗　280,367
集神州三宝感通录　297
集韵　249
纪闻花絮　98
加尔迪齐　98
迦鲁纳答思　88,102,235,236,240,263,264,309
迦腻色迦　139
迦尸国　53
迦叶佛　51~54,57~60
建塔功德记　83~85,99,100
交河故城　111~113,143,216,322,324,328
金刚般若经集验记　297
金刚经感应传　297
金刚经纂要刊定记　297
金光明经　71,127,140,142~146,177,298,326,328,329
金光明最胜王经　43,44,65,70,71,75,78,104,105,127~129,140,142,144~146,151,199,200,224,233,282,292,293,295,298,317,328,329
金山国　251,257~259,261
晋书　318,319
景教　98,231,254,276,322,344,364,367,368
鸠摩罗什　108,111,112,114,136,208,211,214,216~218,240,319,337
鸠摩罗什传　318,319

九姓回鹘可汗碑　232,272,274
旧唐书　157,215,231,272,276
沮渠蒙逊　139,218,291
俱舍论　5,33,37,66,310
俱舍论颂　68,70
居庸关　75,83,84,99,242
绝观论　308

K

开宝藏　314~316
康国　157,318
康孟详　56
康僧铠　221,318
克德门巴特尔（Kedmen Baγatur）　281
科洛特科夫（N. N. Krotkov）　268,269
窥基　113
巉巉　146,151,177,241,243
昆村萨里都统　64
阔端　263,278,279
括鲁迪·桑伽失里　89,101,267~269

L

楞严经　187,188,190,191,222,225,226,264
李氏再修功德记碑　7
李太宾造像碑　7
礼赞三宝文　207
凉王大且渠安周功德碑　211,292
凉州　252,257,263,278,279,286

谅祚　314~316,320
刘世清　355,356
六字真言　269,270,281
鲁明善　325
罗摩衍那　333,334,336~343

M

马称德　246
马可·波罗　233
马鸣菩萨　156,337
马头观音　228
蒙古人　44~46,72,97,105,141,262,287,289,290,367
蒙古语　33,44,67,100,121,141,208,222,235,236,263,267
蒙古文　35,37,38,42,43,117,281,289,290,333
孟速斯　244
梦溪笔谈　245
弥勒会见记（回鹘文）　53,105,152,155,156,158,161,205,209,210,213,301,369
弥勒会见记（吐火罗文）　154~156,292,370
秘密集会怛特罗　267
密宗　66,68,133,170,171,222~224,228,230,266,268,299,302
密咒圆因往生集　320
妙法莲华经　108,112~114,135,215~219,221,225,240,293,349
妙法莲华经玄赞　113
妙吉祥平等秘密最上观门大教王经　172
明本（中峰）　303~306
莫高窟六字真言碣　69,117,267,279~281
摩诃止观（大止观）　308,326
摩揭陀国　81,153
摩尼　23,27,97,98,237,254,344,351
摩尼光佛教法仪略　350,351
摩尼教　62,74,97,98,141,146,211,227,231,232,237,245,251,252,254~256,260~262,272,274~276,322,328,344~351,356,367,368
摩尼教徒忏悔词　146
牟羽可汗　97,211,232,277
木杆可汗　352~354,356
木头沟　47,143,146,151,152,175,209,223,227~229,322,323,328

N

纳若巴（Naropa）　69,266,267,280,367
纳职　116,120,121
喃答失　117,281
喃忽里　117,119
涅槃经　355,356
农桑衣食撮要　325
农书　246
诺思替教　254,344

P

毗伽可汗　358
毗湿奴　85,346
婆罗门　51,53,54,57,213,218,257,319,340
婆罗谜文　37,49,65,156,247,268,323,324,354
葡萄沟　143,328
菩提瓦伽西拉（Bodi-tuvaca Šīla）　207,241
普贤行愿赞　4,5,70,222,265

Q

契苾部　211,232,291,
契丹　56,106,116,291,315
七克台　80,295
耆婆书　324
乞台萨理　235,263
千金翼方　327
千手千眼观世音菩萨广大圆满无碍大悲心陀罗尼经　78,222,224,225,233
千眼千臂观世音菩萨陀罗尼神咒经　222,224,225
犍陀罗　355
乾陀般若经　222
龟兹回纥　320
龟兹文　65,292
龟兹语　65
丘就却　139

R

日藏（Ravigupta）　324

入菩提行疏　238,293
如意宝树史　272
芮芮　352

S

萨班（萨迦班智达）　234,263,267,278,279,286
萨迦派　68,69,132,170,263,264,266,267,269,279,286
萨迦世系史　278
萨迦五祖全集　132,133,165,234,269
萨满教　97,215,231,232,254,276,291,322,344,353,358,363,364,367
桑哥　236
僧伽提婆　56
僧详　218
沙州百姓致甘州回鹘可汗一万人状　237,253,275
沙州回鹘　237,275,309
善恶两王子的故事　55,62,73,237
鄯善　80,280,285,295
舍蓝蓝　89,99,235,263,264,286,309
舍利弗缘　156
阇那崛多　108,216,217,355~357
身轮因明经　132,269,293
甚深道上师瑜伽　267
胜光法师（Sïngqu Säli/Sïngqu Säli Tutung）　70,71,77,78,80,81,127~129,141,142,145,200,212,

419

213,224,233,294~296,298,329
胜金口　91,152,155,209,210,228,322,324,345
胜军王问经　269,292
圣救度佛母二十一种礼赞经　5,238,265,267
圣妙吉图祥真实名经　312
圣月　154,210,369
实叉难陀　3
十殿阎王　300
十方平安经　268,293
十六佛母　162~165,171,173,174
十种善行赞　5,70
释迦因缘剧本　156
湿婆　346
首楞严经　68,69,188,190~192,293
疏勒　158,232
水月观音　7,227
说心性经　66,68,70,175~182,184~188,190~194,293,306,308
说一切有部毗婆娑派　152,209
丝绸之路　76,250,251,261,276,352
四分律比丘戒本　312
四明知礼　225
四十华严（大方广佛华严入不思议解脱境界普贤行愿品）　3,4,6,17,28,193,225
四天王赞　71,142,293
死亡之书　266,267
松漠纪闻　98,236,252,253,275

宋会要　252
宋会要辑稿　284,320
宋史　89,284,319
苏丹沙　117,118
速来蛮　69,117,267,279,280,281,288
粟特　97,106,354,356,357
粟特人　111,114,276,354,356,359
粟特文　34,62,111,113,129,136,344,353,354,356,368
粟特语　111,124,354
肃王　105,278,287
肃镇华夷志　282
肃州　255~257,278,283,284,286~288
隋书　158,353,356
隋文帝　139,355
碎叶城　360,364
孙悟空　338
索公（勋）纪德碑　7

T
太平广记　297,357
昙无谶　71,127,140,144,145,298,326
陶师本生　47,48,55,56,61
特健俟斤　231,272
天目中峰和尚广录　303~305
天目明本禅师杂录　303
添品妙法莲华经　108,216,217
天如惟则禅师语录　307

帖木儿王朝　116

通典　156,350

统叶护可汗　360,361,364

吐蕃语　89,101,268

吐蕃文　65,66,339~341

秃黑鲁帖木儿　288

屠寄　118,119

突厥（突厥汗国）　158,352,353,355~364

突厥人　352~354,357,358,360,362

突厥语　17,28,30,70,84,128,141,154,224,271,279,283,309,355,356,369

突厥语大辞典　29,124,197,322

突厥语摩尼教文献　367

突厥文　4,77

吐坎·铁木耳（Tükäl Tämür）　33,39,40,42,67

吐火罗文　53,154,155,156,158,333,339,340,341,370

吐火罗语　154,155,369

土耳其　4,34,38,85,155,178,210,294,306,312

吐峪沟　91,143,194,229,328,345

脱古思帖木儿汗　287

佗钵可汗（阿史那库头）　353~356,358,364

陀罗尼　27,30,84,100,110,133,135,170,172,268,270

W

瓦拉姆一世（Vahrām I）　254,344

瓦林科（Ingrid Warnke）　28

王道士　7,34,35,37,38,45

往生论　300

往五天竺国传　361,363

王延德　97,155,232,233,310,315

汪宗翰　7

王祯　246,248,250

维摩诘所说经　18,31,246

魏书　352

畏兀儿　4,76,97,99,105,194,234,246,264,286

维吾尔语　138,249

维吾尔族医学　322,330,332

惟则（天如和尚）　303,306,307

文殊沟　43,44,71,104,105,128,140~143,282,328

文殊所说不思议佛境界经　176

文殊所说最胜名义经　5,87,88,101,102,238,239

文殊山　103~105,119,281~284,286

文殊师利成就法　88,89,101,267,269,293

窝阔台　116,208,285,286,289

无量寿宗要经　268

无念　33,67

兀纳失里　287

五卷书　333,342,343

五台山　86,87,89,90,93,94,96,97~100,102,275

五台山圣境赞　93
五台山图　97
五台山赞　91~94,96,97
武则天　139,211,302
悟空　362

X

西宁王　69,105,115,117~121,267,278,279,281
西千佛洞　62,74,122,237,260,299
西天大师　252,253
西突厥（西突厥汗国）　352,359,360,361,363,364
西夏　37,86,96,103,106,116,139,237,242,246,247,249,250~252,269,275,278,314,315,317,320
西夏文　45,84,100,246,247,269,281,314~317
西夏文大藏经　314,316,320,321
西域记　295
西藏　3,133,171,215,262~266,269,276,279,284,325
西至哈至　284,285,288
西竺语　98,237,252,253,275
黠戛斯　232,262
祆教　231,254,276,277,322,364
贤愚经　63,338
贤者喜宴　262,272~274
现在贤劫千佛名经　316
小乘佛教　65,152
小亚美尼亚　205

小止观（童蒙止观）　308
谢飓国　362
新唐书　86
新五代史　255
新元史　234,235
修心要论　179,182,183,191~193
须大拏本生故事　238
续高僧传　356,359
叙利亚文　247
玄奘　76,78~80,98,212~214,224,292,295,311,338,360
玄奘传　76~82,224,233,295,296
薛昂夫　161

Y

彦悰　76,77,214,294
焉耆　154,210,232,293,370
焉耆文　292,339,340
焉耆语　154,210,369
杨公碑　7
叶昌炽　7
叶尼塞河　232,262,358
叶仙鼎　234,235,309
一百大寺看经记　369,370
医理精华　324
亦都护高昌王世勋碑　151,177,283
亦黑迷失　236,369,370,371
亦里黑赤　116,117,119
伊斯兰教　76,104,205,226,231,233,238,266,279,280,285,286,288~290,322,327,330,364,367

义净　56,70,71,126~128,140~142,144,145,199,200,293,295,298,327~329

英义可汗　260

尉迟输逻　253

裕固族　75,104,105,193,215,231,271,272,275,282~284,287~290,322,333,367

榆林窟　62,74,103,115,116,118,119,195,120~122,227,228,237,260,265,284,288,289,309

于阗　3,34,106,139,232,233,251,253,256,257,261,284,339

于阗文　333,340,341,342

语石　7

玉素甫·哈斯·哈吉甫（Yusuf Has Hajib）　327

元昊　314~316,320

元史　69,74,116~119,226,234~236,240,263,264,267,280,367

圆觉经　176,186,187,191,192,238,293,308

圆觉经修证义　144

跃里帖木儿（Yol Tämür）　219,230,240

Z

杂阿含经　65,193,293

赞十种善行　193

赞弥勒诗　205

藏语　138,142,222,235,236,263,265,266,269,309

增一阿含经　65,293

张承奉　259,260

张淮深变文　120

张议潮　259

张议潮变文　120

真谛　337

正法华经　108,217

智光（白智光）　81,316~320

智护　154,210,369

智泉（Čisön/Čisön Tutung）　68,176,177,186,192

智诜　184,185

至元法宝勘同总录　5,235

朱士行　318

转轮王　133,136~139,145,208,301

转轮王曼荼罗　266,268,293

中阿含经　54,56~59,65,293

中亚蒙兀儿史　284

中原音韵　29,87

竺法护　108,192,215,217,318

诸佛境界摄真实经　172

撰集百缘经　54

宗镜录　187,188,190~193